总主编简介

朱崇实，1982年2月毕业于厦门大学经济系，获经济学学士学位；1990年5月毕业于南斯拉夫贝尔格莱德大学国际经济系，获经济学博士学位。现为厦门大学校长、厦门大学法学院教授、经济法学专业博士生导师，兼任中国法学会经济法研究会副会长。主要著作9部（含合著），发表论文40余篇。主持或参与国家级、部省级科研课题10项，科研成果先后获“孙冶方经济科学奖”、“国家首届人文社科优秀成果奖”和“福建省社会科学优秀成果奖”等。

执行总主编简介

朱福惠，湖南娄底人，1961年7月生。武汉大学法学博士，现为厦门大学法学院教授，宪法与行政法专业硕士生、博士生导师，兼任厦门大学法学院副院长、中国法学会宪法学研究会常务理事、中国比较法学会理事。主要学术成果有：《宪法与制度创新》(法律出版社2000年版)，《宪法至上——法治之本》(法律出版社2000年版)，《宪法学专论》(与刘连泰、周刚志合著，科学出版社2007年版)，《宪法学原理》(主编，中信出版社2005年版)。

主编简介

林秀芹，女，福建龙岩人，1965年生，博士，现任厦门大学法学院教授、博士生导师，兼任厦门大学嘉庚学院法学院院长，中国法学会经济法学研究会理事。自1988年起先后从事公司法、知识产权法的教学和研究工作，并在1998年至2002年期间在英国伦敦大学、剑桥大学和牛津大学访问、留学。主要学术成果有：《TRIPS体制下的专利强制许可制度研究》(法律出版社2006年版)、《中国公司法》(厦门大学出版社1995年版)。此外，在《法学研究》、《现代法学》等杂志上发表论文多篇，包括《中国专利强制许可制度的完善》(《法学研究》2006年第6期)、《从法律经济学的角度看专利制度的利弊》(《现代法学》2004年第4期，《新华文摘》2004年第21期全文转载)、《专利当地实施要求的法律思考》(《法学研究》2003年第5期)、《公司有限责任制度的法律经济学思考》(《公司法律评论》2003年卷)。

本书配有课件，请需要的教师与我社联系。电话：0592-2181253

高等学校**法学精品**教材系列

朱崇实 总主编

公司法

（第二版）

Company Law

林秀芹/主　编
朱　圆/副主编

撰稿人（按章节顺序）

夏雅丽　林秀芹　朱　圆　朱炎生
李　英　蔡文灿　蒋　进

厦门大学出版社 XIAMEN UNIVERSITY PRESS
国家一级出版社
全国百佳图书出版单位

GAODENG FAXUEYUANXIAO JINGPIN JIAOCAI XILIE

高等学校法学精品教材系列编委会

厦门大学出版社

总 序

中国的改革开放要求建立一个法治社会。与这样的一个宏伟目标相适应，自1979年以来中国的法学教育蓬勃发展，截至2006年，全国已经成立了法律院校600多所，在读大学生数十万人(尚不包括大中专及夜大、成人教育的学生人数)。应该承认，我国法学教育在迅速发展的同时也存在教育质量参差不齐、不能完全适应社会发展需要等方面的问题。因而，积极推进教学方式改革，促进法学课程体系的完善，努力培养“宽口径、厚基础”的复合型法律人才，已经成为法学教育界的共识。为达成此种目的，法学教育中的课程建设及其相关的教材编写，在当前法学教育大调整的格局中显得尤其重要。基于上述考虑，我们特组织福建省各高等法律院校的主要学术骨干编写了这套教材，各部教材的主编均是福建省高等学校法学院的主要学科带头人。例如，《国际经济法》主编廖益新教授、《民法总论》主编蒋月教授、《环境法》主编陈泉生教授、《宪法学》主编朱福惠教授、《刑法总论》主编陈晓明教授和《法理学》主编宋方青教授等，都是在本学科领域颇有建树，得到同行认可并深受学生喜爱的优秀教师。其他参与教材编写的也都是教学第一线的中青年骨干教师，具有良好的法学教育背景，许多人兼通中西法学。由于众多优秀教师参与编写，使这套教材的质量有了可靠的保障。

厦门大学法学院在编写这套教材中发挥了积极的作用。厦门大学是国内最早开设法科的高校之一，从事法学教育已经有八十多年的历史。改革开放以来，法学院在1986年即获得博士学位授予权，2006年获得法学博士授权一级学科，现设有国际法、经济法、民商法、宪法与行政法、诉讼法、法理学和刑法学七个博士点，拥有法学博士后流动站。国际法是国家重点学科，民商法、经济法、宪法与行政法是福建省重点学科。在学科建设取得重大成就的同时，法学院适应我国法制发展的需要，为国家和社会培养了大批优秀的法律人才，成为我国重要的法学研究和人才培养的基地。为了推动我国法学教育事业的发展，厦门大学法学院联合福建省各主要高校的法学院系编写了这套教材，其目的在于整合福建省高校法学教学资源，加强各高校法学教师的联系，总结教学经验，为福建省乃至全国的法学教育作出更多有益的贡献。

这套教材具有如下几个特色：

第一，依据法学本科教育的特点和规律，吸收我国法学理论界近年来最新的、较为成熟的研究成果。我们认为，本科教学以培养初级法律人才为直接的教育目标，因而必须注重基本概念、基本原理与基本制度的讲解与传授，而不能一味求新求奇，更不能以个别专家的学术观点取代理论界已经形成的共识。我国处于社会转型时期，改革开放事业日新月异的发展，国家的法律制度的变革十分迅速，法学理论的发展更有“一日千里”之势。为了确保本科教育的培养质量，我们在教材内容的甄选方面，努力做到既注重基本知识、理论共识，又注意吸纳理论界近年来最新的、较为成熟的研究成果。

第二，依据法律人的思维范式编撰教学内容，寓“德育”于法律知识教育之中。如前所述，法学教育的总目标在于培养社会主义法治国家的“治国之才”。新时代的法律人才不仅应当具备扎实的法学知识理论功底，而且还应当具有牢固的法律信仰和优秀的道德品质。法律人所具有的这种独特的信仰和道德，与其独特的知识背景和思维范式联系在一起，共同构成法律人所特有的人文精神。如欲培养法律人的道德品质，空洞的道德说教无济于事。唯有依据法律人独特的思维范式、将公平正义的法律理念融汇在教学内容中，学生才能在学习的过程中逐渐自觉地确立法律信仰，法律道德的培养才能初具成效。基于这种认识，我们依据法律人的思维范式编撰教学内容，力图寓“德育”于法律知识教育之中。

第三，依据当代中国社会对于法律人才的要求，努力建构完善的课程体系与教学内容体系。要培养合格的法律人才，建构完善的法学课程体系至关重要。我们根据本科教学的要求，首先组织编写十四门核心课程的教材，对法学上的基本概念和基本原理作了较为清晰的阐释。除此之外，还组织编写了房地产法、证券法、公证与律师制度和知识产权法等与市场经济发展密切相关的法学教材。希望我们这一套教材能够为本科法学教材体系的发展作出微薄的贡献。

由于我们的水平有限，缺点和错误在所难免，敬请读者批评指正。

2007 年 8 月 1 日

前 言

公司是商人开展经济活动的主要组织形式，是最重要的市场主体，而公司法是规制公司的产生、存续和消亡以及内部管理机制的基本法律制度，具有催生和规范公司发展的功用，是一个国家或独立法律区域投资环境的一个重要组成部分。在所有市场经济较发达的国家，公司法均具有举足轻重的地位。

我国《公司法》颁布于 1993 年，2005 年作了重大修订。据统计，2005 年增、删、改的条文达 224 条之多，其中新增条文 41 条，删除条文 46 条，修改条文 137 条。这次修订一方面删改了大量不合时宜的条款，另一方面吸收了多年来公司法的理论研究成果和司法实践经验，增加了许多重要制度。如公司法人人格否认制度、公司的社会责任和小股东诉讼制度等。经过此次修订，我国《公司法》内容更加全面，制度更加完善，缩短了与国际通行规则的差距。但与此同时，也使我国《公司法》的规则更加复杂。

为了便于初学者学习掌握《公司法》，福建省主要高校的公司法教师合作编写了本教材。本教材具有下列显著特点：第一，内容精要，为本科教学"量体裁衣"。本教材简明扼要地阐述了我国公司法的基本概念、原理和立法规定，较少介绍学者的争论，以免篇幅过大，内容过于烦琐。第二，重点、知识点突出。第三，内容力求深入浅出；第四，理论联系实际。

本书是首部由福建省主要法学院系的教师合作编写的《公司法》教材。作者来自福州大学、福建师范大学、福建省政法管理干部学院、华侨大学、厦门大学法学院、厦门大学嘉庚学院等高校在公司法教学和科研方面具有丰富经验的教师。撰写人员具体分工如下（以撰写章节先后为序）：

夏雅丽 厦门大学法学院教授、经济学博士，撰写第一章。

林秀芹 厦门大学法学院教授、博士生导师、法学博士，厦门大学嘉庚学院法学院院长，本书主编，撰写第二章。

朱 圆 福州大学法学院讲师、法学博士，本书副主编，撰写第三、四章。

朱炎生 厦门大学法学院教授、法学博士，撰写第五、六章。

李 英 福建师范大学法学院副教授，法学硕士，撰写第七章。

蔡文灿 华侨大学法学院讲师，法学硕士，撰写第八章。

蒋 进 福建省政法管理干部学院副教授，撰写第九章。

本书的出版得到省内各法学院校及有关学者的积极合作和厦门大学出版社的大力支持，在此一并致谢。由于新《公司法》颁行不久，许多法条的内容有待于进一步明确和完善，加上作者水平和时间所限，本书的不足之处在所难免，恳请读者批评指正，以便将来修订时改进。

林秀芹

2010 年 11 月

目 录

第一章　概　述

【引　例】

甲和乙合伙在A县郊区开办了一家农产品加工厂，向当地工商管理机关以“万通加工厂”的名称进行了工商登记，并取得了营业执照。2009年，甲乙二人在未经批准登记的情况下，擅自将原来的厂名改成了“万通实业有限责任公司”，并以此名称更换了厂牌，之后还以“万通实业有限责任公司”的名义进行了相关的宣传和经营活动。当地工商机关经调查对甲乙二人进行了行政处罚。

本案是典型的合伙企业冒用有限责任公司名称案。《公司法》第3条规定：“有限责任公司和股份有限公司是企业法人。有限责任公司，股东以其出资额为限对公司承担责任，公司以其全部资产对公司的债务承担责任。”而合伙是纯粹基于人合性而成立的社团，不具有法人地位。合伙人对合伙企业债务承担无限连带责任。正是由于合伙与公司之间存在着种种差别，所以《公司法》第224条规定：“未依法登记为有限责任公司或者股份有限公司，而冒用有限责任公司或者股份有限公司名义的，责令改正或者予以取缔，并可处以1万元以上10万元以下的罚款，构成犯罪的，依法追究刑事责任。”所以，上案中法院的处理是恰当的。

第一节　公司概述

一、公司的概念和特征

公司是指依法成立、以营利为目的的企业法人。从词源学的角度看，“公”有公家、公众、公事之意，与“私”相对，如公仆、公物、夙夜在公[①]等；“司”有掌管、主持之

① 汉语大词典编纂处编纂：《汉语大词典》，汉语大词典出版社1992年版。

意。司者，主也，如司仪、司机、司炉等，也指古代官署的名称。[①] 在现代，“公司”一词已经成为营利性法人的专用名称。

在大陆法系国家，“公司”（德语“Handelsgesellschaft”，法语“societe commercial”，日语“会社”）一词指以营利为目的的、依公司法组建成立的社团法人。有关公司的规定多见于民法典、商法典或者公司法典之中。《法国民法典》规定：“公司由两人或数人通过契约约定将其财产或技艺置于一共同的企业，以分享由此产生的利润和自我经营所得的利益而设立。股东负分担损失的义务。公司得在法律规定的情况下依一人的意志而设立。”[②]《德国股份公司法》则规定：“股份公司是具有独立法人资格的公司，公司仅以自己之财产对公司的债务负责。”[③]《日本商法》也规定：“本法所谓公司，谓以实施商行为为目的而设立的社团。依本编规定设立的以营利为目的的社团，虽不以实施商行为为业，也视为公司。”[④]

在普通法系国家，公司（英国称“company”，在美国称“corporation”）泛指人们为实现一定目标而组成的社团（association），不管该社团是否以营利为目的，是否具有法人资格……法律对公司一词并无明确的界定。如英国著名公司法学家高尔指出：“尽管公司法在法律领域已是公认的法律部门，有关这方面的著述也是汗牛充栋，但却依然无法准确把握其范畴，因为公司一词并没有严格的法律含义。”[⑤]高尔教授的说法并非夸大其词。这是因为，在英美法律传统中，无论是 company 还是 corporation，其实际含义均较现代公司法上的公司概念宽泛得多，而 company 又较 corporation 一词概念宽泛。根据《布莱克法律辞典》，company 泛指一切由个人组成的以从事工商事业或者其他事业为目的的社团或者联合体。这种社团或联合体可能具有法人资格，也可能不具有法人资格；可能具有营利目的，也可能不具有营利目的；corporation 则专指法人团体，包括市政法人（municipal corporation）、独任法人（corporation sole）、商事法人（business corporation）。[⑥] 显然，现代公司法上的公司仅在商事法人团体概念上使用 company 或 corporation，既排除了非法人团体，也排除了非营利组织。

《中华人民共和国公司法》（以下简称《公司法》）第 2 条及第 3 条规定：“本法所称公司是指依照本法在中国境内设立的有限责任公司和股份有限公司。”“公司是企业法人，有独立的法人财产，享有法人财产权。公司以其全部财产对公司的债务承担责任。有限责任公司的股东以其认缴的出资额为限对公司承担责任；股份有限公司的股东以其认购的股份为限对公司承担责任。”根据上述规定，我国公司法

---

① 汉语大词典编纂处编纂：《汉语大词典》，汉语大词典出版社 1992 年版。

② 《法国民法典》第 1832 条（1985 年 7 月 11 日第 85－697 号法律）。

③ 《德国股份公司法》第 1 条（1965 年 9 月 6 日公布，1993 年 7 月 22 日最后修改）。

④ 《日本商法》，王书江译，煤炭工业出版社 1994 年版，第 10 页。

⑤ Paul L. Davies, *Gower's Principles of Modern Company Law*, Sweet &Maxwell, p. 3.

⑥ *Black's Law Dictionary*, p. 255, p. 307.

并未界定什么是公司，只是规定了公司的类型和特征。我国公司法所称公司是指依照本法在中国境内设立的有限责任公司和股份有限公司。公司具有下列法律特征：

1. 公司是依法登记成立的经济组织

所谓依法设立包含两层含义：一是依照法律规定的条件设立；二是依照法律规定的程序办理。作为法人种类之一的公司必须依照公司法规定的条件和程序设立，唯如此，方能取得合法的主体资格。

公司登记属于商事登记的范畴，就商事登记而言，现代各国的商事登记法可分为强制登记与任意登记两种立法例。在采取强制登记主义的国家，只有依法履行商事登记义务的组织和个人才能取得商事主体资格和商事能力，未经商事登记的组织和个人则不具有商事权利能力和行为能力，不得从事商事活动。当今世界大多数国家采取强制登记主义，如德国、法国、意大利等；在采取任意登记主义的国家，要从事商事经营行为，原则上也必须履行商事登记程序，即商事登记是从事商业活动的前提，但并非从事商业活动的必备条件。尽管商事登记存在两种立法例，但各国对股份有限公司和有限责任公司的登记，都采取强制登记主义。如实行任意登记主义的瑞士，其《债务法》第 640 条和第 780 条明确规定，股份有限公司和有限责任公司必须在其住所地的商事登记机关进行登记。在英美法中，合伙的注册是任意的，但是关于商事公司的登记也是强制性的。因此可以说，在现代社会，公司登记是取得公司人格的必备要件。

我国还没有制定统一的《商事登记法》，但是按《公司法》和《公司登记管理条例》的规定，我国也实行公司登记强制主义。我国《公司法》第 6 条规定，设立公司，应当依法向公司登记机关申请设立登记。符合本法规定的设立条件的，由公司登记机关分别登记为有限责任公司或者股份有限公司；不符合本法规定的设立条件的，不得登记为有限责任公司或者股份有限公司。这里所说的“依法”，主要是指依照《公司法》，也包括《民法通则》、《公司登记管理条例》等涉及公司制度的法律、法规。依法登记是公司成立的必经程序，也是公司取得法人资格、得到国家和法律认可的重要标志。各国法律都对公司的设立规定了实质条件和形式条件，只有符合法律规定的条件、履行了法定的程序，才能成立公司。如依照我国公司法，股份公司的设立须经过批准程序，法律对发起人的数量、最低资本、发起人的持股比例和社会公众股的持股比例等都有明确的规定。设立无需批准的有限责任公司，也必须按法律规定的要求和程序设立，如股东人数、注册资本、机构设置、注册登记等。

2. 公司具有独立的法人资格

“人格”一词源自罗马法，指民事权利主体的资格。公司具有独立人格首先意味着公司设立后，就与股东的人格相分离，成为一个完全独立的实体；也意味着公司能以自己的名义从事商事经营活动，对外独立承担民事法律责任。公司对外承担法律责任的基础是具有自己独立的财产。我国《公司法》第 2 条规定，本法所称公司是指依照本法在中国境内设立的有限责任公司和股份有限公司。第 3 条规定,公司是企业法人,有独立的法人财产,享有法人财产权。公司以其全部财产对公司的债务承担责任。可见,我国《公司法》将公司界定为“企业法人”。那么,什么是“企业法人”?按照我国《民法通则》第 41 条的解释,企业法人包括全民所有制企业、集体所有制企业,以及具备法人资格的中外合资经营企业、中外合作经营企业和外资企业。该条规定并未包括公司企业法人。这点并不奇怪,因为在制定《民法通则》时,公司这种企业形态并未引起立法者的关注。而现行《公司法》将公司规定为一种企业法人,也只能说是《民法通则》中“企业法人概念”的必然延伸和扩张。由此可见,我国法律明确承认公司人格的存在,承认公司独立人格也就意味着承认公司的独立主体地位,承认法人与自然人共同形成民事主体的二元架构。至于是否存在第三民事主体,因理论上有争议,在此不作讨论。所谓具有人格者,必能对其行为后果负责。公司具有独立人格的必然结论是,公司须能够独立承担法律上的责任。独立承担责任包括两方面内容:一是须将公司本身与组织设立公司的成员区分;二是如果公司不能独立承担责任则可能导致人格否认。因此,可以说公司完全是法律的产物,是一种法律的拟制。公司人格的诞生以满足法律规定的实质和程序要件为前提,满足了这些条件就取得法人资格,反之,不能取得法人资格。

关于公司的法人格,还应注意两方面的情况:一是将公司定性为法人,只是一种法律政策上的考量,其中最主要的目的在于方便公司从事各种经营活动。然而,公司毕竟与自然人不同,公司法人格具有很大程度的虚拟性。近年来,公司法人性质也受到了公司契约理论的挑战。二是正因为公司人格具有虚拟性,所以,公司人格具有可否认性。这与自然人完全不同。

3. 公司是以营利为目的的企业组织

从法律上看,现代经济生活中形形色色的企业不外乎采用三种基本组织形式,即独资企业形式、合伙企业形式和公司企业形式,其中,公司是企业诸形式中最为重要的组织形式,在西方发达国家尤其如此,放眼望去,当今活跃于世界舞台的跨国企业几乎无一例外是公司。公司是独立的商品或服务经营者,以营利为目的。公司的营利性是指公司股东共同经营某项事业以达到财产增值、追求利润最大化的目的。

首先,公司必须从事特定的经营活动,这种经营活动具有连续性和固定性,即公司在存续期间须连续不断地进行经营活动,且这种经营活动具有同一性质、固定内容和确切的经营项目等特征。

其次,公司是以营利为目的而从事经营活动的。公司具有营利性这一显著特征,使它同以行政管理为目的的国家机关、不以营利为目的的事业单位相区分。但在国外也存在一种不以营利为目的的公司,它们属于依公法或其他特别法律而成立的以特定目的而存在的一种特殊的组织形态。所以,为了确切地反映公司的性

质，西方国家常将以营利为目的的公司称为商事公司。我国公司法意义上的公司就相当于西方国家的商事公司。世界各国公司法对公司的营利特征均有明文规定，如《日本商法典》第 52 条规定："本法所谓公司，指以经营商行为为目的而设立的社团。"《美国标准公司法》规定："公司是指受本法令管辖之营利公司"，①营利性是公司的基本特征。但实践中，公司往往要进行一些非营利行为，如体育捐款等，这并不影响公司的营利性。因为，公司实施的非营利行为不是公司的主要活动，且往往是围绕公司的营利行为，或者是为了公司的长远利益进行的，这些非营利行为不得违反公司的根本宗旨，不得违背社会公共利益。

4. 公司是法人

各国立法大多明文规定公司是法人。如《日本商法典》第二编公司编中第 54 条规定"公司为法人"。法国 1966 年《商事公司法》第 5 条规定："商事公司在商业和公司注册簿登记之日起具有法人资格。"我国台湾《公司法》第 1 条也规定公司必为法人。韩国 1962 年 1 月 20 日颁布的《商法》第 171 条规定："公司为法人"。仅有个别国家，如德国、瑞士等，其立法不承认无限公司、两合公司为法人。

公司作为法人，其实质条件有二：一是公司财产独立于股东个人财产，也就是说，股东出资一旦投入公司，股东即失去对其占有、使用、收益、处分的所有权，只能取得相应的股权。公司应对股东投资形成的资产享有法人所有权，可以占有、使用、收益和处分。二是公司的责任独立于股东个人。公司独立拥有财产是公司独立承担责任的前提和基础。公司以其全部的资产对公司的债务承担责任，而股东对公司的责任仅限于其出资。对某一组织或企业，是否赋予法人资格，关键看其是否符合法律上取得法人资格的条件。但是，各国公司法普遍赋予股份有限公司和有限责任公司法人资格，这意味着股份有限公司和有限责任公司是当然符合法人资格条件的企业。从历史角度考察，现代意义的法人制度是从公司基础上发展起来的，或者说法人本身就是对公司制度的抽象，公司法之所以要直接将公司定义为法人，其目的是为了简化法律关系，方便公司经营。《公司法》第 3 条规定，有限责任公司和股份有限公司是企业法人。根据我国《民法通则》和《公司法》规定，公司作为法人之一种，是民事活动的参加者和重要的民事主体，是具有民事权利能力和民事行为能力并依法独立享有民事权利和承担民事义务的组织。就某一具体公司而言，要具备法人资格，根据《民法通则》第 37 条的规定及公司法，必须具备以下条件：

(1)必须依法成立。《公司法》第 6 条规定，设立公司，应当依法向公司登记机关申请设立登记。符合本法规定的设立条件的，由公司登记机关分别登记为有限责任公司或者股份有限公司；不符合本法规定的设立条件的，不得登记为有限责任公司或者股份有限公司。法律、行政法规规定设立公司必须报经批准的，应当在公

① 参见《美国标准公司法》第 2 条第(1)款。

司登记前依法办理批准手续。公众可以向公司登记机关申请查询公司登记事项，公司登记机关应当提供查询服务。

(2)有独立的财产。独立的财产指由公司所有的财产或是股东交给公司自主经营的财产。公司享有由股东投资形成的全部法人财产权，这些权利非依法律不得侵犯和干预。公司的财产可以是有形财产，如场地、设备等，也可以是无形财产，如专利权等知识产权。公司拥有独立的财产，是公司独立进行民事活动并承担民事责任的前提条件，也是公司从事生产经营活动并承担经济责任的物质基础。所以，一些国家立法规定，公司必须具有国家规定的最低限额的注册资本才具有法人资格。但公司有不同的业务经营范围，因此，每个公司应该具备多少财产才算具有"必要的"财产不能一概而论，也不能由法律作出统一的规定，应根据其业务性质、经营范围的不同而有所区别。

(3)必须有自己的名称、组织机构和场所。公司的名称是公司间相互区别的标志，公司名称应标明承担债务责任形式的种类。在我国，未经国家专门机构的批准，公司不得冠以"中国"、"中华"、"全国"字样。公司在确定自己名称时，应尽可能把自己承担责任之形式、业务性质、隶属关系和所在地区反映出来，做到称实相符，以便他人识别。《公司法》第 8 条规定："依照本法设立的有限责任公司，必须在公司名称中标明有限责任公司字样。依照本法设立的股份有限公司，必须在公司名称中标明股份有限公司字样。"公司的名称属于公司人身权的一种，与其信誉密切相关，直接关乎企业的经济利益。凡经国家主管部门审查登记的名称，公司在规定的范围内享有名称权，受国家法律保护，如被他人冒用、诋毁，公司有权请求法院制止侵犯和责令加害人赔偿损失。

公司不能像自然人那样用自己的大脑进行思维，以自己的行为表达意志，而是依靠自然人组成的机构来实现自己的意志。公司的组织机构亦称公司的机关，一般由三部分组成：一是意思机关，即公司的决策机关，有关公司的一切对内对外重大事项都由它决定；二是执行机关，对内处理公司日常事务，对外代表公司从事各种活动；三是监督机关，根据公司章程或公司意思机关的决议而设立，其职责在于监督公司有无违反章程或其他违反法律的行为。

公司的场所是公司从事生产、经营活动的固定地点。过去，由于对公司的场所重视不够，致使一些不具备法人资格的"皮包公司"也取得了法人资格，给社会经济秩序造成许多混乱。

场所与住所是两个不同的概念，公司可能有多个生产经营场所，但只能有一个住所。住所指法人的主要办事机构所在地。我国《公司法》第 10 条规定，公司以其主要办事机构所在地为住所。

(4)能够独立承担民事责任。公司所负债务由公司承担，公司以其全部财产对自己的债务承担责任，任何组织或个人都无义务代其清偿；公司应对自己的法定代表人或代理人在其职权范围内的经营活动承担民事责任。对法定代表人从

事超出登记范围的非法经营活动，包括隐瞒资金、抽逃资金、隐匿财产以逃避债务等法律禁止的活动，除公司承担民事责任外，还将根据情节轻重对法定代表人进行行政处分甚至追究刑事责任。我国法律规定，全民所有制公司对其财产不享有所有权，只享有经营权，它的责任根据《民法通则》第 48 条之规定："全民所有制企业法人以国家授予它经营管理的财产承担民事责任。"当公司出现资不抵债无法继续经营时，按破产程序进行清算，国家及其主管机关均不能代其清偿债务。

法人性特征是公司区别于合伙企业的主要特征。因为具有营利性和社团性特征的企业并不仅仅是公司，合伙企业也具有企业性和联合性的特征，但它并不是法人。这是因为：首先，合伙企业没有独立的财产，其财产属于合伙人共有；而公司则不同，它拥有独立的财产，其财产属公司所有，而不是股东共有；其次，合伙中的每个合伙人都对合伙企业的债务负连带无限责任，而公司在财产责任上与合伙企业不同，除无限公司和两合公司中的无限责任股东的财产责任类似于合伙外，其他公司的股东对公司的债务仅负有限责任。正是基于以上区别，世界上大多数国家都不承认合伙具有法人资格。

5. 公司一般是由两个以上股东组成的社团

许多国家的立法曾经规定，公司不仅是法人，而且是社团法人，由两个以上的股东共同经营。公司的社团性受大陆法系国家所推崇。但第二次世界大战后，一些国家未将两人以上股东作为公司的必备条件，允许一人公司存在。如最早承认一人公司的列支敦士登在 1925 年颁布的《关于自然人和公司的法律》中，将有限责任原则由团体法引入个人法。规定所有的社团法人，包括股份有限公司、持股公司、有限公司，均可由一个自然人或法人设立，并可由一个股东决定其存续。该法还对一人公司的资本、债权人的保护、股东的责任、公司的解散、法院的参与检查及管理作了规定。继此之后，德国、法国、日本也相继通过立法对一人公司予以不同程度的认可。2005 年修订的《公司法》规定，国家、法人和自然人可以依法设立国有独资公司等一人形式的公司，可见，我国立法上也是允许一人公司成立的。

综上可见，公司这种企业组织形式自其产生以来取得的巨大成功，与上述公司的法律特征是分不开的。从某种意义上说，正是上述特征使得公司在全世界范围内成为组织大型企业的标准法律形式。但是上述特征在很大程度上只是体现了公司的一般性和普遍性。在这些一般性和普遍性之外，还存在着一些例外，如在封闭型公司中，股东可能同时担任董事和经理；有限责任原则可能在一定条件下通过"揭开公司面纱"排除适用；而股份的自由转让则主要是公众公司的特征，封闭公司的股权转让往往受到一定程度的限制；公司的永久存在只是一个法律上的观念。同时，如果公司愿意，还可以在其章程中确定公司存在的期限。对上述特别之处，也应给予足够的重视。

二、公司企业与合伙企业的关系

在多数国家，法律明确区分公司和合伙组织，[①]认为二者是性质不同的商事组织，公司区别于合伙企业，两者是两种不同的商事主体。然而，公司与合伙企业存在密切的联系，二者的目的基本相同，许多规则相似，它们之间有时会发生转换，即从合伙企业转换成公司。我国 2006 年修订的《合伙企业法》明确界定了合伙企业，并规定了两种合伙企业形式：普通合伙企业和有限合伙企业。根据该法第 2 条的规定，合伙企业是指自然人、法人和其他组织依照本法在中国境内设立的普通合伙企业和有限合伙企业。普通合伙企业由普通合伙人组成，合伙人对合伙企业债务承担无限连带责任。有限合伙企业由普通合伙人和有限合伙人组成，普通合伙人对合伙企业债务承担无限连带责任，有限合伙人以其认缴的出资额为限对合伙企业债务承担责任。可见，新修订的《合伙企业法》有两个重要变化：第一，新法将合伙人的主体范围予以扩张，包括了"自然人、法人和其他组织"；第二，新法增加了有限合伙企业这种形式。有限合伙企业与公司企业存在许多相似之处，但二者仍然存在本质的区别。

1. 区别

(1)公司是依法设立的，合伙企业则依契约设立。任何公司的设立均须有明确的制定法作为根据。在 17 世纪，有些国家公司的设立须国王特许。19 世纪，除国王的特许外，公司的设立还可依国会的特别法令。19 世纪中后期以来，公司的设立须明确的制定法根据。法律对公司设立的条件和程序均有明确的规定。相对而言，法律对合伙企业的设立采取更宽松的原则，法律对合伙企业没有最低资本要求，合伙人的出资和合伙企业的管理由合伙人订立协议约定。同时，公司的设立需要履行较为严格的程序，而合伙的设立相对较为简单。如公司的设立需要提交公司章程，而设立合伙企业则无此要求。

(2)公司营运依靠强制性规则，而合伙企业依意思自治。公司一经设立，即要严格按《公司法》的规定开展经营活动，必须设立股东会，依法召开股东会会议；设立董事会，依法记录董事会会议召开的情况并保留会议记录。否则，公司的独立人格即可能受到影响，股东可能失去有限责任的保护。而合伙事务的执行，均按合伙人意思进行。法律一般不强行干预。

(3)公司事务的管理权由董事享有，合伙事务的管理权则由全体合伙人享有。公司事务的管理权专属于公司董事会，公司股东不得享有公司事务的管理权，不得非法剥夺或干预公司董事会管理权的行使。而在合伙企业中，所有合伙人均享有

---

① 合伙组织，在此指合伙企业，是指依法设立的由各合伙人订立合伙协议，共同出资、共同经营、共享收益、共担分险的营利性组织，不包括个人合伙。

合伙事务的管理权，对内享有管理合伙事业的权利，对外享有代表合伙组织行为的权利。但在有限合伙企业中，有限合伙人不执行合伙事务，不得对外代表有限合伙企业。[①]

(4)公司股东承担有限责任，而普通合伙人则承担无限责任。除非公司股东自愿或基于公司法人格的否认而对公司债务承担无限责任，否则，公司股东对公司债务承担有限责任，它们仅以其承诺出资额为限对公司债务承担责任；而合伙人则不同，除了有限合伙组织中的有限合伙人对合伙组织的债务承担有限责任外，一般合伙组织的合伙人和有限合伙组织中的普通合伙人均应就合伙组织的债务承担共同的和连带的责任。

(5)公司组织稳定，而合伙组织则较为脆弱。由于公司具有独立的法人格，其“生命”不受公司股东变动的影响，当公司股东转让自己的股份而退出公司时，或股东因为死亡事由发生时，或当公司股东破产或丧失行为能力时，股东继承人或公司股东不得要求强制解散公司。而在合伙中，除非合伙人确定了明确的固定期限，否则，任何合伙人均可要求强制解散合伙组织；除非合伙协议作出相反规定，否则，合伙将因为合伙人的死亡或破产而有可能自动解散。

(6)公司股份的受让人可以获得股东身份，而合伙人利益的受让人则不得取得合伙人身份。除非公司章程作出相反的规定，否则公司股份可以自由转让给公司股东以外的第三人，并且，当此种股份被转让后，受让人即成为公司的成员，享有转让人所享有的一切权利。除非合伙协议作出相应规定，否则，合伙人对合伙所享有的股份可以自由转让给合伙人以外的第三人，但是受让人并不因为此种转让而成为合伙组织的成员，他们仅享有该种股份之上所存在的经济利益，除非合伙组织的其他合伙人全体同意，否则，受让人不得成为合伙人。

2. 联系

(1)公司与合伙企业的目的相同。二者都是商事组织，以实现其股东或成员利益最大化为终极目标，以追求营利并将利益分配给自己的股东或成员为目的。

(2)实质性要件基本相同。股东或成员的非单一性，即公司和合伙企业均由两个以上股东或成员组成；股东或成员的主观意图均以共同出资、共享收益和共担风险为目的；股东或成员出资形式的多样性。

(3)两者实行的法律规则有时相同。公司虽然同合伙企业区别较大，但此类区别多见诸于股份有限公司与合伙企业之间。在家族式有限责任公司和合伙企业之间这种区别却不明显。正因为如此，现代法律往往将合伙企业法的规则适用到有限责任公司，尤其是将有关合伙人所承担的义务规则引进到公司领域。如美国司法判例将合伙人之间所承担的忠实义务引进有限责任公司中，认为有限责任公司中的股东应像合伙人那样对其他股东承担忠实义务。英美司法还将合伙的强制解

① 《合伙企业法》第 86 条。

散理论引入公司法领域，这使公司的强制性解散制度与合伙的强制性解散制度趋同。①

三、公司的历史沿革和现状

企业组织形式的发展、变化与生产力的发展是紧密联系的。与资本主义生产方式经历了从简单协作到工场手工业，再到机器大工业的变化过程相适应，占社会主导地位的企业组织形式也经历了从独资企业到合伙企业，再到公司这样一个发展演变的过程。因此，可以说公司不是从来就有的，它是社会、经济发展到一定阶段的产物。在总结公司产生和发展的历史时，有人通常在时间上作无限公司、两合公司、股份有限公司、有限责任公司的先后排列，这种看法有失偏颇。第一个关于无限公司的立法是1673年的法国的《商事敕令》，而1600年和1602年就有了作为股份有限公司前身的英国和荷兰的东印度公司。尽管这些公司的成立以皇家特许为前提，是政治权力的产物，好像与公司作为私法上的主体相左，但它们在许多方面已具备股份有限公司的特征。我们认为，从历史沿革考察公司的起源，并非要在历史上寻找现代意义上的、具有完备法律外壳的股份有限公司或有限责任公司，而是探寻公司最早的历史渊源及其发展的轨迹。由此，可将公司的历史大致分为萌芽期、兴起和发展期、定型期三个阶段。

1. 公司的萌芽期

一般认为，公司起源于中世纪的欧洲。但据经济史专家研究，从时间上看，公司的萌芽期甚至可追溯到更加久远的年代。据文献记载，早在罗马帝国时期，就存在着公司或类似于公司的组织。在罗马，第一个类似于公司的组织以类似于股份有限公司的形式出现，它向公众出售股票，目的是履行为支持战争而签订的政府合同。这种股份有限公司设立的目的，只是为了履行政府的合同，不得从事其他的任何活动。因此，当时还不可能存在大规模的组织。② 那时的船夫行会，也被有的经济史专家视为类似于公司的组织。“现在我们还可看到有些流传下来的关于第三和第四世纪船夫行会的重要文献；当时这些团体在帝国的大部分沿海城市都可找到。它们主要被雇佣于运送粮食，它们的经营和资本雄厚的商社相勾结着，而那些被禁止经商的罗马元老往往是这些公司的匿名股东。”③

有关公司起源问题众说不一，有学者认为公司是随着资本主义经济关系的出现而产生的；另有人认为资本主义经济只是公司在发展过程中所经过的一种社会经济形态，公司在此之前就已存在，甚至可以追溯到简单商品生产的奴隶社会。

---

① 张民安：《现代英美董事法律地位研究》，法律出版社2000年版，第579～585页。

② ［美］丹尼尔·A·霍恩：《管理思想的演变》，中国社会科学出版社1986年版，第21页。

③ ［美］汤普逊：《中世纪经济社会史》（上册），商务印书馆1961年版，第2页。

《汉穆拉比法典》第 99 条规定:“倘自由民以银与自由民合伙,则彼等应在神前均分其利益。”显然,这种合伙的形式极其简单,且还带有奴隶社会浓厚的等级色彩,但其中已包含了共同出资和共享利益的现代公司的最一般原理。所以,后一种观点似乎较妥。公司萌芽于一种多个所有者共同经营的形式,这种共同经营形式最早的法律反映就是合伙。换言之,公司是从合伙演变而来的。合伙在罗马法上的含义是指两人以上互约出资,经营共同事业,共同分配损益的契约性组织。[①] 由此可见,罗马法中出现的 *societates* 就是两个或两个以上出资人共同经营的经济实体,即法律上的个人合伙组织。罗马法是简单商品生产即资本主义前的商品生产较完善的立法。[②] 它所记载的合伙形式既是当时商品生产组织形式的反映,同时又以法律确认的方法促进了这一形式的发展,并最终孕育和催生了公司的形成。

与史学界看法不同,法学界通常都认为,现代意义的公司源于中世纪意大利沿海都市的船舶共有与康孟达契约。中世纪初,意大利地中海沿岸的威尼斯、热那亚、比萨以及内地的佛罗伦萨和米兰等城市产生了由商人控制的、分散的或集中的、带有资本主义性质的手工工场,而且海运业亦具有相当规模。当时,从事商品生产和海运贸易的企业组织形式,一是产生于中世纪初期的、带有浓厚封建传统色彩的家族式的经营团体(family business undertaking),个体商人的数个继承人按份共有各自的财产,他们共同经营、共享利益、共负亏损,有学者认为它是后来的无限责任公司和有限责任公司的前身;另一种形式是当时的海运企业康孟达(commenda)组织,该组织实际上是航海者与资本家进行合作的一种商事契约关系,依据契约,一方将资本或财物委托另一方,另一方运用这些资本、财物从事经营活动。盈利后按出资额(航海者劳务支出可折合为出资额)分配,亏损时由航海者承担无限责任,而资本家仅在其出资范围内负有限责任。康孟达形式一方面减少了投资者的风险,刺激了他们的投资欲望;另一方面又为航海者外出经商解决了资金不足的困难,使之由海上贸易拓展到陆上贸易,最后发展成法律上的隐名合伙和两合公司制度。

中世纪还出现了一些接近现代公司的经济组织形式。首先,如 14 和 15 世纪时热那亚的“孔佩尔”和“毛恩”股份集团。这两个机构是国家债权人集体在 1407 年联合在一起组成圣焦尔焦商行。[③] 国家的某些收入划归他们作为债务担保,并偿付利息。就“毛恩”的情况来说,这笔收入可能是从开发国外土地而来。发给认股人的文书是可以转让的个人财产,但严格说不是股票,它所生的利息不是正式股

---

① 据学者考证,罗马法上的合伙可以分为六种具体形式,即共产合伙、特业合伙、所得合伙、租佃征收合伙、单业合伙、隐名合伙。参见吴文翰、谢邦宇:《罗马法》,群众出版社 1987 年版,第 242 页。

② 《马克思恩格斯全集》(第 36 卷),第 169 页。

③ [意] 卡洛·M. 奇波拉:《欧洲经济史》(第 1 卷),徐璇译,商务印书馆 1988 年版,第 259 页。

息。但是这种社团确实显示出现代股份公司的若干特征。① 其次，中世纪出现的同业行会(livery companies)是一种商人组织，该组织具有社团法人的性质，它的主要任务是保护同业商人的利益，有时也具有某些共同经营的职能。例如 13 世纪至 15 世纪意大利设立的热那亚银行是世界上第一家银行，银行家把钱借给国家作为贷款担保的一种形式，国家允许银行家对国家的税收进行监督和分配。银行家成立的同业行会，被特许在被征服的殖民地经营商业，盈利根据各银行家贷款的数额按比例分享，亏损也以贷款数额按比例承担责任。正是这种初级的有限责任形式为以后公司组织的主要责任形式奠定了基础。②

2. 公司的兴起和发展期

如果说公司的萌芽期大致可指罗马时代和欧洲的中世纪时代，而在这一时期公司以合伙为主要标志的话，公司的兴起和发展期即近代资本主义经济兴起和上升时期。资本主义商品经济的发展，需要有与自身相适应的经济组织形式，而公司的产生，既适应了资本主义社会生产力的发展，又反过来促进了资本主义商品经济的发展。具体说，公司兴起和发展的主要标志是各种公司尤其是股份公司的产生和稳定发展。

最早出现的公司形式是无限公司，继而是两合公司。16 世纪开始，出现了一些在家族合伙企业的基础上扩大的、高度集中的公司形式。“每一公司都有一笔由合伙人提供的创业资本，或是鼓励合伙人投入更多的资金，也被称为追加资金。对待两种资本的方法是完全不同的。在创业资本中拥有股份的人根据公司的总盈利或亏损取得报酬，而那些提供追加资本的人仅能根据存款额取得有限的、有保障的利息，这种利息通常是在公司的盈利未分配之前支付的。”③这种合伙与早期的合伙相比，通常在经营过程中不断吸收追加资本。但究其性质，仍是股东承担无限责任的公司。上面提到的追加资本则类似于现在的公司债，随着无限公司的发展，银行资本也渗入其间，银行家既想参与公司盈利分配，又不愿承担公司经营亏损的责任，从而使无限公司逐步演变成两合公司。于是，直接参与经营的一方就以自己的无限责任来换取资本家只出资但不参与经营的有限责任，两合公司也就随之产生了。

无限公司与两合公司的出现仅标志着公司在组织形式上有了发展，真正达到质的飞跃是股份有限公司的出现。对股份公司的产生，众说纷纭，但较为一致的观点认为，1600 年成立的英国东印度公司是最早的股份公司。东印度公司有以下

① [意]卡洛·M. 奇波拉:《欧洲经济史》(第 1 卷)，徐璇译，商务印书馆 1988 年版，第 259 页。

② [意]卡洛·M. 奇波拉:《欧洲经济史》(第 1 卷)，徐璇译，商务印书馆 1988 年版，第 236 页。

③ [意]卡洛·M. 奇波拉:《欧洲经济史》(第 2 卷)，徐璇译，商务印书馆 1988 年版，第 476 页。

特点：

(1)它依据英国女王的特许状而成立。女王在颁发特许状时，对该公司实行管理和控制并从授予特许状中得到了巨大利益。特许状规定，只准许东印度公司与印度进行贸易，严禁其他公司或个人与印度直接或间接地进行贸易，东印度公司在“当时被认为具有真正的专营特权”。可见，特许状实质上是女王赋予该公司的一种垄断权。

(2)将总资本额平均分为若干股，每个人可按自己的意愿认购股份。股份转让的方法和范围都比较任意、方便。

(3)公司财产与股东个人财产相分离，成为具有法人地位和章程的商业公司。该公司章程规定：“任何货物都不能当作企业中的某一股份接运。”“一切货物和航行用的一切，必须由重要负责人和管理者为此次航行而任命的人来购买并作出发的准备。”

(4)公司实行有限责任制，这种有限责任是建立在公司对其财产独立支配基础上的。东印度公司是最早完全由股东负有限责任的公司，只有彻底实现有限责任制才能吸引私人对仍有较大风险的殖民地贸易公司投资，它是为英国最大限度地对东方国家进行殖民掠夺和垄断贸易服务的。

(5)公司开始将其股本看作是长期性的。东印度公司最早开始扩大发行具有固定票面价值的股票，发行量根据其对资本的需要而定，而且该公司是最早将利润与资本加以区分的公司之一。东印度公司在公司发展史上占据了十分重要的地位，以后于 1602 年成立了荷兰东印度公司。但 17 世纪初至 19 世纪中叶，股份公司发展的进程却很缓慢。究其原因是多方面的：

①早期股份有限公司的设立需经国王的特许或政府的核准，这客观上限制了股份公司的发展。

②在资本主义原始积累尚未完成的情况下，社会可提供的游资有限。

③股票市场未能真正形成。尽管美国在 1773 年就在伦敦一家咖啡馆成立了证券交易所，但未能真正进行股票交易，股票无法转让势必影响股东投资的积极性。

④立法不完整、不配套。《法国商法典》中规定了公司的形式，而法国 1804 年民法典中却没有法人制度的规定，法人制度的核心是公司，没有明确规定法人制度的公司制度始终不能发挥其真正的作用。

⑤完全的有限责任制被认为会对公众利益带来危险。

股份公司在 17 世纪初至 19 世纪中叶尽管发展缓慢，但是该时期的发展为以后股份公司的规范化创造了条件，也为有限公司的兴起奠定了基础。早期的股份公司的设立需要政府或皇室颁发的特许状，其后设立股份有限公司由特许制发展为政府核准。但不论是特许还是核准，对于公司设立而言都是一种限制。为避开这些限制，也为了把股份公司与无限公司结合起来发挥各自的优势，股份两合公司便产生了。所谓股份两合公司是股份公司与无限公司组合而成的一种公司形式。其主要特征是公司是无限责任股东对公司债务负无限连带责任；有限责任部分的资本划分为股份，可以发行股票，其股东就其认购的股份对公司债务负责。但股份两合公司与两合公司一样存在着弊端，即负无限责任的股东利益少、风险大，而负有限责任的股东风险小，相对来说利益较大，这使得人合公司和资合公司两者的优势都难以发挥，因此，这种形式的公司因先天不足一直没能发展起来。

虽然股份有限公司自 17 世纪初至 19 世纪中叶的发展进程缓慢，未能在众多企业形式中占据显赫地位，但通过这一时期的演进和不断的自我完善，股份公司毕竟已日趋成熟，基本具备了向规范化发展的条件，其内部组织结构和外部特征也与现代的股份有限公司基本无异，并且还为以后有限责任公司的兴起准备了条件。正是基于这一理由，我们才将这一时期称为兴起和发展期。

3. 公司的定型期

公司的定型期大致可划在 19 世纪下半叶至 20 世纪上半叶。其重要标志是以股份有限公司为典型的公司企业组织形式取得了突破性进展，迅速在西方国家各产业中占据了统治地位，成为企业组织的主要形式。与此同时，作为公司主要形式的股份有限公司和有限责任公司最终从形式和内容上固定下来，朝着规范化方向发展，成为具有特定法律意义的、普遍适用的企业常态模式。19 世纪下半叶，资本主义生产和积累日趋显著，1874 年开始的大萧条以及随后发生的危机，更加剧企业间的竞争和兼并活动。股份公司对大资本企业的建立极为有利，“资本主义最典型的特点之一，就是工业蓬勃发展，生产集中于愈来愈大的企业的过程进行得非常迅速。而集中发展到一定阶段，可以说，就自然而然地走到垄断。”①股份公司适应了资本集中和生产社会化的要求，一跃成为资本主义企业组织的主要形式。

20 世纪初，在英、美、德、法等国，国民财富的 1/4 到 1/3 被股份公司所掌握，就其经济权力来说，股份公司在各国国民经济中占据了统治地位。尽管股份公司在集资方面具有其他公司形式无可比拟的长处，但其设立的程序较复杂，股东数量众多而分散，企业的向心力不如人合性质的无限公司，而且对中小型企业难以适用。因此德国率先以股份公司的有限责任为基础，吸收无限公司的长处，制定了《有限责任公司法》。按照 1892 年德国率先制订的《有限责任公司法》规定，有限责任公司也是资合公司形式，具有与股份有限公司一样的法人资格，结构上按照法人资格的团体组建，股东负有限责任，股票不得上市交易，公司业务相对保密。有限责任公司在德国产生以后，由于它是在吸收其他公司优点的基础上的形式创新，适应了经济的多样化和多层面的发展，尤其适用于股份有限公司所难以涉足的中小型企业领域，因此，有限责任公司得到了欧美各国的纷纷仿效和普遍推行。英、法、日等国也相继制定了有限公司法，其他许多国家也制定了有限公司单行条例，这使

① 《列宁选集》(第 2 卷)，第 739～740 页。

得有限责任公司成为与股份公司并驾齐驱的企业组织形式。公司制度日益完备，最终演进为当今的公司制度。

欧美各国的公司法基本都是在19世纪下半叶以后制定的。在此之前，尽管也有一些公司的立法，但都缺乏系统性，而且是附在其他有关法律中规定的。如法国1807年的《商法典》，在第一编的商行为中的第三章才专门对公司作了规定，一共仅有29条。法国最早制定的单行公司法是1867年的《股份有限公司法》，1925年制定《有限公司法》，1940年以法令形式对1867年公司法作了重要修改。德国最早制定的公司法是1892年的《有限责任公司法》，其余的公司形式都是在《商法典》中规定。1937年颁布了《股份法》，1965年颁布《德国股份法》，对1937年的法律进行了彻底的改革。美国1909年制定统一的《股票转让法》，1928年制定《统一商事公司法》，1950年由全美律师协会起草的《美国示范公司法》是迄今最具影响的统一公司立法，它虽不具有强制性的法律效力，但由于其体例先进、内容科学合理，因而作为一个指导性的蓝本为各州立法所采用和效仿。日本的公司立法源于欧洲大陆体系，最初是在商法典中对公司作出规定，1938年颁布《有限公司法》，二战后又参照美国公司立法，对公司法作了多次修改。

综上所述，欧美资本主义国家的公司立法从19世纪50年代兴起后，到20世纪50年代已基本趋于完备，这使公司形态在法律上得到明确的体现和固定，也使这一时期的公司始终在公司法的规制下发展，受到法律的充分保障和调整，从而使其发展进程加快。

四、公司的种类

公司可按不同标准分类，主要有以下几种分类方法：

1. 依股东责任的不同将公司分为无限公司、有限公司、两合公司及股份有限公司

(1)无限公司，是指股东对公司债务负连带无限清偿责任的公司，是最原始的公司形式。无限公司的股东对公司债务负有很重的责任：

①无限公司股东对公司的债务直接负无限责任。由于无限公司的债务不是仅以公司的全部资产为限来清偿，因而无限公司股东对公司债务的责任不是仅以其出资额为限，当无限公司的资产不足以清偿公司债务时，所有股东都要用自己的其他财产来清偿。

②无限公司的股东对公司债务负连带责任。当无限公司的资产不足以清偿公司的债务时，每个股东对公司的债务都负有全部清偿的责任。公司的债权人可以向任何一个股东请求偿还债务。一个股东向公司债权人清偿债务后，若超过自己应承担的数额，有权向其他股东追偿。

(2)有限公司，也叫有限责任公司，它是指股东或出资人就其出资额为限对公

司承担责任，公司以其全部财产对公司债务负责，股东不直接对公司债务负责的公司。其含义有二：

①有限公司股东仅以其出资额为限承担责任。

②有限公司股东对公司负责，公司以其全部资产对公司的债务负责，股东对公司的债务承担间接有限责任。有限责任公司的股东可以是自然人、法人，也可以是国家，但股东人数按照我国《公司法》的要求不得超过50人。有限责任公司的股权不能公开募集并自由转让，股东拥有能够证明自己股份的权利证书（又叫出资证明书），并按所持有的股份份额行使股东权利，但有限责任公司的股权并不能像股份有限公司的股票一样，在资本市场自由流通。有限责任公司股东出资的转让受到了严格的限制。有限责任公司设立比较简单，公司代理成本、内部监督成本均较低，决策比较灵活，对市场反应比较迅速，是中小型企业的理想组织形式，在市场经济中发挥着巨大的作用。

（3）两合公司，是指一个以上的无限责任股东和一个以上的有限责任股东组成的公司，即一部分股东就公司债务负无限责任，另一部分股东则仅负有限责任。两合公司又分两种：一种由无限责任股东和有限责任股东组成；另一种由无限责任股东和股份有限责任股东所组成。在两合公司中，无限责任股东对公司的债务承担无限责任，有限责任股东或股份有限责任股东则仅以其出资额或以其所认购的股份对公司的债务承担有限责任。

（4）股份有限公司，又称为股份有限责任公司，是指把公司的全部资本划分为等额股份，股东按其所认购的股份为限对公司承担责任，公司以其全部资产对公司债务承担责任的公司，股东对公司的债务不直接承担责任。在我国，公司的形式只有有限责任公司和股份有限公司两种。股份有限公司的股东以其所拥有的股份份额对公司债务承担有限责任，在这点上与有限责任公司具有相似性；股份有限公司的资本划分为等额股份，股票（股份的凭证）向社会公开发行并能自由转让，这是两种公司的重要区别；股份有限公司的设立门槛很高，法人治理结构比较复杂。与有限责任公司相比，股份有限公司的设立条件、程序都更为严格，要求更高。

2. 依据公司信用为标准，可分为人合公司、资合公司和人资两合公司

人合公司，是指公司的信用以股东的个人信用为基础，无限公司就属于典型的人合公司。这种公司的经营活动侧重于股东的个人条件，而不在于公司资本的多少，因为人合公司的股东是以其个人的全部财产承担责任的。因此，与人合公司的交易，要在弄清每个无限责任股东个人信用的情况下进行。

资合公司，是指公司的信用完全以公司的资产数额为基础，股份有限公司就是典型的资合公司。资合公司股东信用的重要程度远不如人合公司。因为资合公司的股东多而分散，股票可自由转让，处于经常的变动中。因此，与资合公司的交易，必须在弄清其总资本额及现有的总财产状况的情况下，以与其资本额相当的规模进行交易。

人资两合公司，是指公司信用以股东的个人信用和公司的资产数额为共同基础，两合公司就属于人资两合公司。两合公司的股东人数较少且较固定，致使公司信用除了以公司资本为基础外，与股东的个人信用也有一定的关系，其兼具“人合与资合”的性质。

3. 按公司的国别，可划分为本国公司、外国公司和多国公司

按公司国籍的不同，可将公司分为本国公司、外国公司和多国公司。本国公司是指一国按照本国公司法所规定的公司国籍标准，确定具有该国国籍的公司。外国公司是与本国公司相对应的概念，是指东道国（本国公司所在国）所确定的不具有东道国国籍，但可以在东道国从事商事活动的公司。一般而言，外国公司在东道国从事商事活动的只是该公司的分公司或分支机构。与本国公司、外国公司相关的一个概念是跨国公司。跨国公司（multinational company），也叫多国公司，是一种不同国籍的公司的联合。它通过掌握股权、控制经营权或合同的形式联结起来并组成一个经济单位。它是指在某一个国家设立，在多个国家或地区开设分公司或子公司开展业务活动的国际性营利组织。由于跨国公司的活动涉及多个国家，故而被称之为多国公司。

确定本国公司与外国公司国籍有三种标准：

(1)住所地主义。即以公司管理机构所在地或营业中心所在地确定公司国籍。

(2)准据法主义。公司依据哪个国家有关公司的法律、法规成立，在哪国登记，即以该国籍作为公司的国籍。

(3)股东国籍主义。以公司多数股东或以多数出资额股东的国籍为准来确定公司的国籍。在确定国籍的问题上，美国是个例外，它规定，凡按照美国州法和联邦法所设立的公司称为本国（州）公司（domestic corporation），这个公司在他州或他国经营商业所设立的公司称为外国（州）公司（foreign corporation）。

我国批准登记设立的公司，无论外国资本占多少比例，均为我国公司。在我国批准登记设立的外资公司也是我国的法人。凡不在我国批准登记设立的公司均为外国公司。

4. 按公司间控制关系和依附关系，可分为母公司、子公司

母公司（parent company），是指拥有其他公司一定比例的股份，能够控制、支配其他公司的公司。母公司是一种控制性公司，所以，有时也被称为“控制公司”或“控股公司”。但控制公司的产生除因资本控制外，还可以纯粹基于控制协议而产生。因此，控制公司的外延应比母公司广。此外，在西方国家学理上，将控股公司分为“纯粹控股公司”和“混合控股公司”。前者只以控股为目的，不参与公司的经营；后者除持股以外，还直接参与公司的经营。而母公司通常指后种情况。

子公司，指一定比例以上的股份被另一公司拥有，并被该公司实际控制的公司。尽管母公司和子公司之间体现着控制和依附关系，但就法律地位而言，二者却都具有独立的法人资格，独立地对外承担财产责任。一般来说，一个母公司控制了

3个以上的子公司，即可能形成集团公司或企业集团。因此，母子公司也是实现企业垄断和企业联合的常见法律形式。

5. 按公司间的隶属关系可分为总公司、分公司

总公司又称本公司，是指依法首先设立以管辖全部公司组织的总管理机构，并以此为中心支配公司的营业活动和资金的调度。分公司是母公司的分支机构或附属机构，在法律上和经济上没有独立性，不具备法人资格，不是公司的形式。分公司作为总公司的分支机构，一是它没有自己的公司名称和公司章程，只能以总公司的名义进行活动，但可以在总公司的名称之后加上"某某分公司"字样；二是它没有自己独立的财产，其实际占有的财产或负债全部属于总公司，并列入总公司的资产负债表中；三是它没有自己的董事会，而只有业务管理人员。因其不具备法人条件，故分公司虽可在总公司的授权范围内进行必要的业务活动，但其业务活动的结果均由总公司承受，总公司应以自己的全部财产对分公司的债务负责。

本公司与分公司是按照公司内容管辖关系进行的分类。本公司承担由分公司行为产生的民事责任，主要是指债务责任。但这一责任属于连带责任的性质，还是属于无限责任的性质，我国《公司法》并未明确。连带责任与无限责任并不相同。结合分公司是领取营业执照的分支机构和具有独立民事诉讼主体资格的情况，我们认为，本公司对分公司承担的民事责任，应属于无限责任的性质，即本公司对分公司的债务以自己的全部资产承担民事责任。

应该指出，我国目前的有些分公司的名称并未严格按法律规定使用，有的虽名为分公司，却不是总公司的分支机构，而是具有独立主体资格的法人组织，之所以称为分公司，只是为了标明其与总公司之间的上下隶属关系；有些经济组织虽是总公司下设的分支机构，却未在名称中做出明显标识，易给人以独立法人的误解。为与国际通行的公司法规则接轨，避免和防止在国内、国际经济交往中对主体的地位与责任产生歧义，我国国家工商行政管理局已经对分公司的称谓作出了必要的规范。

6. 以公司股票是否公开招募为标准，分封闭公司、开放公司

按照公司资本筹集方式及出资转让方式的不同，可把公司分为封闭公司和开放公司，这也是英美法系国家对公司的基本分类。封闭公司（英国称 private company，美国称 closed corporation）或译为少数人公司、不上市公司、私公司，是指资本全部由设立该公司的股东所拥有，不能对外发行股份，股东的出资证明份额不能在股票市场上自由流通的公司。此种公司类似于大陆法系国家中的有限公司。在英国，不上市公司不仅包括有限公司，而且包括无限公司。①

英国称封闭公司为私公司（private company）。封闭公司的股票全部或绝大多数由建立该公司的少数股东所占有。其股份转让受到限制，股票不得在市场上公

① 董安生等编译：《英国商法》，法律出版社1991年版，第236页。

开出售，故亦称作“不上市公司”或“股票不上市公司”。

开放公司（美国称 Share corporation，英国称 public company），亦称上市公司、多数人公司、公公司，是指可以公开招股，股票可以在股票市场上公开进行交易的公司。此种公司类似于大陆法系国家中的股份有限公司。但如译为上市公司，则应与大陆法系国家中股票获准上市的股份有限公司相对应。

五、一人公司

一人公司（one-men company，one-member company）又称独资公司或独股公司，它有广义和狭义之分。广义的一人公司不仅包括形式意义上的一人公司，还包括实质意义上的一人公司，即公司的真实股东只有一人，其余股东仅是为了真实股东一人的利益而持有股份的非实有股份权益者的公司；狭义的一人公司是指股东只有一人，全部股份或出资由一人拥有的公司，又称为形式意义上的一人公司。

就目前情况看，实质意义上的一人公司在各国普遍存在，家族公司就属典型之一。由于各国立法对其基本不作禁止性规定，使得这类一人公司有了生存的空间；而允许形式意义上的一人公司设立或存在，也已成为一种立法趋势，还有不少国家将一人公司扩大到一人股份有限公司。如我国台湾的《公司法》原本规定，无论是有限责任公司还是股份有限公司，当股东人数变动仅剩一人时，必须解散该公司。① 该法经 2001 年修订后，第 98 条规定：“有限公司由一人以上股东所组成。”由此可见，我国台湾也遵循公司法确认一人公司的立法潮流，承认了一人有限公司的设立。②

我国《公司法》第 58 条第 2 款规定：“本法所称一人有限责任公司，是指只有一个自然人股东或者一个法人股东的有限责任公司。”从法律调整上看，实质意义上的一人公司一般情况下均不受法律的特别规制，只是在涉及公司法律人格否认时才会考虑特定公司的性质。因此，实质意义上的一人公司实际上应属于公司法律人格否认制度的范畴，而《公司法》关于一人公司部分仅就形式意义上的一人公司加以规范即可。基于此，除非特别说明，本书所言及一人公司皆属形式意义上的一人公司。

我国 1993 年《公司法》除承认国有独资公司外，对一人公司未予承认。对此，学界争论一直未终止。在 2005 年《公司法》修订时，多数学者主张应承认一人公司，其理由在于：承认一人公司是世界各国公司法发展之趋势，有利于鼓励出资人投资，消除以虚拟股东来规避法律的行为。但反对者认为：我国目前国家对社会的控制能力以及商业信用的程度决定了暂时还不应全面承认一人公司，否则可能造

---

① 林国全：《一人公司》，载《月旦法学杂志》第 22 期。

② 柯芳枝：《公司法论》，中国政法大学出版社 2004 年版，第 547 页。

成个人独资企业与一人公司法律责任的混淆，危害社会交易安全。最终，立法机关采纳了前者的建议。

六、国有独资公司

国有独资公司是我国《公司法》中规定的一种特殊形态的有限责任公司，是指国家单独出资、由国务院或者地方人民政府授权本级人民政府国有资产监督管理机构履行出资人职责的有限责任公司。也是我国《公司法》借鉴现代世界通行的公司制度，针对中国的特殊国情，为促进中国国有企业制度改革而专门创立的一种特殊公司形态。国家授权投资的机构单独出资设立的有限责任公司是国有独资公司。属于国务院确定的生产“特殊产品”的或“特定行业”的公司，应当采取国有独资公司形式。[①] 这里的“特殊产品”是指那些非国家经营不可的产品，如黄金开采、制币厂等，也就是说，凡是民间能够经营的或可以由国家控股经营的公司，不必由国家独资经营。“特定行业”具体指军工行业等关系到国计民生的大企业，如钢铁公司、铁路、通讯等国家赋予特殊职能的企业。对于上述生产特殊产品或属于特定行业的公司，目前国家行高度垄断，采用国有独资公司的方式运作。

七、外商独资有限责任公司

《公司法》规定，外商投资的有限责任公司适用本法，有关中外合资经营企业、中外合作经营企业、外资企业的法律另有规定的，适用其规定。而根据《中华人民共和国外商投资企业法实施细则》的有关规定，外商可以独资设立具有法人资格的外商投资企业，即有限责任公司。

第二节　公司法概述

一、公司法的概念、特征和渊源

1. 公司法的概念

公司法是规定公司的种类、设立、组织、经营、解散等、调整公司在对内、对外活动中所产生的社会关系的法律规范的总称。公司法的概念有广义和狭义之分。广义的公司法亦称实质意义的公司法，泛指关于公司规定的所有法规，除单行的公司

---

① 施天涛：《公司法论》，法律出版社 2005 年版，第 53 页。

法规外，还包括《民法》、《民事诉讼法》、《企业破产法》、《外资企业法》等法律、法规中有关公司的规定；狭义的公司法亦称形式意义上的公司法，指国家立法机关制定的专门规定公司问题并以“公司法”命名的单行法规。本书所讲的公司法是广义的公司法。各国都非常重视公司立法，不仅制定了详细的公司法典，而且制定了其他单行法规，形成一套较为系统的公司法律制度。公司法明确了公司的基本含义和基本形式，确立了公司的法律地位，规定了公司的组织和活动的基本原则，是公司必须遵循的行为准则，也是其顺利发展和正常活动的根本保证。

任何法律的创制都有其特定的适用范围。公司法是规范公司这一特殊市场主体身份和行为的法律规范，因此，明确了公司的概念，只是搞清了公司法主体的适用范围和规制对象，要正确认识公司法的概念，还必须对公司法的调整对象有一个正确的理解。公司法的调整对象即公司法所调整的社会关系主要包括以下几个方面：

(1)公司内部的财产关系

公司无论在开办前，还是在成立后都要进行一系列的经济活动，产生一系列的财产关系。公司在合并、分立、解散和清算过程中也会产生一系列的财产关系。所有这些都要由公司法调整。公司内部财产关系主要是指公司发起人之间、发起人与股东之间、股东相互之间、股东与公司之间在公司设立、变更、解散和清算过程中所形成的具有经济内容的社会关系。主要包括公司资金的筹措、利润的分配、剩余财产分派、对外责任的承担等内容，这是公司法的主要调整内容。

(2)公司外部的财产关系

公司法调整的外部关系，是指公司在设立、变更或终止过程中相关主体(公司、股东、债权人和其他第三人)之间产生的财产关系，如公司在变更或清算时的债权债务处理。但应注意的是，公司法并不调整所有的外部财产关系。公司在日常经营活动中所形成的与公司组织特点无密切联系的一般交易关系，并不由公司法调整，而是由合同法、担保法等其他民商法调整。公司法只调整与公司组织特点密切相关而又含有经济内容的基于公司活动而形成的这部分社会关系，如公司在发行股票、公司债券过程中，公司与认股人、债券持有人以及证券承销商之间所发生的社会关系；公司在合并、分立、解散过程中，公司与债权人之间的债权、债务承继与清偿关系；母公司与子公司之间的控股与财产分配关系。

(3)公司内部组织关系

公司内部组织关系是指公司股东与公司内部组织机构之间、股东会、董事会、监事会各种组织机构之间以及公司同公司职员之间在公司存续期内所结成的各种带有管理协作性质的社会关系。这些社会关系主要体现为管理与被管理关系，也包括一些与经济关系有联系的人身关系以及公司内部各方之间的平等协商、彼此配合、相互制约关系。其内容主要有：股东的地位、权利义务、股东会、董事会、监事会等公司机关的地位、职权及相互关系、公司机关成员的任职资格、产生办法、法律地位、权利、义务、责任等。

(4)公司外部组织管理关系

公司外部组织管理关系主要是指公司在设立、变更、经营、解散过程中，与有关国家机关所形成的管理与被管理的纵向经济关系。它涉及到公司的法律地位，公司经营资格的取得，公司的合并、分立、解散等内容，这与公司的组织特点密不可分。

2．公司法的特征

(1)公司法是制定法

公司法是制定法，是国家制定和颁行的具有法律效力的行为准则。无论大陆法系国家还是英美法系国家，都认为公司法是国家制定和颁布并以国家强制力保证实施的行为规则。公司法以制定法形式存在，这样可以使有关公司的法律地位等问题得到系统的、内容准确的规定，同时，对于公司的法律地位以及它的组织设立，尤其是有关公司组织活动中的程序性规定，必须有系统的、内容准确而又能迅速反映出变化了的要求的法律规定。与此相适应的立法形式是制定法而不是判例法。因此，无论是大陆法国家还是英美法国家，其公司法的表现形式都为制定法，即都采用成文法的形式以实现对公司关系的有效调整。

(2)公司法主要是组织法，同时也是行为法

组织法是规定某种社会组织的产生和消灭、组织机构及其活动的范围、活动规则等关系的法律规范。公司是一种营利性的商事组织，具有不同于自然人的团体人格，因而规定公司法律地位、团体人格取得、内部机构的设置和运作规则、调整公司内部成员的关系，是调整公司组织关系的公司法的最基本义务。公司法主要是对公司的设立、变更、终止，公司的法律地位和组织机构，公司内部的法律关系等有关公司组织方面的问题加以规定，因而公司法是组织法。另一方面，行为法是调整由法律主体的活动或行为而产生的社会关系的法律规范的总称。公司法人要营利就必须参加社会的商品流通，从事与公司特点有关的一些活动，如股份有限公司发行股票、债券等，公司法需对公司在经营活动中的一些问题作出规定，所以公司法同时也是行为法。由于公司法所调整的只是与公司组织特点密切的部分经营关系，所以，组织法的特性是第一位的，行为法特征是第二位的。

(3)公司法是任意法与强行法相结合的法律规范

凡法律规定之内容，不许因当事人之意思变更适用的，为强行法；如果可由当事人的意思自由变更或拒绝适用的，为任意法。公司法作为规范公司组织与活动的法律，其条文自然有任意性规范，而且，任意性规范是公司法的核心部分，凡是涉及到公司内部经营管理活动的，则应以任意性规范来加以规定，给公司必要的自治空间。但另一方面，公司的设立、变更与终止，不仅是发起人及股东的私事，它直接关系到社会正常的经济秩序。为了维护社会公共利益，保证公司在法律允许范围内正当经营，保证交易的安全与公正，因此公司法中亦多有强制性或禁止性规定。

公司法规定的民事、行政乃至刑事处罚条款即是典型的例证。究其原因，公司法作为商法的重要组成部分，虽然与民法一起形成了私法的二元结构，但同时它又有着区别于民法的显著特征，这就是商法的公法性，商法也因此而相对独立于民法，这在民商法学者中早已形成共识。总之，在公司法中随处可见强制性规范与任意性规范对峙，这并非商法之异化，而恰是商法二元性之体现。

(4)公司法是一种实体法与程序法相结合的法律规范

凡规定权利义务之实质及范围的法律为实体法，如刑法、民法等。凡规定行使权利、履行义务的程序的法律为程序法，如民事诉讼法、行政诉讼法等。公司法是规范公司组织和活动的法律规范。因此，各国公司法都着重规定公司的法律地位、公司股东、公司机关及其成员的权利、义务和责任，这些实体性内容遍及公司法始终，构成公司法的主要内容。所以，公司法应属于一种实体法。但作为一种商事组织法，各国公司法在侧重规定实体性的同时，还广泛规定权利行使的法定程序，以保证实体权利的实现，这使公司法同时带有一定的程序法性质。但无论有多少程序性规范都不可能使其成为一部与实体法相对应的程序法，实体法仍是其本质属性。各国公司法中既有实体方面的规定，如公司的组织机构、公司的章程、公司名称及住所、公司的法定代表人、股东的权利义务等；亦有程序方面的条文，如关于公司设立、合并、变更、解散、清算等的程序规定。故公司法兼容了二者之性质。

(5)公司法具有一定的国际性

虽然公司法主要对有关本国的公司问题加以规定，是本国发展经济的重要法律，属国内法。但与此同时，它所涉及的公司不仅限于本国公司，也包括了在本国的外国公司、本国资本与外国资本合营的公司等。国际资本总是从盈利低的地方流向盈利高的地方，作为从事投资活动的公司企业也必然在各国间进行活动，这就使得公司法成为各国的国际贸易交往中必须考虑的重要法律。随着商品交换空间的日益拓展，生产国际化、资本国际化的普遍推行，各种国际组织和跨国公司大量出现，这使得各国的公司立法渐趋一致。各国在制定和修改公司法时，都尽可能地借鉴其他国家的立法长处，完善本国法。如日本公司法原属大陆法体例，在战后却向美国法靠拢，吸收了美国法的许多内容，使日本的股份公司法与美国的非常接近。我国台湾公司法中的规定来自外国的更多。例如股份有限公司的重整制度、董事监事选举的累积投票制、员工分红制度等都是从西方国家引进的。可见，公司法是具有跨国因素的国内法。

3. 公司法的渊源

公司法的渊源，即公司法借以表现的形式。纵观世界各国公司立法的实践，公司法大体以下列几种基本形式存在：

(1)以商法典或民法典的形式规范公司的活动

大陆法系实行民商分立制的国家，都制定有与民法典并立的商法典，公司法是商法典的一部分。在这些国家，公司法在商法典中的地位又有所不同。有的把公司法作为商行为编的一部分，如法国商法法系；有的把公司法作为商法典中独立的一编，如德国商法法系。实行民商分立制的国家的商法典，并未规定现代公司的全部形式，大都在商法典之外另行制定有限责任公司法，这是因为有限责任公司形式出现较晚，而这些国家的商法典颁布在先，自然在商法典中未有反映。自20世纪中叶以来，有些国家对股份有限公司或其他公司类型也制定了单行法，如德国1966年的《股份法》。在这些国家，商法典中的公司法仍是行之有效的，单行法只不过是对商法典中有关公司的原则性规定的具体化和修改补充。这在德国《股份法》的施行法第三章关于法律的废止和修改的规定中，可以得到证明。然而，由于单行公司法的出台，在法律适用上引起了较大的变化，按通行的特别法优先于普通法的原则，在单行法有规定时，则不再适用商法典中的有关规定；反之，只有在单行法无规定时，商法典中的规定才被适用。这在不同程度上淡化了法典意识，削弱了商法典的权威性。之所以如此，是因为这些国家商法典的制定距今已年代久远，而公司组织的发展变化却日新月异，仅靠对商法典的修补已无济于事，因而在商法典之外另行制定单行法，这在一定程度上已成为实行民商分立制国家商事立法的发展趋势。法国、日本公司法就包含在商法之中，成为商法的一个组成部分。《日本商法典》的第二编为公司篇，共488条，是商法的主要篇章。《日本商法典》中关于公司的规定，适用于各类公司，另以一些单行公司法规作为对商法典的补充，对某类公司的活动加以调整。瑞典公司法也放在商法典之中。意大利公司法则是包含在民法典之中的。

(2)单行的公司法典

即以单行法规的形式对某类公司或公司某方面的问题作出规定。作为单行法规而独立存在的公司法，在有的国家被称为公司法令(Corporation Act)或公司条例(Corporation Regulations)。目前，公司法从民商法中分离出来自成一体已成为一种趋势。这不仅表现在采用民法典和商法典模式的国家越来越少，而且体现在商法典之外仍有大量的公司单行法，法国和德国均是如此。在美国，每个州都有各自的公司法；原联邦德国对公司也主要采取单行法规的形式规范，它于1892年颁布了《有限责任公司法》，1965年颁布了《股份法》；英国及其联邦国家也多采行公司法规形式。日本则是在2005年公司法改革后，彻底抛弃商法典模式，[①]我国公司立法也采单行法形式。新中国第一部《公司法》制定于1993年，于1994年7月1日实施，1999年和2004年进行了两次修正，2005年完成了大的修订。

(3)区域性公司立法例

为推进欧洲经济一体化，欧共体和欧盟一直全力协调各国公司法。一是在

---

① 诚如日本商法专家十多年前所说，商法的条文是怎么装也装不下偌大的公司法的，终究还是要将公司法部分从商法中独立出来，使其成为包括有限公司法在内的独立的公司法。参见[日]酒卷俊雄：《日本公司法的沿革及立法课题》，载《中外法学》1993年第1期。

1968—2004 年通过公司法指令(Directive)和条例(Regulation)达 47 件之多,其中指令 37 件,条例 10 件,核心公司法的指令和条例 11 件,其中指令 10 件,条例 1 件。二是开辟了创设区域性公司之先河。依据《欧洲公司条例》(2001/2157/EC)所创设的欧洲公司(SE),跨国公司只需遵循一套法律制度,即可在所有欧盟成员国从事商行为,大大节约了合规成本。这些指令和条例对各个成员国公司法具有重要的影响,丹麦的欧盟公司法专家甚至认为,规范公司主要方面的全方位共同体法已经成形。公司法的所有领域都受欧洲共同体影响,一体化规范成为欧洲公司现代化的重要因子。① 表现在:一是欧洲法院已有 11 例针对成员国的裁决,其中 9 例是成员国未在规定期限内实施指令,1 例是没有转化指令的两个条文,1 例是涉及国内的实施规范是否反映指令的本意。二是各国法院需按照指令和条例的本意实施这些一体化的规范,如有歧义,则应移送欧洲法院,由其作出解释。迄今,该院已对 25 个移送的案件作出初裁,分别为希腊、德国、荷兰、奥地利、比利时、法国和西班牙的法院移送。②

(4)地方立法例

主要以美国为代表。美国属于普通法系国家,但在公司立法上,又与其他普通法系国家不同,与大陆法系国家更不一样。依照美国宪法规定,美国联邦议会不享有公司立法权,公司的立法权分别由各州议会行使。所以,在美国没有一部全联邦统一适用的公司法,而美国各州都有自己的公司法。为协调各州的公司立法,美国统一州法和会于 1928 年制定了《统一商事公司法》,供各州立法参考,但收效不大。1950 年,美国全国律师协会的公司法和会起草了美国《示范公司法》(Model Business Corporation),又译《标准公司法》或《标准商事公司法》,对当代美国公司法律制度影响较大。它自面世以来,已修改多次,最近一次修改是 1999 年 5 月,但该法属于示范法性质,对各州并没有直接的法律拘束力。

二、公司法的目的和宗旨

公司法目的在于建立和发展符合现实需要的先进公司法理念和制度。公司法通过对当事人行为的规范和对公司内外法律关系的调整,旨在鼓励投资,促进企业发展和公司繁荣;对公司有正确的定性和定位,对其强制性和任意性加以合理界定;保护公司、股东和债权人的合法权益,协调三者之间的关系,梳理整合现行立法,以统一的公司法对所有公司、企业予以调整。

---

① P. Davies, Gower & Davies, *Principles of Modern Company Law*, Sweet & Maxwell, 7th ed, 2003, p. 112.

② 朱弈锟:《商法学:原理、图解、实例》,北京大学出版社 2006 年版,第 134 页。

三、公司法的基本原则

公司法的基本原则，是指公司法在调整特定的社会关系时在特定范围内所普遍适用的基本准则，也是在公司立法和司法过程中应该坚持和遵循的基本准则。公司法在其形成和发展的过程中逐步形成了一系列特有的原则。主要有：

1. 保护股东、公司和债权人合法权益的原则

公司这种现代企业制度中，存在着股东、公司和债权人三种既密切联系，又彼此独立的利益主体。股东是公司的缔造者，没有股东的出资，公司就不可能存在。而公司一旦成立，不仅公司和股东之间财产分离，人格也彼此独立。依法成立的公司具有民事权利能力和民事行为能力，能够依法享有民事权利和承担民事义务。为达到其设立目的，实现其经营职能，公司必然要开展相应的生产经营活动，也必然会同债权人发生一定的业务往来关系。为了协调好股东、公司和债权人之间的这种既对立又统一的特殊利益关系，保护股东、公司和债权人合法权益遂成为世界各国公司立法的首要原则。

2. 股权平等原则

股权平等原则，意指公司在基于股东资格而发生的法律关系中，应按其持有的股份的性质或数额实行平等待遇，同种性质的股份应该享有同样的权利、承担同样的义务，不能有所歧视和实行差别待遇。因此，股权平等原则是指股东在出资额或股份基础上的平等，而非所有股东权利的平等。只要股东投资的性质、数额相同，公司即要对其平等对待、一视同仁。股权平等原则是现代公司立法所奉行的基本原则之一，是公司组建及运作的基础，它是民法平等原则在公司法领域的具体体现，也是平等保护投资者利益，调动投资积极性的客观需要，它渗透于公司法的各个领域，如股份的发行必须同股同权、同股同利、一股一表决权、按持股比例或出资比例分配剩余财产等。

股权平等原则也是贯彻资本民主和股东平等精神的体现。随着社会经济的发展，尤其是中小股东保护意识的增强，股权平等原则也赋予了新的内容。为维护所有股东利益，防止多数股东对公司的垄断，不少国家和地区的公司立法对股权平等原则作了例外的规定，允许公司章程对大股东的表决权施加一定的限制。1892 年的《意大利商法典》第 157 条甚至规定股东在 100 股的持股范围内，每 5 股有一个表决权，超过该限度的部分，每 20 股一个表决权。英国 1872 年的《公司法》第 42 条、比利时 1873 年 5 月关于公司的法令第 61 条规定，均有同样的功效。事实上，对大股东表决权作出适当限制，是对股权平等原则的必要修正。因为在多数股东滥用其表决权优势并损害少数股东利益的情况下，仍一味坚持一股一权、资本多数决等股权平等原则，其结果只能是以形式上的平等掩盖实质上的不平等。所以，为少数股东利益考虑，对股权平等原则作出例外规定实有其必要性。

3. 有限责任原则

有限责任原则，是股东仅以其出资额为限对公司债务承担责任，它是公司作为独立的社团法人所具有的最为重要的法律特征，也是公司成为现代市场经济社会赖以存在的基础和迅猛发展的原动力。有限责任和公司的法人性是同一事物的两个方面。前者自股东角度而言，后者则自公司角度而讲。若不存在股东有限责任原则，股东与公司的民事主体资格就难以实现彻底分离，公司的法人性就无从谈起；反之，若不承认公司的法人性，实际上就等于否定了股东有限责任原则。因此，有限责任是企业法人制度的产物，它与现代企业相伴并存，是现代企业与古典企业区别的一个重要方面。所以，虽然各国公司法确立股东有限责任原则的历史不同，但现代公司立法无不将其作为自己的基本立法原则。

有限责任原则及建立在该原则基础之上的有限责任制度，被视为现代公司制度的基石，它具有分散投资风险、刺激投资积极性、扩大经营规模、促进证券市场发展等巨大作用，被人称为比蒸汽机还伟大的发明。但是，同绝大多数原则一样，有限责任原则也并非绝对的，如果把股东有限责任原则推向极端，势必会导致债权人利益的损害。有限责任原则是建立在公司的法人性基础之上的，如果公司不具备法人的实质条件，即使是取得了法人资格，其法人的面纱也应被刺破，其人格也应被否认。当然，这种例外并非对有限责任原则的动摇和否定，而是对有限责任原则的恪守和完善，是为了更好地发挥有限责任原则的功能。应该看到，有限责任制度是人为的制度，当选取一种制度的同时，可能就意味着对另一有价值制度的舍弃。任何最优的方案都只能获得廉价的、理论意义上的喝彩而为现实所拒斥，次优的但现实的方案才具有真正的价值。有限责任实际上处于这样的一种困境中：它既鼓励"坏的风险"，也鼓励"好的风险"。前者是一种坏的"软预算约束"，而后者则是一种好的"软预算约束"。可以这么说，有了有限责任，许多坏的风险项目可以实施，因为这些风险可以被外在化；而没有了有限责任，许多好的风险项目却实施不了。公司人格否认也是对有限责任制度的发展和完善，是有限责任制度的动态实现过程，也是出自对人的不信任和对人的不得不利用的二律背反，有限责任制度的确立和对公司人格的否认，能够使投资者和债权人的不同权利主张在互相磨砺碰撞中达到一种法律关系的反思性平衡，从而使法律的正义价值得到完整的、动态的实现。任何"只见树木不见森林"，用静止的眼光、机械照搬制度本身的作法和选择不可能解决实质问题。

4. 利益均衡原则

在各国的公司制度设计中，都要考虑不同利益相关者的利益需求。因为，根据现代企业理论，公司是一个由不同利益相关者组成的联合体。平衡公司、股东、债权人和第三人等不同利益主体的利益成为各国公司立法的重点和最基本的指导思想。①

利益均衡原则的内容:一是公司的存在离不开股东的支撑,保护资本的自由流通和安全流通,促进公司制度健康发展,就必须保护股东的权利和利益。各国公司法中规定的股东派生诉讼制度、独立董事和审计员制度以及重大信息披露制度,无不是在股东实质性权利遭到削弱、董事会权利不断膨胀这一新的历史背景下强化股东权保护的新举措。二是股东利益的实现及社会经济的快速发展均依赖于公司组织及其人格的健全。因而,确保公司这种商事组织能够经营自由、安全经营以及尽可能迅速地扩大经营规模便成为公司立法的另一基本指导思想。现代公司法所奉行的"董事会中心主义"、"公司资本充足原则"以及普遍建立的公积金制度、股利分配制度、公司重整制度等都是确保公司财产独立和人格健全,促进公司发展的重要措施。保护善意第三人利益、维护社会交易安全同样是公司法的一项基本任务。公司法所确立的资本确定、资本维持、资本不变原则以及所推行的公司形态及设立条件法定主义、严格的公示制度等均是国家干预、保障社会利益的表现。除此之外,公司法还涉及大股东与中小股东、公司与职工等不同利益主体之间的利益协调和平衡。因此,公司法是利益协调的平衡器。

5. 权利制衡原则

公司法在公司内部治理方面强调权利的制约和平衡,权利制衡是调整公司内部关系的重要原则。大陆法系国家大都将公司的决策、执行、监督等事务分设不同的部门来行使,以实现权利之间的制约和平衡。英美法系国家虽没有设独立的监督机关,但在其公司执行机关内部仍设有执行监督职能的机构和人员,如外部董事或会计检察或审计师等。我国公司法也体现了这一基本指导思想,明确了股东会、董事会、监事会的权力配置及职责分工。

四、国外公司法的历史发展

在西方资本主义国家,公司法是其经济法规中极其重要的组成部分。西方资本主义国家的公司立法已有数百年悠久的历史。法国的《商事条例》是世界上第一部有关公司的法律,规定了无限公司。继法国公司立法之后,随着无限公司股东人数的增多,如果把所有股东姓名都合进公司的名称中,不太可能,于是德国法允许"开名公司"存在,即表明该公司股东的姓名公开,但可以不把股东姓名都写进公司名称中。② 两合公司是由康孟达组织发展、演变而来的,也是在无限公司之后产生的另一种公司形式,但《德国商法典》没有认可两合公司的法律地位。《日本商法典》及美国州公司法都有关于两合公司的规定。

---

① 江平:《新编公司法教程》,法律出版社 1994 年版,第 9～10 页。

② 江平、李国光:《最新公司法培训教程》,人民法院出版社 2006 年版,第 14 页。

1807年,《法国商法典》首次对股份有限公司作了较为完备、系统的规定,并于1867年作了全面修改。英国国会于1855年通过了有限责任的议案,1856年制定了有限责任形式的公司法;德国1861年的旧商法及1897年的新商法中均有关于股份有限公司的规定。1892年,德国制定了世界上第一部《有限责任公司法》,随后,法国于1919年制定了《有限公司法》,日本于1938年也制定了《有限公司法》。

1. 法国的公司立法

法国实行民商分立,公司法属于商法范畴。法国早在1673年就由法国国王路易十四颁布制定了《陆上商事条例》,这被认为是最早的商法,其中已有关于无限公司的规定。因为该条例中首次以法律形式确认了家庭营业团体的法人地位,并将其称为普通公司,即无限公司,由此开创了西方国家公司立法的先河。1807年法国颁布《商法典》,法国《商法典》第一编第三章有关于"合名"公司的专门规定,意在解释公司名称中应当包含所有股东的姓名。还对公司的种类(物的公司、人的公司)和规则等作了规定,共29条。这些规定明确了股东的有限责任和公司设立的许可主义。为适应经济发展,法国立法机关又分别于1856年、1863年、1867年陆续颁布了有关单行法规,其中最主要的是1867年的《公司法》。作为《商法典》补充的法国1867年《公司法》,规定了除有限公司外的所有公司形式,并对股份有限公司的旧规定作了全面修改;1925年法国制定了单行的《有限公司法》。1940年,立法机关对1867年公司法作了重要修改。1966年,法国制定了全面适用于各种形式公司的《商事公司法》,共509条。[①] 该法颁布后,法国过去有关公司的法律均相应被废除。此后,根据欧盟公司法指令,多次对《商事公司法》进行修改。

法国公司法规定了5种公司形式,全都具有法人资格,并且对公司形式变更有强制性规定,对关联公司作了简单规定。整个公司法内容详实、结构严谨,在现代公司立法中有突出影响。法国公司法以规定严格闻名,主要表现在两个方面:一是对公司形式的变更作硬性规定,这在其他国家公司法中是不多见的;二是对公司发起人和经理的欺诈行为等一系列限制规定。该法对有限公司和股份公司均有指派审计的规定,且对这两种公司均有亏损超过资本一半时必须减资的规定。违反公司法的行为要承担民事责任、行政责任、刑事责任。《法国商事公司法》第二编从第423条到第489条都是有关刑事处罚的规定,第一章是有关有限责任公司的犯罪,第二章是有关股份有限公司的犯罪,第三章是有关股份公司发行有价证券的犯罪,第四章是各种形式的商事公司的共同犯罪,强制性规范之多是商法中其他法所不能比拟的,鲜明地体现了私法公法化特征。

---

① 1966年戴高乐执政时,法国重新制定了一部全面规定各种公司形式的完整、统一的公司法,共509条,该法以内容充实、规定严厉著称。该法取代了过去的相关公司法律规范,并依欧盟公司法指令作了多次修订。

2. 英国的公司立法

英国在公司发展史上占有十分重要的地位，它是资本主义经济发展最早的国家，也是公司制度最早产生的国家之一。从维多利亚时代从事铁路建设的公司到今天的开放式公司，英国作为世界上公司的发源地，其公司法历史悠久。虽为判例法国家，但其公司法方面却存在大量的成文法。[①] 1844 年又颁布了《合股公司法》。1844 年的《合股公司法》虽意义重大，但该法同时规定，私人依准则主义设立的公司，其股东仍须对公司债务负无限责任。因此，该法还不属于现代意义上的公司法。《合股公司法》在股东有限责任制度上的局限性，无疑阻碍了经济发展对私人投资规模的需求。直到 1855 年，经过激烈争论才获得通过的《有限责任法》(Limited Liability Act)第一次明文规定了有限责任原则。在此基础上，1856 年通过的新《合股公司法》(Joint Stock Companies Act，1856)，以有限责任形式为基础，奠定了其在公司法史上第一个现代意义上的公司法的历史地位。此后英国于 1862 年、1908 年、1929 年陆续颁布过几部公司法。1908 年英国制定的《合并公司法》(Companies Consolidation Act)，使 1862 年《公司法》及其后颁布的一系列补充单行法实现了统一。1948 年，英国将过去历年的公司法加以整理修订，在废止了过去分散制定与修订的公司法的同时，颁布了《1948 年公司法》(Companies Act)。该法共 462 条，是英国最有影响的公司法。此后，1967 年对 1948 年公司法加以补充，形成了 1967 年公司法。继此之后，又英国于 1976 年、1980 年、1981 年、1985 年和 1989 年对公司法作了修订。这种修订分为“补充”和“合并”两种方式。前者指在法典之外，以修正案的形式补充规定新的内容；后者则是将旧法和新修订的内容合并成新的法典。在这些修订中，1985 年的公司法最为重要，它为以往历次修订之集大成的文本。最近的一次修订为 1989 年，此次修订采取添加方式，主要目的在于执行欧共体有关公司法的指令。[②] 此外，英国还制定了一些公司单行法和附属性法律，如 1848 年《合股公司清算法》、1857 年《合股银行公司法》、1867 年《铁路公司法》、1890 年《公司清算法》、1890 年《董事责任法》、1916 年《商业名称注册法》、1958 年《欺诈(投资)防止法》、1963 年《股份转让法》、1985 年《商业名称法》。[③] 此外，与欧共体其他国家一样，欧共体的公司立法也构成了英国公司法的重要法源；再者，英国财产法和契约法中亦含有公司法条款。为了对英国正在实施的公司法体系作一个长期和根本的检视，寻找其与时俱进的方法，英国于 1998 年启动了

---

① 在资本主义制度确立之前，英国没有成文的公司立法，公司非经君主命令以及国会法令的特许，不得成立。实践证明，仅靠公司设立的特许主义不能确保公司制度不被恶意利用。南海泡沫事件之后，英国议会制订了《泡沫法》(Bubble Act ，1720)，该法是英国最早的有关公司的立法。

② 石慧荣：《从英国公司法的改革看中国公司法的修订》，载《广东社会科学》2006 年第 1 期。

③ 虞政平：《英国公司法规汇编》，法律出版社 2000 年版，目录部分。

全面修改公司法的历程。1998年3月，英国贸工部(Department of Trade and Industry, DTI)发布了《公司法现代化与竞争经济》(Modern Company Law for a Competitive Economy)的咨询意见书。该咨询意见在指出现行公司法存在问题的同时，提出了全面改革公司法所应遵循的原则：在稳定性(consistency)、前瞻性(predictability)、透明性(transparency)这三大原则的基础上，构建高效率的公司制度。为了便于审查工作的开展，英国专门成立了负责审查领导工作的指导小组(the company law review steering group)、基础广泛的咨询委员会以及审查负责人。

自1999年至2001年，以英国贸工部的名义公布的审查报告有：1999年2月的《基本方针》；1999年10月的《股东大会与股东沟通》；1999年10月的《公司设立与资本维持》以及《海外公司法的改革》；2000年3月的《制度创新》；2000年6月的《资本维持的其他几个问题》；2000年10月的《公司担保的登记》；2000年11月的《完整结构》；2001年7月的《最后报告》(The Final Report)。① 作为对审查报告的回应，英国政府于2002年7月公布了名为《公司法的现代化》(Modernizing Company Law)的白皮书。该书广泛采用了审查报告所提的建议和推进公司法现代化的意见。

在公司法审查意见和2002年政府白皮书的基础上，英国政府于2005年3月公布了《公司法改革白皮书》(Company Law Reform White Paper)，提出了全面改革公司制度以适应现代企业需要的政府意见。

英国公司法正进行150年来最重要的一次修改：

(1)股东权利的回归是此次修改最主要的内容之一。改革法案认为：股东在驱动公司长期业绩和经济繁荣方面起着关键作用。知情的、参与的股东或代表他们的行为是董事会据以考虑商事策略和业绩的依据，董事会的基本目标是实现股东价值。为此，法案将引进许多目的在于改善与股东和间接投资者的交流、鼓励和方便所有者权利行使的措施；并释权给间接投资者，加强间接股东的权利；明确董事职责和责任，改善规范董事利益冲突的法律等。

(2)英国此次修改中最具颠覆性的内容是“优先考虑小公司”(Think Small First)的修改。长期以来，各国公司法制度一般都是为大公司设计，对小公司例外适用。但英国公司法修改草案认为，公司法所作的制度安排应围绕小公司来展开，而对大公司采取例外适用的作法。修改法案确立了大小公司区别立法的指导思想，对小公司有明确规定：简化小公司的决策程序；为小公司单独制定彻底简化的标准章程；简化小公司的资本制度；废除小公司设立公司秘书的要求等等。英国公司法关于弘扬股东价值和“优先考虑小公司”的21世纪的最新修改，必将对各国的公司立法有借鉴意义。

---

① Brenda Hunnigan: Company Law, 34p. Lexis Nexis, UK, 2003.

英国公司法的特点：

（1）成文法和判例法并存，以成文法为主。英国是普通法国家，有着不成文法律传统，其法律基础是普通法，也就是判例法。但总的说来，在作为商法特别法的公司法领域，主要还是成文法占主导地位，判例原则作为附属和补充。

（2）它主要调整股东承担有限责任的公司和股东承担有限保证责任的公司，不像许多大陆法系公司法还要调整承担无限责任的公司。

（3）比较灵活、自由。英国公司法采准则主义，设立程序极为简单。早在1862年，英国就已经确立单纯准则主义的公司设立原则，只要符合公司法规定的条件，不需批准就可成立公司并取得独立的法律人格。发起人可以不认股，没有公司资本最低额要求，也没有规定法定公积金制度。

（4）调整范围广泛。英国没有专门的证券法，因此，公司法不仅对股票、债券，而且对证券交易作了详细规定。

3. 德国的公司立法

德国是典型的民商分立的国家，在《民法典》之外又有《商法典》。德国先后制定了两部商法典：即1861年的旧商法——《普通德意志商法》和1897年《德意志帝国商法典》，又叫《德国商法典》。1861年的旧商法——《普通德意志商法》第二编规定了公司。德国统一后，1897年5月10日颁布的《德国商法典》第二编前四章分别规定了无限公司、两合公司、股份公司、股份两合公司的组织和经营。以后又陆续制定了一些有关公司的单行法规，如1892年的《有限责任公司法》、1937年的《股份及股份两合公司法》等。最近一次修改为2002年8月24日，对公司形式、业务内容等进行了总体规范。另有《有限责任公司法》、《股份法》、《有限两合公司法》等专门立法。德国公司主要分为人合公司和资合公司，但具体注册形式有数十种之多。

德国公司法规定灵活，具有较大弹性，如其《有限责任公司法》允许设立一人有限责任公司，股东人数没有上限，股东转让全部股份没有限制，让与部分出资额才需经公司承认。同时，该法不要求有限责任公司公开财务报表，不强制要求公司设董事会，监事会可根据公司规模依合同决定是否设置。《有限责任公司法》不限制有限责任公司为无限责任公司股东，有限责任公司设书面投票制度，保障未出席股东大会股东的表决权。

德国公司法规定了独特的管理制度，公司实行双层委员会制度。公司组织机构由股东会、董事会、监事会组成。股东会下设监事会，监事会下设董事会，董事会向监事会报告工作。监事会拥有极大权力，不仅行使监督权，还有董事任免权、董事报酬决定权及重大业务批准权。德国还首创了"职工参与制"，所谓职工参与制，根据《股份法》第96条的规定，即指选举职工进入监事会，以使职工能参与公司的共同决策。职工参加管理的参与制独具特色，体现了经济民主，对其他国家立法影响很大。

德国公司法对关联企业所作的详细规定，是德国公司法又一大特色。1965年《股份法》第三编规定了关联企业的内容，这是世界上最早的对关联企业进行法律规制的立法尝试。受其影响，其后法国1966年《商事公司法》也对关联企业作了简单规定。

4. 美国的公司立法

美国和英国同属英美法系，美国法受英国影响较大，但是，美国公司法律体系自有特点。美国是联邦制国家，实行联邦和州的分权管理。

在美国，立法权由各州掌握，早在1807年，纽约州就颁布了关于公司的法律，允许私人组建公司。此外，还有几个州先后颁布了公司法。但在此时期，各州公司法主要不是成文法，而是表现为判例法的普通法形式。这种普通公司法在很多方面继受了英国的规范，但又有所发展。19世纪早期以后，各州公司法已实行公司设立的准则主义，无须经立法机构特别许可。从20世纪早期开始，一些州系统地取消了其法律中的限制条款，以吸引投资者去该州组建公司。这被学者们批评为“朝底竞争”(race to the bottom)。在这场竞争中，面积小的特拉华州引人注目，在纽约证券交易所上市的所有公司中，有超过1/3是依《特拉华州公司法》(General Corporation Act of Delaware)注册。该州享有“公司天堂”的美誉，其立法机构和最高法院也就成为了美国现代公司法的主要来源和权威。① 另外，分别有10%以上的美国公司依《加利福尼亚州公司法典》(California Corporation Code)和《纽约州公司法》(New York Business Corporation Law)设立。现在，两个州的法院有许多解释法律的判决使得这三个州的法律比较灵活。为减少各州间因立法差异而导致的冲突，美国发起了统一州法运动。“统一州法全国委员会”于1904年即开始着手起草统一的合伙法，并于1914年颁布了《统一合伙法》。在公司法领域，1828年美国律师协会公司法委员会起草了一部《统一商事公司法》(Uniform Business Corporation Act)，结果只有3个州采用。1950年又起草了一部《商事公司示范法》(Model Business Corporation Act)，该法每隔两三年就要作定期修订，在美国具有重要影响。其中，较为重要的修订有1969年、1984年、1991年及1999年四次修订。1984年的修订本被称为《商事公司示范法修正本》(Revised Model Business Corporation Act)。1999年12月4日又对该法作了实质性修订，修订文本为《商事公司示范法》(Model Business Corporation Act)。不足两年，该法又于2001年被修订。

为了统一各州公司立法，美国于1909年制定了统一的《股票转让法》，1928年制定了《统一商事公司法》，1950年制定了《标准公司法》，供各州议会采纳。特别值得一提的是美国的“有限责任公司”。1977年，怀俄明州在借鉴大陆法系有限责

---

① [美]罗伯特·W.汉密尔顿：《公司法概要》，李存捧译，中国社会科学出版社1999年版，第5页。

任公司制度的基础上，在全美率先颁布了《有限责任公司法》，佛罗里达州也紧跟效仿。由于当时有限责任公司能否享受合伙型企业的税收待遇尚不明确，此后十年间有限责任公司的立法处于停顿状态。1988 年美国国内税务局对有限责任公司免税的条件作了宽松的解释后，在巨大的政治经济压力驱动下，各州别无选择，争相效尤。截止 1996 年，最后两个州颁布了自己的有限责任公司法，使得美国 50 个州及哥伦比亚特区都完成了有限责任公司法的立法进程。1994 年，美国"统一州法全国委员会"制定了一个《统一有限责任公司法》的示范法，1996 年又对该示范法进行了重要的修改。至此，有限责任公司作为新型的企业组织形式在美国完全确立了自己的地位。[①]

美国公司法最大的特点是立法主体多元化，联邦和州都有立法权限。在联邦层次上没有统一的成文法而是判例法，在州一级既有成文法又有判例法。各州公司按本州公司法设立并进行经营，非本州的外地公司需获特别授权后才能经营。

5. 日本公司立法

日本也是民商分立的国家，公司法属于商法。据考证，1869 年前后，在日本八个地区出现的官民合营的通商公司和汇兑公司，是日本历史上最早出现的公司形态。[②] 日本公司法始于明治维新之后，最初以单行法形式调整公司法律关系，如《国立银行条例》、《私营铁路条例》等。1890 年，日本制定了第一部《商法典》，又称旧《商法典》，其中，第一编第六章对公司问题作了一般性规定。该商法典以《法国商法典》为蓝本制定而成，从内容到形式都体现了法国法的特色。日本《商法典》是大型法律中修改补充次数最多的法律之一。日本有关公司的条款主要规定在 1900 年的商法典中。1938 年日本颁布了《有限公司法》，最近一次修改于 1990 年。该法独立于《商法典》，专门调整有限公司。1950 年又以股份有限公司法为核心对商法典进行了彻底修订，此后，又进行了多次修改。因此，日本狭义的公司法主要由 1899 年《商法典》的公司编与 1938 年的《有限公司法》两部分组成；广义的日本公司法还包括其他的有关公司制定法，如《公司更生法》、《附担保的公司债信托法》、《商法特例法》、《商业登记法》、《股票等代替保管法》、《公司债等登记法》及这些法的附属法令。另外，还有商事习惯法。至于判例法，日本一般不承认，但近来有认可的趋势。

日本公司法规定的公司种类有无限公司、两合公司、股份有限公司、有限公司四种。截止 1992 年 4 月，日本有公司 301 万户，其中，股份有限公司 129 万户，占 42.8%；有限责任公司 162 万户，占 53.8%。日本既没有像法国将公司法从商法分离出来，也没有像德国将股份法从商法中分离出来，而是拘泥于商法的体系与条

① 宁永新：《新型的美国有限责任公司法评述》，载《外国法译评（法学译丛）》1999 年第 4 期。

② 周友苏：《公司法通论》，四川人民出版社 2002 年版，第 67 页。

文，因而，商法公司篇的条数和内容显得比较凌乱。

日本公司法基本上是移植的法律，旧商法典虽然聘请了德国法学家海尔曼·劳埃斯拉帮助起草，但日本法还是更多体现了法国法的特色。新商法典是按德国法典的模式制定，体现了德国法的特点。在相当长的时期里，日本公司法还是属于大陆法系，而在二战以后，又转向英美法系，特别是较多地吸收美国法。可以说，日本公司法是在不断探索中完善的。正是由于日本公司法立法较晚且又不断转向，在借鉴移植过程中根据自身发展的需要，融会大陆法系和英美法系形成了独特的公司法立法体例。从形式上看，公司法始终属于商法典范畴，不同于法国《商事公司法》从商法中分离，也不同于德国《股份法》脱离商法典的模式，更不同于英美法系国家公司法单行立法模式。日本公司法如同其他西方国家公司法一样，为适应经济发展及规范公司的需要，修改频繁。修改时注重与经济形势相适应而且兼顾相关法律的修订。如 1990 年修改《公司法》，除《商法》、《有限公司法》、《商法特例法》外，还对与公司法相关的法律进行全面审查，力求协调一致。日本在 2005 年公司法中，根据股份的权利内容以及可转让性将公司可以发行的股份分为九种，股份公司可以发行其中的一种或数种。但发行前公司须将各种拟发行股份种类的内容及总数记载于公司章程，否则，不得发行新种类股（日本《公司法》第 108 条第 2 款）。

三、我国公司法立法概况

1. 我国香港的公司立法及特点

香港的公司法源于英国的《公司法》，1962 年香港公司法例修订委员会开始结合香港实际进行修改，到 1984 年完成了全面修订。同年成立了公司法例改革常设委员会，该委员会从 1986—1990 年的五年间先后对法例作了 11 次修正。香港现行《公司条例》共 14 章 360 条，附加各项细则和多式表格。主要内容包括：公司的成立与类别；公司的组织因素；公司的资金；清算及重整等。

香港的公司法具有以下特点：

(1)香港 1949 年只有 2300 多家公司，进入 60 年代后发展迅速，1984 年公司总数已达 13.07 万家。此后增长更快，至 1992 年 6 月底共有 32.4 万家，从 1984—1992 年的 8 年间平均每年各类公司递增 2.41 万家。公司的高速发展与公司法的实施有很大关系，在公司发展过程中，公司法充分发挥了法律的保障和促进作用并取得较好的效果。

(2)香港总的发展方向是要建成国际金融、贸易和航运中心，公司法是构成这个中心的法律之一部分并竭力为这个总体方向服务。《公司法例》规定在港成立的外资公司与当地资本组成的公司在注册、经营和税收等方面一视同仁，没有国籍限制，也没有外汇管制，因此，吸引了大量外资在香港成立各种独资、联营和合营公司。此外,许多跨国性公司亦被吸引到港注册和开设营业机构,到1992年6月底,这类海外公司分属60多个国家共达2986家。本港的和海外的公司构成香港外向型经济的重大支柱。

(3)香港公司法对公司的各种活动采取了积极干预措施。首先,针对香港资本主义市场经济的激烈竞争,为保持竞争公平,减少欺诈,规定公司的档案一律公开。公司按规定逐年报送包括所有的历史和现状资料存放在注册处供公众自由查阅,政府亦可从中了解情况和取得所需的信息反馈为制订政策法律参考。其次,把公司各个重要的经济活动环节置于公司法监督之下,纳入法制的轨道上进行。

2. 我国台湾地区的公司立法

台湾现行的《公司法》是在旧中国1929年的《公司法》基础上修改而成的。1929年12月26日国民党政府颁布的公司法主要以德国和日本的公司法为蓝本,规定无限、两合、股份两合、股份有限四种公司,1946年对这部公司法作了修正,增加了有限公司、外国公司的规定。

1949年以后,台湾当局对《公司法》分别在1966年、1968年、1969年、1970年、1980年、1983年作了修正,吸收了大陆法系和英美法系公司立法的长处。台湾现行公司法共分8章,计421条。包括总则、无限公司、有限公司、两合公司、股份有限公司、外国公司、公司之登记及认许、附则。其中,关于股份有限公司的规定共229条,占全部条文的一半以上。总得来讲,台湾公司法的立法经验和立法技术是较先进的,对大陆公司立法具有借鉴和参考价值。但是,台湾公司法亦有明显不足,如有的条文逻辑结构不够严谨,甚至前后条文还存在自相矛盾的情况。相比较1929年正式通过的第一部公司法典只有233条的情形,称此次增修为"全盘修正"毫不为过。2001年台湾地区《公司法》修订,删除了《公司法》第192条第1项董事需为公司股东的资格要件,原则上任何有行为能力的人都可以被选为公司董事。①

进入2005年,在"适应资讯科技时代,顺应企业国际化,协助企业提升国际竞争力,追求企业永续发展,并保护股东基本权利,推动建立完善之公司治理制度,营造良好公司法制环境"的立法思想指导下,台湾当局修正了15条的公司法条文。这次修订有许多创新之处:在资本制度方面,采纯粹的授权资本制;在治理结构的优化方面,增设了若干新制度,如股东提案权制度,董事和监察人候选人提名制度。

3. 我国的公司立法

在中国,公司制度是在西方殖民者炮舰的护送下东渐的。魏源在《海国图志》中对外国的公司制度进行了介绍:"西洋互市广东者数十国,皆散商,无公司,惟英吉利有之。公司者,数十商辏资营运。出则通力合作,归则计本均分。其局大而联。"②魏源所指的实际上是英国的东印度公司,它从18世纪初就开始在我国广州

① 林国全:《2005年公司法修正条文解析》(下),载《月旦法学杂志》2005年第10期。

② (清)魏源:《海国图志》,筹海篇4。

等地进行对华贸易，是最早在我国出现的公司。虽然当时国内有可与之交易的对象，但中国早期的公司始终未能排除独资、合伙制的传统优势地位，成为企业制度的主体。据 1931 年秋调查，[①]上海的 1883 家华商工厂中，独资 760 家，合伙 793 家，公司仅有 330 家，占工厂数的 17.53%。其中股份有限公司 281 家，占工厂数的 14.92%；另对 1931 年上海 457 家民族机器工业的调查，公司仅有 14 家，占总数的 3.1%，其余均系独资、合伙形式，尤以独资为多，计有 357 家，以 78.1% 的比重占压倒优势。据《中国工业调查报告》一书所载之统计，全国合乎工厂法标准之工厂共 2435 家，其中，独资 561 家，占 23.04%，合伙 994 家，占 40.82%；公司 682 家，占 28.01%。1935 年对北平 62 家工厂的调查结果更令人惊讶：独资 65 家，合伙 6 家，官营 1 家，公司为零。[②] 新中国成立后，1953 年对 20 个主要行业的 6941 家雇工在 16 人以上的工业企业的调查材料显示，独资占 38.1%，合伙占 53.8%，公司数量也仅占 8.1%。[③]

从立法情况看，18 世纪末，广州的英美散商代理公司有数十家。从 17 世纪中期到 1833 年英国东印度公司（East India Company，简称 EIC）结束对华贸易垄断，"公司"主要是用来指称 EIC 的中文专用名称，而非泛指欧洲的（business company）。除 EIC 之外，在当时的中文语境下没有其他公司。从 1833 年到 19 世纪末，公司从 EIC 的专用名称转变为泛指外国企业的集合名称。1904 年，清政府颁布《公司律》后，公司成为泛指中外法人企业的集合名称，但公司成为大众接受的通用词语要为时更晚。[④] 1870 年清政府颁布《大清商律》，该法令包括商人 9 条和公司律 131 条。其中，公司律规定的公司类型有合资公司、合资有限公司、股份公司和股份有限公司。

第二次鸦片战争后，清政府内部逐步形成了以李鸿章为代表的洋务派。他们以"自强、求富"相标榜，并打出了"招商集股"的大旗，将公司制度付诸实践。1872 年，李鸿章等人在上海创立轮船招商局，这是中国人设立的第一家股份制公司。

清光绪二十九年十二月初五，即公历 1904 年 1 月 21 日，我国第一部公司法《公司律》被奏准颁行。该法在立法技术和具体制度上都存在许多缺陷，但其为以后的公司立法奠定了基础，并表明传统的贱商抑商思想开始发生转变。即使后来发起重修公司律的上海预备立宪公会人士也承认该律"锥轮筚路，阙功至巨"[⑤]。

---

① 《中国近代工业史资料》第 4 辑，三联书店 1961 年版，第 57～58 页。

② 《中国近代工业史资料》第 4 辑，三联书店 1961 年版，第 62 页，第 69 页。

③ 《中国近代工业史资料》第 4 辑，三联书店 1961 年版，第 481 页。

④ 方流芳：《公司词义考：解读语词的制度信息——"公司"一词在中英早期交往中的用法和所指》，载《中外法学》2000 年第 3 期。

⑤ 上海预备立宪公会等编：《公司律调查案理由书》叙例第 2 页，转引自李玉：《晚清公司制度建设研究》，人民出版社 2002 年版，第 114 页。

公司律分11节，共131条。该法在第1条规定凡凑集资本共营贸易者，名为公司。公司分为合资公司、合资有限公司、股份公司、股份有限公司四种类型。其中，“合资公司系二人或二人以上集资营业，公取一名号者；合资有限公司系两人或两人以上集资，营业声明以所集资本为限者；股份公司系7人或7人以上创办集资营业者；股份有限公司系7人或7人以上创办集资，营业声明资本若干以此为限者。”[①]根据上述定义，这四种公司分别相当于西方公司法中规定的无限公司、有限责任公司、合股公司和股份有限公司。其中，合资公司和股份公司的股东承担无限责任，合资有限公司和股份有限公司的股东承担有限责任。能否取得有限责任取决于公司在农工商部注册时是否声明其为有限责任。“凡合资公司股份公司于呈部注册时未经声明有限字样，应作为无限公司，如遇亏蚀，除将公司产业变售偿还外，倘有不足，应向合资人附股人另行追补”。[②]但根据农工商部的通告，钱庄当铺只能以无限责任的形式注册以维护商业信用。[③] 1910年，又制定了《商律草案》，其中第二编为“公司律”。

北洋政府成立后，在《商律草案》中《公司律》一编的基础上，于1914年1月13日以总统令的形式颁行《公司条例》。《公司条例》分6章251条，将公司分为无限公司、两合公司、股份有限公司、股份两合公司四种类型，每一种类型都单列一章加以规定。[④]

中华民国成立后，于1914年分别颁布了《公司条例》和《商人通则》；后来，国民党政府成立后，决定采用民商合一体制，对统一法典不能包容者另订单行法，1929年12月26日颁布了《公司法》，1940年国民党政府颁布了《特种有限公司条例》，该类型公司类似于有限责任公司。1946年，国民党政府仿照英美体制对《公司法》进行了修改，将“特种有限公司”归入公司法里，改为有限责任公司，该法规定了无限公司、有限公司、股份有限公司、股份两合公司和外国公司6类公司形式。1949年以后，国民党退居台湾以后，在台湾地区继续实施该公司法，并进行了多次修订。现在台湾的公司法已经取消股份两合公司形式。

新中国成立后，废除了国民党的“六法全书”。建国初期，没收官僚资本，对民族资本家实行保护性政策，1950年，由政务院颁布了《私营企业暂行条例》。该条例规定的5种公司形式，有限责任公司是其中一种。此乃新中国首次通过立法形式确定有限责任公司形式。规定了独资企业、合伙企业和公司三种形式，其中，对公司的种类规定为：无限公司、有限公司、两合公司、股份两合公司和股份有限公司

---

① 参见《公司律》第3条、第6条、第10条、第13条；《大清法规大全(六)实业部》，第3022～3023页。

② 《公司律》第31条；《大清法规大全(六)实业部》，第3024～3025页。

③ 《农工商部札各省商务议员为各处当商注册应与钱业一律用“无限”字样文》，载光绪三十三年6月《大清法规大全(六)实业部》，第3019页。

④ 谢振民：《中华民国立法史(下)》，中国政法大学出版社2000年版，第804～805页。

五种。直至1956年公私合营以后，有限责任公司形式被取消了，各种公司形式的企业也不复存在。直至1979年7月1日，第五届全国人民代表大会第二次会议通过并于同年7月8日实行的《中华人民共和国中外合资经营企业法》，合资企业才以有限责任形式再次出现在我国。1986年，六届全国人大四次会议通过了《中华人民共和国民法通则》，该法对企业法人的条件和地位作出了规定，但缺乏关于公司问题的具体规范。在缺乏相应法律规范约束的情况下，兴起的"公司热"使大量不具有公司条件的企业也采用了公司的名义，给我国经济的发展带来了困扰。1988年，中共中央和国务院联合发布《关于清理整顿公司的决定》，指出"此次清理整顿的重点是1986年下半年以来成立的公司，特别是综合性、金融性和流通领域的公司。在此之前成立的公司，凡是问题严重的，也要进行清理整顿。通过清理整顿，主要解决政企不分、官商不分、转手倒卖、牟取暴利等问题，进一步明确经营方针、经营范围，使之健康发展。"1987年到1988年，我国股份制试点全面推开，出现了一定数量的有限公司和股份有限公司，这一时期，由于国家规范性立法尚未颁布，股份制企业在运作方式、管理体制上比较混乱。

为规范股份制公司的设立和运行，国家体改委、国家计委、财政部、中国人民银行、国务院生产办于1992年5月15日联合发布了《股份制企业试点办法》、《股份有限公司规范意见》、《有限责任公司规范意见》，政府的其他部门也出台了十余项配套文件，形成了具有中国特色的公司法律制度。1993年12月29日，由八届全国人大常委会第五次会议审议通过了新中国历史上第一部《公司法》，该法共11章，计230条，规范了股份有限公司和有限责任公司类型，初步奠定了中国公司制度的基础。《公司法》自颁布以来，已经历了三次修正，第一次是根据1999年12月25日第9届全国人民代表大会常务委员会第13次会议《关于修改中华人民共和国公司法的决定》所作的。该次修改仅是局部微调，主要涉及两个方面：增加了国有独资公司设立监事会的规定；增加了支持高新技术股份有限公司发展的规定。由于此次修订未能解决许多急需解决的制度问题，其基本理念和框架仍停留在20世纪90年代初的水平，尤其是在证券制度等与公司法律制度相关联的其他制度取得重大制度进步并面临紧迫的修法需求的背景下，全面修订公司法终于列入了国家立法机关的立法计划；第二次是为与已于2004年7月1日施行的《行政许可法》及时衔接，根据2004年8月28日第10届全国人民代表大会常务委员会第11次会议《关于修改中华人民共和国公司法的决定》所作的修正，仅作了删除一款的小幅度修订。这两次修正的幅度都非常小，并未符合市场经济的要求。2005年的修改是一次大范围的修改，可以说是一次脱胎换骨的修改。我国公司法的大幅度修改是符合经济学原理的，因为原有制度的"制度容量"已经不能适应周围环境的变化，这种变化是不以人的意志为转移的。在立法体例上，我国长期采取按所有制和行业来制定企业法的模式。随着国家与社会对股份制认识的突破，对跨越不同所有制和行业的公司制这一企业组织形态单独立法，终于获得了全面认可。

四、全球竞争环境下的公司法改革

为适应经济全球化,增强公司的国际竞争力,各国自 20 世纪 90 年代开始进行了大规模的公司法改革,澳大利亚(1998 年、2001 年)、新西兰(1993 年)、奥地利(1997 年、1998 年)、比利时(1996 年、1997 年)、丹麦(1996 年)、荷兰(1997 年)、法国(1994 年、1998 年)、德国(1994 年、1995 年、1998 年)、希腊(1995 年)、爱尔兰(1997 年)、意大利(1998 年)、荷兰(1996 年)、挪威(1997 年)、西班牙(1995 年)、葡萄牙(1996 年)、瑞典(1995 年、1996 年)、瑞士(1992 年、1997 年)等国相继修订公司立法,尤其引人注目的是英国、美国、日本和中国的公司法改革。英国在 1998 年发布修订公司法的咨询文件,对公司法进行脱胎换骨的改造,新的立法即将完成立法程序。美国国会本无权制定公司法,但是,2001 年爆发的安然事件动摇了人们对上市公司和证券市场的信心,为有效打击财务造假,美国国会制定了《SOX 法案》,即《2002 萨班斯—奥克斯利法案》(Sarbanes-Oxley Act of 2002),严打财务造假。尽管其中公司法规范居多,而国会利用的是联邦制定的证券法的权力,这种曲线救国的策略对美国联邦立法体制具有深远的影响。日本从 1993 年开始,几乎年年修改公司法,其中,2005 年《公司法》改变了一百多年以来公司法立法体制,制定了统一的《公司法》,删除了原《商法典》中的公司法编,废止了原《有限公司法》和《商事特例法》,在全世界引起极大反响。

我国 2005 年修正后的《公司法》对原有条款几乎都做了实质性的修改,主要表现在:

(1)完善了公司设立和公司资本制度,大幅度下调了公司注册资本的最低限额,扩大了股东可以向公司出资的财产范围,增加了股份有限公司的定向募集设立方式,认可一人公司。

(2)完善了公司法人治理结构,健全了股东会和董事会制度,增加了监事会的职权,明确了上市公司设立独立董事的规定,对公司董事和高级管理人员对公司的忠实和勤勉义务以及违反义务的责任作出了更为明确具体的规定。

(3)充实了公司职工民主管理和保护职工权益的规定,进一步强化了对劳动者权益的保护。

(4)健全了一系列对股东尤其是中小股东利益的保护机制。

(5)确立公司法人格否认制度。这无疑有利于增强我国公司的国际竞争力,促进中国的和平崛起。

司法考试真题链接

下列关于公司分类的哪一表述是错误的？(2006 年司法考试真题)

A. 一人公司是典型的人合公司

B. 上市公司是典型的资合公司

C. 非上市股份公司是资合为主兼具人合性质的公司

D. 有限责任公司是以人合为主兼具资合性质的公司

第二章 公司法人资格

【引 例】

AA公司是A公司的子公司,A公司的法定代表人亦兼任AA公司的法定代表人。AA公司与B运输公司签订有长期运输合同,由B公司向A公司运输货物。后B公司多次在履行合同义务后未收到相应货款。截止2009年9月,AA公司已拖欠B公司运费100多万元。2009年11月,AA公司申请破产,导致B公司无法得到足额的受偿。B公司遂起诉至法院,要求A公司承担偿还运费的责任。

本案是适用公司法人人格否认制度的典型案例。本案中,AA公司与A公司具有相同的法定代表人,AA公司作为A公司的子公司缺乏独立的意思能力,其法人人格显然不完全。我国在2005年修订的《公司法》中引入了公司法人人格否认制度,以防止公司实际控制人滥用法人人格进行非法行为。根据我国《公司法》第20条第3款规定:"公司股东滥用公司法人独立地位和股东有限责任,逃避债务,严重损害公司债权人利益的,应当对公司债务承担连带责任。"因此,B公司的诉求应该得到法院的支持。

公司是独立的企业法人,在法律上具有独立于股东的人格。据此,公司拥有自己的名称和住所,可以以自己的名义拥有财产、开展经营活动并以自己的财产独立承担民事责任。一般情况下,公司股东不得对公司的债权人行使请求权,也不对公司的债务承担责任。公司法人资格经常与股东的有限责任密切联系,前者是法律为了便利商人组织商业活动进行的创制,后者是保护投资者、鼓励交易的一项重要措施。公司法人资格是公司制度的核心,在经济生活中起着不可忽视的重要作用。本章将阐述公司的名称、住所、公司章程、公司的法人资格和能力及公司法人人格否认制度。

第一节　公司的名称和住所

一、公司的名称

（一）公司名称的意义

公司的名称是公司独有的、用以与其他公司相区别的文字标记。它是公司独立人格的具体表现，是公司设立的必备要件之一，是公司从事生产经营活动、享受权利和承担义务的基础，也是第三人与公司进行交往、辨认公司人格与身份的标志。因此，公司名称对公司的成立和经营活动起到至关重要的作用。各国公司法普遍规定，公司名称是公司章程的必要记载事项之一，是公司设立的必备条件。我国《公司法》第 23 条规定，设立有限责任公司，应当具备有公司名称；第 25 条规定，有限责任公司章程应当载明公司的名称和住所。《公司法》第 77 条和第 82 条就股份有限公司的名称作了类似的规定。国家工商行政管理局颁发的《企业名称登记管理规定》（1991 年）和《企业名称登记管理实施办法》（2004 年修订）对公司名称的选定原则和登记作了具体的规定。2005 年修订的《公司登记管理条例》亦做出了一些规定。

（二）公司名称的选定原则

各国立法对公司名称的选定原则规定不同。大体上有两种做法：第一种是真实原则，即公司名称应当真实、准确地反映公司的行业性质、经营内容和组织形式，否则，禁止使用。但是，公司可以选择自己的商号。法国、德国、瑞士等国采用此制。如德国《有限责任公司法》第 4 条规定，公司名称应表明公司的营业范围，或包含股东姓名或名称或至少一名股东姓名或名称并加上表明与公司关系的字样。第二种是名称自由原则，即公司采用何种名称原则上不受限制。英国、美国和日本采此原则。但是，名称自由原则不是绝对的，而是相对的。即使采用名称自由原则的国家，也要求公司名称应当反映公司的组织形式。如英国公司法、美国标准公司法、日本商法典。我国基本上采用公司名称真实原则。立法对公司名称的构成作了具体的规定。

（三）公司名称的构成

根据《企业名称登记管理规定》和《企业名称登记管理实施办法》的规定，公司名称一般由下列四个部分依次组成：行政区划、字号、行业和组织形式。

1. 行政区划

根据《企业名称登记管理规定》第 7 条的规定，企业名称应当冠以企业所在地省（包括自治区、直辖市）或者市（包括州）或者县（包括市辖区）行政区域名称。《企业名称登记管理实施办法》第 11 条规定，企业名称中的行政区划是本企业所在地县级以上行政区划的名称或地名。通常，根据公司登记机关的行政级别确定公司名称中的行政区划部分。例如，在国家工商行政管理局登记的公司，其名称前可冠以“中国”、“中华”、“全国”等字样；在省级工商局登记的公司，其名称前可冠以“福建省”等字样；在市级工商局登记的公司，在名称前可冠以“厦门市”等字样。在区、县级工商局登记的公司名称前冠以“北京市西城区”、“福建省上杭县”等字样。但外商投资企业、历史悠久、字号驰名的企业以及全国性企业，可以不冠以公司所在地的行政区划名称①。但是，这些规定带有计划体制下“块块分割”的色彩，不利于全国统一市场的建立和完善；同时，内外资企业不统一，使内资企业在企业名称的选定上受到比外商投资企业更多的限制。将来的立法应淡化这一种地域分割色彩。

2. 公司的字号

字号又称商号②(trade names)，是公司名称中最具有区别性和最核心的部分，是从事生产或经营活动的经营者在进行登记注册时用以表示自己营业名称的一部分，是公司等企业的特定标志和名称，公司对其名称依法享有专有使用权。经过依法登记而取得的商号，受到法律的保护。在我国，字号是公司名称中当事人可以自由选择的唯一部分。字号必须由两个以上文字组成。企业名称可以使用自然人投资人的姓名作字号。企业名称应当使用符合国家规范的汉字，不得使用汉语拼音字母、阿拉伯数字。企业名称需译成外文使用的，由企业依据文字翻译原则自行翻译使用，不需报工商行政管理机关核准登记。但是，行政区划不得用作字号，但县以上行政区划的地名具有其他含义的除外，已经注册的继续留用，如青岛啤酒中的字号。此外，企业名称不应当明示或者暗示有超越其经营范围的业务。

3. 公司所从事的行业

《企业名称登记管理规定》第 11 条规定，企业应当根据其主管业务，依照国家行业分类标准划分的类别，在企业名称中标明所属行业或者经营特点。企业名称中的行业表述应当是反映企业经济活动性质所属国民经济行业或者企业经营特点的用语。企业名称中行业用语表述的内容应当与企业经营范围一致，反映公司所从事的主要业务和行业性质，即公司的生产、经营、服务范围、经营方式和特点。根

---

① 《企业名称登记管理规定》第 7 条。

② 商号一词具有两种含义：一种是指公司名称中最具有区别性的独特部分，如“厦华”、“微软”等；另一种是指整个公司名称，如“IBM 有限公司”、“中国石油进出口公司”。在我国《企业名称登记管理规定》中，商号指第一种含义。在本章中，除非特别指出，商号是指第一种含义。

据国家工商行政管理局2004年颁发的《企业经营范围登记管理规定》，企业的经营范围分为许可经营项目和一般经营项目。许可经营项目是指企业在申请登记前依据法律、行政法规、国务院决定应当报经有关部门批准的项目。一般经营项目是指不需批准，企业可以自主申请的项目。申请一般经营项目，申请人应当参照《国民经济行业分类》及有关规定自主选择一种或者多种经营的类别，依法直接向企业登记机关申请登记。企业的经营范围如"技术开发和服务"。经营方式包括：批发或者零售，生产或者贸易、进出口等。当公司经营范围较广时，不可能在公司名称中列出所有的经营内容，此时，只要反映公司主要的经营内容。在具体操作时，由公司的发起人拟定，然后由公司的登记机关审定。《企业名称登记管理规定》第7条规定，公司名称应当包括反映公司所属行业或者经营特点的文字。企业名称中行业用语表述的内容应当与企业的经营范围一致。

4. 公司的组织形式

公司的组织形式即在公司名称中标明"有限责任公司"或"股份有限公司"字样。《公司法》第8条规定，依法设立的有限责任公司，必须在公司名称中标明有限责任公司或者有限公司字样。依法设立的股份有限公司，必须在公司名称中标明股份有限公司或者股份公司的字样。在公司名称中标明公司的责任形式是各国公司法的一致要求。在英国，如果封闭式公司[①]对外使用的名称遗漏了"有限责任"(limited)字样，则构成违反公司法，公司及其高级管理人员可能受刑事制裁。[②]

（四）禁止作为公司名称的文字

根据《企业名称登记处管理规定》第9条的规定，公司名称中不得含有下列内容和文字：

1. 有损于国家或社会公共利益的；
2. 可能对公众造成欺骗或误解的；
3. 外国国家（地区）名称，国际组织名称；
4. 政党名称、党政机关名称、群众组织名称、社会团体名称及部队番号；
5. 汉语拼音字母（外文名称中使用的除外）、数字；
6. 其他法律、行政法规禁止的。

此外，对于在公司名称中使用某些文字具有特殊的限制。例如，《企业名称登记管理规定》第13条规定，全国性公司、国务院或其授权的机关批准的大型进出口公司、国务院或其授权的机关批准的大型公司集团以及国家工商行政管理局规定的其他公司，才可以在其名称中使用"中国"、"中华"、"全国"、"国家"、"国际"等文字。在企业名称中间使用"中国"、"中华"、"全国"、"国家"、"国际"等字样的，该字

---

① 英国的封闭式公司是指股份不对外公开发行的公司，相当于中国的有限责任公司。

② Companies Act 1985, s348(2), s349(2) to (4) and s350(2).

样应是行业的限定语。使用外国(地区)出资企业字号的外商独资企业、外方控股的外商投资企业,可以在名称中间使用"中国"字样。此外,只有私人企业、外商投资企业,才可以使用投资者的姓名称为商号;只有具有三个以上分支机构的公司,才可以在公司名称中使用"总"字;分支机构的名称应冠以所属总公司的名称,并缀以"分公司"的字样,同时标明该分公司的行业和所在行政区划的名称或地名。

(五)公司名称的核准与登记

大多数国家规定,公司名称需要进行登记。根据我国《企业名称登记管理规定》和《企业名称登记管理实施办法》的规定,企业名称在企业申请登记时,由企业名称的登记主管机关核定。企业名称经核准登记注册后方可使用,在规定的范围内享有专用权。但是,法律、行政法规规定设立企业必须报经审批或者企业经营范围中有法律、行政法规规定必须报经审批项目的,应当在报送审批前办理企业名称预先核准,并以工商行政管理机关核准的企业名称报送审批。设立其他企业可以申请名称预先核准。其中,设立公司应当申请名称预先核准。

我国《公司登记管理条例》第 17 条规定了公司名称的预先核准制度,即在设立公司时应当申请名称的预先核准。法律、行政法规规定设立公司必须报经审批或公司经营范围中,有法律、行政法规规定设立公司必须报经审批的项目的,应当在报送审批前办理名称预先核准,并以公司登记处机关核准的公司名称报送审批。

《公司登记管理条例》第 18 条规定,设立有限责任公司的,应当由全体股东指定的代表或共同委托的代理人向公司登记机关申请名称预先核准;设立股份有限公司的,应当由全体发起人指定的代表或共同委托的代理人向公司登记机关申请名称预先核准。申请名称预先核准,应当提交下列文件:(1)有限责任公司全体股东或股份有限公司的全体发展人签署的公司名称预先核准申请书;(2)股东或发起人的法人资格证明或者自然人的身份证明;(3)公司登记机关要求提交的其他文件。《企业名称登记管理规定》第 18 条规定,公司登记机关应当在收到上述文件之日起 10 日内作出核准或驳回的决定。公司登记机关核准的,应当发给"企业名称预先核准通知书"。根据《公司登记管理条例》第 19 条的规定,预先核准的公司名称的保留期为 6 个月。在保留期内,任何人不得以预先核准的公司名称从事经营活动,也不得转让预先核准的公司名称。

(六)公司的名称权

我国《企业名称登记管理规定》第 3 条规定,企业名称在企业申请登记时由企业名称的主管机关核定,企业名称经核准登记后方可使用,在规定的范围内享有专用权。《公司登记管理条例》第 11 条也规定,经公司登记机关核准登记的公司名称受法律保护。因此,在我国,自公司登记之日起,公司对其名称享有名称权。公司有权使用、改变自己的名称,有权排除他人的非法侵害。公司名称权是公司人格权

的主要内容。公司名称权具有下列特点：

1. 专有性

公司对其名称享有专用权。公司名称权具有专有性、排他性。公司名称一经登记，在一定地域范围内，公司享有专有的名称权。根据我国《企业名称登记管理规定》第6条的规定，公司名称在公司登记机关管辖区域范围内具有排他的效力。在登记机关辖区范围内，不得登记与已登记注册的同行业企业名称相同或者相似的公司名称，也不得使用与已登记的同行业企业名称相同或相似的公司名称。登记机关不得再对与已经登记注册的同行业企业名称相同或相似的名称进行登记。

公司名称经核准登记后，任何人不得盗用、冒用。否则，构成对公司名称权的侵犯，应当承担民事责任甚至行政责任。被侵权人有权要求停止侵害，赔偿损失。根据我国《民法通则》第120条的规定，公司名称权受到侵害时，公司有权要求行为人停止侵害、消除影响、赔礼道歉，并可以要求赔偿损失。如果擅自使用已经登记注册的公司名称或者有其他侵犯公司名称专用权行为的，被侵权的公司可以向侵权人所在地登记主管机关要求处理。登记主管机关有权责令侵权人停止侵权行为，赔偿被侵权人因该侵权行为所遭受的损失，没收非法所得并处以5000元以上、50000元以下罚款。被侵权公司也可以就侵权人侵犯其公司名称专用权的行为直接向人民法院起诉。

2. 可转让性

公司名称权与公司人格相联系，具有鲜明的人身权特性；同时，公司名称权又具有财产权属性，因此，公司名称可以转让。但立法对公司名称的转让施加一定的限制。我国《企业名称登记管理规定》第23条规定，公司名称可以随公司的全部或公司的一部分一并转让，但只能转让给一家公司。在转让公司名称时，转让方与受让方应当签订书面合同或协议，由原登记机关核准。公司转让其名称后，转让方不得继续使用已转让的公司名称。

二、公司的住所

根据我国《民法通则》和《公司法》的规定，公司法人与自然人一样，应当有自己的住所。对于公司住所的确定，各国存在不同的做法。主要有三种：(1)注册地说，即以公司注册的营业地址为公司住所；(2)营业中心地说，即以公司主要业务执行地为公司住所；(3)管理中心地说，即以公司常设管理机构所在地为公司住所。我国采第三种做法。我国《公司法》第10条规定，公司的住所是指公司主要办事机构所在地。“主要办事机构所在地”是指负责决定和处理公司事务的中心机构的所在地。公司可能有多个生产经营场所，多个办公地点，此时，在公司主要办事机构，即管理中心所在地为公司的住所。公司只能有一个住所。

近年来，一些英美法系国家和地区（如香港）对公司住所的要求有所放宽，不要求公司具有办公地点，一个邮箱也可以构成公司的住所。另外，公司注册服务公司(corporation service companies)的出现使公司的开办更为容易，因为这些服务公司以很低的价格提供公司的注册地址。如美国特拉华州允许公司以服务公司提供的注册地址为公司住所。

公司住所是公司开展经营活动的主要地点，具有重要的法律意义。主要体现在：

1. 公司住所是确定公司登记机关和管理机关的前提。除了全国性公司外，公司在设立登记时应当向其所在地的工商局提出申请。同时，公司与其他行政管理机关的行政管理关系，如税收管理关系也是根据公司住所确定。

2. 公司住所是确认诉讼管辖地和诉讼文书送达地的依据。涉及公司的民事诉讼，应当由被告公司的住所地法院管辖。同理，当人民法院向公司送达诉讼文书时，无论是直接送达、委托送达、邮寄送达，还是留置送达，均以公司住所为送达地。

3. 公司住所是确定合同履行地的重要标志。合同履行地可以由当事人在合同中约定，在当事人没有约定时，根据我国《民法通则》和《合同法》的规定，履行地点不明确的债务，给付货币的，在接受货币一方所在地履行；其他标的，在履行义务一方的所在地履行。在涉及公司的合同中，义务履行地即公司住所地。

4. 公司住所是涉外民事法律关系中确定准据法的依据之一。在涉外民事关系出现法律冲突时，准据法的确定具有重要意义，而当事人的住所地是确定准据法的标准之一。例如，依属人法原则适用当事人本国法时，一般按公司住所地确定所管辖国家的法律。

第二节 公司章程

一、公司章程的含义

公司章程是公司必须具备的、由发起人或者股东制定的、确定公司组织和活动的基本准则的书面文件。公司设立时必须制定公司章程。公司章程对公司、股东、董事、监事及公司高级管理人员具有约束力，是调整公司内部组织关系和对外经营行为的重要文件。因此，公司章程又被称为公司的“根本法”或“公司宪法”。具体而言，公司章程的含义可以从下列几个方面理解：

(一)公司章程是依法制定的文件

各国公司法均规定，公司章程是公司设立的必要条件，制定公司章程是设立公司的必须程序。没有公司章程，公司不能成立。如我国《公司法》第 11 条规定：“设

立公司必须依法制定公司章程”。同时，公司章程的内容也具有法定性。各国立法均规定了公司章程必须记载的事项。如我国《公司法》第25条和第82条分别对有限责任公司和股份有限公司的章程应当记载的事项作了规定。具体内容本章将在下面进一步阐述。

（二）公司章程确定了公司组织和活动的基本准则

公司章程规定了公司内部组织机构的设置、权限、责任和议事规则，确定公司经营决策和内部管理机构运作的准则。同时，公司章程规定了公司的性质、宗旨和经营范围，公司章程是公司对外开展经营活动的重要依据。

（三）公司章程是公司的宪法性文件

公司章程是公司的“宪法性文件”，在公司内部制定的各种规章制度和决议中具有最高的地位。公司制定的其他条例、规章和细则以及公司股东大会和董事会的决议不得与公司章程相抵触。

（四）公司章程是要式文件

公司章程确定公司组织和活动的基本准则，对公司至关重要。因此，各国立法要求公司章程必须采用书面形式。有的国家（如德国①）还要求公司章程必须经过公证。

（五）公司章程具有广泛的约束力

公司章程对公司、股东、董事、监事及公司高级管理人员具有约束力。

在大陆法系国家，公司章程一般由单一的文件组成。但是，在英美法系国家，公司章程通常分为两个文件：公司的基本章程和内部细则。在英国，这两个文件分别称为：公司组织大纲（the memorandum of association）和组织章程（articles of association）。在美国，这两个文件是：公司组织章程（articles of incorporation）和公司内部细则（by-laws）。这两个文件的内容和性质都不同。公司的基本章程（英国的公司组织大纲和美国的公司组织章程）应当记载公司的名称、住所、注册资本、经营范围等，是调整公司对外关系的重要文件，是申请公司设立登记时必须提交的文件，其内容是法定的。其地位和效力高于公司章程内部细则。而公司章程内部细则主要规定公司内部组织机构的设置、分工及议事规则，是规范公司内部各组织机构之间关系、公司与股东关系的文件。因此，又被称为公司的内部规章。公司章程内部细则的地位低于公司的基本章程，其内容不得与公司基本章程相抵触，否则，抵触部分的内容无效。同时，修订章程内部细则的程序也较为简单。近年来，

---

① 德国《有限责任公司法》第2条第1款规定，公司章程的制订必须进行公证。

英国贸工部公司法改革领导小组建议将公司章程的两个文件合而为一。

二、公司章程的性质

学者对公司章程的性质存在不同的看法，主要有两种学说：自治法说与契约说。

（一）自治法说

自治法说认为，公司章程是用以约束公司、股东及公司内部组织机构的自治规范，因而，公司章程具有法规性。如台湾学者柯芳枝认为，公司章程是规定公司内部组织及活动等基本原则的自治法。章程的自治法性质体现在：(1)公司章程在一定程度上体现了股东的自我约束。公司章程由发起人或股东制定，体现了股东的意志。股东可以选择公司的目的、经营范围和公司管理的规则。可以说，股东的意志决定了公司基本框架和活动内容，章程表达了发起人或股东对公司目标的愿望与期待。(2)公司章程具有法规性，是公司自我约束的行为规范，由公司股东根据国家法律赋予的自治立法权而制定。公司章程一旦制定，它对公司、股东、董事、监事和高级管理人员均具有约束力，各方都应遵守。即使新加入的股东和董事、监事、高管也必须遵守公司章程。可见，公司章程具有类似法律的效力。此外，公司章程一经制定，非经法定的程序不得随意变更。可见，自治法说强调公司章程的“刚性”。

（二）契约说

与自治法说不同，契约说更强调公司章程制定者的意思自治色彩，认为公司章程是公司全体股东或发起人之间的一种协议，因此，有的学者将公司章程称为公司合同。公司章程的制定、修订和公司章程的内容都由全体股东或发起人协商一致确定。对于那些公司章程制定后新加入公司的股东和董事、监事、高级管理人员，他们也是因自主决定而加入公司，前提是认可公司章程的内容，从而导致公司章程对他们具有约束力。如果他们不愿受公司章程的约束，他们可以通过转让股份或辞职的方式脱离公司。因此，公司章程具有契约的性质。还有台湾学者认为，公司章程是一种特殊的契约，即多方契约，是多方当事人基于追求同一共同利益而使得其意思表示达成并行一致，共同指向同一对象①。

自治法说和契约说从不同的角度揭示了公司章程的性质。从本质上说，公司章程同时具备自治法和契约的特征。但不同国家和不同学者强调的侧重点不同，

① 朱炎生：《公司法》，厦门大学出版社 2006 年版，第 34 页。

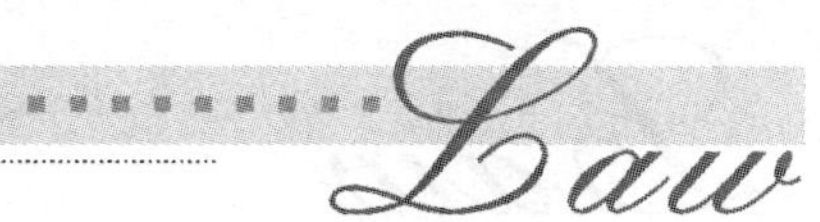

从而导致不同的看法。大体上说,英美法系国家更强调公司章程的契约性,①而大陆法系国家更侧重公司章程的自治法性质。

三、公司章程的内容

各国公司法均对公司章程应当记载哪些事项作出明确的规定。根据公司章程记载事项效力的不同,可以分为绝对必要记载事项、相对必要记载事项、任意记载事项。

(一)绝对必要记载事项

绝对必要记载事项是指法律规定的公司章程必须记载的事项。公司法中有关公司章程绝对必要记载事项的规定属于强制性规范,公司章程的制定者必须遵守。如果公司章程中对其中一项绝对必要记载事项未记载或者记载违法,则整个章程无效,并进而导致公司设立的无效。

各国立法均对公司章程的绝对必要记载事项作了明文的规定,其内容是与公司设立和组织活动相关的重要事项,主要包括:公司的名称和住所、公司的存续期限、公司的资本、公司的经营范围、公司的组织管理机构等。其中,公司的经营范围曾是英美国家的公司章程起草者颇费心思之处,现在,随着越权规则的衰弱,公司章程可以将公司的目的条款规定得很宽,如公司的目的是“为了普通的商业目的”或者“为了从事任何合法业务。”如美国 1984 年《标准商业公司法》第 3.01 条规定,所有公司有权从事任何合法的业务除非公司章程中对公司的目的作了限定。

(二)相对必要记载事项

相对必要记载事项是指立法中列举的、公司章程可以记载也可以不记载的事项。立法中有关公司章程相对必要记载事项的法律规范,属于授权性规范。相对必要记载事项是否记载于公司章程,由公司章程的制定者确定。如果公司章程不记载,不影响整个公司章程的效力;如果相对必要记载事项记入公司章程,则与公司章程的其他记载事项一样发生法律效力,对相关主体具有约束力。如果此类事项记载违法,则该事项无效,但不影响章程的其他记载事项的效力。公司章程相对必要记载事项主要包括:发起人所得的特别利益、设立费用及发起人的报酬、公司的存续期限等。这些事项的重要性显然不及绝对必要记载事项。

---

① 在英国,公司章程来源于“设立契状”(Deed of Settlement)——一种合伙协议。至今,立法和学者仍强调公司章程的契约性。1985 年公司规定,公司组织大纲和章程细则一经登记,即相当于每个成员各自签署的合同一样对公司和成员具有法律约束力。LS Sealy, *Cases and Materials in Company Law* ,Butterworths,7TH edn, 2001,p. 105,p. 109.

(三)任意记载事项

任意记载事项是指在立法列举的绝对必要记载事项及相对必要记载之外,由公司章程制定者自行选择决定载入公司章程的事项。一旦载入,则与公司章程的其他事项一样发生法律效力。但是,任意记载事项不得违反法律、行政法规中的强行性规范,不得违反社会公共利益。否则,载入的任意事项无效,但不影响整个公司章程的效力,章程的其他事项仍然有效。从国外的实践看,任意记载事项通常包括:关于股东投票权的特别规定、公司董事权力的限制和修改公司章程有关条款的程序等。

(四)我国公司章程的内容

根据我国《公司法》第 25 条的规定,有限责任公司章程应当载明下列事项:

(1)公司的名称和住所;

(2)公司经营范围;

(3)公司注册资本;

(4)股东的姓名或者名称;

(5)股东的出资方式、出资额和出资时间;

(6)公司的机构及其产生办法、职权、议事规则;

(7)公司的法定代表人;

(8)股东会议认为需要规定的其他事项。

《公司法》第 82 条规定,股份有限公司章程应当载明下列事项:

(1)公司名称和住所;

(2)公司经营范围;

(3)公司设立方式;

(4)公司股份总数、每股金额和注册资本;

(5)发起人的姓名或者名称、认购的股份数、出资方式和出资时间;

(6)董事会的组成、职权和议事规则;

(7)公司法定代表人;

(8)监事会的组成、职权和议事规则;

(9)公司利润分配办法;

(10)公司的解散事由与清算办法;

(11)公司的通知和公告办法;

(12)股东大会会议认为需要规定的其他事项。

可见,我国公司法并没有明确规定公司章程记载事项的性质。但从上述规定的措辞和结构来看,《公司法》第 25 条所列举的前 7 项和第 82 条所列的前 11 项,都属于公司章程的绝对必要记载事项。而第 25 条第(8)项和第 82 条第(12)项规

定的股东大会会议认为需要规定的其他事项，属于任意记载事项。此外，《公司法》许多条款的规定可以理解为公司章程的相对必要记载事项。如《公司法》第 16 条第 1 款规定："公司向其他企业投资或者为他人提供担保，依照公司章程的规定，由董事会或者股东会、股东大会决议；公司章程对投资或者担保的总额及单项投资或者担保的数额有限额规定的，不得超过规定的限额。"公司转投资和对外提供担保属于公司章程的相对必要记载事项。如果公司章程对公司向其他企业的投资或提供担保作了规定，公司的董事和高管必须遵守，否则，构成越权。

二、公司章程的制定和修改

(一)公司章程的制定

公司章程的制定者和制定方式因公司类型的不同而不同。根据我国《公司法》第 23 条的规定，有限责任公司章程，在设立公司时由公司全体股东共同制定，并由全体股东在公司章程上签名、盖章。在公司章程上的签章是确认股东身份的重要依据。股份有限公司的章程，由全体发起人共同制定。如果股份有限公司采用募集方式设立，公司章程由全体发起人制定后，经公司创立大会通过。国有独资公司的章程由国有资产监督管理机构制定，或者由董事会制定，报国有资产监督管理机构批准。一人有限责任公司的章程由股东制定。

(二)公司章程的修改

公司章程是规范公司组织与活动的基本文件，一旦制定，应当具有一定的稳定性，不得随意变更。但是，在公司存续期间，公司的经营环境和公司自身情况经常发生变化，需要变更公司章程中的相关事项。因此，公司章程应当具有一定的灵活性，立法应当允许在一定情况下对公司章程进行修订。

为了维护公司章程的严肃性，各国立法对公司章程的修改规定了严格的程序。我国《公司法》第 38 条和第 100 条规定，公司章程的修改权属于公司股东会或股东大会。因为公司章程的修订涉及公司重大事项的变更，与股东的利益关系重大，因此，应当由公司的权力机关确定。同时，《公司法》规定了修改公司章程的程序。其中，《公司法》第 44 条规定，有限责任公司修订公司章程的决议，应当由股东会以特别决议作出，必须经代表 2/3 以上表决权的股东同意方可通过。第 104 条规定，股份有限公司修改公司章程的决议必须经出席股东大会的股东所持表决权的 2/3 以上通过。此外，如果公司章程的修改涉及公司登记事项的变更，公司必须向公司登记机关办理变更登记，并向公司登记机关提交修改后的公司章程或章程修正案。如果修改公司章程不涉及公司注册登记事项，公司也应当将修改后的公司章程或章程修正案报送原公司登记机关备案。如果未按照规定办理有关变更登记的，由登记机关责令限期办理，逾期未办理的，将处以1万元以上10万元以下的罚款。

三、公司章程的效力

公司章程依法制定后，即产生相应的法律效力。但是，公司章程自何时开始生效？对谁产生效力？这些问题长期备受争议。

（一）公司章程生效的时间

对于公司章程的生效时间，理论界存在两种主要观点：一是公司章程经股东签字、盖章之日起生效；二是自公司成立之日起生效。这两种观点均不准确。具体而言，公司章程的生效时间较为复杂，因公司是否成立，公司章程的生效时间不一。

1. 公司未成立时公司章程的效力

发起人开办公司的必经程序是起草公司章程，用于确定公司的基本框架及公司的权利和义务，然后由各股东（有限责任公司）和发起人（股份有限公司）签名、盖章。自股东或发起人签署之日起至公司成立这段期间，公司章程相当于发起人或股东之间的合伙协议，对发起人和股东具有法律约束力。各发起人或股东应当根据该合伙协议履行公司章程规定的义务，并依此对公司设立行为产生的债务承担连带法律责任。同时，发起人或股东之间也依此协议明确彼此的权利和义务。如果一股东因其他股东的行为遭受损害，可以依照公司章程的规定请求赔偿。可见，在设立阶段，公司尚未成立，因此不存在独立于发起人或股东的法人，公司章程尚未完全生效。但是，公司章程一经发起人或股东签名、盖章，即对发起人和股东具有约束力。

2. 公司成立后公司章程的效力

公司章程是公司的自治规范，自公司成立之日起产生完全的法律效力，对公司、股东、董事、监事和高级管理人员具有约束力。根据我国《公司法》的规定，公司自向工商行政管理局办理设立登记，领取企业法人营业执照之日起成立。因此，公司章程自公司领取法人营业执照之日起生效。

3. 公司章程修订后的效力

至于公司成立后经修订的公司章程或公司章程修正案何时生效，视修订的具体内容而定。一般来说，可分三种情形：第一，公司章程修订的内容需要政府主管部门审批的，自有关主管机关审批之日起生效。如公司扩大经营范围，经营涉及金、银等贵重金属。第二，公司章程修订的内容涉及“公司登记事项”，则应自依法办理变更登记之日起生效。“公司登记事项”包括：(1)名称；(2)住所；(3)定代表人姓名；(4)注册资本；(5)实收资本；(6)公司类型；(7)经营范围；(8)营业期限；(9)有限责任公司股东或者股份有限公司发起人的姓名或者名称，以及认缴和实缴的出资额、出资时间、出资方式。第三，公司章程修订的内容既不涉及需要政府审批的

事项，也不涉及公司登记事项，自股东会或股东大会经公司章程规定的多数表决通过之日起即生效。

（二）公司章程效力的主体

我国《公司法》第 11 条规定："公司章程对公司、股东、董事、监事、高级管理人员具有约束力。"

1. 章程对公司的效力

公司因股东投资而设立。公司章程确定了公司组织与活动的基本准则，表达了股东对公司活动内容、行为方式与潜在收益的期待，也体现了股东对风险的规避与控制。因此，公司必须遵守公司章程的有关规定，就像一辆跑车应当按照其主人的意愿在赛场上驰骋。主要体现在：(1)公司应当在章程规定的经营范围内进行活动，不得越权；(2)公司应当依照章程规定的框架和议事规则进行活动。由于公司是一个法律拟制体，因此，章程对公司的约束最终体现为对公司管理机关和高级管理人员的约束。

2. 章程对公司股东的效力

公司章程具有一定的契约性，相当于公司与股东、股东与股东之间的契约，对公司股东具有约束力。这种约束力不仅适用于公司成立时的股东，还适用于公司成立后加入公司的股东。因此，股东应当依照章程的规定履行对公司或者其他股东的义务。如果股东的权利因其他股东违反公司章程规定的义务而受到侵犯的，受害股东则可以依据公司章程的规定对实施侵害的股东提出请求。

3. 章程对公司董事、监事和高级管理人员的效力

公司董事、监事和高管是公司的管理者和经营决策者，其行为对公司与股东的利益影响巨大。为了保护公司和股东的利益，规范公司管理者的行为，促使他们为实现公司的最大利益服务，各国公司法要求董事、监事和高管遵守公司章程的规定。我国《公司法》第 148 条规定："董事、监事、高级管理人员应当遵守法律、行政法规和公司章程，对公司负有忠实义务和勤勉义务。"此外，如果公司董事、监事和高管执行职务时违反公司章程规定的义务，给公司造成损害的，应当承担赔偿责任。

第三节　公司的独立人格和能力

一、公司的独立人格

公司的独立人格（Corporate personality）是指公司在法律上是一个独立于其

股东的人或者实体，既是公司权利的拥有者，又是公司资产的所有者，可以以自己的名义对外交往，获得权利和财产，承担相应的义务并到法院起诉或者应诉。法律赋予公司以独立于股东和成员的人格，使公司可以稳固地存续，不因股东的变动或者死亡而受到影响。公司的独立人格制度是公司法的一个重要基石，是现行的公司制度得以存在和运用的基础。各国公司法都努力维护公司的独立人格。如在英国最著名、影响最大的公司法判例 *Salomon v A Salomon & Co Ltd*[①]中，英国的最高法院——贵族院确定了一条至今未变的原则：公司在法律上被视为一个独立于且区别于其成员的人，即使公司的一个成员控制公司所有或者绝大多数股份的情况下也是如此。公司的独立人格对于公司的发展起着不可替代的作用。

公司的能力是指公司为一定行为的资格和可能性，即公司可以在多大范围内进行活动并承担何种后果。我国的公司法理论基本上秉承大陆法系的传统，将公司的能力分为公司的权利能力、行为能力和责任能力。

二、公司的权利能力

权利能力是指据以充当活动主体，享受权利和承担义务的法律地位和资格。[②]公司作为独立法人，当然具有权利能力。

对于公司权利能力的起止时间，原则上与自然人的权利能力一样，公司的权利能力始于公司成立，止于公司终止。我国《民法通则》第 36 条规定："法人的民事权利能力和民事行为能力，从法人成立时产生，到法人终止时消灭。"据此，公司自取得企业法人营业执照之日起具有权利能力，至公司办理注销登记之日，权利能力消灭。我国《公司法》第 189 条规定："公司清算结束后，清算组应当制作清算报告，报股东会、股东大会或者人民法院确认，并报送公司登记机关，申请注销公司登记，公告公司终止。"据此，有的学者认为，公司的权利能力至公司办理注销登记并公告之日终止。[③] 这种观点有失妥当，不利于维护交易安全。根据我国《民法通则》和《公司法》第 189 条的内容来看，公司法人资格消灭的时间是公司办理注销登记之时。这也是公司权利能力终止的时间，是一个明确、具体的时间点。

但在实践中，常有一些公司因存在违法行为被吊销营业执照。吊销营业执照，是国家工商行政管理部门对有违法行为的公司实施的一种严厉的处罚措施，通常导致公司的终止。但是，是否公司被吊销营业执照就意味着其法人资格立即消灭，对此，国家工商行政管理局和最高人民法院的意见略有不同。国家工商行政管理

① [1897] AC 22 (House of Lords).

② 梁慧星：《民法总论》，法律出版社 1995 年版，第 56 页。

③ 赵旭东：《新公司法讲义》，人民法院出版社 2006 年版，第 87 页。

局的工商企字(1999)第173号《国家工商行政管理局关于企业登记管理若干问题的执行意见》第10条规定:"企业被吊销营业执照的,其法人资格或经营资格终止。其中,公司被依法吊销《企业法人营业执照》的,由股东组织清算组清算;非公司企业法人被吊销《企业法人营业执照》的,由主办单位、投资人或清算组织负责清算。工商行政管理机关对被吊销的企业不负责清算,但应当在处罚决定书或吊销公告中载明清算责任人。"而最高人民法院的法经[2000]23号函和法经[2000]24号函均认为企业法人被吊销营业执照后至被注销登记前,该企业法人仍应视为存续,可以自己的名义进行诉讼活动。从公司法原理及保护债权人利益的需要出发,最高人民法院的意见更为合理。公司被吊销营业执照,其法人资格并未终止,但此时的公司属于限制行为能力人,其权利能力和行为能力均受到严格的限制,只能为了清算的目的进行活动,包括起诉或应诉,不能从事生产经营活动。

对于公司权利能力的范围,各国通常有两种做法:第一,认为公司法人具有与自然人同样的权利能力,原则上不受限制。如德国公司法确定,在原则上,法人具有无限的权利能力。法人和自然人具有同样的法律地位。① 第二,认为公司法人的权利能力受其经营目标和经营范围的限制。如19世纪的英国公司法规定,股东设立公司、法律赋予公司法人地位是为了使公司从事公司章程所规定的特定行为,完成公司章程规定的特定目标,不能从事公司经营目标以外的活动,否则即构成侵权。② 现在,越权规则在英美国家基本上被废除。不论采用何种做法,现代大多数国家赋予公司广泛的权利能力,公司的权力能力有扩大的趋势。因为公司是重要的市场主体和社会单位,为了追求利润实现经济效益,应当有资格参与广泛的经营活动。但是,公司是一个法律创制的主体,公司的活动事关股东的利益和社会交易的安全,因此,公司的权利能力与自然人的权利能力不同。公司的权利能力受到多方面的限制,主要体现在:

(一)性质上的限制

公司是一个法律拟制体,其人格由法律赋予,不同于有生命体的自然人。因此,与身体、性别、年龄、亲属关系等自然人特质相关的专属于自然人的地位和资格,公司法人不能享有。如生命权、健康权、婚姻权、亲属权、肖像权等,公司法人不能享有。公司也不承担与自然人特质相关的自然人特有的义务。如德国公司法规定,公司法人"不得享有或者承担自然人所特有的权利和义务,如性别、年龄或者亲

① [德]托马斯·莱塞尔、吕迪格·法伊尔:《德国资合公司法》,高旭军、单晓光、刘晓海、方晓敏等译,法律出版社2001年版,第56页。

② Robert R Pennington, *Pennington's Company Law*, Butterworths, 7th edn, 1995, p. 111.

属”。[①] 瑞士《公司法》第53条也作了同样的规定。[②] 但是,公司享有与自然人生命体特质无关的人格权,如名称权、名誉权、著作权、商标权等。

(二)法律上的限制

为了保护公司、股东和债权人的合法权益,维护社会经济秩序,各国立法都对公司的权利能力作了一定的限制。通常,大陆法系国家对公司权利能力的限制较多。在我国,公司法对公司的权利能力作了下列限制:

1. 转投资的限制

转投资是指公司通过新设企业或者购买其他企业的股份而成为其他企业股东的行为。公司是以营利为目的的企业法人,为了追求利润的最大化,在其他经济组织投资参股是公司经营活动的一种常见的形式。世界上大多数国家允许公司取得其他公司的股份,甚至成为其他企业的合伙人。在英美国家,公司曾经由于越权规则的限制,不许取得其他公司的股份,随着越权规则退出历史舞台,公司现在有权购买、取得其他公司的股份。[③] 但是,公司转投资可能影响自身的安全和正常运转,也可能导致资本信用的过度膨胀和虚增,为了维护交易安全,保护公司股东和债权人,我国公司法对公司的转投资作了较为严格的限制。主要体现在:

(1)投资对象的限制

《公司法》第15条规定:“公司可以向其他企业投资;但是,除法律另有规定外,不得成为对所投资企业的债务承担连带责任的出资人。”可见,在一般情况下,公司不得通过转投资使自己承担连带责任。虽然法条没有明确,但这里的连带责任应当是指“无限连带责任”。进行限制是为了避免公司因转投资导致的连带责任,影响公司自身的安全。如果公司需要承担无限连带责任,意味着当所投资的企业的资产不足以清偿其债务时,公司除了损失投资之外,还要以其他财产对所投资企业的债务承担无限连带责任。据此,公司不得成为普通合伙企业的合伙人,但可以成为有限合伙企业的有限合伙人。

(2)投资程序和规模的限制

《公司法》第16条第1款规定:“公司向其他企业投资或者为他人提供担保,依照公司章程的规定,由董事会或者股东会、股东大会决议;公司章程对投资或者担保的总额及单项投资或者担保的数额有限额规定的,不得超过规定的限额。”据此,公司进行转投资时,首先必须履行相应的程序。公司转投资与公司和股东利益关

---

① [德]托马斯·莱塞尔、吕迪格·法伊尔:《德国资合公司法》,高旭军、单晓光、刘晓海、方晓敏等译,法律出版社2001年版,第56页。

② [德]托马斯·莱塞尔、吕迪格·法伊尔:《德国资合公司法》,高旭军、单晓光、刘晓海、方晓敏等译,法律出版社2001年版,第56页。

③ 见 Model Business Corporation Act (1984),Sec. 3.02 (6).

系重大，因此，公司章程通常对这一事项的决策权作出规定，以保护股东和公司的利益。公司转投资可以由董事会作出决议，也可以由股东(大)会作出决议。只要公司章程作了规定，公司应当遵守这一程序性规定。但是，公司的转投资和提供担保不属于公司章程的绝对必要记载事项，有的公司章程可能没有就此事项作出明确规定，此时，应由谁作出决策？公司法没有明确规定。这可以说是《公司法》的一个缺憾。

其次，《公司法》第16条规定，公司章程对公司转投资的总额和单项投资的数额作了限制的，公司应当遵守。对此，2005年修订后的《公司法》对公司转投资的限制较宽。修订前的《公司法》第12条规定，“公司累计投资额不得超过本公司净资产的百分之五十。”但是，产生一个问题：如果公司章程没有对公司的转投资作出限制，则公司的转投资规模不受限制。这对于缺乏经验的股东可能是一个挑战。修订后《公司法》取消原公司法转投资数额的限制，这主要是出于以下考虑：(1)实践中，存在着大量的对外投资超过50%的现象；(2)在企业转制过程中，产生了大量的转投资超过50%的情况，而且有关部门并没有因为原公司法关于转投资数额的限制而进行阻止和限制；(3)工商行政管理等部门在登记、年检等活动中，若发现转投资超过50%的现象，基本上采取默许的态度；(4)法律一直没有规定关于转投资超过50%的法律责任问题。可见，转投资的数额限制缺乏可操作性。[①]

2. 对公司贷出资金的限制

2005年修订前的《公司法》第16条规定：“董事、经理不得挪用公司资金或者将公司资金借贷给他人。”可见，原公司法为了维持公司资本充实，绝对禁止公司将资金借贷给他人。这种规定过度限制公司的活动，严重脱离公司间互相融资的实践。众所周知，资金是企业经营的命脉，企业的扩张与发展均离不开灵活通畅的资金调度。在中国，企业融资的渠道很少，除了向金融机构借贷外，鲜有其他融资渠道。因此，在商业实践中，有业务往来的公司之间常有融通资金之必要。为了克服原公司法的弊端，修订后的《公司法》第149条第3款规定，“董事、高级管理人员不得违反公司章程的规定，未经股东会、股东大会或者董事会同意，将公司资金借贷给他人。”该条规定是对董事、高级管理人员行为的限制，这实质上也是对公司权利能力的限制。据此，在不违反公司章程规定的前提下，经过股东会、股东大会或者董事会同意可以将公司资金借贷给他人。但是，如果公司章程明确规定公司的董事、高级管理人员不得将公司资金借贷给他人，公司董事、高级管理人员必须遵守。可见，这一规定具有灵活性。它一方面照顾了公司互相借贷资金的需要，同时允许公司股东通过章程限制或者禁止董事将公司资金贷给他人，将公司是否借贷资金给他人归入公司“意思自治”的范畴。如果股东不同意公司将公司的资金借给他人，可以在公司章程中加以限制；如果公司章程没有规定，还可以由股东会或者股

---

① 赵旭东：《新公司法讲议》，人民法院出版社2006年版，第87～88页。

东大会作出决议。我国台湾地区的《公司法》对公司资金的借贷限制更加具体,第15条规定:“I公司之资金,除有左列各款情形外,不得贷与股东或任何他人:(1)公司间或与行号间有业务必往来者;(2)公司间或与行号间有短期融通资金之必要者。融资金额不得超过贷与企业净值的百分之四十。公司负责人违反前项规定时,应与借用人连带负返还责任;如公司受有损害者,亦应由其负损害赔偿责任。”

3. 公司对外提供担保的限制

公司对外担保是一种隐性的负债,会使公司负担重大的风险。为了稳定公司财务,杜绝公司负责人为了私利以公司名义为他人提供担保,大多数大陆法系国家和地区的公司法对公司对外提供担保作了较为严格的限制。我国台湾地区《公司法》第16条规定,“公司除依其他法律或公司章程规定得为保证者外,不得为任何保证人。公司负责人违反前项规定时,应自负保证责任,如公司受有损害时,亦应负责赔偿责任。”英美国家的公司法由于受到越权规则的约束,曾经严格禁止公司为他人的债务提供担保。以后随着越权规则的废止,公司法对公司对外担保采取非常开放的态度。如1984年美国《标准公司法》规定,公司可以提供担保和承担责任。

我国修订前的《公司法》第60条第3款规定:“公司董事、经理不得以公司资产为本公司的股东或者其他个人债务提供担保”。绝对禁止以公司资产为个人债务提供担保。2005年修订后的《公司法》第16条规定:“公司向其他企业投资或者为他人提供担保,依照公司章程的规定,由董事会或者股东会、股东大会决议;公司章程对投资或者担保的总额及单项投资或者担保的数额有限额规定的,不得超过规定的限额。公司为公司股东或者实际控制者提供担保的,必须经股东会或者股东大会决议。前款规定的股东或者受前款规定的实际控制人支配的股东,不得参加前款规定事项的表决。该项表决由出席会议的其他股东所持表决权的过半数通过。”董事、高管违反公司章程规定,未经股东会、股东大会或者董事会同意,以公司资产为他人的债务提供担保的,因此所得的收入应当归公司所有。给公司造成损害的,还应承担损害赔偿责任。这一规定在限制公司对外提供担保的同时,赋予公司相当大的灵活性,同时使规则更具有可操作性。立法明确了公司对外担保的决策者和决策程序:

(1)公司对外担保只能依照公司章程的规定,由董事会或者股东会、股东大会以决议方式作出决定。但是,这一规定可能产生一个问题,当公司章程没有就公司的对外担保作任何规定时,由谁作出决策?从法理的角度,对外担保对公司的财务状况产生重大影响,严重影响股东的利益,因此,应由股东会或者股东大会作出决议。

(2)公司为公司股东或者实际控制人提供担保时,该股东或者受实际控制人支配的股东,不得参加有关担保事项的表决。该项表决由出席会议的其他股东所持表决权的半数以上通过。根据我国《公司法》第217条的规定,“实际控制人”是指

虽不是公司的股东，但通过投资关系、协议或者其他安排，能够实际支配公司行为的人。

(3)公司对外担保的总额及单项担保数额必须遵守公司章程的规定。

值得注意的是，我国《公司法》第16条第1款所规定的"担保"包括人的担保和物的担保。人的担保是指公司作为保证人，物的担保包括抵押、质押等。

(三)目的上的限制

公司的权利能力还受到公司目的或经营范围的限制。公司作为基本的经营单位，原则上要遵守公司章程和营业执照中关于经营目的或经营范围的规定。但是，关于企业经营目的限制的法律制度经历了较大了变化。

1. 公司的目的和经营范围

长期以来，各国立法要求公司章程规定公司的"目的"，在我国称为"经营范围"。例如，在英国，自1856年以来的公司法均要求公司的组织大纲中包含一个"目的条款"(object clause)，载明公司经营的内容，如旅客运输或者开采金矿。其法理依据是：股东有权了解其所投资公司经营的内容。为此，目的条款便于股东和债权人了解公司业务的性质和范围，从而判断其投资风险。① 在我国，公司的经营范围是公司章程的必要记载事项，而且公司必须在登记机关核定的经营范围内进行活动。1986年《民法通则》第42条规定："企业法人应当在核准登记的经营范围内从事经营。"1993年《公司法》第11条也规定："公司应当在登记的经营范围内从事经营。"此外，公司经营范围是公司登记注册事项。

2. 越权规则的盛行

在英美法系国家，公司的目的条款以后演变为"越权规则"(doctrine of ultra vires)的法理基础。所谓越权规则，是指公司必须在章程目的条款规定的范围内进行活动，否则，如果公司的活动超出章程目的条款规定的范围，则为越权行为，在法律上无效。即使股东一致决议授权或者认可公司从事超出目的条款的行为，也不能使越权行为有效。

越权理论是对公司权利能力的极大限制。这种理论认为：公司的权利能力除了受到公司自然性质的限制外，还受到其目的条款的限制。公司没有资格从事目的条款之外的活动，因为股东在确定章程的目的条款时，即限定了公司的资格与能力。因此，越权行为不是指超越董事、经理的权限，而是指超越公司本身的能力。越权行为在法律上不生效力。越权规则像一条"紧箍咒"罩在公司头上长达一个多世纪，直到20世纪末才有所放松。

在1999年《合同法》颁布之前，中国的立法和司法实践也严格地遵守越权规

---

① LS Sealey, *Cases and Materials in Company Law*, Butterworths, 7TH edn, 2001, p. 144.

则。《民法通则》和1993年《公司法》均规定，公司必须在核准登记的经营范围内从事经营活动。此外，1984年最高人民法院《关于贯彻执行〈经济合同法〉若干问题的意见》和1987年7月最高人民法院《关于审理经济合同纠纷案件中具体适用〈经济合同法〉若干问题的解答》第4条规定，超越经营范围或经营方式所签订的合同，应认定为无效合同。司法实践中，大量的经济合同因超越经营范围而无效。超越经营范围是导致合同无效的最普遍的原因。

越权规则的盛行导致大量合同无效，严重影响交易安全和稳定，因而成为商业活动的一大陷阱。具有讽刺意味的是，越权规则的本意是为了保护公司股东和债权人，但结果是置股东和债权人于十分不利的境地。例如，当一项越权交易对股东十分有利，无论如何股东无法通过授权或者认可使之生效。同理，如果一债权人要了解公司是否具有从事某项活动的资格时，需要聘请专家研究对方公司的章程，成本较大。由于越权规则的上述弊端，要求改革或废除该规则的呼声从未停止。

3. 越权规则的衰弱

到20世纪末，许多国家开始削弱越权规则的影响力。例如，1989年，英国公司法针对越权规则作了两项改革：第一，在1985年《公司法》中增加第35条，规定公司的权利能力不再受公司组织大纲的限制；具体规定如下：(1)公司行为的有效性不能以公司章程的任何规定、公司缺乏资格为由受到质疑；(2)公司的成员可以提起诉讼阻止公司超越权利能力的行为，但该程序不适用于为了履行公司先前行为导致的法律义务所为的行为；(3)公司董事仍然有义务遵守公司组织大纲对其权力的限制，董事所行的超越公司权利能力的行为只能由公司通过特别决议予以认可。此种认可决议不影响董事或其他人所需承担的责任，免除此种责任必须另行通过特别决议方可。英国公司法基本上消除了越权规则的对外效力，但没有完全废除越权规则，该规则仍有对内效力，当公司董事超越公司的目的条款进行活动时，需要承担法律责任。第二，在1985年《公司法》中增加了第3条A款，允许公司在章程的目的条款中规定，公司将作为一个“普通的商业公司”进行活动。这种条款的含义是：公司的目的是从事任何贸易或商业活动；为此目的，公司有权从事任何相关的行为。可见，立法对公司章程对目的条款作灵活、宽泛的规定，基本取消公司目的条款对公司活动的人为限制。与此同时，越权规则基本上被革除了。

我国近年来的立法和司法实践也体现了对越权规则的摒弃。1999年颁布的《合同法》第50条规定，法人或者其他组织的法定代表人、负责人超越权限订立的合同，除相对人知道或应当知道其超越权限的以外，该代表行为有效。此外，《最高人民法院关于适用〈中华人民共和国合同法〉若干问题的解释(一)》第10条进一步规定，当事人超越经营范围订立的合同，人民法院不因此认定合同无效。但违反国家限制经营、特许经营以及法律、行政法规禁止经营规定的除外。据此，公司超出其经营范围的经营行为一般有效，只有当越权活动违反法律、行政法规的强制性规定时才无效。这一司法解释体现了对越权行为的有限度的承认。但是，我国《公司

法》并没有进一步明确越权行为的性质和后果。

2005 年修订后的《公司法》第 12 条规定："公司的经营范围由公司章程规定，并依法登记。公司可以修订公司章程，改变经营范围，但是应当办理变更登记。"此外，《公司登记管理条例》第 73 条规定，如果公司超出核准登记的经营范围从事经营活动，由公司登记机关责令改正，并可处以 1 万元以上 10 万元以下的罚款。如果超越经营范围涉及法律、行政法规或者国务院决定规定的须批准的项目而未取得批准，擅自从事相关经营活动，情节严重的吊销营业执照。据此，公司超越经营范围的行为仍然属于法律否定的范畴，与合同法的上述规定有所不符。此外，对于越权行为的内部效力如何，与公司进行交易的第三人是否被推定知道公司的经营范围，立法并不明确。这可谓我国《公司法》的又一个缺憾。

三、公司的行为能力

公司的行为能力是指公司以自己的意思或行为独立地取得权利、承担义务的能力。对公司法人本质认识的不同，从而对公司行为能力的看法也不同。学者基本上存在两种观点：一是法律拟制说，认为只有具有意思能力的主体才具有行为能力，而公司是由法律所拟制，并不具有真正的实体，因而没有意思能力，也就不具有行为能力。另一种观点称为法人实在说，认为法人并非法律拟制的结果，而是具有实体存在。公司有代表机关，代表公司实施意思表示。因此，公司具有行为能力。我国《民法通则》采用法人实在说，认为公司是独立的企业法人，具有行为能力。

但是，公司与自然人不同。公司是一个组织体，没有生命存在，自己不能进行民事活动，必须通过其代表机关进行意思表示与活动。公司的代表机关由自然人组成，代表公司进行活动。公司代表机关的行为就是公司的行为，公司代表机关就是公司，而不是公司的代理人。

在我国，公司的法定代表人为公司的代表机关之一，代表公司进行活动。根据《公司法》第 13 条规定，公司法定代表人由公司章程规定，由董事长、执行董事或者经理担任，并依法登记。与修订前的公司法相比，新《公司法》扩大了法定代表的人选范围。公司法定代表人是公司的登记注册事项，变更法定代表人必须办理变更登记。

四、公司的责任能力

公司的责任能力是指公司对其行为承担法律责任的资格。法律责任包括民事责任、行政责任和刑事责任，因此，公司的责任能力包括民事责任能力、行政责任能力和刑事责任能力。

(一)公司的民事责任能力

公司的民事责任能力是指公司对其民事活动承担责任的能力,主要包括公司承担违约责任的能力和承担侵权行为责任的能力。我国《民法通则》采用法人实在说,因此,认为公司具有民事责任能力。《民法通则》第106条规定,法人违反合同或不履行其他义务的,或者由于过错侵害国家、集体的财产或侵害他人的财产、人身的,应当承担民事责任。此外,《民法通则》第43条规定,企业法人对其法定代表人和其他工作人员的经营活动,承担民事责任。可见,公司作为一个法人,其活动是通过其代表机关和人员进行的,公司代表机关和人员在履行职务过程中的行为、非法的不作为或者过错应当被视为公司自己的行为、非法不行为和过错。因此,公司对其法定代表人和其他工作人员的经营活动,包括因此产生的侵权或违约行为承担民事责任。

(二)公司的行政责任能力

公司的行政责任能力是指公司对其违法行为承担行政责任的能力和资格,即公司是否可以被处以行政罚款、取消经营资格等。根据我国《公司法》及其他法律法规的规定,公司具有行政责任能力。如《公司法》第12章规定了公司承担行政责任的许多情形,其中,第199条规定,虚假注册资本、提交虚假材料或者采取其他欺诈手段隐瞒重要事实取得公司登记的,由公司登记机关责令改正,对虚报注册资本的公司,处以虚报注册资本金额5%至15%以下的罚款;情节严重的,撤销公司登记或者吊销营业执照。

(三)公司的刑事责任能力

公司的刑事责任能力是指公司承担刑事责任的资格。现代大多数国家立法规定公司具有刑事责任能力。我国《刑法》规定,公司具有刑事责任能力。《刑法》第30条规定,公司实施危害社会的行为,法律规定为单位犯罪的,应当负刑事责任。单位犯罪的,可以对单位判处罚金。例如,公司可能犯行贿罪、走私罪,甚至过失杀人罪。例如,广东茂名市一公司被认定犯有走私罪及偷逃税罪,被判处没收犯罪所得赃款人民币3300多万元和港币2.33万元,并处罚金人民币6000万元。

第四节 公司人格否认制度

一、公司人格否认制度的概念和特征

公司人格否认又称为“揭开公司法人面纱”、“刺破公司法人面罩”等,是指为了

避免滥用公司法人资格现象的出现，在特定法律关系中否认公司的独立人格及股东的有限责任，将公司和股东视为一体，并责令股东对公司债务直接负责的一种法律制度。这种制度的实质是否定公司的独立人格，揭开掩盖在公司身上的面纱，追究公司背后的股东，故而出现许多生动形象的称呼。如前所述，公司是一个独立的法人，公司的人格独立于股东和董事的人格而存在。同时，公司的独立人格常与公司的有限责任并存，公司以其自己拥有的财产对公司的债务承担责任，股东作为区别于公司的主体，不对公司的债务承担责任。因此，公司的独立人格和有限责任是股东与债权人之间的“防火墙”，是公司股东控制风险的重要工具。当公司资不抵债时，公司的债权人不得追诉股东个人。公司的独立人格和股东的有限责任制是公司法的两个核心原则，是现代公司存在和发展的两大基石，它有利于鼓励投资，鼓励交易，促进经济发展。但是，公司的法人资格和股东的有限责任容易被滥用，从而逃避债务和损害债权人利益，而当债权人追诉公司时，公司资不抵债，在此情况下，是由公司的股东还是公司的债权人承担公司损失？如果法院仍然严格维护公司的独立地位，那么，损失将由无辜的债权人承担，这就可能造成严重的不公正、不诚实甚至有违法行为的股东逍遥法外，而由无辜的债权人遭受损失。为了克服这种弊端，许多国家的判例法陆续确立公司人格否认制度。

我国 2005 年修订的《公司法》增设了公司法人人格否认制度，在第 20 条规定：“公司股东应当遵守法律、行政法规和公司章程，依法行使股东权利，不得滥用股东权利损害公司或者其他股东的利益；不得滥用公司法人独立地位和股东有限责任损害公司债权人的利益。公司股东滥用公司法人独立地位和股东有限责任，逃避债务，严重损害公司债权人利益的，应当对公司债务承担连带责任。”该制度的确立对于公司法人制度的完善和发展，防止公司滥用公司法人资格具有重要意义。

公司人格否认制度具有下列特征：

（一）目的是为了阻止对公司法人资格的滥用

公司人格否认制度的目的是为了阻止对公司法人资格的滥用。公司法人资格是法律为了鼓励投资，便于公司开展活动而赋予公司组织体的一种独立地位，使公司可以独立于股东，以公司自己的名义独立开展活动，享有权利，承担义务。公司的法人资格与公司股东的有限责任密切联系，使公司不仅在法律地位上脱离股东个人，而且在法律责任上也是相互独立的，股东不对公司的债务负责。法律对公司法人资格和股东有限责任的确认体现了立法对投资者的倾斜，在利益与风险的平衡上，让股东享有更加有利的地位，相应地，公司债权人承担更多的风险。如果公司经营得好，所有营利最终属于股东；如果公司经营状况不佳甚至破产时，股东不对公司的债务承担个人责任，公司资不抵债的部分最终由公司债权人“埋单”。由于这一特征，公司法人制度很容易被滥用以规避法律义务或者经营风险。而公司人格否认制度正是为了阻止这种滥用，用于保护债务人和社会公众的利益。

(二)在具体法律关系中适用

公司法人资格否认不是从根本上否定公司的法人资格,而是当公司法人资格被滥用时,在具体的法律关系中否认公司的独立人格,将公司与股东视为一体,使股东对公司的债务负责。可见,公司人格否认制度是法院根据个案的情况决定是否揭开公司法人的面纱。适用这种个案审查的主要原因是:公司法人资格和股东有限责任制度是公司法的基础。数百年的公司实践表明:公司法人资格和有限责任制度有利于鼓励投资,促进社会经济的发展。因此,不能从根本上否认公司人格制度。因此,只有在这种制度被滥用时,才在个案中对公司法人资格予以否认。

(三)责令股东对公司的债务负责

公司法人资格否认制度并非仅仅是为了揭开公司法人的面纱,其最终目的是为了责令股东对公司的债务负责,从而保护债权人和社会公众的利益。因此,公司人格否认制度从根本上说是对股东的一种制裁,使公司股东遭受不利。例如,在英国的 *Gilford Motor Co Ltd v Horne* 案[①]中,当被告设立一家公司企图规避先前与原告之间订立的劳动合同中所规定的被告离开原告公司后不得争抢原告客户的义务时,英国上诉法院判决:当公司法人资格被用以逃避合同义务时,应当被否认。

但是,是否存在因否定公司法人人格而给股东带来利益的情形呢?在国外也曾过这样的案例。如在英国 *DHN Food Distributors Ltd v Tower Hamlets London Borough Council*[②] 一案中,DHN 公司租赁全资子公司 Bronze 拥有的建筑物,开了一家杂货批发店。DHN 和 Bronze 公司的董事相同,但 Bronze 公司不开展业务,且该公司唯一的财产是 DHN 承租的房产。此外,DHN 另外一个全资子公司拥有 DHN 用于业务活动的汽车,但该子公司本身也不从事业务活动。1970 年,当地政府强制征用 Bronze 公司拥有的上述建筑物和土地。政府向 Bronze 支付了土地补偿款。但问题在于:DHN 是否可以请求政府补偿营业影响损失?根据英国的相关立法,如果 DHN 对被征用的土地享有比单纯的承租人更大的利益,那么,DHN 有权要求政府补偿营业影响损失。对此,英国的土地法庭裁决:DHN 和 Bronze 各自属于独立的法人,被征用的土地属于 Bronze 公司,但该公司并未在被征用的房产上开展业务活动。DHN 公司开展营业活动,但对上述房产只是一个承租人。故政府无需向 DHN 支付营业影响补偿款。但是,英国上诉法院推翻了上述裁决,改判如下:公司集团是一个单一经济体,因此,政府应向 DHN 支付营业影响补偿。实质上,DHN 被视为房产的所有人。但是,从我国《公司法》第 20 条的规定来看,公司法人人格否认制度仅是为了责令股东承担责任,而不是给股东带

① [1933] Ch 935 (Court of Appeal).

② [1976] 1 WLR 852, [1976] All ER 462 (Court of Appeal).

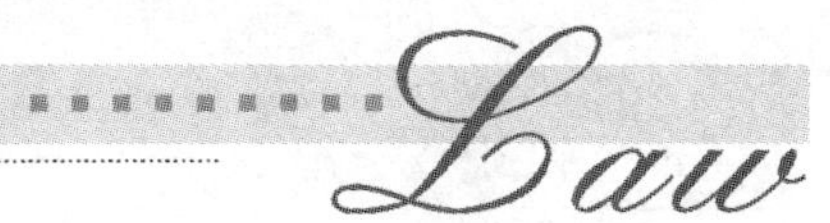

来益处。

(四)必须经过司法程序

否认公司法人独立地位必须经过司法程序,由法院判决否认公司人格,责令公司股东对公司的债务负责。否则,即使公司或者股东存在滥用公司人格和股东有限责任的情形,并不当然发生公司人格被否认的后果。因此,如果公司的债权人欲追诉股东个人,应当向法院起诉,要求法院否认公司人格,然后责令股东个人对公司债务负责。除了法院,其他机关无权否认公司人格。

二、公司法人人格否认制度的历史发展

我国《公司法》关于公司法人人格否认的规定较为原则,到底应当如何适用,适用于哪些情形有待于进一步明确,因此,有必要介绍外国的立法和判例,以期对我国的实践具有借鉴意义。

(一)英国

在英国,自从萨洛蒙公司案[①]以来的立法和判例一再重申公司法的基本原则:公司具有独立的法人资格,公司股东对公司债务不负个人责任。这是公司法不可撼动的基石。但是,在例外的情况下,立法者和法院考虑到现实的情况可能会忽视公司的法人资格,从而将公司的权利、义务和责任视为股东的权利、义务和责任,将公司的业务视为主要股东的业务,责令股东对公司的债务负责。

英国关于否认公司人格的立法主要体现在:1939 年《与敌人交易法》第 2 条,[②]1954 年《房东与租户法》第 30 条第 3 款。[③] 1985 年《公司法》也规定,在下列情况下,公司法人资格可能被否认:(1)股份有限公司的成员人数低于法定最低限额时;(2)股份有限公司违反《公司法》第 117 条第(8)款开展业务活动;(3)违反《公司法》第 227 条至第 230 条的规定,对母公司与子公司的账户进行不当处理时。此外,1986 年《破产法》和 1986 年《公司董事失格法》还规定,董事在一定情况下应当对公司债务承担一定的个人责任。

在英国,否认公司人格的法律规则主要体现于判例法中。迄今为止,揭开公司法人面纱的著名案例有:*Daimler Co Ltd v Continental Tyre and Rubber Co*

---

① *Salomon v. A Salomon & Co Ltd* [1897] AC 22 (House of Lords).

② 该法规定,当法院确定某一公司是否具有战时"敌人"的性质时,可以揭开公司法人的面纱。这里的"敌人"是指与英国交战的国家、主权机构或者交战国的居民。

③ 该款规定,当房主在一个公司中具有控制性利益时,那么,该公司所从事的业务活动在该法中应当被视为房主的业务。

(Great Britain) Ltd[①];*Continental Tyre and Rubber Co* (*Great Britain*) *v Daimler Co Ltd*[②]; *Re FG* (*Films*) *Ltd*[③],*Re Darby*, *ex p Brougham*[④]; *Gilford Motor Co Ltd v Horne*[⑤]; *DHN Food Distributors Ltd v Tower Hamlets London Borough Council*[⑥],*Adams v Cape Industries plc*[⑦]。一般来说,受萨洛蒙公司案的长期影响,英国法院倾向于维护公司的法人资格,比美国等国家的法院更不愿意揭开公司法人的面纱。只有在例外的情况下,当公司法人人格被用以欺诈或者逃避既有的法律和合同义务时,法院才会否认公司人格。

(二)美国

自19世纪中叶以来,公司独立法人人格和股东的有限责任作为公司法的基石在美国被稳固地确定下来。因此,只有在非常例外的情况下,法院才适用揭开公司法人面纱这一普通法原则[⑧]。在美国,揭开公司法人面纱的制度通常分为两种情形:一是个人股东被追究责任时;二是母子公司的情形。

在个人股东被追究责任的情形,法院决定是否揭开公司法人面纱时通常考虑下列情形:(1)原告是侵权债权人还是合同债权人。法院通常作此区分并且在原告为侵权债权人时更可能揭开公司法人面纱。但是,即使在涉及侵权债权人的情况下,原告需要证明存在其他因素(如资本严重不足)时,法院才可能否认公司法人资格;(2)股东利用法人资格进行欺诈或其他错误行为。在此,欺诈和错误行为一般是指公司抽走(siphoned out)资产使公司没有充分的资产满足债权人的请求。如公司的唯一股东每月从公司取走数额不等的工资,使公司实际上没有资产。(3)资产严重不足。有学者称这是美国法院最常引用的揭开公司法人面纱的理由,在涉及侵权债权人的案件中尤其如此。有少数法院认为,如果公司资本严重不足,即构成否认公司法人人格的理由,不需要存在其他情形。但大多数法院认为,即使公司资本严重不足,但这不是直接否认公司法人资格的决定性因素,还需要证明股东具有一些欺诈或错误行为或者公司运作严重违反法律规定的程序。然而,在公司的资本为零时,法院通常否认公司法人资格,不需要证明存在其他因素。(4)未遵守

---

① 2 AC 307 (House of Lords).

② [1915] 1 KB 893 (Court of Appeal).

③ [1953] 1 WLR 483,[1953] 1 All ER 615 (Chancery Division).

④ [1911] 1 KB 95 (King's Bench Division).

⑤ [1933] Ch 935 (Court of Appeal).

⑥ [1976] 1 WLR 852, [1976] 3 All ER 462 (Court of Appeal).

⑦ [1990] Ch433, [1991] All ER 929 (Court of Appeal).

⑧ Thompson, Piercing the Corporate Veil: An Empirical Study, 76 *Cornell L. Rev.* 1036 (1991)。汤普森研究了美国法院处理过的1600件揭开公司法人面纱的案件,只在40%的案件中,法院否认公司法人人格。

法律规定的公司运作程序。例如,公司的股份未正式发行或者公司未收到股份的对价,未召开股东大会或董事会会议,股东没有明确区分公司财产和股东的个人财产,如公司的唯一股东从公司的账户中提款用于个人的花费,没有保持适当的公司财务记录等①。

在母子公司的情形中,法院更可能揭开公司法人的面纱。但是,公司法的基本原则仍然是母公司一般不对子公司的债务负责,只要公司遵守下列条件:(1)遵守公司运作的程序;(2)公众与公司进行交往时不会对母公司和子公司的身份产生混淆;(3)子公司为了营利的目的进行适当的运作;(4)没有明显不公平的情形。此外,母子公司的密切关系(如董事基本相同,高级管理人员基本相同,合并报税等)或者母公司对子公司事务的控制本身并不导致公司法人人格的否认。只有在下列情况下,法院可能否认公司法人人格:(1)公司的活动混同,没有遵守公司独立法人人格的程序(如母子公司的董事会会议一同召开);(2)统一进行商业活动且子公司的资本不足。也就是说,子公司像母公司的一个组成部分,而不是一个独立法人那样进行活动。如母公司购买许多出租车然后租给资本不足的子公司经营。(3)误导公众,即母公司和子公司没有向公众清楚地表明是与母公司还是子公司与公众进行交往。如一子公司被列为母公司的"部门"或"分店",那么,与子公司进行交往的公众就可能被误导;(4)资产混同。如子公司从母公司的银行账户获得资本,但这种资金的转移没有入账,则法院可能否认子公司的法人资格。(5)子公司以不公平的方式运作。这通常是指子公司的经营活动是为了母公司的利益而不是子公司和利益。例如,子公司被迫低于成本价或不公允的价格将产品出售给母公司,使子公司不可能营利。在此情况下,法院很可能否认子公司的独立人格②。

综上所述,美国法院揭开公司法人面纱的理由包括:母公司对子公司施加过度的控制,股东利用公司法人人格进行欺诈及其他非法和不当行为导致不公正,公司未遵守法律规定和程序,公司资本严重不足等③。其中,母子公司之间的不当控制关系是美国法院否认公司人格最普遍的情形。其原因是:公司法人人格和股东的有限责任是在公司集团尚未普遍出现的经济年代里确立的,这两个公司法基本原则的目的是为了保护个人股东,从而鼓励投资,而不是保护母公司。但在公司集团成为普遍的经济单位的时代,公司法人资格和股东有限责任制的适用会导致不公正,因此,需要通过否认公司法人人格制度加以纠正。在美国,揭开公司法人面纱成为法院处理最多的公司法案件,是争讼最多的法律问题。但是,立法和判例对于

---

① [美]史蒂文·L. 伊曼纽尔:《公司法》,中信出版社 2003 年版,第 39 页。

② [美]史蒂文·L. 伊曼纽尔:《公司法》,中信出版社 2003 年版,第 42～43 页。

③ Sandra K Miller, Piercing the Corporate Veil among Affiliated Companies in the European Community and in the US: A Comparative Analysis of US, German, and UK Veil-piercing Approach, (1998) 36 *Am. Bus. L. J.* p. 77.

在何种情况下否认公司人格没有恒定之规，而是根据个案的情况作出判断，因此，关于否认公司人格的判决被批评为太武断、随意①。

（三）德国

至今为止，欧共体仍未颁发关于否认公司人格的指令。因此，欧共体关于否认公司人格的法律体现于成员国的国内法中。在公司法领域，英国和德国的公司法体现了两种迥然不同的做法。与英国的立法和判例不同，德国的立法和法院对揭开公司法人面纱持更积极的态度，在否认公司人格的理由方面也更为广泛。例如，在母子公司之间，德国立法采用“经济统一体说”，规定在一定情况下，母公司和子公司甚至公司集团内的所有关联企业可能被视为一体，母公司需要对子公司的债务承担责任。② 具体而言，在下列三种情形下，母公司与子公司构成一个经济统一体，母公司需要对其所控制的子公司的债务负责：(1)母子公司之间签有明确的控制协议，在协议中约定母公司有权控制子公司，因此母公司应当对子公司所遭受的当年损失承担责任；(2)事实控制关系，即母子公司之间虽然没有签订正式的控制协议，但是，母公司对子公司施加严格的控制，没有充分地重视子公司的法人地位使子公司处于不利地位，且子公司是有限责任公司的情况下，法院可以责令母公司对子公司的债务承担责任。(3)当母子公司之间存在非独立交易等情形时，法院可以责令母公司赔偿子公司因此种交易所遭受的损失。例如，在 Tiefbau 一案中，德国法院责令一家银行对其所投资的一家有限责任公司的债务负责，因为银行控制了该子公司的财务管理③。另外，在 TBB 案中，母公司与其子公司均从事建筑行业，子公司的一个债权人要求法院判令母公司对子公司的债务负责。法院认为：如果母公司对子公司实行“滥用性”的控制，即母公司在管理过程中无视子公司的利益，母公司应当对其不当控制所造成的损失负责。法院强调：子公司应当维护独立且准确的账簿。在该案中，由于原告未能证明母公司存在不当行为或者错误的账目，法院驳回原告的起诉。在 1994 年的另一起案件中，法院重申：如果股东对公司施加“滥用”式的控制，股东应当对公司债务承担个人责任。例如，在一起案件中，被告是一家母公司的大股东，而该母公司下面控有两家子公司：H 有限责任公司和 B 有限责任公司，均从事建筑业务。被告从 H 公司向 B 公司转了 1000 万马克，声称用于支付 B 公司的工资。但是，被告转款行为似乎是为了抽走 H 公司的资本因为 B 公司只欠 200,000 马克工资。最后，H 公司破产，H 公司的雇员向法

① Thompson, Piercing the Corporate Veil: An Empirical Study, 76 *Cornell L. Rev.* 1036 (1991).

② Sandra K Miller, Piercing the Corporate Veil among Affiliated Companies in the European Community and in the US: A Comparative Analysis of US, German, and UK Veil-piercing Approach, (1998) 36 *Am. Bus. L. J.*, p. 73, pp. 75～76.

③ 转引自 Sandra K Miller，同上注，pp. 107～108。

院起诉被告，要求其对H公司的债务人承担责任。法院判决：由于被告对H公司施加了滥用性的控制，在“履行H公司经理职责的过程中未对H公司的利益予以适当的尊重”，因此，被告应当对H公司的债务承担个人责任①。

此外，当公司股东利用公司法人地位规避法律和合同义务，或者欺诈第三人时，德国法院还根据民法中的诚实信用原则否认公司法人资格。

（四）中国

根据我国《公司法》第20条的规定，在下列两种情形下应当否认公司法人人格：(1)公司滥用其法人独立地位和股东有限责任损害公司债权人的利益的；(2)股东滥用公司法人独立地位和股东有限责任，逃避债务，严重损害公司债权人利益的。据此，不论是公司还是股东滥用公司法人独立地位和股东有限责任，都可能导致公司法人人格被否认。但是，《公司法》第20条仅仅是原则性的规定，至于何为“滥用公司法人人格和股东有限责任”则有待于进一步的解释。下面介绍其他国家关于否认公司人格的情形，以期对理解和适用我国公司法具有裨益。

三、导致否认公司人格的情形

公司法人人格否认是20世纪后半期以来为了纠正公司有限责任制度被滥用的弊端而发展起来的，散见于各国的立法和判例法之中，且各国关于否认公司人格的具体情形规定各不相同。归纳起来，各国立法和判例否认公司人格的主要情形包括：

（一）公司形骸化

公司形骸化是指公司与股东的混同，使公司成为股东的另一个自我(alter ego)或者股东的工具(sham)或木偶，导致出现公司即股东、股东即公司的情形。公司形骸化体现为下列方式：(1)公司的财产与股东、公司控制者的财产混同，不分彼此。公司与股东或其他主体的财产及其他事项混同，以致公司失去独立性是法院最常据以揭开公司法人面纱的理由之一。如公司与其股东、母公司、最终控制者的营业场所不加区分，主要设备、办公设施混用，财务混乱等。这样，公司实际上没有独立的财产、经营场所、经营设备，从而使公司法人不具备真正的独立地位。此外，因为公司财产及其他事项的混同使股东的权益与风险无法区分，也使第三人难以判断其与公司交易的风险。因此，为了保护非控制股东与债权人的利益，应当将

① Sandra K Miller, Piercing the Corporate Veil among Affiliated Companies in the European Community and in the US: A Comparative Analysis of US, German, and UK Veil-piercing Approach, (1998) 36 *Am. Bus. L. J.* 73.

公司与股东及其他混同主体视为一体，以公司及股东个人的财产对公司的债权人承担责任。但在司法实践中，到底公司的哪些事项混同才会导致公司法人人格被否认？这没有一个明确的答案，通常由法院根据个案的情况作出判断。(2)公司的业务混同。(3)公司由股东或母公司实际控制或者支配。通常，股东与公司的控制关系，特别是母公司与子公司的控制关系是法院据以否认公司人格的理由之一。依照公司法，公司应当由公司的董事会或者股东会行使决策权。公司的股东只能通过公司法或者公司章程的规定参与公司事务，除此之外，不得不当干预公司的经营与决策。但在实践中，一些股东利用其控制地位对公司的经营和决策施加不当影响。如控制股东利用董事的地位以公司的财产为其关联企业提供担保。这种控制关系在母子公司之间表现得更加突出。因为母公司控制子公司的多数股份，因此，依照法律和公司章程有权选定子公司的多数董事。这就会产生一个问题：按照公司法，子公司的董事只对子公司负有忠实义务，应当为子公司的最大利益服务。但是，在实践中，由于子公司的董事是由母公司选定的，他的去留是由母公司决定的，因此，从公司董事自己的职位和将来考虑，很可能倾向于听命于母公司。有的情况下，关联公司的董事、经理和高管相互兼任、相互制约，母子公司以及关联公司之间的控制关系更加复杂。这样，通过正式或非正式的方式，母公司控制了子公司的主要人事任免权，进而控制公司的财务运作、经营计划、发展规划，使子公司难以维持应有的独立地位。但是，到底何种程度的控制关系方构成否认被控制公司法人人格的前提条件？这并没有明确的答案，需要根据个案的情形加以判断。下面的这个案例直观地展现了公司形骸化而被否认公司人格的情形。

2004 年 6 月 28 日，福建省厦门市中级法院根据公平诚信原则，判决否认一公司的法人人格，责令股东个人对公司的债务承担责任。

案情事实

“喜洋洋”公司系台商独资企业，于 1991 年由被告谢得财投资成立，法定代表人为谢得财；永昌荣食品有限公司(以下简称“永昌荣”)亦系台商独资企业，于 1993 年 11 月由谢得财投资成立，法定代表人也是谢得财；且这两家公司的经营地址、电话号码、组织机构、从业人员完全相同。2002 年 4 月，原告电力公司与被告喜洋洋食品有限公司(以下简称“喜洋洋”)发生了一笔果冻条购销生意，后“喜洋洋”拖欠电力公司 25 万元货款。被告“喜洋洋”公司以无力还债为由拒付货款。电力公司认为，谢得财掏空“喜洋洋”，将财产转移到永昌荣来逃债。为此，电力公司将谢某、“喜洋洋”、“永昌荣”全告上法庭，要求三被告共同偿还 25 万元及利息。

法院查明：“永昌荣”设立至今，从未实际开展生产经营活动，也无机器设备，名下的土地、厂房及两部汽车均由“喜洋洋”无偿使用，日常费用则由“喜洋洋”支付。两公司的财务账目虽分别立册计账，但均由“喜洋洋”的会计人员负责制作，且“永昌荣”本身从未发放过工资。1998 年“永昌荣”向银行贷款 100 万元，其中部分由

"喜洋洋"使用,至2002年才由"喜洋洋"代为还清全部贷款;2002年底,"喜洋洋"用"永昌荣"名下的土地、厂房作为抵押担保,再向银行贷款100万元。"喜洋洋"在2002年度共从其账户转出433400元到"永昌荣"的账户,用于偿还"永昌荣"的银行贷款本息。且这两家公司的唯一投资者谢某在经营期间也挪用、侵占"喜洋洋"的财产至少在72万元以上,全部作为个人债务和交通肇事的赔款。

厦门市中级人民法院认为,"永昌荣"与"喜洋洋"作为关联企业的两公司之间,投资者、经营地址、电话号码及管理从业人员完全相同,实为一套人马、两块牌子,必然导致两公司缺乏各自独立意志而共同听从于谢某。因此,有确凿的事实和理由认定两公司之间存在人格混同。现"喜洋洋"徒具空壳,无力偿还数额巨大的众多到期债务;而"永昌荣"从未开展业务活动却有数百万元的资产,足以推定谢某操纵并利用关联公司之间的财产转移来逃避合同义务和法律责任。被告谢某作为"喜洋洋"和"永昌荣"的唯一股东,无视公司的独立人格,滥用其控制权,挪用公司资产归个人使用,致使公司与其个人之间财务、财产均发生混同;而"喜洋洋"和"永昌荣"之间混同情况则更为严重,公司相对人难以认识到两个关联公司的独立性。上述种种行为,严重背离公司法人制度的分离原则,因此,应认定三者之间存在人格混同。如在本案中仅追究"喜洋洋"的责任,则作为善意相对人的原告将无法或可能无法实现其债权,不符合诚实信用原则和公平理念。因此,对"喜洋洋"适用法人人格否认法理,要求谢得财和"永昌荣"承担连带责任具有必要性和正当性。①

(二)利用公司法人资格逃避合同规定的义务

在实践中,公司法人人格可能被用以逃避法律或者合同规定的义务。具体体现在:(1)为了逃避契约上规定的特定不作为的义务(如竞业禁止义务、商业保密业务或者不得制造特定商品的义务等)而设立新公司从事相关活动。例如,在英国的*Gilford Motor Co Ltd v Horne*②一案中,被告Horne曾是原告公司的执行董事,双方曾在合同中约定:被告离开公司后不得去拉拢原告的客户。但是,在双方的雇佣合同终止后,被告成立了由他自己和他妻子合股的公司,然后以该公司的名义拉拢原告的客户。英国法院否认被告成立的夫妻公司的法人资格,认为被告违反了其与原告雇佣合同规定的不作为义务,为此,法院针对Horne夫妻颁发了禁令。上诉法院认为:本案中Horne成立的公司是一个工具或者虚壳,其法人人格应当被否认;(2)通过成立新的公司逃避债务。如公司的控制股东通过抽逃出资、转移财产等方式,使原有的公司名存实亡,然后再成立一家新公司,将原公司的财产转移到新公司;(3)利用公司欺诈债权人然后逃避制裁。如近年来,一些不法分子设

① 郑金雄、黄冬阳:《厦门否认"喜洋洋"法人资格:法人面纱被揭开,公司不再喜洋洋》,载《人民法院报》2004年7月2日。

② [1933] Ch 935 (Court of Appeal).

立公司与他人签订合同、收取巨额定金或预付款,然后抽走公司财产。

(三)利用公司法人资格逃避法律规定的义务

利用公司的独立人格规避法律规定的强制性义务,也是对公司法人资格的滥用,有违法人制度的宗旨。如一些人利用设立公司逃税、洗钱。在这种情况下,法院应当揭开公司法人的面纱,追究股东的个人责任。

(四)公司的资本显著不足

实践中,一些股东设立资本很少的公司从事风险很大的经营活动,当经营项目成功时,股东获得丰厚的利润;而当公司经营项目失败时,公司仅以其有限的资产对公司债务负责,股东个人对公司债务不负责任。在公司集团内部,这种情形并不鲜见。有时公司集团的控制者为了保护母公司或最终股东的利益和安全,有意组建一些资本很少的公司从事高风险的活动。这种状况对子公司的债权人,特别是侵权债权人十分不利。在此情况下,公司集团的控制者实际上是利用公司法人资格减少经营风险。但这种做法是否构成对公司法人资格的滥用,各国法院做法不一。有的国家法院在公司资本显著不足时揭开公司法人面纱,要求股东个人对公司债务负责。而有的国家则不然。例如在英国的 *Adams v Cape Industries plc*①一案中,位于英国的母公司 Cape 分别组建了多个子公司,分别在南非开采石棉和在美国销售石棉,当美国子公司的数百名职工因吸入石棉而受损害时,子公司的资产显然不足以赔偿受害者。但是,英国上诉法院认为:母公司 Cape 不需对其子公司的侵权行为承担赔偿责任。法院认为:不论这种生意安排是否不道德,但从法律上说,Cape 在法律上有权对其生意作上述安排,以减少母公司的风险。法院应当尊重公司的法人资格。

在揭开公司法人面纱的语境下,公司的资本显著不足是指公司的资本与公司的业务活动的性质和内容以及相关的风险极其不相称。由于公司仅以其全部资产对其债务负责,公司的资本额无须确保所有的公司债务得到清偿,但是,公司应当拥有与其业务性质和风险相对应的资本。这一原则在美国的许多判例中得以体现。②

(五)公司的股东不足法定最低人数

有的国家立法或判例法确定,当公司的股东不足法定最低人数而继续经营时,继续经营的股东对公司的债务承担个人责任。

---

① [1990] Ch433, [1991] All ER 929 (Court of Appeal).

② [美]R·W.汉密尔顿:《公司法》,刘俊海、徐海燕译,中国人民大学出版社 2001 年,第 107 页。

四、公司人格否认制度的适用要件

公司人格否认制度作为公司法人制度的有益补充，如果不恰当使用就会导致整个法人制度处于不稳定的状态，也违背创立公司人格否认制度的初衷。所以各国都对公司人格否认制度的适用十分慎重。从各国司法实践来看，均对该制度的适用要件做了一定的限制。

（一）主体要件

适用公司人格否认制度的主体要件包括两方面：被告和原告，即公司人格的滥用者和因公司人格被滥用而受到损害并有权提起公司人格否认之诉的当事人。

1. 公司人格的滥用者

公司人格的滥用者主要是对公司事务施加实质控制的股东。这里的实质控制，并不一定必须持有公司多数股份，而应以实际对公司的控制为表征。由此，在国有独资公司和母子公司的场合中，支配股东过度控制公司的情况最为明显。而在其他情形中要找出对公司事务施加实质控制的股东则更为困难。

2. 公司人格否认的主张者

公司人格滥用的受害者，通常是公司的自愿债权人和非自愿债权人，有时是代表国家利益或社会公共利益的政府部门，必须明确这些受害人都是因股东的滥用公司人格行为而受到损害。如果因公司董事或经理擅自谋取私人利益而使上述当事人受到损害，可依照公司法的有关规定，通过追究公司董事、经理的责任来予以弥补，不能提起公司人格否认之诉。

（二）行为要件

行为要件即支配股东实施了滥用公司人格的行为。我国《公司法》第 20 条规定，公司股东滥用公司法人资格和股东有限责任，逃避债务，严重损害公司债权人利益的，应当对公司债务承担连带责任。可见，公司股东必须在客观上存在滥用公司法人资格和股东有限责任的行为。这里的滥用行为成立与否的认定应以客观主义为准，而不采取主观主义，即不必考究滥用者的主观心态上是否有利用法人格而加害于他人之故意。

（三）结果要件

公司人格滥用者的滥用行为必须客观上损害了公司债权人的利益。这里要强调的是，公司债权人利益受损的事实与股东滥用控制行为之间必须存在因果关系。

司法考试真题链接

1. 张某有200万元资金，打算在烟台投资设立一家注册资本为300万元左右的餐饮企业。关于如何设立与管理企业，如张某拟设立一家个人独资企业，下列表述正确的是？(2009年司法考试真题)

A. 该企业的名称中不能含有“公司”字样

B. 如张某死亡，其继承人可以继承投资人的身份

C. 如该企业解散，必须由法院指定的清算人进行清算

D. 该企业应当依法缴纳企业所得税

2. 公司在经营活动中可以以自己的财产为他人提供担保。关于担保的表述中，下列哪一选项是正确的？(2008年司法考试真题)

A. 公司经理可以决定为本公司的客户提供担保

B. 公司董事长可以决定为本公司的客户提供担保

C. 公司董事会可以决定为本公司的股东提供担保

D. 公司股东会可以决定为本公司的股东提供担保

3. 甲公司章程规定：董事长未经股东会授权，不得处置公司资产，也不得以公司名义签订非经营性合同。一日，董事长任某见王某开一辆新款宝马车，遂决定以自己乘坐的公司旧奔驰车与王调换，并办理了车辆过户手续。对任某的换车行为，下列哪一种说法是正确的？(2005年司法考试真题)

A. 违反公司章程处置公司资产，其行为无效

B. 违反公司章程从事非经营性交易，其行为无效

C. 并未违反公司章程，其行为有效

D. 无论是否违反公司章程，只要王某无恶意，该行为就有效

第三章　公司财产的法律制度

【引　例】

2009年，甲、乙、丙三人协商出资申请注册成立了D公司。由于丙出资20万为最多，三人便协商由丙担任D公司的法定代表人。在公司设立后，丙逐渐掌握了公司的管理权。后丙以预付款的名义向其设立的个人独资企业E加工厂先后转账支付了20万元。乙知情后，便以自己的名义诉至法院，请求法院判令丙依照公司法规定将抽逃的注册资本20万元退回D公司。

本案中丙行为的性质属于抽逃注册资本。公司设立人一旦完成出资，则公司即具有了相应财产的所有权，股东无权要求退股和撤回出资。这也是公司资本维持原则的要求。所以，我国《公司法》第34条规定："股东在公司登记后，不得抽回出资。"该案中，丙以虚构交易的方式转走与其出资额相当的资金。这是典型的变相抽逃注册资金的行为。丙应当将抽逃的资金归还于D公司。法院应当支持乙的诉求。

第一节　公司资本

一、公司资本概述

（一）公司资本的含义

公司资本制度是现代公司制度的核心部分，它不仅对现代公司制度的形成和完善具有重要意义，对其所在国家社会经济的繁荣与发展亦产生着重大影响。

谈到公司资本时，我们有必要先对"资本"的概念做简单的了解。"资本"概念起源于经济学领域，今天的人们已经普遍接受其为社会生产三大要素之一的观点。正如当代经济学家保罗·萨缪尔森教授所指出："资本，是一种被生产出来的要素，一种本身就是由经济过程产出的耐用的投入品。”①“资本”一度曾被视为等同于货币的一种概念，当然事实并非如此。随着社会分工的日益复杂化，人们逐渐意识到“资本”在不同的领域、不同的学科可以有不同的解释。资本不仅存在于农业领域，存在于流通领域，几乎所有的领域都可以发现它的身影。就经济学意义而言，资本通常是指能够带来剩余价值的价值，也可以说是指与物质再生产密切联系的一种能够带来财富增值的生产要素，其体现的是资产的经济价值或财产价值。

公司法领域所称的公司资本亦即公司的“注册资本”，是与公司相伴而生的概念，是公司章程的绝对必要记载事项之一。公司的资本所具备的两个基本要素——公司章程的规定和股东的出资使得其有别于其他领域的资本概念。我们可以将公司的资本定义为：公司章程确定并载明的，由全体股东认缴的出资总额。具体而言，公司资本表示公司股东以现金或财产的形式，在公司组建时或之后，认缴并支付或保证支付的公司章程确定的数额，公司以此进行经营。公司法学领域的“资本”是一个静态的概念，它来源于股东的出资，是股东出资的货币表现，不会随公司的经营处于变动之中。

各国公司法一般都对公司的注册资本设立了最低限额，公司资本如未达到该最低限额则不能合法成立。我国《公司法》第 26 条、第 59 条和第 81 条分别规定了公司注册资本的最低限额，“有限责任公司注册资本的最低限额为人民币三万元。特定行业的有限责任公司注册资本最低额高于上述所定限额的，由法律、行政法规另行规定”，“一人有限责任公司的注册资本最低限额为人民币十万元”，“股份有限公司注册资本的最低限额为人民币五百万元。股份有限公司注册资本最低限额高于上述所定限额的，由法律、行政法规另行规定”。

此外，《公司法》还规定了公司注册资本的测算方式。“有限责任公司的注册资本为在公司登记机关登记的全体股东认缴的出资额。”“股份有限公司采取发起设立方式设立的，注册资本为在公司登记机关登记的全体发起人认购的股本总额。股份有限公司采取募集方式设立的，注册资本为在公司登记机关登记的实收股本总额。”

（二）公司资本与相关概念的区别

鉴于公司资本的重要性和独特性，我们有必要将其与相类似的概念进行对比，以更好地理解和把握其内涵。

1. 公司资产与公司资本。公司资产是指公司的全部财产，既包括股东出资、公司运营收益所形成的财产，也包括公司负债所形成的财产，既包括有形财产，也包括无形财产。也可以说，公司资产是公司财产的表现形式，其具体表现为公司的

① [美]保罗·萨缪尔森，威廉·诺德豪斯：《经济学》，萧琛主译，人民邮电出版社 2004 年第 17 版，第 26 页。

机器设备、现金、厂房、存货、商誉等，而公司资本仅仅是构成公司资产的基础。在公司运作过程中，公司资产与资本的实际金额的差异因公司经营情形而异。公司初成立时，如尚未形成负债，公司资本等同于资产。在公司之后的运营过程中，公司资产与资本的金额差异关系则因公司经营状况而异，公司资产总额可能大于、等于，也可能小于资本总额。

2. 公司资金与公司资本。公司资金的概念广泛运用于经济学和管理学，却不是法学领域的专业术语。公司的资金是可供公司支配的以抽象的货币形式表现出来的公司资产的价值，其在理论上等同于公司资产，是公司资产的货币化。而资本常常体现为公司章程所规定的公司财产总额，具有恒定性。

3. 公司净资产与公司资本。公司净资产是指公司资产减去负债后的余额。公司的净资产是公司资产的动态体现。公司成立后，随公司经营的盈利或亏损、资产本身的增值或贬值，净资产的价值处于动态的变动之中，可能高于资本，也可能低于资本。当公司资产等于负债时，净资产等于零，而当公司资不抵债时，净资产则为负值。公司对外承担的独立财产责任，就是以公司全部资产对公司的债务承担责任。从根本意义上说，公司的净资产才是公司债务的担保，它在一定程度上代表着公司的真正偿债能力。净资产越多，公司的偿债能力越强。

（三）公司资本的法律价值

公司作为社会经济的细胞，在社会经济发展中发挥着重要作用。而公司资本制度作为公司制度的核心制度，其设计的优劣，直接对其所在国经济的发展起着重要作用，并进而对该国经济的国际竞争力产生影响。宽松的资本制度创设了较低的市场准入门槛，从而便利更多的平民成为投资者，并促进社会经济的繁荣发展。事实上，公司资本制度的设计不仅直接影响成千上万的公司参与者的利益，而且直接制约着公司设立的成本和公司运营的灵活程度，并对商业群体创造财富的动因和投资信心产生影响。

公司作为一种组织形式，在运行的过程中面临的最主要的冲突之一便是公司的股东和债权人之间的利益冲突，也即股权和债权的利益冲突。正因为如此，自公司形式出现以来，各国立法者和司法者一直在寻求创设平衡公司股东与债权人之间利益的资本制度。

作为规范利用资本要素的主体的行为的资本制度，其创设的主旨是平衡股东与债权人的利益关系，而不仅仅是为了保护债权人。公司债权人和股东之间的利益冲突是公司资本制度必须回应的问题，公司资本制度的产生本身便担负着利益平衡的任务。从资本的功能来看，资本具有两方面的功能。首先是经营的功能，即为公司的经营提供货币支持。资本是公司运营的基础，犹如血液之于人体机能的作用。不过，在当今社会，随着信用在经济生活中作用的增强，借贷资本越来越成为企业营运资金的重要来源。换言之，资本作为公司营运资金的功能已经弱化。

其次，资本还有债务清偿和债权担保功能，即以此作为公司对外承担独立责任、股东承担有限责任的手段。① 传统公司法理论把公司资本视为公司信用的尺度和债权人利益保护的最终屏障。公司资本制度的设计要为公司资本的上述两个功能服务，既要方便股东设立公司，促进公司的交易以获得更多的利润，同时也要为债权人提供交易安全保障。

二、公司资本制度的类型

公司立法的发展已有三百多年的历史，在这个发展历程中，公司立法的不时改进大大促进了公司制度的不断完善和发展，而公司的资本制度作为公司制度的核心部分之一，也在此过程中得到了相应的发展。公司资本制度的内涵有广义和狭义之分。狭义的公司资本制度指的是公司资本的形成、维持和退出等制度安排，而广义的资本制度，则指围绕股东的股权投资等有关公司资本运作的一系列概念网、规则群、制度链的配套体系。② 本目所涉及的公司资本制度，仅取其狭义涵义，即仅指公司资本形成制度，具体而言，指包括法定资本制、授权资本制和折衷资本制三种不同类型的资本形成制度。

（一）法定资本制

所谓法定资本制，又称确定资本制，是指公司在设立时，必须在章程中对公司的资本总额做出明确规定，并由股东一次性全部认足的资本制度。在这种资本制度下，公司股东在章程中明确并经注册的资本在公司成立时均已全部缴足，不存在未缴资本的情况，公司成立后如需增加资本，则需修改章程，经股东会同意并办理相应的注册变更登记手续。法定资本制度又可以分为严格资本制度和缓和的法定资本制。规定股东必须一次性缴足全部股款的为严格的法定资本制，而规定股东可以分批分期缴纳股款的为缓和的法定资本制。如法国《商事公司法》第 38 条就规定了有限责任公司资本问题："公司股份以实物或现金出资认购的，股东必须认足全部股份，并全部予以缴纳"。③

法定资本制的特征主要体现在如下几个方面：(1)公司章程必须记载符合法定资本最低限额的注册资本。立法要求公司章程中记载公司的注册资本额，其意在对股东的出资行为产生约束力，并对社会公众告知公司的资金实力。(2)公司章程所确定的出资总额必须在公司成立之前全部由发起人或股东认足或募足。(3)就资本增加而言，由于公司章程中所载明的资本总额在公司成立时即已发行完毕，公

---

① 赵旭东：《企业和公司法纵论》，法律出版社 2003 年版，第 224 页。

② 傅穹：《重思公司资本制原理》，法律出版社 2004 年版，第 2 页。

③ 卞耀武：《法国公司法规范》，李萍译，法律出版社 1998 年版，第 37 页。

司的增资行为必然引起章程内容的变化以及公司资本总额的变化。因此，公司成立后如需增加资本，须经股东会决议变更公司章程等法定程序，才能实现增资的目的。

法定资本制是大陆法系国家为实现“国家干预经济”政策，加强对公司资本安全性管理而设计的一种公司资本制度。大陆法系国家在公司制度出现的初期一般实行的是法定资本制，以法国、德国为代表。法定资本制在平衡股东与债权人两个主体的利益冲突中，明显偏向于债权人利益的保护，通过要求股东承担相对较为繁重的出资义务的方式来维护债权人的交易安全，体现了社会本位的立法观念。

显然，法定资本制有利于确保公司资本真实、可靠，防止公司设立过程中的欺诈和投机行为，具有保障社会交易安全等积极作用。但这一资本制度也存在一定的缺陷，主要体现为三个方面。首先，对投资人设立公司设置了相当的障碍。严格的法定资本制要求公司在成立时就认足全部资本，这对公司发起人设立公司提出了较高的资金要求，那些资金实力不足的投资者只能望而却步。其次，可能导致公司资金的浪费。公司成立之初，公司的经营管理尚未全面展开，对资金的需求量不大，但法定资本制要求发起人或股东认足全部股本，这可能造成资金的浪费。第三，不便于公司变更资本。公司在实际经营过程中，可能因业务发展需要变更资本。但该制度要求公司变更资本需经股东大会同意，并办理相关的手续，这样严格的限制性条件不利于公司根据自己的需要，随时调整注册资本，从而公司错失变更资本的商业机会。

（二）授权资本制

在大陆法系国家实行法定资本制的同时，英美法系国家创设了一种与之相对应的资本制度——授权资本制。① 授权资本制是指公司章程中确定的公司资本总额，在公司设立之初不需要股东全部认足，股东只要部分认缴，公司即可成立。其余未缴付的资本，授权董事会在公司需要时，分次发行和募集。由于公司章程中已经明确公司预计缴付的资本并经注册，故公司成立后董事会向股东再发行资本时，无需修改章程或召开股东大会进行决议，亦无需到登记机关进行变更注册登记。

在授权资本制下，公司资本呈现多种形式，即发行资本、实缴资本、授权资本等。其中授权资本是指公司依章程有权发行的全部资本。授权资本由章程设定，并在登记机关注册载明，故也称核准资本或注册资本。② 发行资本指的是公司实际向股东发行的资本。在授权资本制下，发行资本一般小于授权资本。实缴资本指的是股东实际向公司缴纳的资本。

---

① 之所以将该资本制度命名为“授权资本制”，是因为在特许主义时代，股份资本的发行是基于国家的授权。在准则主义时代，仍遗留着国家赋予公司权能的思想。

② 沈贵明：《公司法论》，法律出版社 2006 版，第 133 页。

授权资本制主要有如下几个特征:(1)授权资本额度下的分次发行。公司成立之初,无需向股东发行章程所列明的全部资本,而只需发行其中的一部分即可。(2)公司章程不仅要载明公司的注册资本,还要载明公司成立之前首次由发起人或股东认缴的股份资本。(3)由于公司章程已经规定了公司的注册资本总额,公司成立后,董事会如因经营需要而增加股份,只需在章程所规定的授权资本范围内直接发行新股,即可实现增资目的,而无须经过法定资本制所要求的股东大会批准及办理其他手续。

授权资本制的优点体现在如下几个方面。首先,可以激发人们的投资热情,并降低公司这一组织形式的准入门槛,体现了“个人本位”的立法理念。其次,公司的增资程序在这种特定资本制度下显得比较简便,从而便利公司的经营,提高公司运作效率。第三,公司经营者可以根据其需要,在授权资本范围内决定发行资本的数额,从而在一定程度上避免了公司资金的浪费。简而言之,较法定资本制而言,授权资本制显示出明显的灵活性。不过,授权资本制在一定程度上为公司欺诈行为创设了生存的土壤,换言之,授权资本制在便利公司创设的同时,在资本制度领域部分牺牲了对债权人保护的安全性价值要求。

(三)折衷资本制

正是由于法定资本制和授权资本制各有利弊,为适应经济发展的要求,一些国家公司法进行了资本制度的创新,于是一种走法定资本制和授权资本制中间道路的新型的公司资本制度——折衷资本制便应运而生。

折衷资本制又可以分为两种类型,即折衷授权资本制和认许资本制。[①] 折衷授权资本制是指公司设立时,章程应明确记载公司的资本总额,股东只需认足第一次发行的资本,公司即可成立,但公司第一次发行的资本不得低于资本总额的一定比例,未认足的部分,授权董事会在一定时间内发行新股募集。如日本《商法典》第166条规定,公司设立时发行的股份总数不得低于公司股份总数的四分之一。认许资本制是指公司设立时,章程中应明确记载公司的资本总额,并由股东全部认足,公司方得成立;但公司章程可以授权董事会于公司成立后一定年限内,在公司成立之时资本额的一定比例内,发行新股,增加资本。如德国《股份法》第202条及其后条文规定,公司章程可以授权董事会在公司成立后五年内,在授权时资本的半数范围内,经监事会同意而发行新股增加资本。

折衷资本制吸收了法定资本制和授权资本制的优点,代表着现代股份有限公司资本制度的发展趋势。该制度降低了投资者设立公司的难度,并有效避免了因公司资本限制所造成的资金浪费。此外,由于折衷资本制对公司分期发行股份的数额以及公司资本总额的最后缴纳期限做出了限定,从而适当保障了债权人的

---

① 范健、王建文:《公司法》,法律出版社2006年版,第258页。

利益。

我国《公司法》2005年修订后在公司资本制度方面采纳了折衷资本制为基本原则、法定资本制为特例的立法模式。《公司法》第26条规定“有限责任公司的注册资本为在公司登记机关登记的全体股东认缴的出资额。公司全体股东的首次出资额不得低于注册资本的百分之二十，也不得低于法定的注册资本最低限额，其余部分由股东自公司成立之日起两年内缴足。”《公司法》第81条规定，“股份有限公司采取发起设立方式设立的，注册资本为在公司登记机关登记的全体发起人认购的股本总额。公司全体发起人的首次出资额不得低于注册资本的百分之二十，其余部分由发起人自公司成立之日起两年内缴足。股份有限公司采取募集方式设立的，注册资本为在公司登记机关登记的实收股本总额。”从我国《公司法》上述法律规定可以看出，《公司法》针对不同的公司组织形式及不同的设立方式制定了不同的出资模式。对有限责任公司和以发起方式设立的股份有限公司适用折衷资本制，对公司股东首次出资金额及出资期限做了明确规定。由于以募集方式设立的股份有限公司筹集资金相对容易，因而对这类公司采用法定资本制。

三、公司资本原则

在大陆法系国家公司立法过程中，逐步确立了一些既适用于股份有限公司，也适用于有限责任公司的公司资本原则。大陆法系国家的学者们把这些原则归纳概括为“公司资本三原则”，指的是由公司法所确定的在公司设立、营运以及管理的整个过程中，为确保公司资本的真实性安全性而必须遵循的基本法律准则。公司资本三原则不仅为大陆法系国家所奉行，同时也在一定程度上为英美法系国家的公司立法所遵循，因此，我们有必要对其加以了解。

（一）资本确定原则

资本确定原则又称资本法定原则，是指公司在设立时，必须在公司章程中对公司的资本总额做出明确规定，并由发起人全部认足或募足，否则公司不能成立。资本确定原则为大陆法系国家所采用，起始于股份有限公司的出现。该原则的设立宗旨在于确保公司章程所列明的公司资本的真实可靠性，并借以防止公司滥设，维护公司债权人的利益，维护经济秩序的稳定和交易的安全。资本确定原则中资本的“确定”主要体现在两个方面：(1)资本总额在公司章程中已经明确规定；公司章程所确定的公司资本不得低于法定最低资本限额。(2)公司章程所列明的资本总额在公司设立前已经确定地认足。

资本确定原则在我国《公司法》中分别体现为对有限责任公司和股份有限公司提出的不同要求：(1)在公司章程中体现注册资本数额(《公司法》第25条、第77条)。(2)要求股东在公司设立之初足额缴纳注册资本，并明确规定了股东分期出资应缴纳的出资额。如《公司法》第 26 条规定,有限责任公司的注册资本为在公司登记机关登记的全体股东认缴的出资额。公司全体股东的首次出资额不得低于注册资本的百分之二十,也不得低于法定的注册资本最低限额,其余部分由股东自公司成立之日起两年内缴足。第 81 条规定,股份有限公司采取发起设立方式设立的,注册资本为在公司登记机关登记的全体发起人认购的股本总额。公司全体发起人的首次出资额不得低于注册资本的百分之二十,其余部分由发起人自公司成立之日起两年内缴足。股份有限公司采取募集方式设立的,注册资本为在公司登记机关登记的实收股本总额。《公司法》第 59 条规定,一人有限责任公司的股东应当一次足额缴纳公司章程规定的出资额。(3)要求股东缴纳出资后,必须经依法设立的验资机构验资并出具证明(《公司法》第 29 条),以确保公司出资的真实性;(4)公司成立后,发现作为设立公司出资的非货币财产的实际价额显著低于公司章程所定价额的,应当由交付该出资的股东或发起人补足其差额(《公司法》第 31 条、第 94 条)。

(二)资本维持原则

资本维持原则又称资本充实原则,指公司在其存续过程中,应经常保持与其资本额相当的财产。资本维持原则的确立目的在于防止公司资本在经营过程中,因为各种原因(如公司固定资产贬值、经营亏损等)而发生实质性减损,从而与公司的注册资本有较大的差距,也就无法达到公司资本制度的设立本意,并进而影响公司资本的信用基础,损害债权人的利益。资本维持原则的精神是向公司经营者提出了保值公司资产,使其不致与公司注册资本有明显的出入的要求。

资本维持原则在我国《公司法》具体体现为如下几个方面:

(1)公司成立后,股东不得抽逃出资或抽回股本(《公司法》第 36 条、第 92 条)。(2)有限责任公司发起人不得高估其用于抵作股款的财产作价(《公司法》第 27 条)。(3)股份有限公司股票发行价格不得低于股票票面金额(《公司法》第 128 条)。股份有限公司注册资本总额为股票票面金额与发行股份数的乘积,如果发行价格低于票面金额,则公司实收资本将低于公司的注册资本,从而违背了资本维持原则。(4)公司只有在特定情形下才能回购自己的股票(《公司法》第 143 条)。公司回购自己的股票,指的是公司从其股东手中买回自己股份的行为,即公司用公司资金购买其发行在外的股份,这必将减少公司的资本总量和公司发行在外的股份总量。(5)公司不得接受本公司的股票作为质押权的标的(《公司法》第 143 条)。公司如接受本公司股票为质押权标的,则当公司实现其质押权时,公司就从质押人手中收回自己的股份,这将造成公司资本总量及发行在外的股份总量的减少。(6)公司在弥补亏损前,不得向股东分配股利。公司出现亏损导致公司资本减少,公司此外经营中创造的盈利应优先用于弥补亏损,补足公司资本,在此基础上,方能用以分配股利。

(三)资本不变原则

资本不变原则是指公司资本一经法律程序确定下来,即不得随意变更,如确需增加或减少,必须严格按照法定程序进行。资本不变原则与资本确定原则、资本维护原则从不同的角度维护公司资本的确定性,具体而言,资本不变原则对公司资本的变更设定法定程序,从程序角度保护来实现维护公司资本的目的,而资本确定原则和资本维护原则则更多地从公司资本的实体内容出发,体现和维护公司资本的信用价值。因此,只有将公司资本三原则密切地结合起来,才能真正发挥公司资本的信用基础作用。

资本不变原则在我国《公司法》中体现在对公司增减资设定各种限制的法律条文中。具体而言,包括如下法律规定:(1)公司需要减少注册资本时,必须编制资产负债表及财产清单,并应在作出减少注册资本决议之日起 10 日内通知债权人,并于 30 日内在报纸上公告(《公司法》第 178 条)。(2)公司减资后的注册资本不得低于法定的最低限额(《公司法》第 178 条)(3)公司增加或者减少注册资本,应当依法向公司登记机关办理变更登记(《公司法》第 180 条)。

公司资本三原则体现了立法者为平衡公司股东和债权人利益而做出的立法设计。然而,随着时代的发展,资本三原则赖以存在的社会条件和经济基础发生了很大的变化,资本三原则面临着多方面的挑战。在当代公司资本的构成中,以人力资本为代表的非财产性出资和无形财产出资占据着越来越大的比例,这使得资本的价值越发难以确定,这样资本三原则就失去了存在的基础。此外,资本确定原则为股东出资设立公司设定了较高的限制性条件,资本不变原则又为股东增资设置了障碍,这不利于公司这一组织形式的灵活运用,阻碍了社会经济的发展。因而,资本三原则应该在新的形势下进行全面的修正,以更好地为公司的健康和积极的运营保驾护航。

四、股东出资制度

公司资本构成公司运行的基础,而股东出资则构成公司资本的基础。没有股东出资就没有公司的资本,公司的存在也就无从谈起。因此,股东出资是公司设立阶段的一个重要环节,而各国公司法也都对股东出资问题,特别是股东出资形式问题做了详细规定。我国公司法奉行严格的出资形式法定主义,除了法律规定的出资形式外不允许当事人以任何其他形式出资,《公司法》第 27 条第 1 款规定:“股东可以用货币出资,也可以用实物、知识产权、土地使用权等可以用货币估价并可以依法转让的非货币财产作价出资;但是,法律、行政法规规定不得作为出资的财产除外。”

各国的公司立法普遍规定,股东的出资不限于货币,也可以以实物、技术、知识产权、土地使用权、商誉、信用、劳务等形式出现，不过各国基于不同考虑，在公司法中对公司资本构成的种类及其在公司资本中所占的权重设置了限制性规定。

(一)货币出资

货币出资也称现金出资，是公司股东出资形式中最基本、最重要的一种形式。货币作为一般等价物，是交易中最便利、最常用的流通工具，具有不可替代的优势。股东以货币出资不仅计值计量准确，无须作价，并且在公司设立后经营过程中可自由使用。货币这种出资的重要形式因而受到立法者特别的青睐，即便其他出资形式最终亦需转换为货币计量。在股东以货币出资时，允许股东以借贷资本出资，只要该借贷行为是股东以自己的名义，独立承担责任而为，则相应的出资行为就是合法的。

对于出资人而言，由于货币资本的稀缺性，他们常常充分利用其他各种出资资源替代货币资本出资。为确保公司在设立后有足够的现金以供正常运营使用，大多数国家的公司法都明确规定货币在公司资本中所占的最低比例。我国《公司法》第 27 条规定货币出资金额不得低于公司注册资本的 30%。法国、德国、奥地利等国则规定股份有限公司的现金出资应占公司总资本的 25%以上，意大利规定现金出资为公司资本的 30%，瑞士、卢森堡规定为 20%。① 立法在对现金出资设定限制比例时不宜过高亦不宜过低，过高的比例可能导致公司资本的低效使用，并可能对高新技术企业的发展制造不必要的障碍，而过低的比例则影响公司资本的实用性。

(二)实物出资

实物出资指的是以机器设备、建筑物、原材料、车辆等非货币资产作为出资的方式。一般而言，用于出资的非货币资产必须是企业生产经营中所需要的资产，且必须一次性缴清。

实物出资是一种与货币出资相并列的独立出资形态，用以出资的实物并不是货币的代替物，它与货币一样成为投资人取得股东身份的对价。不过，实物出资较货币出资而言，涉及的法律问题较多，例如能作为出资物的资格、实物的评估作价、所有权和风险转移等。其中，出资物的适格性，即，什么样的物才能成为合格的出资物是人们特别关注的问题。适格的出资物应具备如下几个方面的要件。

1. 实物是出资人拥有完全所有权之物。出资人只能对其享有完全权能的物进行出资，并应出具其对所出资物拥有完全的所有权和处分权的有效证明。出资人如以租赁物或已经设定担保的物作为出资，则出资无效。

2. 实物的确定性。实物的确定性即指股东用以出资的实物必须明确具体，不

① 范健、王建文：《公司法》，法律出版社 2006 年版，第 264 页。

得随意变更，它对判断出资物的适格性具有重要意义。实物的确定性要求明确实物出资的种类和数量等，以便于在章程中记载相关内容，方便公众了解监督股东的出资份额和出资比例。

3. 实物的现存性，即指用以实物出资的标的物应当是事实上已经存在的价值物，不能是处于期待之中的物品，换言之，附条件和附期限之物均不得成为出资物。

4. 实物的可评估性，是指用于实物出资的标的物必须能以某种公平的办法进行估价，折算为现金。由于出资人出资后要将所出资之物的价值折算为现金，据以确定出资的金额和比例，并以此衡量股东是否依约履行了出资义务以及股东在公司中所享有权利的大小，因而对出资物的价值进行评估显得特别重要。

5. 实物的可转让性，是指用于出资之物的所有权应能从出资人处转移给公司，这就要求出资人对出资物享有独立的支配权。限制转让之物不能作为出资物，这是因为，出资是通过"财产转移行为"实现的，如果出资标的物不具有可独立转让性，则公司不能从出资人手中受让出资物的所有权，出资行为亦不可能合法化。

我国法律法规对非货币性资产出资的规定有如下几项内容。《公司法》第4条规定，"以非货币性资产出资的，应当依法办理其财产权的转移手续。"第27条规定，"对作为出资的非货币财产应当评估作价，核实财产，不得高估或者低估作价。"国家工商行政管理局《关于企业登记管理若干问题的执行意见》第4条规定，"股东以实物折价入股的，其出资应当是能够作为资本直接用于该公司生产经营所需的物品，包括交通工具、办公用房、办公用品和生产经营所需设备、原材料及产品等。股东以不能用于所设公司生产经营活动的物品出资的，登记机关不予核准"。

（三）无形资产出资

无形资产是新型出资形式的代表。纵观各国立法，可以用以出资的无形资产主要有知识产权、人力资本、土地使用权、商誉和信用等。不过，当前我国公司法立法尚未认可人力资本、商誉、信用等出资方式。《公司登记管理条例》第14条第2款规定，"股东不得以劳务、信用、自然人姓名、商誉、特许经营权或者设定担保的财产等作价出资。"

随着科学技术的发展和高科技产业的崛起，知识产权的财产价值越来越为人们所认同和重视。知识产权作为出资形式之一，亦在世界范围内逐渐得到认可。我国《公司法》在2005年修订后，删去了旧《公司法》对知识产权在注册资本中所占比例的限制，从而对知识产权这种出资形式的立法态度从有条件的认可转变到更宽容的接纳。不过，《公司法》虽未直接限制知识产权出资金额占公司注册资本的最高比例，但明文规定了货币出资额不得低于公司注册资本的30%，由此可以推断出，知识产权作价出资占公司注册资本的最高比例不得高于70%。

五、公司资本的变更制度

公司资本在公司的经营过程中可能需要随着公司的业务范围、经营规模、经营效益等适时进行调整，实践的需要催生了公司资本变更制度的发展和成熟。

(一)增加资本

增加资本是指公司成立之后为拓展业务、扩大经营规模、提高公司资信度等原因，依法增加公司资本的行为。

公司增资根据不同的分类方式可以分成不同的种类。比如按照增资的对象可以分为内部增资与外部增资两种形式。内部增资是由公司现有股东认购公司增加的资本，而外部增资则是由股东之外的投资者认购新增的公司资本。根据增资的资金来源，可以分为追加性增资和分配性增资。追加性增资指的是增资的资金来自公司现有的股东及新投资者，分配性增资指的是增资的资金来自公司内部的自有资金，比如将公积金或未分配利润。

公司的增资一方面意味着公司实力的增强、公司资信水平和偿债能力等的提高，产生对公司运营的积极效应，另一方面亦导致公司股权的稀释和股权结构的调整，对股东利益产生直接和重要的影响。鉴于此，立法对公司增资设定了一定的程序性和实体性限制，例如要求公司增资须经股东大会决议通过，变更公司章程，并向有关机构办理相应的变更登记手续。我国的《公司法》要求，无论是有限责任公司还是股份有限公司，增资决议均需经代表 2/3 以上表决权的股东通过(《公司法》第 44 条、第 104 条)。另外，《公司法》第 35 条规定，有限责任公司新增资本时，股东有权优先按照实缴的出资比例认缴出资。但是，全体股东约定不按照出资比例分取红利或者不按照出资比例优先认缴出资的除外。由于有限责任公司具有人合的性质，股东的组合在很大程度上是基于彼此之间的互相信赖，因此，在公司需要增资时，应由公司原股东优先认缴，以防止外来股东的加入打破公司内部的平衡关系。

从我国《公司法》的有关规定看，公司增资需要经过如下程序：(1)董事会制定公司增资方案及修改公司章程的方案(《公司法》第 47 条、第 109 条)；(2)股东会会议决议通过公司增资方案和修改公司章程方案(《公司法》第 44 条、第 104 条)；(3)股东认缴新增资本的出资或认购新股的股款(《公司法》第 179 条对此特别规定，“股东认缴新增资本的出资或认购新股的股款，按照设立公司缴纳出资或股款的有关规定进行。”)；(4)依法向公司登记机关办理变更登记(《公司法》第 180 条)。

(二)减少资本

减少资本是指公司成立之后为某种特定的目的，而依法减少公司资本总额的

行为。具体而言,公司减资可能出现在公司经营出现严重亏损或经营规模调整的情形。当公司经营过程中出现严重亏损,公司现有资产总量明显低于注册资本,且难以在短期内恢复至注册资本所列明的金额时,为使公司注册资本如实反映公司资产的状况,也为了让股东能够适时得到股利分配(公司法要求公司在弥补亏损后才能分配股利,如公司减少注册资本,则可以降低公司弥补的亏损总量),公司可能做出减资决定。另外,公司经营规模调整致使经营所需资金显著低于注册资本数额时,如维持公司注册资本数额不变,则造成资金浪费,公司亦可能因而做出减资的决定。

有限责任公司的减资可以分为同比减资和不同比减资两种情形。同比减资,指的是按股东的出资比例减少其出资数额;不同比减资,指的是股东不按出资比例减少出资。股份有限公司的减资则可以分为减少股份数额,不减少每股金额和减少每股金额,股份数额不减少以及既减少股份数额,又减少每股金额三种类型。

由于公司资本在一定程度上代表公司的偿债能力,为保护交易安全和债权人的利益,立法对公司减资设置了一定的限制性条件,如规定公司减资必须由股东大会作出减资决议并修改公司章程、通知债权人、认可减资决议、办理减资登记手续等。我国《公司法》除对公司减资设定了和增资同样经股东大会 2/3 多数表决权股东通过的程序性要求之外,第 178 条还专门就公司减资的其他程序性事项做了规定:“公司需要减少注册资本时,必须编制资产负债表及财产清单。公司应当自作出减少注册资本决议之日起十日内通知债权人,并于三十日内在报纸上公告。债权人自接到通知书之日起三十日内,未接到通知书的自公告之日起四十五日内,有权要求公司清偿债务或者提供相应的担保。公司减资后的注册资本不得低于法定的最低限额。”当然,减资属公司资本的变更,因此还需要办理变更登记手续。

第二节 公司债券

一、公司债券的概念和特征

(一)公司债券的概念

公司债券是指公司依照法定程序发行的、约定在一定期限还本付息的有价证券。随着公司债券的发行,债券的发行公司与债券持有人之间就形成了一种以还本付息为内容的债权债务法律关系。

发行债券是公司借贷资本的主要来源之一,公司可以通过发行债券,也可以通过向银行或其他金融机构与非金融机构贷款而获得借贷资本,公司的借贷资本与公司的自有资本一起,构成了公司营运资金的重要来源。

要正确把握公司债券的概念,还必须将其与公司债加以区分。公司债与公司债券经常被作为同一概念使用,而事实上二者并不等同,公司债是指以公司债券形式表现出来的公司债务。可见,公司债以公司债券为表现形式,而公司债券又是公司债的具体内容,不能将二者混同。

(二)公司债券的特征

公司债券具有如下法律特征:

1. 公司债券的发行主体是公司。债券的发行人可以是中央或者地方政府,也可以是金融机构或者企业单位。由国家发行的称之为国债,由地方政府发行的称之为地方债,由银行或者非银行金融机构发行的称之为金融债,而公司债指的是由公司发行的债券。

2. 公司债券是公司为筹集生产经营资金而发行的。公司发行债券所筹集的款项只能用于公司的生产经营活动,而不能用于其他非生产性支出,也不能用于弥补公司的亏损。

3. 公司债券是一种要式有价证券。公司债券首先是一种有价证券。所谓有价证券,是指证券所代表的权利是一种财产性权利,而且行使这种权利须以持有证券为前提。[①] 公司债券持有人仅能依其所持债券才能证明并行使其权利,并对公司享有财产性利益。因此,公司债券是一种有价证券。同时,根据我国《公司法》第156条的规定,公司债券上必须载明公司名称、债券票面金额、利率、偿还期限等事项,并由法定代表人签名,公司盖章。可见,公司债券又是一种要式债券。

4. 公司债券是一种债权凭证。债券对于投资者来说是金融资产,对于发行者来说则是金融负担。公司债券持有人以其所持债券,表明了其作为债券发行公司的债权人的地位。因此,公司债券所体现的就是债券发行公司与持券人之间的债权债务关系,它是一种债权凭证。

5. 公司债券的发行必须依照法定条件和程序。由于公司债券是向不特定的社会公众发行的,其发行直接影响广大社会公众的利益,所以我国《公司法》规定了公司债券的发行应当符合一定的条件和程序,以更好地保护社会公众的合法权益,维护社会经济秩序的稳定。

二、公司债券与相关凭证的比较

(一)公司债券与一般公司债务凭证的比较

一般公司债务指的是公司发行债券以外的其他原因而形成的对外债务。一般

① 范健:《商法》,北京大学出版社 2002 年版,第 150 页。

公司债务产生的原因多种多样，既包括公司向金融机构和非金融机构借款形成的债务，也包括因公司从事经营行为而产生的侵权之债、合同之债。一般公司债务与公司债的相同之处在于，公司和债务相对人之间的民事法律关系都属于债权债务关系，但其区别亦显而易见。

1. 产生原因不同。公司债产生的唯一原因是公司发行公司债券，向社会公众募集资金。而一般公司债务产生的原因则多种多样，如合同之债、侵权之债、不当得利之债等。

2. 表现形式不同。公司债是通过发行公司债券而形成的，公司债券是其表现形式。公司债券是一种有价证券，具有较强的流通性，可以自由转让和流通。而一般公司债务通常是通过契据、合同等能够证明债权债务关系存在的书面凭证表现出来的。这些书面凭证一般仅起证明作用，不能自由转让和流通。

3. 债权人之间的关系和地位不同。公司债具有集团性，同一次发行的公司债的债券持有人所享有的权利是相同的，所处的地位是平等的。而一般公司债务即便其债权人人数众多，亦可能因债权的性质、受偿的先后顺序不同等原因，而不能形成一个集团。

4. 管辖法律不同。公司债中公司与相对人之间的法律关系虽然要受《合同法》调整，但主要还是受《公司法》、《证券法》的规制。而一般公司债务产生的法律关系则主要受合同法调整。

（二）公司债券与股票的比较

发行公司债券与股票均是公司筹集资金的重要手段，二者有许多相似之处，比如，它们都是有价证券，具有流通性；都以公司为发行人，以不特定的社会公众为发行对象。但二者之间也存在诸多区别，主要表现为：

1. 体现的权利性质不同。公司债券体现的是债券持有人对公司的债权。基于发行公司债券而融入的资金是公司的负债，而不是资本金。而股票体现的则是股东依法律或者公司章程所享有的股权。发行股份所筹集的资金是公司资本金的组成部分，投资者缴纳股款后即成为公司股东。

2. 持券人所享有的权利不同。公司债券持有人是公司的债权人，享有在公司债券到期后要求公司还本付息的权利，而一般不享有参与公司经营管理权利。股东作为公司股份的持有人，依法享有资产收益权、重大经营决策权以及监督、选举管理者等一系列股东权利。同时，如果在公司债券偿还期限届满之前公司进行破产清算，债券持有人享有优先于股东就公司财产受清偿的权利。

3. 投资者所承担的风险不同。公司债券持有人与公司之间是一种债权债务关系，债券持有人有权要求公司在约定的期限内还本付息，其承担的只是公司因破产而无力清偿债务的风险。相比较而言，股票持有人承担的风险程度则远远高于公司债券持有者，因为股东一方面要承担公司股价变动的风险，另一方面，股东出资后即不得抽回股份，除可以依法转让股权收回投资外，只能在公司解散，公司债务已经全部清偿后，才能就剩余财产按比例进行分配。

4. 投资者的收益情况不同。无论公司盈亏，公司债券持有人都有权要求公司到期偿还本金、支付利息，并且公司债券的利率在公司发行债券时就已经预先确定，所以公司债券持有人的收益一般比较稳定。而依照"无盈不分"原则，股东只有在公司有盈余时才能要求支付股息和红利。另一方面，如果公司的经营状况非常理想，股东获得的股息可能远高于债券的利率，换言之，股东的收益是随着公司营业状况的好坏及盈余的多少而波动的。

5. 费用的列支不同。公司债券的利息可以列入公司费用，从公司的收入中扣除，可以冲减公司应纳税额。而公司的股息支出则不能列入费用，而要在公司的税后收入中进行分配。

6. 有权发行的公司范围不同。在我国，股票的发行公司仅限于股份有限公司，而公司债券的发行主体则可以为股份有限公司和有限责任公司。

三、公司债券的种类

（一）记名公司债券和无记名公司债券

依据公司债券表面是否记载持券人的姓名或名称，可将其分为记名公司债券和无记名公司债券。凡是在公司债券上记载持券人姓名或名称的为记名公司债券；反之，则为无记名公司债券。对于公司债券记名与否，法律一般不予限制。

记名公司债券和无记名公司债券的转让方式不同。无记名公司债券是以债券的交付为其转让方式的，只要将公司债券交付给相对人即发生法律效力。而记名公司债券则不仅要交付公司债券，而且还必须将受让人的有关事项记载于公司债券存根簿上。只有这样，其转让才发生法律效力，才能对抗第三人。如我国《公司法》第161条就规定了："记名公司债券，由债券持有人以背书方式或者法律、行政法规规定的其他方式转让；转让后由公司将受让人的姓名或者名称及住所记载于公司债券存根簿。无记名债券的转让，由债券持有人将该债券交付给受让人后即发生转让的效力。"

（二）担保公司债券和无担保公司债券

依据公司对其发行的公司债券是否提供担保为标准，可将公司债券分为担保公司债券和无担保公司债券。目前我国尚无相关法律规定。

从理论上说，担保公司债券有广义和狭义之分。广义的公司担保债券是指公司对其发行的债券，以特定财产或者公司外第三人作为担保而发行的公司债券。其中，以动产或者不动产等特定财产作为担保而发行的公司债券又可称为抵押公

司债券；而以公司外第三人作为担保而发行的公司债券又可称为保证公司债券。狭义的担保公司债券仅指公司以特定财产作为担保而发行的公司债券，即只涵盖广义公司担保债券中的抵押公司债券。

无担保公司债券，是指公司在发行债券时，没有对债券提供人或物的担保，而仅以公司信用为还债保证所发行的公司债券。为了保护无担保公司债券持有人的利益，很多国家和地区都对发行无担保公司债券规定了限制性和禁止性条件。如我国台湾地区《公司法》就规定："公司债的总额，不得逾公司现有全部资产减去全部负债及无形资产后的余额。无担保公司债的总额，不得逾前项余额的1/2；公司有下列情形之一者，不得发行无担保公司债：对于前已发行的公司债或其他债务，若有违约或迟延支付本息之事实未结者；最近3年或开业不及3年的开业年度课税后的平均净利，未达原定发行的公司债应负担年息总额的150%者。"①

区分担保公司债券和无担保公司债券的意义在于：两种公司债券到期受偿的法律后果不同。对于担保公司债券中的抵押公司债券，在发行公司到期无法还本付息时，债券持有人享有依法对公司所抵押的特定财产进行处理以实现自己债权的权利；而对于担保公司债券中的保证公司债券，债券持有人则有权请求保证人予以偿还。在无担保公司债券中，债券持有人处于类似于普通债权人的地位，在发行公司到期不能偿还债务时，他们仅能提出普通的债务清偿，而无法就特定财产受偿。可见，担保公司债券比无担保公司债券更有利于保护债券持有人的利益。

（三）可转换公司债券和不可转换公司债券

依据公司债券能否转换为公司的股票为标准，可以将公司债券分为可转换公司债券和不可转换公司债券。可转换公司债券的含义有狭义和广义之分。狭义的可转换公司债券，是指债券持有人可将其所持有的公司债券转换为发行公司股票的公司债券。广义的可转换公司债券则是指债券持有人可将其所持有的公司债券转换为发行股票或其他证券的公司债券，其可转换的对象不限于公司股票，如可转换为发行公司其他公司债券的公司债券，可转换为长期公司债券的短期公司债券等。由于可转换公司债券既具有普通公司债券的特征，还具有股票的某些特征，大多数国家都规定可转换公司债券的发行主体主要限于股份有限公司，我国《公司法》则规定可转换公司债的发行主体仅限于上市公司。

区分可转换公司债券和不可转换公司债券的意义在于：两种公司债券的持有人享有的权利不同。可转换公司债券的持有人享有就其所持有的公司债券是否转换为公司股票的选择权，并且可依其选择结果享有不同的权利（股权或债权）。而不可转换公司债券的持有人仅享有债权，即就其债权享有到期受偿的权利。

---

① 戴隆、凌相权：《台湾商事法论》，武汉大学出版社1992年版，第104页，转引自雷兴虎：《公司法学》，北京大学出版社2006年版，第242页。

除上述主要分类外，依据债券的形态不同，公司债券还可以分为实物债券、记账式债券、凭证式债券；依据发行地及定值货币的不同，公司债券可分为国内公司债和国外公司债；依据是否能在证券市场上公开交易为标准，公司债券可以分为可上市的公司债券和不可上市的公司债券；根据债券利率的确定方式不同，公司债券可以分为固定利率债券和浮动利率债券。

四、公司债券的发行

公司债券的发行是指公司依照《公司法》及《证券法》的规定，向不特定的社会公众发行债券，以筹措生产经营资金的行为。

(一)公司债券的发行主体

我国《公司法》第154条第2款规定："公司发行公司债券应当符合《中华人民共和国证券法》规定的发行条件。"而《证券法》未对我国可以发行债券的公司类型做出限制，因而，在我国，无论是有限责任公司，还是股份有限公司，均可以发行公司债。

1. 股份有限公司。允许股份有限公司发行公司债券是国际上的通行做法。我国《公司法》和《证券法》正是遵循了这一国际通例，允许股份有限公司发行公司债券。

2. 有限责任公司。关于有限责任公司能否发行公司债券，各国法律规定不一。在绝大多数国家，有限责任公司并不能发行公司债券，发行公司债券只是股份有限公司特有的权利，例如意大利、法国、比利时等。不过，也有少数国家有限制地允许有限责任公司发行公司债券。我国现行《证券法》允许有限责任公司发行公司债券，但是从保护投资者的角度出发，对有限责任公司发行债券提出了更高的限制性要求。

(二)公司债券的发行条件

作为一种向不特定社会公众发行的证券，公司债券的发行关系着投资者的利益保护和证券市场的有序运行，因此大多数国家都对公司债的发行条件作了规定，以防止公司债发行的泛滥，减少公司的经营风险以及保护市场交易的安全性。我国《证券法》在对公司债券发行主体作了限制性规定的同时，也对发行公司债券的条件作出了明确的规定。根据《证券法》第16条的规定，公开发行公司债券，应当符合下列条件：

1. 股份有限公司的净资产不低于人民币三千万元，有限责任公司的净资产不低于人民币六千万元。公司的净资产是指公司资产总额减去负债总额后的余额。只有在公司资金充足、经济效益良好的情况下，才能有效保护公司债券持有人的合

法权益，保证证券市场的交易安全，所以法律有必要对公司的净资产额做出限制。

2. 累计债券总额不超过公司净资产的百分之四十。所谓累计债券总额，是指公司各次发行的尚未到期的全部公司债券的总和。我国《证券法》以公司的净资产数额为参照来确定公司债券的发行限额，而其他国家和地区则采取了不同的立法体例。如日本规定，公司债券的发行总额，不得超过实收资本及法定准备金的合计数额。

3. 公司最近三年平均可分配利润足以支付公司债券一年的利息。公司可分配利润，是指公司依法纳税、弥补亏损、提取公积金后所剩余的可用于分配的利润，它也是衡量公司经济效益的指标之一。

4. 筹集的资金投向符合国家产业政策。公司通过发行公司债券所筹集的资金应主要用于国家重点支持的产业和产品，并且不得用于弥补公司的亏损和非生产性支出。

5. 债券的利率不超过国务院限定的利率水平。公司为了吸引社会公众对其进行投资，其发行的公司债券的利率一般要比银行同期存款利率高。为了加强对公司债券发行的管理，引导资金的合理流向，从而有效地利用社会闲置资金，法律有必要对公司债券的利率水平进行限制。

6. 国务院规定的其他条件。

同时，我国《证券法》第18条还对发行公司债券做了禁止性规定。有下列情形之一的，不得再次公开发行公司债券："(1)前一次公开发行的公司债券尚未募足；(2)对已公开发行的公司债券或者其他债务有违约或者迟延支付本息的事实，仍处于继续状态；(3)违反本法规定，改变公开发行公司债券所募资金的用途。"

(三)公司债券的发行程序

公司债券的发行程序可以概括为：

1. 董事会制订债券的发行方案，提交股东会审议。

2. 经股东会表决通过后，公司向国务院授权的部门或国务院证券监督管理机构报请核准。

3. 公司向社会公众公告公司债券募集办法。

4. 证券公司承销发售公司债券。

5. 公众应募、缴款并领取债券。

6. 公司置备公司债券存根簿。

(四)公司债券的发行方法

我国没有对公司债券的发行方法做出直接规定，但从各国法律规定来看，公司债券的发行方法主要有两种：

1. 直接募集发行。直接募集发行，是指发行公司不通过其他机构，而是直接向社会公众发行、募集债券。

2. 委托募集发行。委托募集发行，是指发行公司通过委托其他经营公司债券业务的机构发行、募集债券。它还可以细分为：代销募集发行。我国《证券法》第 28 条第 2 款规定："证券代销是指证券公司代发行人发售证券，在承销期结束时，将未售出的证券全部退还给发行人的承销方式。"包销募集发行。我国《证券法》第 28 条第 3 款规定："证券包销是指证券公司将发行人的证券按照协议全部购入或者在承销期结束时将售后剩余证券全部自行购入的承销方式。"

五、公司债券的转让

（一）公司债券转让的概念

公司债券的转让，是指通过法定程序，使公司债券由持有者一方转让到受让者一方的流通行为。[①] 公司债券的转让还可以从不同的角度对其进行细分，如以是否取得对价为标准，可分为有偿转让和无偿转让；以转让的具体交易场所不同为标准，可分为场内交易和场外交易。

公司债券作为一种有价证券，流通性是其基本特征之一。公司债券的转让不需要通知作为债务人的发行公司。伴随着公司债券的转让，公司债券所代表的权利也随之转让了。也就是说，在公司债券转让之后，出让人基于其持有的公司债券而享有的要求发行公司还本付息的权利也随之转让了。此时，出让人即退出原来的债权债务关系，而公司债券的受让人则成为新的债权人。

（二）公司债券转让的方式和场所

公司债券转让的方式因债券形式的不同而有所区别。根据我国《公司法》第 161 条的规定，记名公司债券，由债券持有人以背书方式或者法律、行政法规规定的其他方式转让；转让后由公司将受让人的姓名或者名称及住所记载于公司债券存根簿。无记名公司债券的转让，由债券持有人将该债券交付给受让人后即发生转让的效力。

我国《公司法》第 160 条规定："公司债券在证券交易所上市交易的，按照证券交易所的交易规则转让。"可见，上市公司债券的转让应在依法设立的证券交易场所进行，而对于非上市公司债券的转让场所则没有相应的规定。

（三）公司债券的上市交易

公司债券的上市交易是公司债券转让的一种方式。相对于股票、基金上市而

① 雷兴虎：《公司法学》，北京大学出版社 2006 年版，第 259 页。

言，公司债券的上市有其独特的优势，比如风险性低、稳定性强、回报周期短等。所以，公司债券的上市交易在目前的金融市场上也是较为活跃的。各国的相关立法都在这方面加大力度进行规范。我国的《公司法》和《证券法》也都对其作了详细的规定，以保证公司债券上市交易的正常运行。如我国《证券法》第 57 条规定了公司申请公司债券上市交易，应当符合下列条件：(1)公司债券的期限为一年以上；(2)公司债券实际发行额不少于人民币五千万元；(3)公司申请债券上市时仍符合法定的公司债券发行条件。同时，第 60 条规定了公司债券上市交易后，公司有下列情形之一的，可以由证券交易所决定暂停其公司债券上市交易：(1)公司有重大违法行为；(2)公司情况发生重大变化不符合公司债券上市条件；(3)公司债券所募集资金不按照核准的用途使用；(4)未按照公司债券募集办法履行义务；(5)公司最近两年连续亏损。因此，公司债券上市交易应该严格按照我国法律的相关规定进行。任何违反法定条件的公司债券上市交易都必须予以禁止。只有这样，才能确保公司债券上市交易的健康顺利进行。

六、可转换公司债券

可转换公司债券，是指发行人依法定程序发行，在一定时间内依据约定的条件可以转换成股份的公司债券。由此定义可见，可转换债券是附有股票转换条件的公司债券，是兼有股权和债权的双重属性的一种混合型证券。自从 1843 年美国纽约 Erie Railway 公司发行世界上第一只可转换公司债券开始，经过不断创新，可转换公司债券的品种越来越多，用途也越来越广泛。可转换公司债券在我国的发展亦是日益加速，其重要性已不可忽视。所以，在这里我们有必要对可转换公司债券进行了解。

(一)可转换公司债券的构成要素

基于可转换公司债券的特性，其除了具备一般公司债券的基本要素之外还有其自身特定的构成要素。具体而言主要有以下一些基本要素：

1. 标的股票。也称基准股票，是指可转换债券持有人将债券转换成发行公司股权的股票。这是可转换债券转换的最基本要素。

2. 票面利率。与其他形式的公司债券一样，可转换债券也必须是有票面利率的。票面利率的高低取决于同期银行利率水平、公司债券的资信程度和证券市场状况等相关因素。而票面利率反过来影响着可转换公司债券的发行、发行公司及投资者的收益和风险。如在其他条件相同的情况下，较高的票面利率对投资者的吸引力较大，有利于发行，但较高的票面利率会对转股形成压力，发行公司也将为此支付更高的利息。

3. 转换期。转换期是指可转换公司债券转换为股票的起始日至结束日的期限。在各国公司法的规定中，有着不同的规定：有的国家规定发行公司应制定一个特定的转换期限，而有些国家则不限制转换的具体期限。有规定特定转换期限的，在这段期限内转债持有人不可以将转债转换成公司股票。而在不限制转换期限的条件下，只要可转换债券尚未还本付息，投资者都可以任意选择转换时间。

4. 转换价格。转换价格是指可转换债券在转换期内转换成相关股票的每股价格。转换价格的确定反映了公司现有股东和债权人双方利益预期在一定程度上的协调。转换价格定得过高，会降低转债的投资价值，从而失去对投资者的吸引力，增大发行风险。转换价格定得过低，尽管具有较高的投资价值吸引投资者，但加大了公司股权及盈利的稀释程度，损害公司原有股东的利益。因此，转换价格的确定过程是相关利益主体博弈的一个过程。当然，转换价格的确定还取决于标的股票的市场价格、债券期限等因素。

5. 回购条款与回售条款。回购条款，也称赎回条款，一般规定发行人的标的股票市价在一段持续的时间内，连续高于转换价格达到一定幅度时，发行人按照约定价格，将尚未转换的债券买回自己手中。这是保护发行公司及其原有股东利益的一种条款。

与回购条款相对应，为了保护投资人利益，许多可转债合约制定了回售条款，赋予投资者在公司股票在一段时间内连续低于转股价格达到某一幅度时，以高于面值的一定比例的回售价格，要求发行公司收回可转债的权利。回售条款的设立使得投资者可以在适当的时候将风险转移给可转债的发行人。

（二）发行可转换公司债券的意义

为了繁荣证券市场，促进金融交易的全面发展，各个国家都在想尽办法充分利用各种新型的融资手段。可转换债券的属性决定了其在各国金融市场的利用价值。那么，发行可转换公司债券到底有何意义呢？在我国金融市场，其意义主要体现在以下几个方面：

1. 可转换公司债券为上市公司增加了新的融资渠道。当前，我国上市公司筹资渠道主要是增发新股、发行债权、向银行借贷。相对于这几种融资方式，可转换公司债券具有融资成本低，集资力度大、偿债压力小等多项优势，因此其必将受到众多上市公司的青睐。可以预见，随着我国金融市场的日益完善和繁荣，可转换公司债券所扮演的角色必将越来越重要。

2. 可转换公司债券为投资者增添新投资方式。与其他投资证券相比，可转换债券的风险性较小。而投资的安全性常常是投资者首先考虑的因素。此外，可转换债券还具有转换期权的优势。由于转债市场价格与发行公司股票的市场价格具有趋同性，可以确保投资者分享发行公司未来增长利益。可转换公司债券具有的这些优势决定了其可能吸引更多的投资者。

3. 促进证券市场发展。由于我国的证券市场还处于完善之中，任何积极因素

的参与，都将为我国证券市场的发展创造条件。可转换债券的发行不但为券商创造了新的业务领域，而且有利于资本市场的稳定和发展。

（三）可转换公司债券持有人利益的保护

由于可转换公司债券具有股权性和债权性的双重属性，立法难以认定可转换公司债券持有人的利益应归属于股权利益还是债权利益。如果该利益属于股权利益，可转换公司债券持有人的利益就应受公司法保护；而如果该利益属于债权利益，则转换公司债券债权人的利益就应受合同法保护。我们认为，可转换公司债券持有人的利益保护可以分为两个阶段：第一个阶段是在持有人行使转换权之前，持有人的利益应定性为债权利益；第二个阶段是在持有人行使转换权之后，在这个阶段可转债持有人已经转化为公司股东，其利益应定性为股权利益。

第三节　公司的财务与会计

一、公司财务会计概述

（一）公司财务会计的含义

《公司法》第 164 条规定，“公司应当依照法律、行政法规和国务院财政部门的规定建立本公司的财务、会计制度。”根据这条规定，在我国，包括有限责任公司、股份有限公司以及国有独资公司在内的所有公司都必须依照国家法律、行政法规的规定，建立公司的财务会计制度。

那么，何谓公司的财务、会计制度呢？公司的财务会计制度，也可简称为公司的财会制度，是公司的财务制度和会计制度的统称。公司的财务制度是公司在生产经营过程中所发生的有关资金筹集、使用和受益分配制度的总称。公司的会计制度则是以货币为主要计量形式，根据有权机关制定的会计规则，对公司的整个财务活动和经营状况进行记账、算账及报账的制度。公司的财务会计制度虽然是两种制度的合称，但它们密切相关，并且在公司的经营活动中从不同角度发挥各自的作用。不过，国家对企业财务会计制度的规制更多地从公司会计制度着眼。

（二）建立公司财务会计制度的意义

公司的财务会计虽属于公司的内部事务，但由于公司会计信息是由公司会计人员编制的，而这些会计人员因工作隶属关系，其行为难免受公司管理人员牵制。而公司对外提供的财务、会计信息的真实性直接关系到公司股东、债权人及社会公众等多主体的利益，为此，有必要从法律层面对公司财务会计活动加以规制。“财务会计报告的目标是向财务会计报告使用者提供与企业财务状况、经营成果和现金流量等有关的会计信息，反映企业管理层受托责任履行情况，以便于财务会计报告使用者做出经济决策。”[①]根据财务会计报告使用者的不同，可以将建立公司的财务会计制度的意义概括为如下几个方面：

1. 有助于公司经营者了解公司经营管理状况。财务会计活动的基本内容是编制和提供公司财务经营信息，通过对公司生产经营活动中业务信息的汇总，编制反映公司经营成果和财务状况的报表，便于公司经营者了解公司在一定期间的费用开支、收入状况，乃至经营盈亏的全貌，并据此总结之前经营决策的得失，以便做出下一阶段的经营决策。

2. 有利于保护公司股东的利益。股东对公司进行投资的主要目的之一是获取股息，而公司股息的高低是由公司经营状况所决定的。因此，公司经营效益的好坏直接关系到股东的切身利益。股东在将其财产投入公司后，一般不直接参与公司的经营管理。为了防止负责公司经营业务的董事和经营管理人员的不当行为侵害股东的合法利益，必须建立统一、规范的公司财务会计制度，确保公司对外发布的财务信息的真实性，以便股东全面了解公司的经营状况，从而对公司董事和高级管理人员起到监督作用，并为股东收益权的实现提供保障。

3. 有利于维护公司债权人的利益。公司作为具有独立法人地位的主体，以其所拥有的财产对其债务承担独立责任，而股东仅以其出资为限对公司债务承担有限责任。因而，公司的经营状况及资产的变动都与债权人的利益息息相关。只有建立、健全能真实反映公司经营状况和财产状况的财务会计制度，才有助于债权人更好地了解公司的偿债能力，减少交易风险。

4. 便于国家有关部门对公司的监管。建立公司的财务会计制度，可使国家财税部门等部门在必要时了解公司的盈亏状况，以确保国家税收及时、足额征收，防止逃税、漏税等现象发生。同时，公司提供的财务会计信息也有便于国家对企业的经营活动实施会计监督，并据此更好地制定宏观调控政策。

（三）公司财务会计制度的基本要求

从公司法的角度看，公司财务应坚持资本保全，即公司资本必须有相当的财产与其相适应；公司应坚持实行提取公积金制度。公司应做好各项财务收支的计划、控制、核算、分析和考核工作，依法合理筹集资产，有效利用公司各项资产，努力提高经济效益。[②]

公司应当严格依照《企业会计准则》进行会计核算，确保会计核算的科学性和

---

① 《企业会计准则——基本准则》第 4 条。

② 王保树、崔勤之：《中国公司法原理》，社会科学文献出版社 2006 年版，第 263 页。

真实性，换言之，会计核算应该真实记录和反映公司各项生活经营活动状况。公司应当在不同的会计期间编制相应的会计报表。公司的会计期间可以分为年度和中期。中期是指短于一个完整的会计年度的报告期间，包括半年、季度和月份。会计年度从每年公历的1月1日起算，至该年度12月31日止。《企业会计准则——基本准则》要求，企业(包括公司)会计应当以货币计量；应当以权责发生制[①]为基础进行会计确认、计量和报告；应当采用借贷记账法[②]记账。

(四)公司的会计核算

会计核算是以货币价值为基本计量单位，对公司经营事务进行连续、系统、全面记录和计算，并编制相关会计报表的行为。

公司的会计核算应当遵循的基本原则是：第一，客观性原则。企业应当以实际发生的交易或者事项为依据进行会计确认、计量和报告，如实反映符合确认和计量要求的各项会计要素及其他相关信息，保证会计信息真实可靠、内容完整。[③]第二，相关性原则。企业提供的会计信息应当与财务会计报告使用者的经济决策需要相关，有助于财务会计报告使用者对企业过去、现在或者未来的情况作出评价或者预测。[④] 第三，明晰性原则。企业提供的会计信息应当清晰明了，便于财务会计报告使用者理解和使用。[⑤] 第四，可比原则。企业提供的会计信息应当具有可比性。同一企业不同时期发生的相同或者相似的交易或者事项，应当采用一致的会计政策，不得随意变更。确需变更的，应当在附注中说明。不同企业发生的相同或者相似的交易或者事项，应当采用规定的会计政策，确保会计信息口径一致、相互可比。[⑥] 第五，实质性原则。企业应当按照交易或者事项的经济实质进行会计确认、计量和报告，不应仅以交易或者事项的法律形式为依据。[⑦] 第六，重要性原则。企业提供的会计信息应当反映与企业财务状况、经营成果和现金流量等有关的所有重要交易或者事项。[⑧] 第七，谨慎性原则。企业对交易或者事项进行会计确认、计量和报告应当保持应有的谨慎，不应高估资产或者收益、低估负债或者费用。[⑨]

---

① 权责发生制原则是指对于收入和费用，不论是否已收付货币资金，均应按其是否体现某个会计期间的经营成果和受益情况来确定其归属期。

② 在借贷记账法下，账户的“借方”用来登记资产和费用的增加，同时用来登记负债、所有者权益、收入和利润的减少；而账户的“贷方”则用来登记资产和费用的减少，同时还用来登记负债、所有者权益、收入和利润的增加。

③ 《企业会计准则——基本准则》第12条。

④ 《企业会计准则——基本准则》第13条。

⑤ 《企业会计准则——基本准则》第14条。

⑥ 《企业会计准则——基本准则》第15条。

⑦ 《企业会计准则——基本准则》第16条。

⑧ 《企业会计准则——基本准则》第17条。

⑨ 《企业会计准则——基本准则》第18条。

第八,及时性原则。企业对于已经发生的交易或者事项,应当及时进行会计确认、计量和报告,不得提前或者延后。①

二、公司财务会计报告

公司财务会计报告是由公司对外提供的反映其某一特定日期的财务状况和某一会计期间的经营成果,现金流量等信息的文件。公司财务会计报表可分为年度、半年度、季度和月度财务会计报告。财务会计报告包括会计报表及其附注和其他应当在财务会计报告中披露的相关信息和资料。会计报表至少应当包括资产负债表、利润表、现金流量表等报表。

(一)公司财务会计报告的构成

1. 会计报表

(1)资产负债表。资产负债表是公司对外报送的主要会计报表之一,具体而言,它是反映公司在某一特定日期财务状况的报表。资产负债表是根据"资产=负债+所有者权益"这一会计恒等式来反映资产、负债和所有者权益(或者股东权益)这三个会计要素之间的关系,把公司在某一特定日期的资产、负债和所有者权益(股东权益)按照一定的分类标准和一定的排列顺序编制而成。资产负债表由借方和贷方组成,左方为借方,记载资产,右方为贷方,记载负债和所有者权益。借贷双方必须平衡,因而资产负债表又称资产负债平衡表。

在会计学里,资产是指企业过去的交易或者事项形成的、由企业拥有或者控制的、预期会给企业带来经济利益的资源。企业预期在未来发生的交易或者事项不形成资产。由企业拥有或者控制,是指企业享有某项资源的所有权,或者虽然不享有某项资源的所有权,但该资源能被企业所控制。② 在资产负债表上,资产包括流动资产、长期投资、固定资产、无形资产及其他资产。

负债是指企业过去的交易或者事项形成的、预期会导致经济利益流出企业的现时义务。现时义务是指企业在现行条件下已承担的义务。未来发生的交易或者事项形成的义务,不属于现时义务,不应当确认为负债。③ 在资产负债表上,负债包括流动负债、长期负债等。

所有者权益是指企业资产扣除负债后由所有者享有的剩余权益。公司的所有者权益又称为股东权益。④ 所有者权益的来源包括所有者投入的资本、直接计入

---

① 《企业会计准则——基本准则》第 19 条。

② 《企业会计准则——基本准则》第 20 条。

③ 《企业会计准则——基本准则》第 23 条。

④ 《企业会计准则——基本准则》第 26 条。

所有者权益的利得和损失、留存收益等。[①]

(2)利润表。利润表是反映企业在一定期间内生产经营成果的会计报表。利润表把一定时期的营业收入与其同一会计期间相关的营业费用进行配比,以计算出企业一定时期的净利润。利润表亦称损益表,是反映企业在一定时期的经营成果及其分配情况的报表。因此,它是反映企业财务成果的动态报表。利润表必须按月编制,对外报送。年度终了,企业应编报年度利润表。该表能反映企业在一定期间内实现的净利润、利润总额及利润构成的情况,利用利润表揭示的财务成果信息,便于报表使用者了解企业的经营业绩和经营能力,预测利润趋势,通过分析利润增减变化的原因,有助于发现经营过程中存在的问题,采取改进措施,按照企业经营意向不断提高企业的盈利水平。

利润表按照各项收入、费用以及构成利润的各个项目分类分项列示。在会计学里,收入是指企业在日常活动中形成的、会导致所有者权益增加的、与所有者投入资本无关的经济利益的总流入。为避免公司利润额计算不当,会计准则要求收入只有在经济利益很可能流入从而导致企业资产增加或者负债减少、且经济利益的流入额能够可靠计量时才能予以确认。

会计学意义上的费用是指企业在日常活动中发生的、会导致所有者权益减少的、与向所有者分配利润无关的经济利益的总流出。为避免企业多估费用,不当减少应纳税额,会计准则要求费用只有在经济利益很可能流出从而导致企业资产减少或者负债增加、且经济利益的流出额能够可靠计量时才能予以确认。

会计学意义上的利润是指企业在一定会计期间的经营成果。利润包括收入减去费用后的净额、直接计入当期利润的利得和损失等。因此,利润金额取决于收入和费用、直接计入当期利润的利得和损失金额的计量。其中,直接计入当期利润的利得和损失,是指应当计入当期损益、会导致所有者权益发生增减变动的、与所有者投入资本或者向所有者分配利润无关的利得或者损失。

(3)现金流量表。现金流量表也常称为财务状况变动表,是反映企业一定会计期间现金和现金等价物流入和流出的报表。现金及现金等价物是公司资本的主要组成部分,也是公司稳定运行的重要保障。现金流动是公司运营过程中,最频繁发生的财务会计活动。所以,现金流量表的制定是会计报表制定的一项重要任务。现金流量表应当按照经营活动、投资活动和筹资活动的现金流量分类分项列示。其中,经营活动是指企业投资活动和筹资活动以外的所有交易和事项;投资活动是指企业长期资产的购建和不包括在现金等价物范围内的投资及其处置活动;筹资活动是指导致企业资本及债务规模和构成发生变化的活动。

值得指出的是,现金流量表中的“现金”不仅包括企业的库存现金,还包括企业可以随时支取的短期存款;“现金等价物”是指企业持有的期限短、流动性强、易于

---

① 《企业会计准则——基本准则》第27条。

转换为已知金额现金、价值变动风险很小的投资。现金等价物虽然不是现金，但其支付能力与现金的差别不大，可视为现金。现金流量是某一段时期内企业现金流入和流出的数量。如企业销售商品、出售固定资产、向银行借款等取得现金等，构成企业的现金流入；购买原材料、购建固定资产、对外投资、偿还债务等而支付现金等，构成企业的现金流出。现金流量信息能够表明企业经营状况是否良好，资金是否紧缺，企业偿付能力大小，从而为投资者、债权人、企业管理者提供有用的会计信息。

2. 财务会计附属表。财务会计报表的附表主要包括财务状况说明书、利润分配表及其他附表。

财务状况说明书是对企业一定会计期间内生产经营、资金周转、利润实现情况等进行分析总结的综合性分析报告。一份完整的财务状况说明书应包括：企业生产经营的基本情况；利润实现、分配及企业盈亏情况；资金增减和周转情况；所有者权益增减变动情况；对企业财务状况、经营成果和现金流量有重大影响的其他事项。

利润分配表是反映企业一定会计期间对实现净利润以及以前年度未分配利润的分配或者亏损弥补的报表。利润分配表的构成为：当年税后利润、可供股东分配的利润、公司累计尚未分配的利润。

3. 会计报表附注

会计报表附注是会计报表制定者为便于会计报表使用者理解会计报表的内容而对会计报表的相关编制内容所作的解释，如对会计报表的制定基础、制定依据、制定原则和方法及主要项目在会计报表中做出的附加说明。

(二)公司财务会计报告的编制和审计

公司应当严格按照国家的相关法律规定编制财务会计报告，财务会计报告的编制应当根据真实的交易、事项以及完整、准确的账簿记录等资料，并按照国家统一的会计制度规定的编制基础、编制依据、编制原则和方法进行编制。

三、公司分配制度

(一)公司分配制度概述

公司的分配制度主要是指公司的利润分配制度，也称股利分配制度，该制度包括公司利润分配制度的原则、公司利润的分配方式、公司利润的分配范围和顺序、公司利润的分配形式、公司可分配利润的确定、违反公司利润分配的法律规制等。对公司利润分配的规范，是公司财务会计制度的重要组成部分。

（二）公司分配制度的原则

公司的利润分配与公司的生存和发展息息相关，并对股东及公司利益相关者的利益产生直接影响。公司的利润分配应当坚持下列原则：

1. 有利于公司生存发展。

公司在分配利润时首先应当考虑到公司的长远发展，而不是最大化股东的短期利益。因为，公司的远期利益的最大化最终亦能为股东带来收益。

根据该原则，公司在分配利润时，如果账面上有过去年度未弥补的亏损，而公司法定公积金不足以弥补以前年度亏损的，在提取法定公积金之前，应当先用当年利润弥补亏损。此外，公司法还要求公司为将来的发展预留公积金。公司在分配利润时，应当注意资本积累，以确保公司可持续发展有足够的物质保障。

2. 无盈不分。即公司没有盈利不得分红。“无盈不分”是公司资本三原则所决定的，因为如果在公司没有盈利的时候分配股利，就意味着将公司的资本在股东之间进行分配，这必将导致公司资本的减少，从而损害股东的远期利益，不利于公司的长远发展。

3. 公司持有的本公司股份不得分配利润。《公司法》第 167 条第 6 款规定，公司持有的本公司股份不得分配利润。公司持有的本公司股份如果获得分配利润的机会，则公司将是收到分红利润的受益者，换言之，相关的利润归公司所有，将分配给股东的利润留在公司，则有悖对股东进行分配利润的利润分配基本规则。

（三）公司利润分配的顺序

我国《公司法》第 167 条规定了公司利润分配的顺序。根据该法条的规定，应当按照如下顺序分配公司利润：

1. 税款。公司在分配利润之前应先缴纳所得税。公司分配利润指的是分配公司的“税后利润”。

2. 弥补亏损。根据《公司法》第 167 条，如果公司法定公积金不足以弥补亏损，那么应当用税后利润先弥补亏损。

3. 提取法定公积金。《公司法》第 167 条第 1 款规定，公司分配当年税后利润时，应当提取利润的百分之十列入公司法定公积金。公司法定公积金累计额为公司注册资本的百分之五十以上的，可以不再提取。

4. 提取任意公积金。《公司法》第 167 条第 3 款规定，公司从税后利润中提取法定公积金后，经股东会或者股东大会决议，还可以从税后利润中提取任意公积金。提取任意公积金的比例由各公司根据其经营发展计划自主决定。

5. 向股东分配利润。公司有权通过章程对税后利润进行自主支配，有权决定是否分配及如何分配所余税后利润。①

(四)公司利润的分配形式

公司利润的分配形式主要针对的是向股东分配的利润可采用的形式。在现实生活中,根据公司章程的具体规定以及不同股东的不同需求,公司利润分配的形式,一般包括以下几种:

1. 现金股利,即公司以货币资金的形式向股东发放股利。现金股权是公司股利分配中最基本、最普遍的一种形式,这是由现金的流通性及其作为股利分发的便利性所决定的。

2. 股票股利,即以向股东分发股票的方式发放股利。发放股票股利一般以向公司股东发放其持有股权的一定比例的股份的形式发放。公司向股东发放股票股利,可以减少公司的现金支出,增加公司股本。不过,公司发放股票股利对公司意味着增资,应符合公司法对于增资的限制性规定,并履行相关的程序。

3. 财产股利,指公司以现金以外的资产作为股利进行分配。公司除了用现金分配股利外,还可以用公司的其他财产进行利润分配,如公司可以以本公司的产品、服务、商品存货或其所持有的其他公司的股票、债券等有价证券向股东分配利润。但由于财产股利流通性和变现性较差,经常遭到一些股东的抵制,所以一般较少被采用。

4. 债券股利,也称负债股利,公司以向股东发放本公司债券或应付票据的方式来向股东支付股利。

当前我国公司法对股利支付方式未做明确的规定。在实践中股利支付形式主要有现金股利和股票股利两种。

四、公积金制度

(一)公积金概念

公积金,又称准备金,是根据法律规定,从公司的税后利润或从公司资本的其他收入中提取的储备金。公积金是公司所拥有的公司资本以外的资产,它是公司在公司成立后生产经营过程中积累起来的财富,而非股东在成立公司时投入公司的财产。公积金可以视为公司资本增值的留存额,可用于弥补亏损或扩大生产经营规模。

---

① 赵旭东:《新公司法条文解析》,人民法院出版社 2006 年版,第 341 页。

(二)公积金的种类

根据公积金的提取是否为法律上的强制性规定,可以将其分为法定公积金和任意公积金。法定公积金是指根据法律的强制性规定而提取的公积金,企业章程和股东会对其提留条件和方式不得予以变更。公积金依据其提取来源不同,还可以分为资本公积金和盈余公积金。盈余公积金是指企业依法或依企业章程从企业的利润中提取的公积金,其又可以分为法定盈余公积金和任意盈余公积金。我国《公司法》所指的公积金主要包括法定盈余公积金(又称法定公积金)、资本公积金和任意盈余公积金(又称任意公积金)。

1. 法定公积金。《公司法》所指法定公积金是从公司税后利润中提取而成的公积金。之所以称之为法定公积金,是因为它的提取受法律的严格限制。根据《公司法》,公司发生亏损时,必须将当年税后利润用于弥补亏损而不能提取法定公积金。所以,只有当公司有盈余利润时,才能提取法定公积金。同时,法定公积金的提取比例受严格限制,公司法规定,法定公积金的提取比例是公司税后利润的10%,但法定公积金超过公司注册资本的50%,可不再提取。

2. 任意公积金。任意公积金也是盈余公积金的一种。任意公积金是公司自主决定从利润中提取的公积金。任意公积金的任意性体现在它的提取是各公司根据公司章程或股东大会决议而做出的自主选择,其提取比例不受法律的强行限制。此外,任意公积金的提取必须在提取法定公积金之后进行。

3. 资本公积金。与盈余公积金不同的是,资本公积金是来自公司资本、资产或其他非营业活动所产生的收益,这是资本公积金与盈余公积金的最大区别之所在。此外,资本公积金的提取没有法定的比例限制,只要有可归入资本公积金的收益,即可列入资本公积金。

《公司法》第168条规定,"股份有限公司以超过股票票面金额的发行价格发行股份所得的溢价款以及国务院财政部门规定列入资本公积金的其他收入,应当列为公司资本公积金。"由此可见,资本公积金的来源主要包括两个方面:(1)股份公司以超过股票票面金额的发行价格发行股份所得溢价款;(2)国务院财政部门规定列入资本公积金的其他收入,如法定财产重估增值、处置公司资产所得收入、接受的捐赠。

(三)公积金的特征

公积金具有如下几方面特征:

1. 公积金的提取有其相应依据。公积金提取的法律限制一般包括是否提取公积金、提取比例、提取上限、提取来源、提取用途等强制性规定。公积金的提取因公积金的种类不同而不同。法定公积金的提取必须严格依据法律规定进行,而任意公积金的提取则依公司章程或股东大会决议做出的决定进行。我国《公司法》第

167 条规定:“公司分配当年税后利润时,应当提取利润的百分之十列入公司法定公积金,公司法定公积金累计额为公司注册资本的百分之五十以上的,可以不再提取。”同时,第 169 条规定:“法定公积金转为资本时,所留存的该项公积金不得少于转增前公司注册资本的百分之二十五。”

2. 公积金的提取来源受限制。由于公积金制度设立之本意,就是为了保证公司资本正常发挥作用。所以,公积金的提取必须不能影响公司资本的正常运用。如果公司随意从公司资本中提取公积金必定会减少公司的资本,从而违背了公司资本的法定、不变原则。所以,各国一般都规定,盈余公积金必须从公司的税后利润中提取,而资本公积金则从公司资本的非营业性收入中提取。

3. 公积金本质上属于公司的资本,是公司股东权益的组成部分。公积金可以用于弥补公司亏损,从而在一定程度上起着保证公司信用度的重要作用,也在一定程度上保护着公司以及公司相关利益人的权益。

(四)公积金制度的作用

从公积金的特征和种类分析中,我们可以看出确立公积金制度有着相当重要的法律价值。公司的资本总是处于动态的运行过程中,难免出现各种各样的突发状况,公积金制度的确立,正是为了确保在这些情况发生时,公司仍能维持其正常的经营和发展。根据我国《公司法》第 169 条中的规定:公司的公积金可用于弥补公司的亏损,扩大公司生产经营或者转为增加公司资本。根据公司法的这一规定,在我国,公积金制度的法律价值主要体现在以下三个方面:

1. 弥补亏损

公积金是公司在丰年的积蓄,而公司在生产经营过程中难免会发生亏损,当公司发生亏损时,公积金可以用来弥补公司的亏空,使得公司不至于因亏损而减少资本数额,从而维持公司资本,维护公司信用,确保公司的持续发展。公司应当首先运用公司的法定公积金弥补亏损,当公司的法定公积金不足以弥补时,再用公司的任意公积金弥补亏损。

2. 扩大公司的生产经营

当公司需要扩大生产经营规模时,公积金作为企业储备的“积蓄”,可在第一时间为公司的扩展提供财政支持。相比较公司其他的融资渠道,公司运用自己的公积金来扩大生产经营,成本最低。

3. 转增资本

公积金转增资本,就是将公司的公积金转为公司资本,使公司的注册资本增加。当公司需要增加资本时,只需办理变更手续,在财务账面上减少公积金数额,增加资本(股本)数额,公司就可将公积金及时转换为注册资本。在这个账面移转过程中,公司的资产总额并没有发生任何变化。由此可见,公积金制度的确立,有助于增强公司资本运用的灵活性,从而促进公司的发展。

当然，公司对公积金的使用是受法律限制的，如根据我国《公司法》第169条的规定：资本公积金不得用于弥补公司的亏损；法定公积金转为资本时，所留存的该项公积金不得少于转增前公司注册资本的25%。而且在股份有限公司中将公积金转为资本时除了必须依照上述规定外，还必须符合以下两个条件：(1)经股东大会决议；(2)按股东原有股份比例派送新股或者增加每股面值。

司法考试真题链接

1. 湘东船运有限公司共8个股东，除股东甲外，其余股东都已足额出资。某次股东会上，7个股东一致表决同意因甲未实际缴付出资而不能参与当年公司利润分配。3个月后该公司船只燃油泄漏，造成沿海养殖户巨大损失，公司的全部资产不足以赔偿。甲向其他7个股东声明：自己未出资，也未参与分配，实际上不是股东，公司的债权债务与己无关。下列哪些选项是正确的？（2007年司法考试真题）

A. 甲虽然没有实际缴付出资，但不影响其股东地位

B. 其他股东决议不给甲分配当年公司利润是符合公司法的

C. 就公司财产不足清偿的债务部分，只应由甲承担相应的责任，其他7个股东不承担责任

D. 甲的声明对内具有效力，但不能对抗善意第三人

2. 甲、乙二公司与刘某、谢某欲共同设立一注册资本为200万元的有限责任公司，他们在拟订公司章程时约定各自以如下方式出资。下列哪些出资是不合法的？（2006年司法考试真题）

A. 甲公司以其企业商誉评估作价80万元出资

B. 乙公司以其获得的某知名品牌特许经营权评估作价60万元出资

C. 刘某以保险金额为20万元的保险单出资

D. 谢某以其设定了抵押担保的房屋评估作价40万元出资

3. 某公司两年前申请发行5千万元债券，因承销人原因剩余500万元尚未发行完。该公司现将已发行债券的本息付清，且公司净资产已增加一倍，欲申请再发行5千万元债券。该公司的申请可否批准？（2005年司法考试真题）

A. 可以批准

B. 若本次5千万元中包括上次余额500万元即可批准

C. 不应批准

D. 若该公司变更债券承销人，可以批准

第四章 公司设立、变更和终止

【引例一】公司设立

2009年5月，李某与张某、王某共同投资组建A公司，其中李某以技术形式出资，其他两人均以现金方式出资。6月公司成立，注册资金为80万元，注册股东为张某和王某。9月，A公司协议确认公司成立后至正式投产各股东的出资情况，李某以技术折成资产投入，作价20万元。2010年初，李某得知张某在办理工商登记时未将其列为股东，故诉至法院，请求确认其为A公司股东。

本案中李某以技术形式出资，并对技术出资采用协商作价的方式，违背了公司法第27条第2款的规定，即对作为出资的非货币财产应当评估作价，核实资产，不得高估或者低估作价，法律、行政法规对评估作价有规定的，从其规定。因此，技术虽然可以作为出资标的物，但必须进行评估作价，公司法排除了协商作价的适用。而且，A公司在办理登记时，并未将技术形式的出资纳入注册资本中，故法院判决驳回李某的诉讼请求。

【引例二】公司解散

甲乙丙共同投资组建A公司。2006年10月，甲以股东权益纠纷诉至法院，法院于10月15日将A公司的财务账本等查封，直至2007年2月解封归还A公司，导致A公司不能正常经营，且2006年度没有在工商行政管理部门进行年检。2007年4月，甲起诉至法院，认为A公司停止经营，请求解散A公司并分配公司剩余财产。

法院认为，本案中A公司停止经营的原因是财务账本的查封，不能办理企业法人年检手续，该原因不足以导致公司解散，且乙和丙不同意解散，依据《公司法》第181条、第182条、第183条驳回甲的诉讼请求。公司解散最终引起公司人格消灭的法律后果，直接关系到股东及其他利害关系人的切身利益，除非股东会议决议解散公司，否则强制解散需要有正当理由。本案中甲以退股或转让股权的方式解决其与乙、丙之间的纠纷对各方更有利。

第一节　公司的设立

公司设立是公司存在和运营的基础。公司的设立跨越了私法和公法两大领域，既涉及实体法，也涉及程序法。公司设立制度是对公司设立法律行为的规定，包括公司设立的条件、方式、程序等内容的规定。公司设立制度不仅在不同国家有不同规定，就是在同一国家，也因公司类型的不同而不同。

一、公司设立概述

（一）公司设立的概念

关于公司设立的概念，法学界有诸多表述。有的学者认为，公司的设立是指发起人为组建公司，使其取得法人资格，必须采取和完成的多种连续的准备行为①。有的学者认为，公司设立是指按照法律规定的条件和程序，发起人为了组建公司，使其取得独立的法律人格而从事的一系列的法律行为和程序的总和②。还有的学者认为，公司设立是指为组织公司并取得公司法人资格而完成的一系列筹建行为的总称③。

虽然以上对于公司设立的定义不尽一致，但都基本上反映出了公司设立的基本特征。这些特征可概括为：

第一，公司设立是由一系列既独立又有联系的法律行为所组成的一个过程，公司设立的法律行为包括确定发起人、签订发起人协议、制定公司章程、筹集公司资本、确定公司组织机构、办理公司设立的注册登记等。

第二，公司设立行为具有特定的目的，换言之，公司设立行为是一种目的行为，即为了使公司取得法律主体资格。公司只有取得法律上的人格地位，才具有独立的权利能力和行为能力，也才能以自己的名义独立地实施民事法律行为。

第三，公司设立行为是由发起人实施的法律行为。发起人可以是一人，也可以是数人。所以，公司设立行为既可能是单独法律行为，也可能是共同法律行为。

第四，公司设立行为必须依据一定的法律条件和程序。而根据公司的种类及设立方式不同，公司设立的法定条件和程序也不同。

本书结合以上内容将公司设立行为界定为：公司的设立是指发起人为了组建

---

① 范健、王建文：《公司法》，法律出版社 2006 年版，第 117 页。

② 沈四宝：《西方国家公司法原理》，法律出版社 2006 年版，第 80 页。

③ 施天涛：《公司法论》，法律出版社 2006 年版，第 81 页。

公司，使其取得法人资格，按照法定条件和程序所从事的一系列法律行为的总和。

同时，要正确理解公司设立的概念，还必须明确公司设立与公司成立的关系。公司成立，是指公司经过设立程序，具备了法定的成立公司的条件，经主管部门核准登记，取得营业执照，获得法人资格的事实状态。公司设立与公司成立是公司取得法人资格过程中一系列连续行为的两个不同阶段。公司的设立是公司成立的准备阶段，而公司的成立则是公司设立行为被法律认可后依法存在的一种法律后果。

公司设立与公司成立发生时间不同。公司设立行为发生于公司成立之前。公司设立行为包含了从发起人订立发起人协议到公司最终获准设立登记的整个过程，公司成立则是公司设立的结果。依据我国《公司法》第 7 条的规定，“依法设立的公司，由公司登记机关发给公司营业执照。公司营业执照签发日期为公司成立日期。”根据《公司法》的这一规定，公司营业执照签发日期为公司成立日期，因而公司成立发生于公司被依法核准登记，签发营业执照之时。

公司设立与公司成立的当事人之间如发生争议，解决的依据不同。在公司设立过程中，一般依照发起人之间订立的设立协议来解决发起人之间的争议，当事人之间的纠纷往往为民事纠纷。而公司是否成立的争议，一般发生于发起人与相关的行政机关之间，依据有关法律或行政法规来解决，例如《公司法》、《公司登记管理条例》等。

（二）公司设立的原则

国家在经济发展的不同时期，对于公司的设立奉行不同的法律原则。从公司立法史来看，它主要经历了从自由设立主义到特许设立主义，再到核准设立主义，最后到准则设立主义的演变过程。

1. 自由设立主义。自由设立主义也称放任主义，是指公司的设立完全依当事人的自由意志，法律不加任何干涉。这一原则是欧洲中世纪时期许多国家为了促进经济发展，鼓励多设立公司而普遍采取的做法。但是这种对公司设立听任自由的做法，容易导致公司的滥设，不利于交易的安全。因此，它已经普遍为各国所废弃了。

2. 特许设立主义。特许设立主义盛行于 17 至 19 世纪的英国，它是指公司的设立须经国家元首特许或由立法机关制定专门的法律予以许可。如早期著名的英国东印度公司及荷兰东印度公司都是根据这种特许而设立的。在这个时期，由于公司这种经济组织形式尚未被人们所普遍接受，立法者对其可能对社会经济产生的消极影响总体持质疑的态度，因而对公司的成立采取较为严厉的管制措施。特许设立主义纠正了自由主义原则下公司滥设的现象，但同时也导致了对公司设立的过度管制。因此，当今各国一般仅对一些特殊公司才采取这种设立原则。

3. 核准设立主义。核准设立主义也称行政许可主义或审批主义，是指公司的设立除应具备法律规定的条件外，还必须经国家授权的行政机关审查批准。这一原则的设立始见于法国的商事条例，后逐渐为许多国家所采纳，其优越性在于通过主管部门的实质审查，能大量排除、减少投资人受损机会和受损程度。但由于其审理时间周期较长，成本太大，不利于高效市场运行机制的创建。此外，该设立制度还创造了权钱交易的滋生土壤。鉴于此，许多国家仅对那些涉及国计民生的重要行业的公司设立适用这种公司设立方式。我国《民法通则》第 41 条规定，全民所有制企业、集体所有制企业有符合国家规定的资金数额，有组织章程、组织机构和场所，能够独立承担民事责任，经主管机关核准登记，取得法人资格。可见，我国《民法通则》对于企业的设立采取的是核准主义。

4. 准则设立主义。所谓准则设立主义，是指由法律预先规定公司设立的条件，只要符合这些法定条件，公司即可登记成立。这一原则首先为英国 1862 年《公司法》所采用，它为公司的设立创造了宽松的法律环境，适应了资本主义社会经济发展的需要，很快就为许多国家公司立法所普遍推行。美国大多数州公司法规定，设立公司时，只需要设立人向州务卿递交经设立人签署的公司章程，并获得州务卿的受理即可设立公司。州务卿只从形式上审查所递交的公司章程的填写是否正确，公司设立的手续简单。

但是这种一般意义上的准则主义(亦称“单纯准则主义”)可能导致公司设立的随意性增大，所以一些国家的公司立法对公司的设立采用严格准则主义，以加强对公司设立行为的监督。严格准则主义一方面严格公司的设立条件，加重发起人的法律责任；另一方面加强了司法机关、行政主管机关对公司设立的监督。它既弥补了单纯准则主义对公司设立过于放任的缺陷，又避免了特许主义和核准主义设立手续过于烦琐的弊端。

我国《公司法》第 6 条规定：“设立公司，应当依法向公司登记机关申请设立登记。符合本法规定的设立条件的，由公司登记机关分别登记为有限责任公司或者股份有限公司；不符合本法规定的设立条件的，不得登记为有限责任公司或者股份有限公司。法律、行政法规规定设立公司必须报经批准的，应当在公司登记前依法办理批准手续。”从该规定可以看出，其采取的是以准则主义为主、核准主义为例外的原则。一般而言，核准主义适用于需要国家特别许可经营的公司的设立，比如各类金融机构、烟草公司等。这类公司的设立必须先报经政府主管部门或政府授权部门审查批准，然后依法将设立的主要事项呈报公司登记机关审核备案。

(三)公司设立的方式

在大陆法系国家，公司设立的方式包括发起设立和募集设立两种。而在英美法系国家，公司资本制度采取的是授权资本制，公司成立前发起人不能自行认购股份，更不能对外公开发行股份，仅在公司成立后，才允许以公司名义公开发行股票。[①] 所以，英美法系国家的公司设立仅履行一般性注册手续即可，而无发起设立与募集设立之分。

发起设立又称共同设立或单纯设立，是由发起人认购公司的全部注册资本总额的一种设立方式。换言之，发起设立的公司所有资本均来自公司发起人，而非社会公众。发起设立适合于包括有限责任公司、无限责任公司、股份有限责任公司在内的各种类型的公司的设立。具体而言，有限责任公司、无限公司的设立均只能采用发起设立方式，因为这两种类型的公司均具有不同程度的人合性以及由此而带来的封闭性，公司的成立在某种程度上是建立在公司股东之间彼此互相信任的基础上的。相比较募集设立，发起设立具有封闭性和简便性等特点。发起设立的封闭性体现在发起人之间的关系上，公司成立所需股份全部由发起人认购；发起设立的简便性体现在设立程序上，发起设立无需向社会招募股份或召开创立大会，从而有效提高了设立效率。

募集设立亦称渐次设立、复杂设立，是指由发起人认购公司应发行股份的一部分，其余部分向社会公开募集或向特定对象募集而设立公司。可见，募集设立又包括了定向募集设立和社会募集设立。定向募集设立指的是公司的设立资本不向社会公开募集，而只向社会上特定的法人或自然人募集（例如公司内部职工）。社会募集设立指的是公司的设立资本向社会公开募集的设立方式。

募集设立只适合于股份有限公司，相比较发起设立，其有公开性和程序相对复杂性两个特征。募集设立的公开性体现在股份向社会公众募集，并在此过程中向公众披露公司财务信息，程序复杂性体现在设立程序较为繁琐，各国立法通常对运用这种设立方式成立公司制定了严格的审批程序，并就发起人认购的股份占有总股份数的比例进行规定，借此防止发起人只认购名义股份，完全凭借他人资本开办公司，自己却不承担任何财产责任的情形发生。我国《公司法》第 83 条规定，以募集方式设立股份有限公司的，发起人认购的股份不得少于公司股份总数的 35%，其余股份应当向社会公开募集。

（四）公司设立的条件

各国公司法大都明确规定了公司的设立必须具备一定的条件。一般认为，公司设立的条件由三个要素组成：人的要素、物的要素以及行为要素。

1. 人的要素

公司设立条件中人的要素指的是对发起人的要求，这包括对发起人人数和资格的要求。

传统公司法要求公司发起人应为两人或两人以上，然而，经济的发展日益要求

---

① 王保树：《中国公司法修改草案建议稿》，社会科学文献出版社 2004 年版，第 125 页。

市场主体具有更广泛的多样性，许多国家的一人公司立法相应地也走了一条从否定到肯定的道路，换言之，一人公司的合法性为越来越多的国家所认可。我国新《公司法》也适应了这一立法潮流，放弃了有限责任公司必须有2个股东的人数限制，确认了一人有限责任公司的法律地位。

对自然人作为发起人的民事行为能力的要求，各国立法规定不尽一致，在我国，由于公司发起行为属法律行为，自然人作为发起人不得违反《民法通则》关于自然人权利能力与行为能力的规定。日本立法则认同无民事行为能力人的发起人资格，支持此观点的学者认为无民事行为能力的人应享有同等的权利能力，可以通过其代理人完成公司设立行为。[①] 为了满足经济繁荣发展的需要，当法人作为发起人时，当前各国立法的趋势是不仅承认“营利性法人”的发起人主体资格，也逐步认可“非营利性法人”的发起人主体资格，只是对非营利性法人担任发起人设置了若干限制性条件。

此外，法律还对发起人的国籍和居住地进行限制，特别是当设立的公司为公开募集股份的股份有限公司时，要求设立该类型的公司的一定比例发起人在设立国有住所，借此加强对发起人的管理。

2. 物的要素

所谓物的要素是指设立公司应具备的必要物质条件，这主要是对公司资本条件的要求。许多国家的公司法都有关于公司资本最低限额的规定。如日本《有限公司法》第9条规定，公司资本总额不得少于300万日元，而日本《商法典》第168条之四则规定了股份有限公司的最低资本额为1000万日元。德国规定有限责任公司的最低资本限额为5万德国马克，而股份有限公司的为最低资本限额10万德国马克。[②] 我国修订后的《公司法》也对公司资本最低限额做了规定，要求有限责任公司资本的最低限额为人民币3万元，股份有限公司资本最低限额为人民币500万元。

对公司设立的资本最低限额提出要求，目的在于确保公司具备成立之后所需要的最低资产规模。从各国立法的规定看，对封闭式公司（如有限责任公司）资本设定的最低限额一般低于对开放式公司（如股份有限公司）提出的相关要求。这是因为，有限责任公司股东人数一般较少，其经营管理状况对社会公众的利益冲击较小，而公开对外募集股份的股份有限公司，其经营状况直接影响广大社会公众股东的利益，对其成立的最低资本数额提出较高的要求，这有利于维护广大公众股东的利益。

公司设立的物的要素还包括对公司设立的经营条件的要求。公司设立应当具备法律规定的固定生产经营场所及必要的生产经营条件，以确保公司经营活动的

---

① ［日］末永敏和：《现代日本公司法》，金洪玉译，人民法院出版社2000年版，第38页。

② 周友苏：《新公司法论》，法律出版社2006年版，第114～115页。

正常进行。

3. 行为要素

公司设立的行为要素是指公司设立应履行法律规定的制定公司章程、建立组织机构等各种程序。公司设立应当符合公司法规定的各项设立条件，否则公司不得成立。

公司设立必须经过一系列复杂的程序，而各个国家对设立公司的程序性规定又不尽相同。一般而言，公司设立应当由如下程序组成：发起人订立发起人协议；制定公司章程；确定股东；缴纳出资及验资；建立公司的组织机构；公司设立登记。

公司的组织机构的组成因公司而异，一般而言，股东人数较多、经营规模较大的公司组织机构亦较为严密，而股东人数较少、经营规模较小的公司组织机构则相对简单。股东人数较多，规模较大的公司，股东一致行动比较困难，因而有必要设置董事会、监事会、独立董事、股东会等机构，对公司进行综合性的管理。而如果公司股东人数较少，经营规模不大，为节约经营成本，通常公司的组织结构亦较为简单。

二、发起人

（一）发起人的界定

任何一个公司的设立都要由一定的主体来筹办，这一主体就是公司的发起人。发起人与公司章程、资本一起，构成了公司设立不可缺少的三大要素。在公司设立的全过程中，发起人始终起着主要作用，几乎可以说，设立公司的过程，就是发起人通过其一系列设立行为促成公司成立并取得法人资格的过程。

由于各国发起人制度有所差异，因而对发起人的界定也有所不同。美国的发起人制度存在着设立人和创办人的区别。设立人是在公司设立章程上签名的人；创办人则是协助设立新公司的人。设立人呈递公司设立章程只是设立公司的第一步，而公司的实际设立活动主要是由创办人来完成的。在德国、日本等许多大陆法系国家中，发起人是指在公司设立过程中，制定公司章程，缴纳公司资本或认购公司股份，并且筹办公司设立事务，承担设立行为所产生的法律责任的人。我国《公司法》将在股份有限公司的设立阶段从事设立活动的行为人称为发起人，而将在有限责任公司的设立阶段从事设立活动的行为人称为股东。股份有限公司的发起人是指按照法律规定承担各项筹办事务，认购公司股份，并对公司的设立承担责任的自然人或法人。

对于将有限责任公司的设立人称为股东，理论界许多学者都持异议态度。他们认为，法律意义上的股东只能产生于公司成立以后，而不能产生于公司的设立阶段。因为如果公司设立失败，其设立人是不能取得公司股东地位的。看来，有限责

任公司设立人的“股东”称呼还有待商榷。

(二)发起人的地位

关于发起人的法律地位,学界至今尚无统一认识,主要存在以下四种观点:(1)无因管理说。该说认为,发起人与公司之间的关系为无因管理关系。发起人的行为属于无因管理行为。公司成立后依无因管理学说原理,发起人的行为结果由公司承受。(2)为第三人利益合同说。该说认为发起人因发起设立公司而与他人所缔结的法律关系,是以将来成立的公司为受益第三人的合同。(3)设立中公司机关说。该说认为发起人是设立中公司的机关,其因设立行为所产生的权利义务关系归属于将来成立的公司。(4)当然承继说。该说认为发起人行为所产生的权利、义务,在公司成立的同时,依当事人意思或法律规定,由成立后的公司当然承继。(5)代理说。此说认为,发起人是未经登记成立公司的代理人,设立行为所生权利、义务应移转给公司。①

如果将发起人与未来成立的公司之间的关系定位为无因管理关系,因无因管理中,无因管理人通常无权就其无因管理行为向被管理人请求支付报酬,则无法解释在公司成立后,发起人除可向公司要求支付其因发起行为发生的费用外,还可索取一定的报酬。如将成立中的公司视为发起人与他人所缔结的合同关系的受益第三人,根据合同法原理,成立中的公司仅享受法律权利,而无需承担任何法律义务。如将发起人视为设立中的公司的机关,则如发起行为失败,将找不到承担公司设立过程中产生的费用的主体。承继说只是说明了发起人行为由成立后公司承担的事实,却未明确其中的法律依据。代理说将发起人定位为未来成立的公司的代理人,而在发起成立公司的过程中,公司尚未成立,本人尚未出现,更无从确定其代理人。

在大陆法系国家,多数学者认同发起人的法律地位为设立中公司的代表机关和执行机关,而在英美法系国家,学者也多将发起人的地位看作类似于董事的地位(董事也被看作公司的受托人)。就发起人之间的关系而言,学者们一致的观点是合伙关系。发起人之间订立的协议是合伙协议,发起人对未来成立公司因其筹备设立事务而受到的经济损失承担连带责任;如公司未能成立,发起人应对设立公司所产生的债务和费用以及股款的退还承担连带责任。

发起人的法律地位可以从公司的内部关系与外部关系两个层面进行考察:首先,就公司的内部关系而言,发起人是设立中公司的创始成员,是设立中公司的事务执行及代表机关。发起人代表尚未获得法律人格的设立中公司筹办公司事务,而发起人从事相关行为的法律后果由设立中公司及未来成立的公司承担。其次,就公司的外部关系而言,发起人又是独立于设立中公司的民事主体,有权向成立后的公司要求偿还其筹备公司过程中发生的所有费用并支付相应的报酬。

① 王保树、崔勤之:《中国公司法原理》,社会科学文献出版社 2006 年版,第 150 页。

(三)发起人的权利义务

1. 发起人的权利

发起人作为公司设立的筹备人,其行为后果直接影响公司设立的成功与否。不过,并非发起人在设立阶段以设立中公司机关所为任何活动的法律效果,都归属于公司。应当对发起人设定一定的权限范围,发起人在其权限范围内所为行为的法律后果,由公司承担,而超越其权限范围所为行为的法律后果,则由发起人个人承担。

由于发起人是设立中公司的代表机关,其权利范围的界定,宜以发起人在什么范围内行为可以最有效促使公司最终成立为标准。换言之,发起人的权利范围应包括设立公司所需要的各种法律行为。具体而言,发起人的权利范围包括以下几个方面:(1)出资财产可以是货币,也可以是实物、知识产权、土地使用权等非货币财产,在股份有限公司中,发起人可以以非货币资产作价出资,因而有别于一般股东只能以货币资金出资。(2)可以获得包括优先分配股权和红利、优先认购新股、在公司解散时优先分配剩余财产等特别权益。(3)可以通过章程的制定或其他方式,入选首届董事会或监事会。发起人入选公司首届董事会或监事会的可能性通常较大。(4)如发起人协议中有规定,或者是取得全体发起人的同意,则发起人可因自己的设立行为获得报酬请求权。(5)发起人协议中规定的其他权利。

2. 发起人的义务和责任

一定权利的享有必然伴随着相应义务的承担。综观各国公司法的规定,发起人的义务与责任主要可以概括为:

(1)发起人的出资义务。所谓出资义务是指发起人应当足额缴纳公司章程中各自所认缴的出资额。发起人违反此义务的情形可分为出资义务的不履行和不适当履行。出资义务是为公司目的事业之实现而对公司所负的一定给付义务,它是发起人本质的内在体现,更是发起人事后向公司主张特别利益的现实基础。违反出资义务的发起人应该根据其违约情况承担相应的责任。

(2)发起人资本充实责任。所谓资本充实责任是指由公司发起人共同承担的相互担保出资义务履行、确保公司实收资本与章程所定资本数额相一致的民事责任。发起人的这一责任包含两方面的内容:一是要求以非货币出资的股东必须承担资本充实义务;二是要求股东出资所形成的公司资产必须充实、到位。如日本《公司法》规定,公司设立时发行的股份中,如果在公司成立后仍无人认购股份时,视为发起人与设立时的董事共同认购(认购担保责任)。或者,即使认购了股份,但未缴清股款或尚未全部给付现物出资时,发起人和董事负连带缴纳股款和填补相当于未给付现物财产价格(缴纳给付担保责任)的责任。①

① [日]末永敏和:《现代日本公司法》,金洪玉译,人民法院出版社2000年版,第54页。

(3)发起人的损害赔偿责任。发起人的该项责任包括发起人对公司的损害赔偿责任和对第三人的损害赔偿责任两个方面。前者指在公司设立过程中,由于发起人的过失致使公司利益受到损害的,发起人应当对公司承担赔偿责任。发起人的这一责任源于其设立公司的职务行为。后者指发起人在设立公司过程中的不当行为致使第三人利益受损时,对第三人承担的赔偿责任。

(4)在公司不能成立时的责任。一旦公司设立失败,就面临着设立费用、因设立公司所产生的债务等由何人承担等问题。一般而言,各国立法都要求公司发起人承担公司设立失败的风险,由其承担公司设立所支出的费用及由此发生的债务。如《韩国商法》第 326 条规定:公司未成立时,发起人对有关公司设立的行为承担连带责任;日本《商法典》第 194 条规定:公司不能成立时,发起人就公司设立行为负连带责任。

我国《公司法》第 95 条对股份有限公司的发起人制定了相关规定,虽然未规定有限责任公司发起人的相关责任承担问题,但发起人之间所应承担的责任与股份有限公司的设立失败基本一致,即公司发起人在公司不能成立时,对设立行为所产生的债务和费用负连带责任;因发起人的过失致使公司利益受到损害的,发起人应当对公司承担赔偿责任。当然股份有限公司的发起人除此之外,还应该对已缴纳股款的认股人,负返还股款并加算银行同期存款利息的连带责任。所以我们认为,公司的发起人应该如此承担公司设立不能时的法律责任:首先,发起人应当对其设立行为所产生的债务和费用承担连带责任。其次,对于认股人已缴纳的股款,发起人负有返还股款并加算银行同期存款利息的连带责任。

三、设立中公司

(一)设立中公司的概念

公司的成立必须经由设立筹备到注册登记,这必然需要一段时间,特别是采取募集方式设立的股份有限公司,在其成立之前往往要经历较长时间。学理上通常将公司在成立之前的状态称为"设立中公司"。就其本质而言,设立中公司并非严格意义上的公司,而是公司在获准登记成立之前的一种过渡性质的社团。

那么应该如何来界定设立中公司的起止时间呢?对于设立中公司的起算时间,理论界存在认识上的分歧。有人认为发起人订立公司章程时即为设立中公司开始存在之时;有人认为发起人订立公司章程并认购一股以上的股份时,设立中公司即开始存在;还有人认为发起人订立公司章程且第一次发行的股份总额已认足时,设立中公司才开始存在。[①] 我们认为,确认设立中公司地位的目的在于确认由

① 张文龙:《股份有限公司法实务研究》,汉林出版社 1997 年版,第 35 页。

发起人以设立公司为目的所为行为而产生的权利义务关系的归属。而发起人协议本身就是为了设立公司而订立的协议，因此设立中公司的起算时间应当是从发起人订立发起人协议开始的。至于设立中公司的终止时间，则因设立中公司的不同命运而有所差别。在公司设立成功而依法成立时，设立中公司转化为有独立人格的公司，此时设立中公司自然归于终止；而在公司设立失败之时，发起人之间肯定存在着类似清算的程序，因此当这种清算程序结束之时，设立中公司归于消灭。

（二）设立中公司的性质

关于设立中公司的性质，理论界尚未形成统一、明确的认识。归纳起来主要有以下几种观点：

1. 无权利能力社团说。这是传统大陆法理论对设立中公司性质的认定，以德国为代表。该说认为，设立中公司不具有任何权利能力，不能充任任何法律关系的主体。因此，设立中公司属于无权利能力社团。① 台湾学者柯芳芝教授也认为："按公司为社团法人而享有人格，则设立中公司因尚未取得人格，论其性质，应属无权利能力社团，而以发起人为其执行事务及代表之机关。"

2. 合伙说。该说认为，设立中公司实质上是发起人之间合伙关系的存在体。所以设立中公司只是一种合伙，而设立登记是赋予其法人人格的法定要件。

3. 非法人团体说。该说认为设立中公司是一种非法人社团，它虽然不具有法人资格，但它是为一定的合法目的、按非法人组织规则组合而成的可以享有一定的权利，承担一定义务的社团。② 换言之，设立中公司处在一种不完全权利能力状态，具有有限的法律人格，属于法理学上的非法人团体。

四、公司设立的效力

公司设立的效力是指公司设立行为所引起的相应法律后果。公司设立行为所引起的法律后果包括公司的成立和公司的不成立。公司的成立又包括公司的真实有效成立和公司的成立存在设立瑕疵两种情况。而公司的不成立主要是指公司的设立不能，即由于公司的设立行为未能最终达到法律规定的要求而导致公司设立的失败。对于公司的真实有效成立在前面章节已经全面提到过。因此，这里主要是探讨公司设立效力中的设立不能与设立瑕疵的问题。

（一）公司设立不能

1. 公司设立不能的概念与成因

① 柯芳芝：《公司法论》，台湾三民书局 1991 年版，第 161 页。

② 沈贵明：《公司法教程》，法律出版社 2006 年版，第 103 页。

公司设立不能是指在公司设立过程中，因主观原因或客观原因导致某种特定法定情形出现，使公司最终未能在法律上成立。公司设立不能表现为公司未能取得营业执照，不具有法人人格。而导致公司设立不能的原因主要可以从主观和客观两个方面来分析：

(1)主观原因上，主要是由于公司发起人方面的原因，比如公司发起人因为筹集不到预定的资金而停止公司设立的活动、公司发起人协议停止公司的设立等。我国《公司法》第91条规定：发生不可抗力或者经营条件发生重大变化直接影响公司成立的，创立大会可以作出不设立公司的决议。当然，创立大会是不能随意做出这样的决议的。一般的，创立大会只有在下列情形下才能做出不成立公司的决议：首先，设立已经不可能、不必要或设立公司显然会使认股人蒙受损失；其次，不利于设立公司的局面，是由发起人、认股人无法预见、无法避免并无法克服的原因或由于公司设立赖以存在的市场、政治环境发生实质性变化而造成的。①

(2)客观原因上，主要体现在公司的设立行为未能符合法律的要求，而致使公司未能获准有关部门的核准登记注册。各国公司法都对公司的设立条件做了详细规定，公司的设立缺乏其中任何一个必要条件，都不能获得相关部门的登记。综观各国关于导致公司设立不能的法定原因规定大概可以分为以下两种。

首先，发起人未在法定时期内募足立法规定的最低资本限额。资本缺陷一般主要表现为两种情形：第一，数额不足。如我国《公司法》规定：以募集设立方式设立股份有限公司的，发起人认购的股份不得少于公司股份总数的百分之三十五，否则公司不得成立。第二，时间上存有缺陷。为提高公司设立效率，一般各国对公司资本不仅有数量上的要求，对出资时间也有要求。如我国《公司法》规定股份有限公司采取发起设立方式设立的，注册资本为在公司登记机关登记的全体发起人认购的股本总额。公司全体发起人的首次出资额不得低于注册资本的百分之二十，其余部分由发起人自公司成立之日起两年内缴足；其中，投资公司可以在五年内缴足。未在法定时间内募足股份，则不能成立公司。

其次，违反《公司法》规定的其他条件，如股东人数未达法律规定，未制定公司章程或公司章程不符合法律规定，不具有固定的生产经营场所和必要的生产经营条件，公司名称违反强制性规定，未按期召开创立大会等。

2. 公司设立不能的法律后果

公司设立不能的直接后果就是公司不能成立，那么在公司设立到公司不能成立的过程中所形成的法律关系必然要有相应的法律后果与之相衔接。于是，这些法律后果的承担主体以及如何承担责任就成了公司设立不能法律后果所关注的重点。当然这方面的内容，在上述的公司发起人义务和公司设立责任中已经做了详细的介绍，这里就不再重复。

---

① 江平：《新编公司法教程》，法律出版社1994年版，第186页。

(二)公司设立瑕疵

1. 公司设立瑕疵的概念

公司瑕疵设立是指公司已经成立并取得营业执照,但由于公司设立过程中未能遵守法定的实体条件或程序条件,使公司法人人格处于不稳定状态的法律现象。由此可以归纳出公司设立瑕疵主要有以下几个法律特征:第一,公司已领取营业执照,具有法人资格。说明公司设立已经过必要的法律程序,并经法定部门的核准登记,能以独立的法人资格从事公司事务。那么相应地,未经一定的法定程序,公司的法人资格是不能被随意取消的。第二,公司设立过程存有瑕疵,也就是说在公司设立过程就存在着瑕疵,并且这种瑕疵伴随着公司从设立到成立的过程,以至于公司在取得法人资格后,因为这些瑕疵的存在使其可能丧失法人资格。第三,公司瑕疵设立会产生一定的法律后果。公司瑕疵设立的直接后果就是影响了公司法人人格的稳定性。

2. 公司设立瑕疵的情形

公司设立瑕疵的情形,可以分为设立主体瑕疵、出资瑕疵、章程瑕疵、设立程序瑕疵等。

(1)设立主体瑕疵

设立主体瑕疵主要指由于公司发起人自身的原因而致使公司设立瑕疵。设立主体瑕疵可以分为设立人的资格瑕疵、人数瑕疵和意思瑕疵三种类型。

设立人的资格瑕疵指的是设立人为其所在国法律所限制的设立主体;设立人的人数瑕疵指的是设立人的人数未达到其所在国设定的最低标准;设立人的意思瑕疵指的是设立人在发起、设立公司过程中存在欺诈和胁迫情形,或对公司设立行为存在重大误解,此时,设立公司的行为就成为可依法撤销的民事行为。

(2)出资瑕疵

出资瑕疵指的是发起人出资的财产有瑕疵或发起人对出资财产享有的权利存在瑕疵或出资行为存有瑕疵。

(3)章程瑕疵

公司章程瑕疵表现为公司章程的制定程序违法或章程中的绝对必要记载事项缺失或违法等。《公司法》对章程绝对记载事项的规定是强行性条款,章程缺失这部分条款具有造成公司章程无效的法律后果,从而导致公司设立瑕疵。

(4)设立程序瑕疵

公司设立程序瑕疵指的是公司设立时未遵循立法对设立公司所设定的基本和必要的步骤,例如创立大会召集程序和时间不合法、未按法律要求进行公司设立登记等等。

(三)公司设立瑕疵的法律后果

公司设立瑕疵所引起的法律后果是公司法人人格的不稳定,换言之,公司的法

人人格既可能继续运行,也可能被取消。对公司设立瑕疵基本法律态度有两种:瑕疵设立有效、瑕疵设立无效。对瑕疵设立的不同立法态度体现了立法者在对待公司这一组织形式时权衡公平与效率的价值取向,即在否定瑕疵设立的效力以维持交易安全与确认瑕疵设立公司的有效性以促进经济高效运行二者之间的取舍。

1. 瑕疵设立有效

即无论公司设立过程是否存在瑕疵,一旦公司已经获准登记,则原则上均视公司为有效成立。在英美法系国家,公司瑕疵设立普遍采取承认主义。这体现英美法系国家为公司设立提供宽松的法律环境,最大限度减少设立成本的浪费,以效率为主要追求目标的价值取向。例如英国制定了"结论性政策证书规则",公司注册机关所颁发的设立证书(亦称注册证书,英文为 certificate of incorporation)具有结论性证据(conclusive evidence)的功能,一旦公司获得设立证书,则无论其在设立过程中是否存在瑕疵,原则上均被视为公司已依法成立。① 公司瑕疵设立原则承认主义的理论基础为公司瑕疵设立证书的公信力理论。

然而,公司登记证书并不能从法律上补正公司的违法设立行为效力,为此,包括英国、美国在内的英美法系国家都对公司瑕疵设立有效规定了例外的情形。例如美国《示范公司法》第 14.30 条第 1 款第 1 项规定:"在检察长提起的程序中如果能证实,公司对于其要遵照执行的组织章程是通过虚假手段取得的,则法院可应检察长之诉讼请求解散该公司。"

2. 瑕疵设立无效

即已成立的公司在其设立过程中有不符合公司法规定的根本性条件而被宣告其设立过程中的法律行为无效,并使其已经取得的公司法人人格归于消灭的一种制度。采取这种立法模式的国家有以德国、日本为代表的"瑕疵设立司法否认主义";以我国台湾为代表的"瑕疵设立行政否认主义"。② 瑕疵设立司法否认主义是指当公司设立存在"法定瑕疵"时,通过司法程序,以提起设立无效之诉或可撤销之诉的方式,否认公司设立。而瑕疵设立行政否认主义,是指当公司设立存在法律瑕疵时,由行政主管机关以撤销的方式否认公司设立。虽然大陆法系国家对公司瑕疵设立的具体立法模式不尽相同,但原则上都不承认瑕疵设立公司的法人人格。

值得注意的是,尽管大陆法系国家对于公司瑕疵设立无效的具体规定各有特色,但各国都在宣告公司设立无效时持慎重的态度,不仅立法明确规定了导致公司瑕疵设立无效的情形,还允许相关主体在法定期间内对公司设立瑕疵进行补正,且赋予相关主体的这种补正权优先适用于公司瑕疵设立无效请求权。这体现了立法者在追求公司设立的"公平"价值时,并没有忽略对"效率"的关注。

---

① 范健、王建文:《公司法论》,法律出版社 2006 年版,第 133 页。

② 蒋大兴:《两大法系瑕疵设立制度比较研究》,载《商事法论集》(第 5 卷),法律出版社 2000 年版。

我国对公司瑕疵设立法律效力的法律规定较少，不过透过这些条文我们可以看出我国《公司法》原则上采取的是公司瑕疵设立无效原则。如我国《公司法》第199条规定："违反本法规定，虚报注册资本、提交虚假材料或者采取其他欺诈手段隐瞒重要事实取得公司登记的……情节严重的，撤销公司登记或者吊销营业执照。"此外，我国公司法还体现了瑕疵设立补正的理念。《公司法》第31条规定："有限责任公司成立后，发现作为设立公司出资的非货币财产的实际价额显著低于公司章程所定价额的，应当由交付该出资的股东补足其差额；公司设立时的其他股东承担连带责任。"为了保持商事交易之安全性与效率性的权衡，减少企业设立成本和交易成本，以保护公司投资人、其他相对人以及其他相关主体的利益，从而促进社会经济秩序的稳定，应完善相关立法，赋予瑕疵设立公司以补救机会。

五、公司的名称

（一）公司名称的含义

公司的名称与自然人的姓名有着相似的效用，它是一个公司用于区别其他公司的固定标志。公司的名称从公司设立之日起就伴随着公司而存在，它是公司设立、成立的必备要件，也是公司运行、存续的前提条件。因而，公司的名称是公司章程的绝对必要记载事项之一，更是公司的一种重要的无形财产。

综观世界各国，无论是公司的发起人，还是公司法律本身都对公司名称给予了高度的重视。美国的《示范商事公司法》对公司的名称做了整章的规定，要求公司的名称必须注明公司的性质、公司的名称必须不得与联邦公司法以及州关于公司名称的限定相冲突等等。法国的《民法典》和《商事公司法》也都对公司的名称做了规定。当然，我国《公司法》第8条、第25条均对公司的名称设定了要求，同时我国的《企业登记管理条例》和《企业名称管理条例》均有对公司名称的相应规定。

为了确保公司名称制度在合理合法的轨道上运行，各国公司法均对公司名称设定了一定的要求，其中以对公司名称构成要求上的规定最为突出。因为，公司主体是以公司的名称为标记在一定的范围内对外进行商事行为的，在众多的公司主体进行商事活动的经济环境中，只有依靠公司名称，才能将各公司主体与其他公司区别开来。

（二）公司名称的立法原则

各国对公司名称的立法规定归纳起来，主要可以分为三种立法原则。一是真实原则，该原则要求公司的名称必须与公司的各种构成要素相一致。如公司的名称必须真实反映公司的性质、经营内容等。这种原则较为严格，因而也被称为严格主义，目前奉行真实原则的国家主要有法国、瑞士等国。二是自由原则，该原则与真实原则相反，它并不强制要求公司的名称必须反映公司的真实状况，公司名称的

内容可以由公司自由选定。英国、美国目前采取的就是该原则。三是真实原则与自由原则的折中原则，也称限制自由原则，该原则是法律在自由原则的基础上，对公司名称的构成做了一些必要的限制。我国公司立法对公司名称制度采取的是限制自由原则。

（三）对公司名称的一般要求

我国企业名称的登记主管机关是国家工商行政管理局和地方各级工商行政管理局。我国的《企业名称登记管理规定》、《企业名称登记管理实施办法（2004 年修订）》对于公司名称的使用的规定主要包括如下几点：

（1）企业名称应当由以下部分依次组成：字号（或者商号）、行业或者经营特点、组织形式。

企业名称应当冠以企业所在地省（包括自治区、直辖市）或者市（包括州）、县（包括市辖区）行政区域名称。企业可选择字号。字号应当由两个以上的字组成。企业有正当理由可以使用本地或者异地地名作字号，但不得使用县以上行政区划名称作字号。私营企业可以使用投资人姓名作字号。

企业应当根据其主营业务，依照国家行业分类标准划分的类别，在企业名称中标明所属行业或者经营特点。

企业应当根据其组织结构或者责任形式，在企业名称中标明组织形式。所标明的组织形式必须明确易懂。

（2）企业名称应当使用汉字，民族自治地方的企业名称可以同时使用本民族自治地方通用的民族文字。企业使用外文名称的，其外文名称应当与中文名称相一致，并报登记主管机关登记注册。

（四）对公司名称的限制性要求

企业名称不得含有下列内容和文字：（1）有损于国家、社会公共利益的；（2）可能对公众造成欺骗或者误解的；（3）外国国家（地区）名称、国际组织名称；（4）政党名称、党政军机关名称、群众组织名称、社会团体名称及部队番号；（5）汉语拼音字母（外文名称中使用的除外）、数字；（6）其他法律、行政法规规定禁止的。

根据我国法律规定，企业只准使用一个名称，在登记主管机关辖区内不得与已登记注册的同行业企业名称相同或者近似。确有特殊需要的，经省级以上登记主管机关核准，企业可以在规定的范围内使用一个从属名称。此外，企业名称中不得含有另一个企业名称。要求企业名称不得雷同，既是为了防止不正当竞争行为的发生，亦是为了避免不同企业之间的混淆。

（五）我国公司名称的核准登记和审批制度

我国的公司名称的核准登记制度可以分为预先核准制度和登记注册制度。企业有特殊原因的,可以在开业登记前预先单独申请企业名称登记注册。预先单独申请登记注册的企业名称经核准后,保留期为一年,经批准有筹建期的,企业名称保留到筹建期终止。在保留期内不得用于从事生产经营活动。保留期届满不办理企业开业登记的,其企业名称自动失效。

公司名称选定后,应当申请登记注册。企业名称在企业申请登记时,由企业名称的登记主管机关核定。企业名称经核准登记注册后方可使用,在规定的范围内享有专用权。

六、公司的住所

公司的住所与公司的名称同样是公司设立的必要条件,也是公司章程的绝对必要记载事项。公司的住所是指公司章程中记载,经相关部门核准审批的,具有法定效力的公司固定场所。公司住所一经登记审批,即具有相应的法律效力,非经法定程序不能随意变更,否则所变更的公司住所不具有法律效力,不得对抗第三人。因此,公司在对住所进行变更时,也必须经过相应的变更登记法律程序。

公司的住所确定的法律意义在于如下几个方面:(1)据以确认诉讼管辖及司法文书送达的地点。公司的住所是确认公司诉讼管辖地的重要标准之一,也是确认司法文书送达地的依据。(2)工商行政管理、税收征管关系以及其他主管关系均以公司住所地为标准确定。(3)是据以确认合同履行地的标准之一。(4)在涉外民商事法律关系中,公司住所是据以确认应选择何种法律的依据之一。

各国公司法对公司住所确定依据的规定则不尽相同,大致可以分为三种模式。

第一,管理中心主义,即以公司登记时常设管理机关所在地为公司住所。该立法模式的主要优点在于容易准确定位公司住所,其缺点在于公司可以轻易地通过将管理中心迁到海外的办法来达到避税、逃避公司监管等目的。

第二,营业中心主义,即以公司的主要业务执行地为住所。该立法模式的主要优点在于便于控制公司的主要财产收入,其缺点则在于,若公司有多个营业中心,则不易于确定公司住所。

第三,由公司章程确定。

我国目前采取的是管理中心主义和营业中心主义相结合的立法模式。我国《公司法》第 10 条规定:“公司以其主要办事机构所在地为住所。”《公司登记管理条例》第 12 条也规定:“公司的住所是公司的主要办事机构所在地。经公司登记机关登记的公司的住所只能有一个。公司的住所应当在其公司登记机关辖区内。”而在现实中,我国公司的主要办事机构所在地通常既是公司的管理机关所在地,又是公司的主要业务执行机关所在地。这主要是因为我国大多数公司的规模较小,公司的管理机关通常即是公司的主要业务执行机关。

第二节　公司的合并、分立和组织变更

一、公司的合并

(一)公司合并的含义

公司合并是指两个或两个以上的公司按照合同约定并根据相关法律规定归并成一个公司的法律行为。公司的合并是公司变更中最重要的一种形式,因此法律对公司合并的规定常常也较为全面。结合公司合并的概念和各国相关法律对公司合并的规定,我们可以概括出公司合并具有如下几点特征:

1. 公司合并必须是由两个或两个以上独立的公司主体实施的行为,换言之,公司法意义上的合并只能在公司之间进行。

2. 公司合并是一种法律行为。公司合并必然引起公司的变更,从而引起众多法律关系随之发生变化,并关系到各相关主体权利义务的产生、变更或消灭,这就要求公司合并必须依照相关法律规定的程序进行。

3. 公司合并是公司主体间自由合意的结果。公司合并是公司主体间意思自治的自愿表达,是一种合同行为。公司合并协议必须是各公司主体在自愿平等的基础上达成合意而形成,签订合并协议的目的在于明确各相关主体的权利义务。

4. 公司合并必将产生一定的法律后果。公司合并一旦成功进行,必将导致一方公司主体的消灭(在吸收合并的情形下)或几方公司主体的消灭(在新设合并的情形下),并由此引起原公司主体承担的债务和享有的债权的主体的移转和消灭。

(二)公司合并的方式

公司合并的方式主要有吸收合并(merger)和新设合并(consolidation)两种,这样区分的依据是两个公司合并后是否由一个公司吸收另一个公司的资产,并以吸收公司的法律实体继续存在(A+B=A 或 A+B=B)还是两个公司均成为新设公司的一部分(A+B=C)。这两种方式目前已经为世界各国学界所普遍认同。我国《公司法》第 173 条第 1 款规定:“公司合并可以采取吸收合并或者新设合并。”

1. 吸收合并。也称存续合并,这是指各公司主体经过合并后,其中一个公司主体继续存在,而其他公司主体归于消灭的公司合并方式,正如我国《公司法》第 173 条第 2 款规定,“一个公司吸收其他公司为吸收合并,被吸收的公司解散”。

吸收合并有如下两个特征:(1)合并后的公司以一个原公司主体继续存在,其余公司主体的股份和资产都归入存续的公司。这样的制度安排具有两方面的明显

优势：一是吸收公司的部分无形资产，如商誉等得以保留；二是无需办理新设公司手续，从而降低了经营成本。(2)合并后的公司在获得各被合并公司的全部资产的同时，也必须承担被合并公司的全部债务。吸收合并的最主要特点是其完全吸收性，即存续公司完全吸收了合并中解散的公司，概括继承被吸收公司的全部财产、全部公法与私法上的权利、特权和被吸收公司的所有义务、债务，继承被吸收公司的所有未决诉讼。

2. 新设合并。也称创设合并，是指各方公司主体经过合并后，成立了一个新的公司主体，原有的各方公司主体都归于消灭的公司合并方式。我国《公司法》第173条第2款规定："两个以上公司合并设立一个新的公司为新设合并，合并各方解散。"新设合并是典型的公司合并，其主要特征有：(1)合并后的公司是一个新设的公司，与先前参与合并的任何一个公司不同，有独立的名称，独立的公司组织机构。而参与合并的公司主体全部归于消灭；(2)新设立的公司概括承受了参与合并的所有公司的债权债务。

(三)公司合并与相近概念的区别

与公司合并相关的法律问题在世界各国的公司法和证券法中一直占据着重要地位。与公司合并相关和相近的概念有兼并(merger)、收购(acquisition)、合并(consolidation)、收购(take-over)和联合(amalgamation)等。随着这些概念逐步引入到我国的法律词库，有必要对他们进行辨析，区分他们的异同。

1. 公司合并与公司收购

公司收购(acquisition、take-over)是指收购公司通过购买目标公司(被收购公司)的资产或者股权以达到对目标公司控股或者将其吸收合并的目的的行为。从公司合并和公司收购的概念我们不难分辨出二者之间的区别。公司收购主要针对的是目标公司资产或者股份的购买，以达到控制目标公司的目的的行为，而公司合并则以合并各公司主体为目的。换言之，公司合并与公司收购的区别主要体现在被合并或被收购公司在公司合并或收购行为完成之后，是否继续存在。公司收购行为完成后，除全部收购(即收购目标公司全部资产或股权)外，被收购公司的实体仍然继续存在；而经过公司合并，被合并公司通常融入合并公司中(吸收合并)或成为新设公司(创设合并)的一部分。

2. 公司合并与公司兼并

公司兼并(merger)与公司合并概念常常被互为交替使用，但两者的内涵并不完全等同。公司兼并有广义和狭义之分，广义的公司兼并指包括公司合并、公司收购和公司资产出售等多种形式的公司资产重组，而狭义的公司兼并则指向公司合并中的吸收合并。

3. 公司合并与公司联合。公司联合(amalgamation)是指几个公司为了某种共同的目的而开展的合作。公司联合一般有两种形式：契约式联合和股权式联合。

所谓契约式联合就是合并企业的损益分配等不是以股东的出资比例为准分配，而是以合同中的约定为准分配，就是遵循契约的约定。所谓股权式联合是指合并企业的损益分配等是以股东的出资比例为准，股东以自己的出资享有权益，没有合同约定双方的损益分配。不论是契约式联合，还是股权式联合都与以合意为特征的公司合并有着相似之处：它们都是公司间意思自治的结果。但是，公司合并会引起原有公司实体数量的变化，而公司联合则不会对公司实体产生任何影响。公司的联合纯粹是为了某种经济目的而进行，一旦目的达到，公司的联合行为就宣告结束。

（四）公司合并的程序

对公司而言，公司合并是重大的法律行为，因而必须遵照法定程序进行，以确保其合法性。根据相关法律，公司合并主要经过如下步骤：

1. 董事会制订合并方案，作出合并决议

参与合并公司的董事会根据公司的实际情况和合并需要，拟定公司合并的方案，方案中列举各合并公司的具体情况、公司合并的理由、合并的具体步骤。随后，董事会会议通过方案并做出合并决议。

2. 股东会通过合并决议

董事会作出的合并决议并不能立即付诸实施，而必须依照法定程序，经股东会绝大多数表决通过方能生效。由于公司的合并关系到股东的切身利益，也是公司的重大法律行为，所以公司合并决议能否生效并实施应在征得股东认可的基础上进行。我国《公司法》第 44 条和第 104 条分别对这一事项做出了规定：“有限责任公司的合并决议必须经代表三分之二以上表决权的股东通过；股份有限公司的合并决议必须经出席会议的股东所持表决权的三分之二以上通过。”

3. 参与合并公司订立合并协议

我国《公司法》第 174 条规定：“公司合并应当由合并各方签订合并协议。”公司合并必将带来一系列的债权债务承担问题，为最大限度减少由此引起的法律纠纷，立法强制公司合并各方签订合并协议。许多其他国家公司法在这方面体现了共同的立法精神。

4. 编制资产负债表和财产清单

该程序是公司合并过程中必不可少的一个环节，因为它关系到参与合并各公司的债权债务继受转移问题。因此，在公司合并开始进行时，各参与方必须认真编制公司的资产负债表和财产清单，列明公司拥有的资产、负债等项目的详细情况。公司负责人有义务保证公司的资产负债表和财产清单的真实性。

5. 通知或公告

公司合并可能对债权人的利益产生重要影响，为了切实保障债权人的利益不受侵犯，公司在进行合并时必须通知债权人，或者通过公告的方式告知债权人。债权人在收到通知后的一定期间内有权对合并提出异议,要求合并公司提供担保或立即清偿债务。我国《公司法》第174条规定,公司应当自作出合并决议之日起10日内通知债权人,并于30日内在报纸上公告。债权人自接到通知书之日起30日内,未接到通知书的自公告之日起45日内,可以要求公司清偿债务或者提供相应的担保。

6. 办理合并的相关登记手续

公司合并涉及公司的变更,属于公司的重大法律行为,所以公司合并后必须办理法定的注销、变更或设立登记。我国《公司法》第180条规定,公司合并的,应当依法向公司登记机关办理变更登记。只有经过登记手续,公司合并才能产生法律效力。

(五)公司合并的法律效力

公司合并的法律效力主要是指公司合并产生的法律效果。公司合并所产生的法律效果主要体现在以下两个方面:

1. 公司组织体的设立、变更和消灭

(1)公司组织体的设立。在新设合并的情形下,因为公司之间的合并采取的是新设一个公司代替原公司,作为合并后的公司实体而存在,这样一个新的公司主体便由此产生。

(2)公司组织体的变更。在吸收合并的情形下,虽然存续公司组织形式并没有发生变化,但其许多其他方面,如章程、股权结构、组织机构等均因合并行为而发生相应的变化。

(3)公司组织体的消灭。这是指在公司合并过程中,因参与合并而归于消灭的公司主体。公司组织体的消灭是公司合并的必然结果。公司合并后,必有一方公司或多方公司主体消灭,消灭的公司应当办理注销登记。由于消灭的公司的全部权利和义务已由新设公司或存续公司概括承受,所以,其解散与一般公司的解散不同,无须经过清算程序,公司法人人格直接消灭。

2. 各参与合并方权利义务的概括转移

公司合并使得参与合并的各公司主体的所有债权债务概括转移至新设公司或存续公司。在公司合并中,合并各方的所有权利都通过法律的作用而直接转到存续公司或新设公司,权利的转移无需经过权利义务转让的合同或出售清单即可生效。换言之,这种转移依法律规定而直接实现,只要公司合并生效,被合并公司的权利义务就自动转归存续公司或新设公司,并成为存续或新设公司的权利义务。

公司合并过程中移转的权利包括被合并公司所有财产权利,例如被合并公司动产、不动产、知识产权等有形、无形财产的所有权和使用权;被合并公司基于合同和其他法律事实而产生的债权。除了这些私法上的权利外,存续公司或新设公司还承继了被合并公司享有的各种公法权利,如特许权、营业权等。

在公司合并中，被合并公司的全部义务、债务，包括未了结的诉讼义务，也通过法律的实施而自动转给存续公司或新设公司。

权利义务的概括转移是公司合并中最为重要也是最为复杂的问题，它涉及到参与合并的公司、公司股东、公司债权人等多主体利益，也关系到公司合并能否顺利进行以及合并后会否给社会经济运行带来不利影响等问题，鉴于此，各国公司法都对此做了较为详细的规定。考虑到公司合并对利益相关者及社会整体利益的影响的重要性，下面将分别就该问题展开详细分析。

（六）公司合并中相关主体利益的维护

如前所述，公司的合并可能对多主体的利益产生影响，例如公司股东、债权人、公司职员、社会整体利益等。

1. 对债权人利益的维护

公司合并对债权人利益可能产生重要影响已经成为共识，而支持这种结论的学说主要包括三种：(1)公司解散说。此观点认为，公司合并后，债务人主体消灭，从而不可避免地影响其债权人的利益。(2)债务更替说。此观点认为，公司合并导致合并一方，即债务人主体不复存在，而由新主体取代原债务人的地位，债务人的更替致使对被合并公司债权人的利益提供特别保障成为必要。(3)债务人公司财产减少说。公司合并过程中不可避免地发生费用支出等问题，在此过程中，可能致使为债权人提供担保的公司财产价值减损。为此，有必要对债权人利益提供保护。

各国法律为了保护债权人的利益，赋予债权人在公司合并的过程中享有一定的权利，例如知悉权、损害赔偿请求权、异议权即清偿或担保请求权等。相应地，承继公司或新设公司在合并过程中负有告知义务、清偿义务或提供担保的义务、损害赔偿义务等。以下将对债权人在公司合并过程中享有的权利展开分析：

(1)知悉权

参与合并的各公司有义务向本公司债权人告知合并的事实及其享有的异议权。我国《公司法》第 174 条规定："公司应当自作出合并决议之日起十日内通知债权人，并于三十日内在报纸上公告。"公司合并的通知和公告的内容应当包括公司合并的实质性信息，以及债权人享有的异议权、救济请求权等内容。

(2)异议权(清偿或担保请求权)

债权人有权要求参与合并的债务公司提前清偿其债务或提供相应的担保。我国《公司法》第 174 条规定："债权人自接到通知书之日起三十日内，未接到通知书的自公告之日起四十五日内，可以要求公司清偿债务或者提供相应的担保。"与股东不同，合并公司的债权人对公司的合并不享有表决权。为切实保护债权人的利益，许多国家公司法均规定债权人享有异议权。事实上，债权人享有的异议权是《公司法》赋予合并公司的债权人维护其自身利益的主要武器。

由于债权人的异议权的行使可能阻碍公司合并的进程，从而影响经济运行效率，各国公司法在赋予债权人的异议权时，均谨慎地对债权人行使该权利进行限制，对异议权的成立要件、享有异议权的债权人范围、享有异议权的债权范围、债权人提出异议的期间等进行界定，以在保护债权人的权益和最大化经济运行效率之间寻求平衡。

(3)损害赔偿请求权

在公司合并实践中，一些公司可能出于对债权人追债的恐慌，或者为逃避纳税义务而不履行其公告义务。如债权人的利益因此受到侵害，则债权人有权向未履行公告义务的合并公司请求损害赔偿。

2. 对股东利益的维护

公司合并中贯彻维护股东利益的原则表现在两个方面。一是对全体股东利益的维护，这体现在公司合并需经多数股东表决通过方能生效；二是对少数持反对意见的股东权益的保护，这体现在赋予少数异议股东以回购股份请求权。

公司合并是剥夺当事公司独立性而将企业结合在一起的企业结合行为，对公司股东具有直接重大利益关系。因此，作为公司重大变化，公司合并应当适用资本多数决原则，经公司股东大会特别决议通过方能产生效力。这种股东决议制度为各国公司法所采用。德国《股份有限公司法》规定股份有限公司的合并，须征得3/4股东的同意。法国《商事公司法》也要求公司按修改章程所需表决条件，对公司合并做出决定，该法第153条指出对章程的修改需经特别股东大会，这种大会以获得出席或由他人代理的股东拥有的票数的2/3多数票做出决定。①

对许多股东而言，选择一个公司作为投资对象是因为该公司具有某些特殊性质或看好其发展前景。然而，公司合并完成之后，公司实体发生实质性变化，进而影响公司未来经营前景，一些股东可能因为这种变化的发生而选择脱离该公司。为此，许多国家公司法都赋予少数异议股东以股份回购请求权，以对异议股东合法利益提供特别保护。

异议股东的股份回购请求权，也称中小股东异议估价权、评估补偿权，是指在股东大会就公司合并、分立等重大事项进行表决时，如果股东明确表示了反对意见，而该事项获得表决通过，则异议股东有权要求公司以公平价格购买其所持股份退出公司。该制度被誉为保护少数股东最有力，也是最后一道救济程序。② 我国《公司法》第75条和第143条分别规定了有限责任公司和股份有限公司股东享有的异议请求权，比如第75条规定："有下列情形之一的，对股东会该项决议投反对票的股东可以请求公司按照合理的价格收购其股权：……公司合并、分立、转让主要财产的。"

3. 对社会整体利益的影响

---

① 赵旭东：《公司法学》，高等教育出版社2003年版，第419页。

② 赵旭东：《新公司法条文释解》，人民法院出版社2005年版，第143页。

（1）税收。税收是政府利益的具体体现。公司合并过程中常常发生偷税漏税问题。怎样完善相关立法，使得公司法与行政法、税法的相关条文有机配合，以更好地维护政府的利益，已经成为我们在这个领域需要特别关注的问题之一。

（2）公司合并可能产生的反垄断问题。公司合并在扩张企业实力，增加其市场竞争力的同时，也可能带来负面影响，那就是社会垄断问题。如何对企业合并中可能产生的垄断问题进行合理地规制，在提高经济运行效率，充分赋予市场主体以经营自主权和抑制社会垄断可能对经济发展带来的不利影响之间寻求一个平衡点，是反垄断法的重要研究课题。

二、公司的分立

（一）公司分立的含义

公司分立是指一个公司依法签订分立协议，不经过清算程序，分解为两个或两个以上具有法人资格公司的法律行为。

公司分立能够改变或精简公司的组织机构，实现企业经营的专门化，提高企业经营效率，从而提高企业的竞争力。公司分立不同于普通的公司资产转让行为或公司资产转投资行为，具有如下两个法律特征：

1. 公司分立的过程是一个公司主体人格发生分立的过程。公司的分立意味着由原先的一个公司分解成新的两个或两个以上的公司，而原公司在分立后或续存或消灭。公司分立所带来的一系列法律关系的变化均因原公司主体人格的分立而引起，因此，这一特征是公司分立的首要特征。

2. 公司分立的过程也是原公司资产分割和股权结构变化的过程。公司分立意味着原公司的财产分割成为分立后各新公司的独立财产，分立后各新公司取得原公司的财产是它们能享有独立法人人格的重要条件，也是它们对原公司承担义务的前提条件。同时，公司的股权结构也随着公司主体资格的变化和公司资产分割而产生变化。

（二）公司分立的形态

公司分立主要可以分为如下两种基本形态。

1. 单纯分立和合并分立。这是根据一个公司主体分立的过程中是否与其他公司主体进行合并所作的分类。单纯分立是指仅一个公司主体进行分立，分立中的公司并未与其他公司进行合并。分立合并，也称混合分立，是指公司在分立过程中，又与其他公司主体进行合并。分立合并因为分立和合并两个法律行为同时存在，所以其程序较为复杂。

2. 新设分立与派生分立。这是根据公司在分立后原公司是否继续存在所作的分类。新设分立，是指公司在分立后，原公司解散，分立后的公司各自以新的公司形式运营。派生分立，是指一个公司将其部分资产分割出去而成立一个新的公司，原公司继续存在。虽然派生分立这种分立形式下原公司继续存在，但其股东人数、股权结构、组织机构等都会发生变化，因而应依法办理变更登记手续。

（三）公司分立的程序

公司分立与公司合并同样是公司变更的重要形式，是公司的重大法律行为。因而法律亦对公司分立设定了较为严格的实施程序。总体而言，公司分立的基本步骤与公司合并大体相似，包括董事会制订分立计划、做出分立决议；股东会通过分立决议；编制资产负债表和财产清单；通知或公告程序；办理分立的相关登记手续等。公司分立必须经过这些法定程序，才能产生法律效力。

（四）公司分立的法律效力

1. 公司主体资格的设立、变更和消灭。公司分立和公司合并一样会引起公司主体资格的设立、变更和消灭。不管是什么形态的公司分立，都会引起公司主体资格的变化。事实上，公司主体资格的变化也是公司分立的前提。只有在新公司主体资格设立或原公司主体资格确立的情形下，才谈得上公司发生分立。当然，这种主体资格的变化必须经过相应的法定程序，才能产生法律效力。

2. 对公司整体产生的法律效力。公司分立致使公司主体资格发生变化，并因此推动公司整体结构发生相应的变化，这包括公司股东资格的变化、公司组织结构的变化、公司治理机构的变化等。

3. 公司债权债务关系发生变化。公司分立时，如果公司与其相关的债权债务人未就债权债务达成具有法律效力的书面约定，公司分立前的债务由分立后的公司承担连带责任，公司分立前的债权由分立后的公司共同享有。

（五）公司分立中相关主体利益的维护

公司分立同样面临着维护利益相关者的利益的问题，突出体现在对公司债权人和股东利益的维护。法律对维护处于这一特定阶段中的债权人与股东利益的制度设计与公司合并有许多相似之处，例如为维护股东利益赋予股东以股份回赎请求权，赋予债权人以知悉权、异议权、损害赔偿请求权等。不过，由于公司分立直接涉及到公司资产总额的减少，从而直接威胁到债权实现利益，在公司分立过程中维护债权人的利益具有尤为突出的重要性。鉴于此，一些国家公司法设置了“连带责任制度”，规定分立后存续的公司以及分立后新产生的公司或者吸收公司就原公司的债务在全部或者部分范围内承担连带偿还责任。

我国《公司法》同样为债权人设置了连带责任制度，《公司法》第 177 条规定“分立前的债务由分立后的公司承担连带责任。但是，公司在分立前与债权人就

债务清偿达成的书面协议另有约定的除外”。从该规定来看，遵循的是约定优先于法定的基本原则，换言之，该制度可以以书面协议的形式规避。

为债权人设定了连带责任制度后，就面临着解决分立的公司在承担连带责任后，其内部债务份额的分配问题。对此，最高法院《关于审理与企业改制相关的民事纠纷案件若干问题的规定》第 13 条规定：“分立的企业在承担连带责任后，各分立的企业间对原企业债务承担有约定的，按照约定处理；没有约定或者约定不明的，根据企业分立时的资产比例分担。”

三、公司的组织变更

（一）公司组织变更概述

公司组织变更通常指的是公司组织形式的变更，是指公司不经解散程序，直接由一种组织形式转变为另一种组织形式，并且维持公司主体人格的法律行为。公司变更包括公司名称、住所、法定代表人、注册资本等事项的变更，组织变更是公司变更的一种重要形式。

公司发起人在设立公司时，享有对其所设立的公司形态的选择权，但是，随着公司经营条件和经营环境的变化，公司对其组织形态的需求亦可能发生变化。允许公司组织形式的更替，可以在不进行清算解散程序，维持公司主体及经营连续性的前提下，实现公司种类的变更。因而，各国立法均允许公司在设立后变更其组织形式，以为公司经营活动提供便利。总体而言，各国公司法对组织变更的规定可以分为限制主义立法和非限制主义立法两类。①

限制主义立法以日本、韩国和我国台湾为代表，仅允许资合公司之间以及人合公司之间进行组织形式的变更，这是因为立法者考虑到资合公司与人合公司这两类公司在股东责任、资本结构等方面存在明显差异，其相互之间的转换难以维持法律人格的同一性。非限制主义立法以德国、法国等国为代表，不对公司组织形式的变更做任何限制。

（二）我国的公司组织变更立法

由于我国《公司法》尚未确立无限公司与两合公司这两种公司组织形式，《公司法》第 9 条仅对股份有限责任公司与有限责任公司两种组织形式之间的变更进行了规定。

1. 符合法律所规定的设立变更后的组织形式的条件

（1）有限责任公司变更为股份有限公司。有限责任公司在经营过程中，可

---

① 范健、王健文：《公司法》，法律出版社 2006 年版，第 267～268 页。

能会因资金需求量的增加等原因而要求变更为股份有限公司，以便向社会公众筹集更多的资金。但有限责任公司与股份有限公司毕竟是两种不同类型的公司，在设立、内部组织机构的设置及组成以及对内对外事务的管理等方面都存在不同之处，为此，我国《公司法》第 9 条要求有限责任公司在变更为股份有限公司时，必须符合法律规定的设立股份有限公司的条件。

(2)股份有限公司变更为有限责任公司。股份有限公司在经营过程中，可能会因缩小经营规模、减少注册资本等原因而要求变更为有限责任公司，以便更好地适应经营需要或者客观环境的变化。我国《公司法》同样要求股份有限公司变更为有限责任公司时，必须符合设立有限责任公司的条件。

2. 经多数股东同意

公司的变更是公司的重大事项的变更，因而须经公司多数股东表决通过方能生效。《公司法》第 44 条、第 104 条分别规定，有限责任公司变更为股份有限责任公司，须经代表 2/3 以上表决权的股东通过；股份有限责任公司变更为有限责任公司，须经出席会议的股东所持表决权的 2/3 以上通过。

3. 债务承担

由于公司组织变更并不影响公司人格的存续，因而，变更前公司的债权和债务由变更后的公司自然承继。我国《公司法》第 9 条以立法形式明确确认了公司变更的债务承继问题："有限责任公司变更为股份有限公司的，或者股份有限公司变更为有限责任公司的，公司变更前的债权、债务由变更后的公司承继。"

4. 股份折合与公开发行股份

《公司法》第 96 条规定，"有限责任公司变更为股份有限公司时，折合的实收资本总额不得高于公司净资产额。有限责任公司变更为股份有限公司，为增加资本公开发行股份时，应当依法办理。"《公司法》的上述规定对有限责任公司变更为股份有限公司提出了两项基本要求：首先，折合的实收资本总额不得高于有限责任公司净资产额，换言之，可以等于或低于，但不得高于公司资产总额减去负债总额后的余额。其次，有限责任公司经批准变更为股份有限公司时，不得擅自为增加资本而发行股份，而应当依法定程序办理。

第三节 公司的破产

虽然《破产法》与《公司法》没有体现在一部法律之中，但两者有着千丝万缕的关系，甚至许多学者主张应该将企业破产法视为企业法的一个分支。这是因为人们越来越意识到，对处于破产阶段的公司的规制，是公司治理的重要组成部分。当公司进入破产阶段，如何防止公司的不当行为侵犯社会公众的利益，怎样在公司的各债权人之中公平分配财产，怎样合理约束破产企业中的管理者和控制股东，都成

为破产法的重要课题。

一、破产概述

（一）破产的含义

破产是商品经济社会发展到一定阶段必然出现的法律现象。关于破产（bankruptcy / insolvency）的定义，各个国家的表述不尽相同。英国《牛津法律指南》将insolvency解释为："无力偿还全部债务的状态。无力偿债本身并无法律后果。在英国，申请宣告无力偿还债务是一种可对之发布接管令的破产行为。"而美国《布莱克法律辞典》则将破产解释为："一个人无力清偿债务的状态；无偿还其债务的能力；缺乏偿付其债务的财力。一个人的资产和债务的这样一种相对状态，即前者在能够即时动用的情况下，不足以清偿后者。"

在我国，"破产"常常被用作指称在债务人无力偿债的情况下，以其财产对债权人进行公平清偿的法律程序。值得指出的是，自20世纪70年代以来，"破产法"的法律涵义较传统破产法有了重要突破。具体而言，传统破产法仅指在债务人到期不能清偿债务或者资不抵债时，由债务人本身或者债权人诉请法院依照破产程序宣告债务人破产，并对债务进行清偿的法律制度。破产制度的基本目的是强制地将债务人的财产加以变卖并在债权人中间进行公平分配。而现代破产法对破产案件的处理，并不以清算为唯一的手段，而是设置了以企业再建为目标的重组及和解制度，以求通过法律手段拯救陷于债务困境中的企业，最大限度地减少因企业破产导致的社会资源浪费。

与各国法制完善程度和经济发达程度相对应，各国破产法的内容亦不尽相同。许多国家不仅建立了适用于法人的破产机制，也建立了适用于自然人的破产制度。如法国的破产法适用于商自然人，美国的破产法适用于一切商人、自然人。当前，我国尚未建立起适用于自然人和非法人的破产制度，我国的破产法仅面向具有法人资格的企业。

（二）破产的特征

在我国，破产法律制度具有如下法律特征：

1.《中华人民共和国企业破产法》（以下简称《企业破产法》）的适用对象仅限于企业法人，包括全民所有制企业法人和非全民所有制企业法人。因而，自然人及非企业法人（如个人合伙、个体工商户、农村承包经营户等）目前在我国尚不具备破产的主体资格。

2. 企业法人破产发生的原因是债务人到期不能清偿债务或者资不抵债。这里的"到期不能清偿债务"是指债务人对已届清偿期的债务，持续地不能偿还的客观状态。它包括两个要点:第一,债务的清偿期限已经届满且债权人已经要求偿还;第二,债务人不能清偿债务的状态持续地经过一段时间,而非暂时性的资金周转困难等原因而导致的一时不能清偿债务。"资不抵债",是指债务人所拥有的全部资产总额不足以偿付其所欠债务总额。无论是到期不能清偿债务或者是资不抵债,都在一定程度上反映了企业已不具备清偿其全部债务的能力,因而构成企业破产的条件之一。

3. 破产制度的设置宗旨在于使各债权人的债权得以公平受偿,从而有效地保护破产企业债权人的利益。由于破产债务人往往面对的是许多债权人(因为在只有一个债权人时,只需要采用一般的民事诉讼程序即可解决,而无须采用破产程序),为了避免债权人之间竞相请求偿还或者债务人厚此薄彼的个别清偿,有必要用破产法律程序加以规制。破产法律制度将债务人的全部财产按照一定比例分配给债权人。这样就合理地协调了多数债权人之间就有限财产如何分摊的利益冲突,使各个债权人共享利益、共担风险。所以说,实行破产制度的目的不在于使债权人的债权得到全部受偿,而在于使全体债权人的债权获得公平受偿。

4. 进入破产程序之后,任何人不得随意处分破产债务人的财产。法院一旦宣告债务人破产,则破产债务人即丧失了对其原有财产的管理和处分的权利。此时,其财产由法院指定管理人进行管理,处理变价及分配事宜。也就是说,破产债务人的全部财产皆处于法院的监控之下,除非有法律特别规定,其他任何人都不能随意处分或执行破产债务人的财产。

5. 破产法担负着公平清理企业债务和治理困境企业的双重任务。一方面,破产法为破产企业设置了公平的偿债程序,维护债权人的利益,并淘汰那些经营不善的企业,实现社会资源的优胜劣汰。另一方面,破产法所设置的重整、和解制度,旨在拯救那些因资金周转不灵而一时陷入经济困境的企业,为这些企业提供复兴的机会。

二、公司破产的主要程序

(一)破产程序的启动

破产程序的法律规定属于程序性规范,法律对其规定较为具体细致。所以,对公司破产程序的论述,主要是围绕着法律条文展开的。

1. 破产申请的提出

破产案件的申请和受理是破产程序中的重要阶段。值得指出的是,申请企业进入破产申请只是破产程序启动的前提条件,而破产程序的正式启动,应以法院对破产案件的受理为标志。任何法律程序的启动,都必须有相关利益人的申请。同样,公司破产程序的启动也不例外。《企业破产法》第 7 条规定,"债务人可以向法

院提出重整、和解或者破产清算申请。债务人不能清偿到期债务，债权人可以向法院提出对债务人进行重整或者破产清算的申请。企业法人已解散但未清算或者未清算完毕，资产不足以清偿债务的，依法负有清算责任的人应当向法院申请破产清算。”由此我们可以得出：有权提起破产清算申请的相关利益人有债务人（破产公司）、债权人和负有清算责任的人。

当然，债务人、债权人和负有清算责任的人向法院申请破产程序启动的提请前提和提请要求是各不相同的。就债务人而言，当企业法人不能清偿到期债务，并且资产不足以清偿全部债务或者明显缺乏清偿能力的时候，可以向法院提出包括重整、和解或破产清算三种法律程序的申请；就债权人而言，当债务人不能清偿到期债务时，便可以向法院提出对债务人进行重整或破产清算两种法律程序的申请，当然在破产程序启动之后，经过债务人与债权人会议协商同意也可以进行和解；就负有清算责任的人而言，只有当企业法人已解散但未清算或者未清算完毕，资产不足以清偿债务时，才能向法院提出破产清算申请。当然，无论是公司的重整、公司的破产清算或者是债权人与债务人的和解，均以公司破产程序的启动为前提。

2. 法院受理破产案件并做出公告

法院收到申请人的申请后，通常对破产申请进行实质和形式两方面的审查，以决定是否启动破产程序。

(1)破产程序启动的实质性条件

我国《企业破产法》第 2 条规定，“企业法人不能清偿到期债务，并且资产不足以清偿全部债务或者明显缺乏清偿能力的，依照本法规定清理债务。”根据该法条规定，法院依据职权启动破产程序，应当对破产申请进行审查，判断是否同时满足如下三项实质构成要件：第一，被申请破产人为企业法人。如前所述，在我国，只有企业法人才具备破产能力，自然人、个体工商户、农村承包经营户、个人合伙和其他组织目前尚不具备破产能力。当然，随着我国法制的逐渐完善，我国将逐步扩大具备破产能力的主体范围。第二，被申请破产的企业法人不能清偿到期债务。换言之，被申请人所不能清偿的债务应为到期债务，如该法人不能清偿的债务尚未到期，则申请人不能向法院提请启动破产程序。第三，企业法人的资产不足以清偿全部债务或明显缺乏偿债能力。其中，第二条与第三条构成要件的设立均以审查债务人是否已经达到破产界限为目的。

从《企业破产法》的规定来看，对被申请人进入破产程序所规定的几项构成要件之间的关系是并列关系，只有被申请人同时满足这几项构成要件的要求，才能进入破产程序。相反，如果法院经审查发现债务人不符合破产条件，例如债务人不具备破产的主体资格，不存在破产原因，或者发现债务人有隐匿、转移财产等行为，有借申请破产来逃避债务的，应当驳回申请人的破产申请。

(2)破产程序启动的程序

在法定程序上，公司破产程序的申请，还必须满足形式上的要求。根据《企业破产法》第 8 条的规定，向法院提出破产申请，申请人应当提交破产申请书和财产状况说明、债务清册、债权清册、有关财务会计报告、职工安置预案以及职工工资的支付和社会保险费用的缴纳情况。而且破产申请书应当载明下列事项：申请人、被申请人的基本情况；申请目的；申请的事实和理由；法院认为应当载明的其他事项。

(3)法院立案受理并作出公告

公司破产程序的真正开始，还需要法院的立案受理并作出公告，即由法院根据相关法律的规定对相关申请人提出的破产清算申请进行审查，决定是否予以立案受理，如法院裁定受理破产申请的，应当同时指定管理人，而且应当自裁定受理破产申请之日起 25 日内通知已知债权人。

法院的通知和公告应当载明下列事项：(1)申请人、被申请人的名称或者姓名；(2)法院受理破产申请的时间；(3)申报债权的期限、地点和注意事项；(4)管理人的名称或者姓名及其处理事务的地址；(5)债务人的债务人或者财产持有人应当向管理人清偿债务或者交付财产的要求；(6)第一次债权人会议召开的时间和地点；(7)法院认为应当通知和公告的其他事项。至此，公司破产程序才真正体现法律意义上的启动。

债务人被宣告破产后，债务人称为破产人，债务人财产称为破产财产，法院受理破产申请时债权人对债务人享有的债权称为破产债权。

3. 破产程序启动的法律效力

《企业破产法》第 15 条至第 21 条规定了法院受理破产申请产生的法律效力。

(1)债务人的有关人员(指企业的法定代表人；经法院决定，可以包括企业的财务管理人员和其他经营管理人员)开始承担如下义务：第一，妥善保管其占有和管理的财产、印章和账簿、文书等资料；第二，根据法院、管理人的要求进行工作，并如实回答询问；第三，列席债权人会议并如实回答债权人的询问；第四，未经法院许可，不得离开住所地；第五，不得新任其他企业的董事、监事、高级管理人员。

(2)债务人丧失对其财产的处分权。破产案件的受理，标志着破产程序的开始，破产企业丧失对其财产的处分权，这一方面体现在债务人不得对个别债权人清偿债务。违法清偿的，法院应当裁定清偿无效，追回所给付的财产。另一方面，法院受理破产申请后，债务人的债务人或者财产持有人应当向法院所设置的破产财产管理人清偿债务或者交付财产。债务人的债务人或者财产持有人故意违反规定向债务人清偿债务或者交付财产，使债权人受到损失的，不免除其清偿债务或者交付财产的义务。

(3)法院受理破产申请后，管理人对破产申请受理前成立而债务人和对方当事人均未履行完毕的合同有权决定解除或者继续履行，并通知对方当事人。管理人决定继续履行合同的，对方当事人应当履行；但是，对方当事人有权要求管理人提供担保。管理人不提供担保的，视为解除合同。

(4)法院受理破产申请后，有关债务人财产的保全措施应当解除，执行程序应

当中止。对已经判决但还未执行完结的案件，应当由申请执行人将生效判决书上需执行的清偿数额作为破产债权进行申报。

(5)法院受理破产申请后，已经开始而尚未终结的有关债务人的民事诉讼或者仲裁应当中止；在管理人接管债务人的财产后，该诉讼或者仲裁继续进行。正在审理的案件由于债权债务关系还没有认定，应当中止，并服从于破产案件的审理，案件中债权人可转向受理破产案件的法院申报债权，按破产程序主张权利。

(6)法院受理破产申请后，有关债务人的民事诉讼，只能向受理破产申请的法院提起。

(二)法院指定破产管理人

法院如受理破产清算申请，则应当同时指定破产管理人。债务人破产之后，为了对债务人的财产实行有效的管理，避免债务人对财产进行恶意处分，在破产程序开始后需要有一个专门的机构来管理、处分债务人的财产。破产管理人就是在破产程序中依法成立，专门接管破产财产并负责对其进行清理、估价以及处理分配的专门机关。根据《企业破产法》的规定，管理人应当由法院指定。管理人可以由有关部门、机构的人员组成的清算组或者依法设立的律师事务所、会计师事务所、破产清算事务所等社会中介机构担任。债权人会议认为管理人不能依法、公正执行职务或者有其他不能胜任职务情形的，可以申请法院予以更换。

设置破产管理人是《企业破产法》的新增规定。管理人应当勤勉尽责，忠实执行职务，对法院负责，并接受债权人会议和债权人委员会的监督。破产管理人履行以下职责：(1)接管债务人的财产、印章和账簿、文书等资料；(2)调查债务人财产状况，制作财产状况报告；(3)决定债务人的内部管理事务；(4)决定债务人的日常开支和其他必要开支；(5)在第一次债权人会议召开之前，决定继续或者停止债务人的营业；(6)管理和处分债务人的财产；(7)代表债务人参加诉讼、仲裁或者其他法律程序；(8)提议召开债权人会议。

(三)成立债权人会议

债权人会议，是债权人依照法院的通知或公告而组成的，表达全体债权人的共同意志、参与破产程序并对有关机关破产事项进行决议的机构。[①] 债权人会议是债权人自治的机构，在破产程序中具有独立的法律地位。它不但起着协调、平衡债权人之间不同利益的作用，而且代表着全体债权人的共同意思，参与、监督破产程序的进行，以保护债权人的利益。债权人会议可以决定设立债权人委员会，由债权人委员会代债权人会议行使有关的职权。[②]

---

① 李国光:《新企业破产法条文释义》，人民法院出版社 2006 年版，第 327 页。

② 《中华人民共和国企业破产法》第 68 条。

1. 债权申报。债权申报是债权人会议的前置程序，没有债权人申报债权，也就无所谓债权人会议的组成。因此，法院受理破产申请后，应当确定债权人申报债权的期限。债权申报期限自法院发布受理破产申请公告之日起计算，收到通知的债权人最短不得少于30日，未收到通知的债权人最长不得超过3个月。债权人应当在法院确定的债权申报期限内向管理人申报债权。

可以申报的债权包括：(1)未到期的债权，在破产申请受理时视为到期；(2)附条件、附期限的债权和诉讼、仲裁未决的债权；(3)债务人的保证人或者其他连带债务人已经代替债务人清偿债务的，以其对债务人的求偿权申报债权；债务人的保证人或者其他连带债务人尚未代替债务人清偿债务的，以其对债务人的将来求偿权申报债权，但是，债权人已经向管理人申报全部债权的除外；(4)管理人或者债务人依照《企业破产法》规定解除合同，对方当事人以因合同解除所产生的损害赔偿请求权可以申报债权；(5)债务人是委托合同的委托人，被法院裁定适用破产程序，受托人不知该事实，继续处理委托事务的，受托人以由此产生的请求权可以申报债权；(6)债务人是票据的出票人，被法院裁定适用破产程序，该票据的付款人继续付款或者承兑的，付款人以由此产生的请求权申报债权。

管理人收到债权申报材料后，应当登记造册，对申报的债权进行审查，并编制债权表。债权表和债权申报材料由管理人保存，以供利害关系人查阅，而且应当提交给第一次债权人会议核查。债务人、债权人对债权表记载的债权无异议的，由法院裁定确认。债务人、债权人对债权表记载的债权有异议的，可以向受理破产申请的法院提起诉讼。债权人未依照法律规定申报债权的，不得按破产程序行使权利。

2. 债权人会议的组成和召集。除了对债务人的特定财产享有担保权的债权人，未放弃优先受偿权利的债权人不得参加债权人会议外，其他债权人经过债权申报后都可以参加债权人会议。第一次债权人会议由法院召集，自债权申报期限届满之日起15日内召开。以后的债权人会议，在法院认为必要时，或者管理人、债权人委员会、占债权总额四分之一以上的债权人向债权人会议主席提议时召开。召开债权人会议，管理人应当提前15日通知已知的债权人。

3. 债权人会议的职权。根据《企业破产法》的规定，债权人会议享有的职权有：核查债权；申请法院更换管理人，审查管理人的费用和报酬；监督管理人；选任和更换债权人委员会成员；决定继续或者停止债务人的营业；通过重整计划；通过和解协议；通过债务人财产的管理方案；通过破产财产的变价方案；通过破产财产的分配方案；法院认为应当由债权人会议行使的其他职权。

4. 债权人会议的议事规则和决议效力。债权人会议的决议，由出席会议的有表决权的债权人过半数通过，并且其所代表的债权额占无财产担保债权总额的二分之一以上。债权人认为债权人会议的决议违反法律规定，损害其利益的，可以自债权人会议作出决议之日起15日内，请求法院裁定撤销该决议，责令债权人会议依法重新作出决议。债权人会议的决议，对于全体债权人均有约束力。

(四)破产重整与破产和解

破产重整制度与破产和解制度的建立均以挽救破产企业，使其摆脱经济困境为目的。

1. 破产重整。破产重整是指依照法定程序对已具有破产原因或有破产原因之虞而又有再生希望的债务人实施的，保护企业继续经营，实现债务调整和企业整理，以期能帮助企业走向再生的债务清理制度。从这一概念表述可见，破产重整是在破产程序启动之后，为给破产企业一个重生的机会，以降低企业破产之后所带来的经济损失和社会影响，而专门设立的一种法律程序。但是，破产重整一旦失败，也将带来沉重的经济代价。所以，《企业破产法》对破产重整做了较为详细和严格的规定。值得指出的是，在市场经济的运行中，落后企业为市场所淘汰是不可避免的。重整制度的设立目标并不是对所有濒临破产的企业加以施救，而只是对那些有拯救价值的企业提供重生的机会。

为了更好地理解破产重整制度，必须将破产重整与相关的概念相区分。(1)破产重整有别于破产清算制度。破产重整制度的目的在于充分利用各种条件，积极拯救处于破产边缘的债务人；而破产清算制度的目的在于如何将破产企业的财产公平分配给债权人，以保护债权人的利益。(2)破产重整有别于破产和解。虽然两者均是为避免债务人受破产宣告或破产分配而设置的制度。但是，后者只是债务人消极地与债权人达成和解协议，尝试重新分配债权债务的法律行为。而前者是一种积极的法律行为，旨在通过该程序使破产法人获得重生。

根据《企业破产法》的相关规定，破产重整的程序主要包括三部分，即重整申请、重整计划的制定和批准、重整计划的执行。提起重整申请的主体可以是债权人或债务企业本身。在重整期间，经债务人申请，法院批准，债务人可以在管理人的监督下自行管理财产和营业事务。

债务人或者管理人应当自法院裁定债务人重整之日起 6 个月内，同时向法院和债权人会议提交重整计划草案。重整计划草案应当包括下列内容：债务人的经营方案；债权分类；债权调整方案；债权受偿方案；重整计划的执行期限；重整计划执行的监督期限。法院经审查认为重整计划草案符合前款规定的，应当自收到申请之日起 30 日内裁定批准，终止重整程序，并予以公告。如重整计划草案未获批准，法院应当裁定终止重整程序，并宣告债务人破产。

2. 破产和解。破产和解是指具备破产原因的债务人，为避免破产清算，而与债权人会议达成以让步方法了结债务的协议，协议经法院认可后生效的法律程序。[①] 在和解协议中，债权人通常允许债务人仅偿还债务总额的一部分，以减轻债务人的债务负担，以此挽救债务人，避免其走向破产。按照和解协议减免的债务，

---

① 李国光：《新企业破产法条文释义》，人民法院出版社 2006 年版，第 440 页。

自和解协议执行完毕时起，债务人不再承担清偿责任。破产和解虽然只是消极地了结债务的法律制度，但它在破产程序中却被广泛应用，这是因为破产和解程序可以节省许多进入破产程序后所可能耗费的资金和社会资源。

破产和解具有如下几个显著特点：

(1)由于破产和解以中止破产程序为宗旨，它只能由债务人提出，债权人无权提出破产和解。①

(2)债务人提出的破产和解申请必须经过债权人会议通过，并由法院审查公告后才能生效。《企业破产法》第97条规定，"债权人会议通过和解协议的决议，由出席会议的有表决权的债权人过半数同意，并且其所代表的债权额占无财产担保债权总额的三分之二以上。"由此可见，和解协议的决议在债权人会议上通过，并经法院认可，是其生效的必要条件。

(3)破产和解协议具有一定的强制执行力。和解协议一旦生效，产生如下法律效力：第一，中止破产程序，开始执行和解协议。第二，破产财产管理人向债务人移交财产和营业事务，并向法院提交执行职务的报告。第三，所有参与和解的债权人均应受和解协议约束。如前所述，和解协议仅需债权额占多数的债权人通过，并经法院审查公告后即可生效，但那些未在债权人会议上批准和解协议的债权人亦应受和解协议的约束。

(五)破产清算

如果债务人的破产申请为法院所受理，该债务人未能清偿到期债务，又未能通过重整程序或和解程序逃脱破产的命运，换言之，债务人具备破产原因，则进入破产清算阶段。在这一阶段，法院委托的破产财产管理人先对债务人进行破产宣告，随即对其财产进行清算，依法在各有权主体之间进行分配。

1. 破产宣告。破产宣告是指法院通过审查，认为债务人已经具备破产原因，从而依法宣告其破产的程序。债务人一旦被宣告破产，破产程序便进入了破产清算阶段。债务人被法院宣告破产之后，债务人才被称为破产人，债务人财产才能被称为破产财产，由法院审核过的已申报债权才能被称为破产债权。根据破产法，法院宣告债务人破产的，应当自裁定作出之日起5日内送达债务人和管理人，自裁定作出之日起10日内通知已知债权人，并予以公告。

法院作出破产宣告的裁定后，破产人应当进行破产登记，其法律人格仅为维持清算目的而继续存在。这与法院受理破产案件后，债务人仍然可以有限制地合法进行经营活动，有重要区别。

债务人虽具备破产原因，但在破产宣告前，有法律规定的以下两种情形之一，不予宣告破产，并予以公告。第一，第三人为债务人提供足额担保或者为债务人清

① 李国光：《新企业破产法条文释义》，人民法院出版社2006年版，第441页。

偿全部到期债务的;第二,债务人已清偿全部到期债务的。

2. 破产财产的处理。在对破产财产进行处理之前,必须明确认定破产财产的范围,也就是说必须将破产财产与相关的几项财产权利区分开来。这就有必要了解几个相关的重要概念。

(1)破产财产。破产财产是依据破产法,可以在破产清算程序中强制执行的财产。一项财产要界定为"破产财产",必须符合三项基本条件。首先,必须是破产企业可独立支配的财产。如果一份财产的所有权虽然归破产企业所有,但破产企业无从对其进行支配,比如破产企业无法收回的债权,那么这份财产就不属于破产财产。其次,必须是在破产程序终结之前仍归属于破产企业的财产。如果某财产在破产程序进行之中被法院判定为不归属于破产企业,那么它当然不能被认定为破产财产。第三,必须是可以依破产程序强制清偿的财产。

关于破产财产范围的认定,主要有两种不同的标准:膨胀主义和固定主义。所谓膨胀主义,是指破产财产的构成范围并不以破产申请或破产宣告为基准时,而是突破此一界限,不断向后延伸,一直"膨胀"到破产程序的终结或者是破产免责的确定。所谓固定主义,则是指将构成破产财产的时间基准"固定"在破产申请或者破产宣告的一点上,自此以后直到破产程序的终结或者破产免责的确定,破产人所取得的新财产,均归属自由财产的范围,而不计入破产财产。[①] 这两种标准有其各自的理论基础,在实践当中也各有利弊。从我国《企业破产法》的规定来看,我国采取的是破产财产的膨胀主义,这也遵循了国际惯例。

破产财产并不等同于债务人财产。新的《企业破产法》第30条规定:"破产申请受理时属于债务人的全部财产,以及破产申请受理后至破产程序终结前债务人取得的财产,为债务人财产。"事实上,债务人财产与破产财产是两个既相互联系又有所区别的概念。根据《企业破产法》第107条第2款的规定,债务人被宣告破产后,债务人财产才可称为破产财产。可见,债务人财产是破产财产的基础,而其外延又大于破产财产。

(2)破产债权。破产债权是指法院受理破产申请时债权人对债务人所享有的债权。[②] 我国《企业破产法》第44条规定:"法院受理破产申请时对债务人享有债权的债权人,依照本法规定的程序行使权利。"这是对破产债权的范围做出的界定。

破产债权不同于一般债权,是特定化了的一般债权。破产债权与一般债权最主要的区别在于:一般债权的债务人只有在向债权人清偿其所有债务之后,才能消除其与债权人之间的债权债务关系,换言之,一般债权的债务人不论其财产状况如何,均有义务清偿其所有的债务。而破产债权的清偿则受制于破产财产的范围,破产人只要依破产程序将破产财产对债权人进行清偿,即可消除其与债务人之间的

---

① 李国光:《新企业破产法条文释义》,人民法院出版社2006年版,第266页。

② 李国光:《新企业破产法条文释义》,人民法院出版社2006年版,第266页。

债权债务关系,而不论债权人的债权是否得到满足。

破产债权必须为法院受理破产申请前已经成立的债权。破产申请受理后,破产程序即进入实质性阶段。如果不对破产债权进行时间上的界定,破产债权将会不断累积,这无疑不利于破产工作的展开。所以,破产申请受理后新产生的债权,不得作为破产债权。

根据《企业破产法》第六章债权申报的规定,破产债权的范围应当包括:破产申请受理前已经存在的债权(包括有财产担保的债权和无财产担保的债权)、债务人的保证人或者其他连带债务人因代替债务人清偿债务而取得的求偿权(包括现实求偿权和将来求偿权)、待履行合同相对人的赔偿请求权、因委托合同产生的债权、因票据关系产生的追索权及其他合法产生的债权。

(3)除斥债权。除斥债权,是指破产宣告前虽已成立,但依法律规定不得依破产程序在破产财产中行使请求权的债权。[①] 一般而言,除斥债权包括以下几种:行政、司法机关对债务人的罚款、罚金及其他相关费用;破产申请受理后的利息;债权人参加破产程序而支出的费用;因破产宣告不能履行合同义务而产生的损害赔偿及违约金;未依法律规定进行债权申报的债权。

(4)破产费用和共益债务。破产费用是指法院受理破产申请后法院收取的破产案件的诉讼费用、破产管理人管理、变价和分配债务人财产的费用、管理人执行职务的费用、报酬和聘用工作人员的费用。而共益债务是指法院受理破产申请后发生的因管理人或者债务人请求对方当事人履行双方均未履行完毕的合同而产生的债务;债务人财产受无因管理而产生的债务;因债务人不当得利所产生的债务;为债务人继续营业而应支付的劳动报酬和社会保险费用以及由此产生的其他债务;管理人或者相关人员执行职务致人损害所产生的债务;债务人财产致人损害所产生的债务。破产费用和共益债务由管理人从债务人财产中随时提取清偿。债务人财产不足以清偿所有破产费用和共益债务的,按照比例先行清偿破产费用。

(5)破产取回权。破产取回权,是指财产的权利人可不依破产程序,从管理人占有管理的财产中,取回原不属于债务人财产的权利。[②] 取回权以民法中的物上返还请求权为基础,它的产生依据是物权关系而不是债权关系。取回权的权利人可以在破产程序启动之后,破产程序终结之前的任何时间行使取回权。

(6)破产别除权。破产别除权,是指对破产人的特定财产享有担保权的权利人,对该特定财产享有优先受偿的权利。《企业破产法》第 109 条特别规定了债权人所享有的别除权。享有别除权的债权人可以就别除权范围内的债权优先受偿,这意味着债权人可以不依《企业破产法》所规定的普通破产财产的分配顺序受偿,而享有优先受偿的权利。

---

① 施天涛:《公司法论》,法律出版社 2006 年版,第 609 页。

② 李国光:《新企业破产法条文释义》,人民法院出版社 2006 年版,第 240 页。

由于破产别除权以担保债权的存在为基础，而且享有优先受偿的权利，所以法律特别规定该债权和担保权必须成立于破产案件受理以前，且必须经过债权申报和债权人会议的确认。此外，《企业破产法》还规定，享有破产别除权的债权人行使优先受偿权利未能完全受偿的，其未受偿的债权作为普通债权；放弃优先受偿权利的，其债权作为普通债权。

(7)破产抵销权。破产抵销权，是指当法院受理破产申请前，债权人与债务人已互负债权债务的，债权人可以向破产管理人主张，其所享有的债权不依普通破产债权的分配顺序受偿，而与债务人的债权债务互相抵销。破产抵销权是公平原则在破产法中的体现。当然，破产抵销的债权债务应该相当，经抵销后未能全部清偿的债权可以作为普通债权处理。另一方面，破产抵销权的行使也受到一定的限制。①

(8)破产撤销权。破产撤销权，是指债务人在法院受理破产申请前1年内实施了有损债权人利益的行为，破产管理人享有请求法院予以撤销该行为的权利。《企业破产法》第31条规定，破产管理人有权就下列涉及债务人财产的行为行使撤销权：①债务人无偿转让财产的；②以债务人明显不合理的价格进行交易的；③债务人对没有财产担保的债务提供财产担保的；④债务人对未到期的债务提前清偿的；⑤债务人放弃债权的。

3. 破产财产的变价与分配

破产财产的变价和分配是破产程序最重要的一个环节。破产财产的变价，又称破产财产的变现，是指破产管理人将破产财产中的非货币财产，以变卖或拍卖的方式，转变为货币财产的过程。破产财产的分配除了债权人会议另有规定外，都必须以货币的形式进行。因此，破产管理人必须对货币以外的破产财产进行变价出售。破产财产变价方案应当由破产管理人拟订，并提交债权人会议讨论通过或由法院裁定。除债权人会议另有决议外，破产财产的变价出售一般通过拍卖的方式进行。如属按照国家规定不能拍卖或者限制转让的财产，如国家文物等限制流通物，应当按照国家规定的方式处理。

破产财产中的非货币财产全部变价出售后，破产财产便可以开始分配。破产财产的分配过程特别体现了破产法的帝王原则——公平原则。破产财产的分配应当按照法定顺序进行。

首先，根据《企业破产法》的规定，对破产人的特定财产享有担保权的权利人，对该特定财产享有优先受偿的权利。对破产人的财产享有担保权的人，可以优先从破产财产中就担保财产的范围内优先受偿。其次，破产费用和共益债务的清偿优先于其他破产债权。第三，破产人所欠职工的工资和医疗、伤残补助、抚恤费用，所欠的应当划入职工个人账户的基本养老保险、基本医疗保险费用，以及法律、行

① 《中华人民共和国企业破产法》第40条。

政法规规定应当支付给职工的补偿金。第四，破产人欠缴的除前项规定以外的社会保险费用和破产人所欠税款。第五，普通破产债权。破产财产只有在清偿了第一顺序后，才能清偿第二顺序，以此递承。破产财产不足以清偿同一顺序的清偿要求的，按照比例分配。直至破产企业无财产可供分配时，破产程序便告终结。

4. 破产程序的终结

破产程序的终结，意味着一个法律程序的结束，那么就必然有引起破产程序结束的法律事实，亦即存在导致破产程序终结的原因。按照各国破产立法及我国《企业破产法》的规定，破产程序终结的原因主要可以归结为两种：(1)破产人无财产可供分配，即破产财产已经分配完毕；(2)破产清算的最后分配完结，即破产管理人已经运行完毕整个破产财产分配程序。由这两个原因所引起的破产程序终结，在程序上都应当先由破产管理人向法院提请，并经法院的裁定及公告后才能正式生效。当然，前述债务人企业进入整顿和和解程序亦可能导致破产程序的终结。

因破产人无财产可供分配或破产清算的最后分配完结致使破产程序终结的，破产管理人应当自破产程序终结之日起 10 日内，持法院终结破产程序的裁定，向破产人的原登记机关办理注销登记。除存在诉讼或者仲裁未决情况外，管理人于办理注销登记完毕的次日终止执行职务。破产人的保证人和其他连带债务人，在破产程序终结后，对债权人依照破产清算程序未受清偿的债权，依法继续承担清偿责任。

第四节 公司的解散和清算

一、公司的解散

(一)公司解散的含义

对于公司解散的概念，公司法学界存在着不同的观点，大致有：第一，视公司解散为一种行为，认为“解散是使公司消灭的法律行为”①；第二，视公司解散为一种程序，认为“公司解散者乃消灭其法人人格之一种程序也”②。

这些观点从不同的角度揭示了公司解散的含义。本书认为公司解散既是一种法律行为，也是一种法律程序。具体而言，公司解散是指已经成立的公司基于一定事由的发生，导致其法人资格归于消灭的原因性行为和程序。

---

① 王保树、崔勤之：《中国公司法原理》，社会科学文献出版社 2000 年版，第 304 页。

② 转引自石少侠：《公司法教程》，中国政法大学出版社 2002 年修订版，第 178 页。

从以上的分析中，我们可以看出公司解散具有其自身特征，具体表现为：

1. 公司解散必须以一定事由的发生为前提。这些事由可以是法定事由，可以是股东大会决议的事由，也可以是公司章程约定的事由，还可以是法院或行政主管机关的命令。

2. 公司解散本身并不意味着公司的终止或消灭，换言之，公司的解散并不会立即导致公司人格的消灭。公司的解散仅仅致使公司作为法人的主体资格受到限制，公司的权利能力和行为能力仅限于债权、债务的处理等方面，而不能再开展新的经营业务。事实上，公司的法人资格只有在公司依法进行清算后才告终结。

3. 除特定情形外，公司解散与清算程序是相互关联的。在我国公司法，这种特定情形通常指的是公司的合并和分立。公司的合并和分立只需要发行其债权债务的移转程序即可，而无需进行清算。

（二）公司解散的原因

法律规定公司必须依一定原因而解散，这既是为了保护债权人和公司股东的合法权益，也是为了维护社会经济秩序的稳定。根据公司解散的不同原因，可以将其分为自愿解散和强制解散两种不同的类型。

1. 自愿解散。自愿解散也称任意解散，是指公司基于其自身意愿而解散。这种解散方式是一种自愿行为，而非出于法律的强制。相对于强制解散而言，它更多地体现了公司的自主意志。自愿解散的解散事由包括以下几个方面：

(1)公司章程规定的营业期限届满。关于公司的营业期限，现代各国公司法一般都不予以限制，换言之，各国公司法均基本认可公司的永久存续。章程是否规定公司的营业期限由各公司根据自己的情况自主决定。同时，各国公司法也允许公司在其章程规定的营业期限届满之前的若干时间内经股东决议同意，延长营业期限。

(2)公司章程规定的其他解散事由出现。解散事由是章程相对必要记载事项。章程除了可以对营业期限做出规定外，还可以规定其他解散事由，只要这些事由不与强行法相违背。一般说来，章程规定的其他解散事由主要包括：已经达到了公司的营业目的或者实现了公司的营业宗旨；因自然灾害等不可抗力或者其他原因无法实现公司的设立宗旨等。

(3)股东会或者股东大会决议解散。综观各国公司法，将股东会决议作为公司解散的原因之一是通例。而且大多数国家的法律规定，解散公司的决议须经多数股东通过。我国《公司法》规定，有限责任公司经代表 2/3 以上表决权的股东通过，股份有限公司经出席股东大会的股东所持表决权的 2/3 通过，股东大会可以做出解散公司的决议。国有独资公司因不设股东会，其解散的决定应由国家授权投资的机构或部门做出，中外合资有限责任公司也不设股东会，其董事会可以决议解散公司。①

(4)公司因合并或者分立需要解散。公司的合并和分立只有在吸收合并、新设合并及新设分立的情况下才会发生公司的解散问题,而派生分立是不会出现公司解散情形的。因为公司吸收合并会导致被吸收方解散,新设合并会导致合并各方均告解散,新设分立会导致原公司解散,而派生分立时原公司仍然存在,不存在公司的解散问题。

2. 强制解散。强制解散也称非自愿解散,是指非基于公司自身意愿而解散。根据各国公司法规定,强制解散又可以分为:

(1)司法解散。司法解散是指国家审判机关依法行使国家审判权,或依据当事人的申请,判令公司解散。国外公司法普遍都对这一公司解散形式作了规定。司法解散可以分为法院为维护公益,依法判决解散和依据当事人的申请,判令公司解散两种情形。我国《公司法》所规定的司法解散属于后者。《公司法》第 183 条规定:"公司经营管理发生严重困难,继续存续会使股东利益受到重大损失,通过其他途径不能解决的,持有公司全部股东表决权 10%以上的股东,可以请求法院解散公司。"该立法规定赋予中小股东在公司处于僵局的特定情形下,利用法律武器维护自己权益的机会。值得注意的是,在其他许多国家的公司法中,司法解散公司的提起权主体并不限于股东。如《日本公司法》第 824 条规定,法务大臣或股东、债权人及其他利害关系人均有权申请司法解散公司;《美国标准公司法》第 14.30 节规定,司法部长、股东和债权人均可提起司法解散程序。②

(2)行政解散。行政解散是指公司因违反有关法律法规或者损害社会公共利益,而由行政主管机关依职权责令公司解散。我国法律对行政解散的情形做了广泛的规定,其中主要包括吊销营业执照、责令关闭或者撤销公司登记等情形。如我国《公司法》第 212 条规定,公司成立后无正当理由超过 6 个月未开业的,或者开业后自行停业连续 6 个月以上的,可以由公司登记机关吊销营业执照。

值得指出的是,相关执法部门在对公司运用这种处罚措施时,必须严格在法律规定的框架内进行,这既是对公司作为民事主体的尊重,也是为了避免社会资源的浪费,因为公司在其设立过程中已经耗费了大量的人力物力,而公司的健康存续能为国家带来一定的经济效益。

(3)破产解散。各国公司法均普遍规定,公司破产必须解散公司。也就是说,公司因不能清偿到期债务,达到破产界限时,法院可以根据债权人或债务人的申请,依法宣告债务人破产。公司被宣告破产意味着被宣告解散,接着即进入破产清算程序,清算完毕后公司法人资格也随之消灭。

---

① 赵旭东:《新公司法条文释解》,人民法院出版社 2005 年版,第 364 页。

② 沈贵明:《公司法教程》,法律出版社 2006 年版,第 330 页。

(三)公司解散的效力

公司解散必然引起相关法律关系的变化,也就是说,公司解散必然产生一定的法律效力。公司解散的法律效力可概括为:

1. 进入清算程序,成立清算组织。除因公司合并、分立导致的解散外,公司解散均应进入清算程序,成立清算组织。

2. 公司的业务机关发生重大变化。成立清算组织后,公司原来的业务机关丧失其职能,执行机构也不再享有公司的执行职能,而由清算组取而代之,代表公司为一切法律行为,由此经营中公司转变为清算中公司。

3. 公司的权利能力受到限制。公司宣告解散后,其权利能力受到法律的特别限制,除为实现清算目的外,公司不得开展新的经营活动。

二、公司清算

(一)公司清算的概念及特征

公司清算,俗称公司清盘,是指公司解散后,依照法定程序对公司财产进行清理,了结其债权债务关系,并最终消灭公司法人资格的法律行为和程序。公司破产同样需要经过清算,不过在我国,因破产而引起的清算由《破产法》调整,而《公司法》所提及的清算一般是非破产清算。

(二)公司清算的种类

1. 破产清算与非破产清算

根据清算的原因不同,可将公司清算划分为破产清算和非破产清算。其中,破产清算是指在公司不能清偿到期债务的情况下,依照破产法的规定进行的清算;而非破产清算则是指公司非因破产原因解散,从而依照公司法的规定所进行的清算。二者之间存在着明显的区别,具体表现为:

第一,发生清算的原因不同。破产清算发生在公司资不抵债,不能清偿到期债务而依法被宣告破产的情形;非破产清算则发生在公司尚拥有足以偿还其债务的资产的情形,换言之,清算的发生并非因为破产。如果公司解散时对公司的资产状况尚不清楚,则应启动非破产清算程序,在非破产清算进程中,如发现公司的资产不足以清偿其所欠债务,应转入破产清算程序。

第二,清算的程序不同。破产清算必须严格依照《破产法》所规定的破产程序进行,程序的强制性较强;非破产清算则依照《破产法》之外的其他法律(主要是《公司法》)所规定的程序进行,程序的任意性较强。

第三,清算组的选任不同。破产清算中的清算组是由法院根据《破产法》的规定，从法定人员中按照法定方法和程序进行选任；而非破产清算中的清算组则是由公司根据《公司法》的规定选任的，只有在特殊情况下才会由法院依法指定人员选任。

第四，清算的目的不同。破产清算的目的是为了使债权人能得到公平的受偿；而非破产清算中所有债权人的债权都能得到实现，不存在是否公平受偿的问题，所以非破产清算的主要目的是为了终止公司，使公司的法人资格归于消灭。

2. 任意清算和法定清算

根据清算依据的程序不同，可将非破产清算进一步划分为任意清算和法定清算。任意清算，是指依照公司章程或者股东会决议的清算方法和程序进行的清算。法定清算，则是指依照法律规定的程序和方法进行的清算。从概念上我们可以看出任意清算较法定清算更具有"任意性"。任意清算一般适用于无限责任公司或者两合公司，因为在这两类公司的全部或者部分股东承担的是无限连带责任，债权人利益保护问题对他们而言显得不那么突出。目前公司法中规定了任意清算的国家并不多。

法定清算是现代各国公司法所普遍认同和采用的一种清算方式。公司清算依照法律所规定的程序进行运作，这有利于债权人利益的维护。法定清算适用于任何公司，特别是对于资合公司，由于这类公司的股东承担有限责任，只能进行法定清算，而不能进行任意清算。我国《公司法》所提及的公司清算也是专指法定清算。

3. 普通清算和特别清算

一些国家的公司法还将公司的法定清算进一步划分为普通清算和特别清算两种，这主要是依照清算是否受到法律或者行政机关的干预所做的分类。普通清算是指由公司自行组织清算机构，按照公司法规定的一般清算程序进行的清算；特别清算是指当公司的普通清算出现显著困难，或者在清算过程中发现公司债务可能超过公司资产时，为保障债权人权利不受侵害，由有关机关介入而进行的清算。由此可见，特别清算是无法独立启动的，它只有在普通清算程序开始后才有可能启动。普通清算与特别清算二者之间存在着显著的区别。首先，普通清算是公司自行组织的清算，其清算组也由公司自主选任；而特别清算则是由法院或行政机关等公共权力机关介入的清算，其清算组亦是由公共权力机关强制选任。其次，二者的适用情形也不同。普通清算适用于公司解散的一般情况；特别清算只有在普通清算不能适用时才可能启动。

4. 强制清算和自愿清算

根据公司清算是公司自主意志而采取的行为还是受法院或行政机关强制性的判决或指令而为，公司清算可以分为强制清算和自愿清算。

（三）清算人

1. 清算人的概念

清算人是指负责公司清算事务的执行人，具体而言是指在公司清算过程中依法执行清算事务并对外代表清算中公司的人。它可以是自然人，也可以是法人。

清算人主要是大陆法系国家的称呼，在美国清算人被称为财产代管人，而我国《公司法》相对应的概念是清算组。相比较而言，清算人这一概念既可以指单个人，也可以指一个集合概念；我国《公司法》虽然没有规定清算组的具体人数，但从字面意思以及公司实践来看，清算组至少须由二人组成。

2. 清算人的选任

清算人的产生因国别、清算种类而异。具体而言，可以分为如下几种：

(1)由公司法直接规定。许多国家公司法均规定由公司董事会成员来担任清算人，这是因为公司董事比其他人更熟悉公司业务，因而是清算工作的最佳人选。例如，《德国股份公司法》第265条第1、2款规定，董事会成员作为清算人处理清算事宜，但是章程或股东大会决议可以任命其他人员作为清算人。①

(2)由股东大会选举产生。这一般适用于公司自愿解散的情形。只有在股东大会无法任命清算人时，法院应利害关系人的申请才有权任命清算人。

(3)依据章程产生。在那些将公司清算人的选任确定为公司法任意性条款的国家，公司章程可以就清算人选任事宜进行规定，其法律效力优于公司法的规定。

(4)由法院选任。如果公司是由法院判决强制解散的，则一般由法院直接任命清算人。

(5)我国《公司法》第184条规定，除因合并分立事由解散外，公司应当在解散事由出现后15日内成立清算组。有限责任公司的清算组由股东组成，股份有限公司的清算组由董事或者股东大会确定的人员组成。从上述规定可见，在我国，清算组成员的选任事宜因公司类别而异，有限责任公司的清算组由股东组成，股份有限公司清算组成员由公司的董事或股东大会自行指定。在实践中，董事或股东大会可以根据实际需要，选任注册会计师、律师等专业人员来担任清算组成员。

《公司法》该条还规定，逾期不成立清算组进行清算的，债权人可以申请法院指定有关人员组成清算组进行清算。法院应当受理该申请，并及时组织清算组进行清算。该条文针对的是普通清算程序转为特别清算程序的情形，此时清算组成员由法院依法指定。

3. 清算人的职权

清算人在执行清算事务的过程中，其职能一般相当于公司正常状态下的董事，享有广泛的权利，也履行相应的义务。各国对清算人职权的规定大同小异。依照我国《公司法》第185条、第186条、第187条的规定，清算组可行使的职权具体包括：

(1)清理公司财产，编制资产负债表和财产清单。清算人清查公司资产，指的

---

① 卞耀武：《德国股份公司法》，法律出版社1999年版，第162页。

是对公司现金、银行存款、占有的实物资产等进行清查。必要时清算人可以聘请专业人员对有关资产依法进行评估,确定公司资产和负债的总额。

(2)处理与清算有关的公司未了结的业务。进入清算程序后,清算人有权处理公司原来没有履行完毕或处理完毕的业务,但公司不能再开展任何新的业务。

(3)通知或者公告债权人。清算组自成立之日起 10 日内通知债权人,并于 60 日内在报纸上公告。

(4)清理债权、债务。公司的债权应当收回,债务应当清偿,但在申报债权期间,清算组不得对债权人进行清偿。由于清算后公司法人资格将归于消灭,因而清算期间清算人对未到期的公司债务一并清偿。此外,如果债权人未能在规定的申报期申报债权,就失去了受偿的权利。清算人清理的公司债务包括清缴公司在营业期间及清算过程中产生的税款。

(5)制定清算方案。清算组在清理公司财产、编制资产负债表和财产清单后,应当制定清算方案,并报股东会、股东大会或者法院确认。

(6)处理公司清偿债务后的剩余财产。债务清偿后如仍有剩余财产,应按股东的出资比例或者股东所持的股份比例向其进行分配。

(7)代表公司参加民事诉讼活动。公司解散进入清算程序后,清算组即取代了公司原有机关而成为清算中公司的法人机关,对内负责清算工作,对外代表公司。

4. 清算人的义务

清算人的义务实质上是一种受信义务,它作为公司的受托人,应当忠于职守,依法履行清算义务,不得隐瞒重要事实,不得利用职权收受贿赂或者其他非法收入,不得侵占公司财产。清算人如果因故意或者重大过失给公司或债权人造成损失的,应当承担赔偿责任,并可处以罚款。情节严重构成犯罪的,还应依法追究其刑事责任。

(四)公司清算的程序

根据我国《公司法》的有关规定并结合公司实践,公司清算的程序大致可以概括为:

公司解散后进入清算程序,依法组成清算组。清算组在清理公司财产、编制资产负债表和财产清单后,应当制定清算方案,并报股东会、股东大会或者法院确认。公司财产如果能够清偿公司债务的,在分别支付清算费用、职工的工资、社会保险费用和法定补偿金、缴纳所欠税款清偿公司债务后的剩余财产,有限责任公司按照股东的出资比例分配,股份有限公司按照股东持有的股份比例分配。公司财产在未按规定清偿前,不得分配给股东。

如果清算组在清理公司财产、编制资产负债表和财产清单后,发现公司财产不足清偿债务的,应当依法向法院申请宣告破产。公司经法院裁定宣告破产后,清算组应当将清算事务移交给法院。由此进入破产清算程序。

同时，在公司清算结束后，清算组应当制作清算报告，报股东会、股东大会或者法院确认，并报送公司登记机关，申请注销公司登记，公告公司终止。自此，公司的清算程序告终，公司的法人资格也随之消灭。

司法考试真题链接

1. 甲股份公司成立后，董事会对公司设立期间发生的各种费用如何承担发生了分歧。下列哪一项费用应当由发起人承担？(2008 年司法考试真题)

A. 发起人蒋某因公司设立事务而发生的宴请费用

B. 发起人李某就自己出资部分所产生的验资费用

C. 发起人钟某为论证公司要开发的项目而产生的调研费用

D. 发起人缪某值班时乱扔烟头将公司筹备组租用的房屋烧毁，筹备组为此向房主支付的 5 万元赔偿金

2. 甲公司分立为乙丙两公司，约定由乙公司承担甲公司全部债务的清偿责任，丙公司继受甲公司全部债权。关于该协议的效力，下列哪一选项是正确的？(2009 年司法考试真题)

A. 该协议仅对乙丙两公司具有约束力，对甲公司的债权人并非当然有效

B. 该协议无效，应当由乙丙两公司对甲公司的债务承担连带清偿责任

C. 该协议有效，甲公司的债权人只能请求乙公司对甲公司的债务承担清偿责任

D. 该协议效力待定，应当由甲公司的债权人选择分立后的公司清偿债务

3. 甲公司严重资不抵债，因不能清偿到期债务向法院申请破产。下列哪一项财产属于债务人财产？(2009 年司法考试真题)

A. 甲公司购买的一批在途货物，但尚未支付货款

B. 甲公司从乙公司租用的一台设备

C. 属于甲公司但已抵押给银行的一处厂房

D. 甲公司根据代管协议合法占有的委托人丙公司的两处房产

4. 甲公司欠乙公司货款 100 万元、丙公司货款 50 万元。2009 年 9 月，甲公司与丁公司达成意向，拟由丁公司兼并甲公司。乙公司原欠丁公司租金 80 万元。下列哪些表述是正确的？(2009 年司法考试真题)

A. 甲公司与丁公司合并后，两个公司的法人主体资格同时归于消灭

B. 甲公司与丁公司合并后，丁公司可以向乙公司主张债务抵消

C. 甲公司与丁公司合并时，丙公司可以要求甲公司或丁公司提供履行债务的担保

D. 甲公司与丁公司合并时，应当分别由甲公司和丁公司的董事会作出合

并决议

5. 甲乙丙丁戊五人共同组建一有限公司。出资协议约定甲以现金十万元出资,甲已缴纳六万元出资,尚有四万元未缴纳。某次公司股东会上,甲请求免除其四万元的出资义务。股东会五名股东,其中四名表示同意,投反对票的股东丙向法院起诉,请求确认该股东会决议无效。对此,下列哪一表述是正确的?(2010 年司法考试真题)

A. 该决议无效,甲的债务未免除

B. 该决议有效,甲的债务已经免除

C. 该决议需经全体股东同意才能有效

D. 该决议属于可撤销,除甲以外的任一股东均享有撤销权

第五章 有限责任公司

【引例一】有限责任公司股东权行使

2007 年 5 月 9 日，A 公司股东会作出决议：在原章程基础上增加一条款：本公司股东会决议按一个股东一票制表决产生。此后，A 公司将修改后的公司章程交工商管理部门备案。后股东甲以上述条款违法诉至法院要求确认该条款无效。

本案中，由甲等股东共同参加并通过的修改公司章程的股东会决议，系当事人真实意思表示，《公司法》第 43 条规定股东会会议由股东按照出资比例行使表决权，但同时又规定公司章程可以做出特别规定。因此 A 公司修改后的公司章程中关于公司股东会决议按一个股东一票制表决的条款并不违法。这样的规定体现了公司法的灵活性，给予公司章程更大的自治权。

【引例二】公司治理

甲是 A 公司的股东并兼任监事。自 A 公司成立以来，其法定代表人乙从未允许甲查阅公司财务报告、会计账簿等财务资料。甲认为乙的某行为损害公司利益，为收集证据起诉 A 公司，要求查阅并复印公司财务报告、会计账簿及自公司成立以来所有的合同和发票明细。

本案中，甲作为 A 公司的监事，请求查阅并复印公司财务报告、会计账簿，符合《公司法》第 54 条规定的监事职权，且甲非出于不正当目的使用上述资料。但甲要求查阅和复印公司成立以来的所有合同和发票明细的请求，不属于公司章程规定的监事职权和法定的监事职权，故难以得到法院支持。

第一节 概述

一、有限责任公司的概念

有限责任公司，又称有限公司，依照我国《公司法》第 3 条的规定，是指按照公司法设立，股东以其出资额为限对公司承担责任，公司以其全部资产对公司债务承担责任的企业法人。在国外,有关有限责任公司的法律定义彼此存在一定的差异,尽管如此,国外关于有限责任公司的含义与我国《公司法》的上述定义基本一致。在英美法系国家,学者将那些股份全部由设立时的所有股东所持有,其股份不能在公开市场上自由转让,且其股东人数有一定限制的公司,称为封闭公司。这种公司类似于大陆法系国家的有限责任公司,其股份的转让也有较严格的限制。在英国,存在所谓的保证有限责任公司,这种公司的股东不仅以其出资额对公司债务承担责任,而且以其承诺的除出资额之外的担保金额在公司清算时对公司债务承担责任,或者股东不实际出资,仅以其承诺的担保金额在公司清算时对公司债务承担责任。从公司的责任形式看,这种公司也类似于大陆法系国家的有限责任公司。

在大陆法系国家,有限责任公司是最晚产生的公司形式。1892 年德国颁布的《有限责任公司法》是第一部有关有限责任公司的立法。继此之后,有限责任公司逐渐为其他大陆法系国家仿效。在英美法系国家,英国于 1855 年《有限责任法》中确认了股东的有限责任制,并于 1907 年公司法中规定了封闭式公司。由此封闭式公司在英美法系国家确立并发展起来。

二、有限责任公司的特征

1. 封闭性

有限责任公司由一定数量的发起人共同出资创立,公司的资本总额全部由发起人认购,公司不向社会公开募集股份和发行股票。发起人出资完成后,证明其出资的权利证书称为出资证明书,而非股票,不能在证券市场上自由流通。由于有限责任公司不公开发行股份,其经营状况及财务会计信息也无须向社会公开。

2. 兼具人合性和资合性

在有限责任公司的内部,股东之间一般存在较为紧密的人身信任关系,这是公司内部信用的基础。因此,股东如果向公司其他股东以外的第三人转让其全部或部分股权时,通常须经其他全部股东或大多数股东同意。换言之,有限责任公司的股东转让其股份存在一定的限制。而在公司的外部,由于各股东对公司的债务承担的是有限责任,公司的信用基础是公司财产,因此,各股东必须对公司出资,公司财产是公司债权人的唯一担保。

3. 设立程序较为简单

由于有限责任公司具有封闭性,且其公司内部人合性因素的存在,因此,有限责任公司的设立采发起设立方式,各国对其设立的立法原则也基本上采用准则主义,即除经营特殊行业外,只要符合法律规定的设立条件,公司登记主管机关均给予注册登记。相对于股份有限公司而言,没有复杂的审查审批程序。

4. 股东人数较少

关于有限责任公司的股东人数,有的国家和地区规定了上限。例如美国特拉

华州公司法规定股东人数的最高限额为30人；英国、法国、比利时等国家规定股东人数的最高限额为50人；依照我国《公司法》第24条的规定，有限责任公司股东人数最高限额为50人。有的国家，如德国、奥地利、意大利、瑞士、荷兰、丹麦等国，没有关于股东人数最高限额的规定，但从这些国家的实践看，这些国家有限责任公司的股东人数通常也是有限的。之所以如此，是因为有限责任公司股东的人数受到该公司人合因素的影响。

5. 组织机构设置灵活

由于有限责任公司股东的人数较少，且公司具有人合性和封闭性，因此各国法律对有限责任公司的内部组织管理机构的设置，干预较少，允许公司有一定的灵活性。依照我国《公司法》的有关规定，规模小且人数少的有限责任公司可以不设立董事会，而仅设立1名执行董事(《公司法》第51条)；可以设立监事会，也可以不设立而仅设立1至2名监事(《公司法》第52条)。

6. 股东参与公司的经营管理

在有限责任公司中，虽然股东对公司债务承担的是有限责任，但由于有限责任公司的股东人数较少，且其转让股份存在一定的限制，公司经营的好坏与股东个人利益仍然是密切相关的，加之公司的组织管理机构设置灵活，实践中，股东会通常决定公司经营中的一切重大决策，甚至在公司的日常经营管理中，股东或其代理人也往往均是公司的董事，或兼任公司的经理，以全面参与公司的经营管理。

由于有限责任公司的上述特点，加之各国法律对有限责任公司最低资本额的要求较少，在现实的经济生活中，有限责任公司通常是中小企业普遍采用的企业组织形式之一。但也应当注意到：在当前的经济生活中，越来越多的大公司相互之间进行联合时，也往往采用有限责任公司的形式来组建他们的联合企业。

第二节　有限责任公司的设立

一、有限责任公司的设立条件

设立有限责任公司应当具备法定的条件。根据我国《公司法》第23条的规定，设立有限责任公司应当具备以下5项具体条件：

(一)股东人数符合法定人数

我国《公司法》对有限责任公司的股东人数存在上限和下限的规定。根据《公司法》第24条的规定，有限责任公司由50个以下股东共同出资设立。一个自然人或者一个法人可以单独设立有限责任公司。其中，一个自然人只能设立一个一人有限责任公司，该一人有限责任公司不能投资设立新的一人有限责任公司(《公司法》第 59 条)。

(二)股东出资达到法定资本最低额

根据《公司法》第 26 条的规定，有限责任公司的注册资本为在公司登记机关登记的全体股东认缴的出资额。有限责任公司的注册资本的最低限额为人民币 3 万元。一人有限责任公司的注册资本最低限额为人民币 10 万元。特定行业的有限责任公司注册资本最低额需高于上述所定限额的，由法律、行政法规另行规定。如我国《商业银行法》第 13 条规定，设立商业银行的注册资本最低限额为 10 亿元人民币，城市合作商业银行的注册资本最低限额为 1 亿元人民币，设立农村合作商业银行的注册资本最低限额为 5000 万元人民币。中国人民银行根据经济发展可以调整注册资本最低限额，但不得少于上述规定的限额。

(三)股东共同制定公司章程

有限责任公司的章程是记载有限责任公司组织及其活动基本准则的书面文件，体现着全体股东的共同意志，对有限责任公司、全体股东、董事、监事、经理均具有约束力。因此，全体股东应当共同制定有限责任公司的章程。所有参加制定公司章程的股东，应当在公司章程上签名、盖章。如果股东因故不能亲自参与制定，也应当通过书面形式委托代理人参加章程的制定。

根据《公司法》第 25 条的规定，有限责任公司章程应当载明下列事项：(1)公司名称和住所；(2)公司经营范围；(3)公司注册资本；(4)股东的姓名或名称；(5)股东的出资方式、出资额和出资时间；(6)公司的机构及其产生办法、职权、议事规则；(7)公司的法定代表人；(8)股东会会议认为需要规定的其他事项。

(四)有公司的名称，建立符合有限责任公司要求的组织机构

有限责任公司应当具有自己的名称，该名称通常由有限责任公司的发起人自由选定，但需严格依照有关法律、法规的规定。对于有限责任公司的名称的选定，法律通常有一定的限制，如禁止使用具有歧视性、欺骗性、误导性的公司名称，禁止使用违背社会公共秩序、损害社会公共利益的公司名称，等等。

根据有限责任公司自身的特点，各国公司法对其内部组织机构均作出特别的规定，我国《公司法》也不例外。有关有限责任公司的内部组织机构的建立，参见本章有关有限责任公司的组织机构一节。

(五)有公司住所

公司的住所是公司的主要办事机构所在地(《公司法》第 10 条)。公司住所是公司的法定注册地址，是公司章程的必要记载事项和公司注册登记事项之一。与

公司住所相关的另一概念是“生产经营场所”。生产经营场所是公司进行生产、经营、服务活动的场所，是公司开展其生产经营活动的所在地，该场所可以是一个，也可以是多个。公司住所当然是公司最重要的生产经营场所，但公司的生产经营场所并不仅限于公司的住所。公司的住所应当是“固定的”，即该场所应具有一定的稳定性和持久性。

二、有限责任公司的设立程序

我国《公司法》关于有限责任公司的设立原则主要采用准则制，即除了那些法律、行政法规规定设立公司须经批准机关批准的外，只要具备有限责任公司的设立条件即可向公司登记机关直接办理公司设立的注册登记(《公司法》第6条)。在我国，设立有限责任公司一般应经如下程序：

(一)股东(发起人)发起

股东(发起人)[①]发起是有限责任公司设立的预备阶段。在此阶段，股东要确立设立公司的意向，对拟设立的有限责任公司进行可行性研究，并作设立公司的必要准备。当股东有数人时，股东之间应签订书面的发起协议，以明确各股东在设立公司过程中的权利和义务。在法律上，发起协议被视为合伙协议。股东应当依照该协议就设立公司过程中对第三人产生的债务承担无限连带责任。

(二)公司名称的预先核准

公司名称是公司章程的必要记载事项之一，也是公司注册登记的必要登记事项之一，而且在公司的设立过程的若干环节，如申请批准、申请登记等，也必须使用公司名称。为了规范股东对公司名称的选用，我国《公司登记管理条例》确立了公司名称预先核准制度，即在设立有限责任公司时，应向公司登记机关申请拟设立公司的名称的预先核准。在公司名称获核准后，再进行设立公司的后续手续。

(三)制定公司章程

有限责任公司股东应当共同起草章程条款，商定章程的内容，章程条款起草完毕后，由全体股东共同同意通过(《公司法》第23条)。全体股东应当在公司章程上签名、盖章(《公司法》第25条)。如果设立一人有限责任公司，其章程由股东制定(《公司法》第61条)。

---

① 《公司法》将有限责任公司设立阶段的发起人称为股东，是考虑到这些发起人在公司成立后都将成为股东。但从严格意义上说，公司设立阶段的发起人与公司成立后的股东具有不同的地位。

（四）必要的行政审批

股东如设立那些法律、行政法规规定对其设立需要报经批准的有限责任公司，则应当按照有关的法律、行政法规的规定，办理必要的审批手续（《公司法》第 6 条）。如《证券法》第 122 条规定，设立经营证券业务的有限责任公司必须经国务院证券监督管理机构审查批准。

（五）缴纳出资及验资

根据我国《公司法》的有关规定，设立有限责任公司，股东可以货币出资，也可以用实物、知识产权、土地使用权等可以用货币估价并可以依法转让的非货币财产作价出资；但是法律、行政法规规定不得作为出资的财产除外。对作为出资的非货币财产，须进行评估作价，核实财产，不得高估或低估作价。法律、行政法规对评估作价有规定的，应依照法律、行政法规的规定办理。全体股东的货币出资额金额不得低于有限责任公司注册资本的 30%（《公司法》第 27 条）。

有限责任公司的股东缴纳其认购的出资额时，可以一次性足额缴纳，也可以分期缴纳。但是一人有限责任公司的股东应当一次足额缴纳公司章程规定的出资额（《公司法》第 59 条）。股东分期缴纳其认购的出资额的，全体股东的首次出资额不得低于注册资本的 20%，也不得低于法定的注册资本最低限额，其余部分由股东自公司成立之日起 2 年内缴足；其中，投资公司可以在 5 年内缴足（《公司法》第 26 条）。以货币出资的，应当将货币出资足额存入准备设立的有限责任公司在银行开设的临时账户；以非货币财产出资的，应当依法办理其财产权的转移手续（《公司法》第 28 条）。股东全部缴纳出资后，须经依法设立的验资机构验资并出具证明（《公司法》第 29 条）。

股东应当按期足额缴纳公司章程中规定的各自所认缴的出资额，如果股东不按照规定缴纳所认缴的出资，除应当向公司足额缴纳出资外，还应当向已足额缴纳出资的股东承担违约责任（《公司法》第 28 条）。有限责任公司成立后，发现作为出资的非货币财产的实际价额显著低于公司章程所定价额的，应当由交付该出资的股东补缴其差额，公司设立时的其他股东对其承担连带责任（《公司法》第 31 条）。有限责任公司成立后，股东不得抽逃出资（《公司法》第 36 条）。

（六）申请设立登记

股东的首次出资经依法设立的验资机构验资后，由全体股东指定的代表或共同委托的代理人向公司登记机关申请设立登记，提交公司登记申请书、公司章程、验资证明等文件。法律、行政法规规定需要经有关部门审批的，应当在申请设立登记时提交批准文件（《公司法》第 6 条）。有限责任公司如设立分公司的，应当就所

设分公司向公司登记机关申请登记，领取营业执照(《公司法》第14条)[①]。

申请公司、分公司登记，申请人可以到公司登记机关提交申请，也可以通过信函、电报、电传、传真、电子数据交换和电子邮件等方式提出申请(《公司登记管理条例》第51条)。申请人应当对申请文件、材料的真实性负责(《公司登记管理条例》第2条第2款)。

(七)登记机关签发营业执照

公司登记机关对设立登记申请进行审查，对符合《公司法》规定条件的，予以登记，发给公司营业执照，对不符合《公司法》规定条件的，不予登记[②]。一人有限责任公司应当在公司登记中注明自然人独资或者法人独资，并在公司营业执照中载明(《公司法》第60条)。公司营业执照签发之日，为有限责任公司成立之日(《公司法》第7条)。有限责任公司自成立之日起，具有法人资格，可开始对外从事营业活动。

有限责任公司设立分公司的申请经登记领取营业执照后，分公司成立，有权对外开展营业活动。分公司的经营范围不得超过公司的经营范围(《公司登记管理条例》第47条第3款)。此外，分公司不具有企业法人资格，其民事责任由公司承担(《公司法》第14条)。

第三节　有限责任公司的组织机构

有限责任公司的组织机构是有限责任公司内部依法设立的对公司业务进行决策、执行和监督的机构的总称。由于有限责任公司具有封闭性及人合兼资合性的特点，有限责任公司的组织机构的设置也具有相当的灵活性。根据我国《公司法》的规定，有限责任公司的组织机构包括：股东会、董事会或执行董事、监事会或监事。它们分别作为有限责任公司的权力机构、业务执行机构和监督机构。

一、有限责任公司的股东和股东会

(一)有限责任公司的股东

1. 股东的概念

---

① 根据《公司登记管理条例》第20条的规定，法律、行政法规规定设立有限责任公司必须报经审批的，应当自批准之日起90日内向公司登记机关申请设立登记；逾期申请设立登记的，申请人应当报审批机关确认原批准文件的效力或者另行报批。

② 有关公司登记机关受理申请、审查、受理、予以登记和签发营业执照的程序，详见《公司登记管理条例》第51条至第55条的规定。

有限责任公司的股东指持有有限责任公司股权的人。股东是有限责任公司的存在基础,股东不仅向公司出资以形成公司财产,使得公司具有对外从事经营活动的物质基础,而且股东是股东会的构成人员,形成了有限责任公司的最高权力机关,从而使有限责任公司得以形成自己的独立意志。虽然股东与有限责任公司之间存在如此密切的关系,但在公司法上,股东与有限责任公司本身毕竟是彼此相互独立的两个民事主体,股东对公司依法享有权利并承担相应的义务。反之,公司对股东也依法享有权利并承担相应的义务。

2. 有限责任公司股东的种类

(1)原始股东和继受股东。有限责任公司成立后,发起人成为有限责任公司的原始股东。我国《公司法》在有限责任公司设立阶段即称发起人为股东。所谓继受股东,指在有限责任公司存续期间,因受让、受赠或继承等原因而依法继受取得股权的人。无论是原始股东,还是继受股东,只要持有同类股份,均对公司享有相同的权利承担相同的义务,两者均受公司章程的约束。

(2)法人股东、自然人股东和非法人组织股东。在我国,自然人、法人、不具备法人资格的独资企业和合伙企业,以及农村集体经济组织、村民委员会、具有投资能力的城市居民委员会,均可以成为有限责任公司的股东。但依照中共中央、国务院的规定不得经商办企业的主体除外。① 法人股东和非法人组织股东需选派代表行使其在有限责任公司中的股东权。尽管法人股东、自然人股东和非法人组织股东在法律人格上有所不同,但其作为有限责任公司股东时,彼此在有限责任公司中的地位是平等的。

3. 有限责任公司股东权利和义务的法律原则

所谓股东权利和义务的法律原则,是指有限责任公司股东依法取得并享有权利和承担义务的一般法律原则。该原则包括股东有限责任原则和股东平等原则。

(1)股东有限责任原则,即股东对公司承担有限责任。在有限责任公司中,股东以其出资额为限对公司承担有限责任。由于股东出资义务是其承担有限责任的基础,因此,股东应当按照法律规定或者公司章程的规定认缴出资额,并按期足额缴纳出资。这样,股东即履行了其出资义务。股东不对公司的债务承担责任。

(2)股东平等原则。有限责任公司中,股东平等原则意味着,股东无论彼此在法律人格上有何差异,均基于其股东资格而依法享有平等的待遇。股东根据

---

① 参见由国家工商行政管理局发布并于 1998 年 2 月 1 日施行的《公司登记管理若干问题的规定》第 17 条、第 18 条、第 19 条;国家工商行政管理局发布并于 1999 年 6 月 29 日施行的《关于企业登记管理若干问题的执行意见》第 5 条、第 6 条。

其持有的股权比例行使权利和承担义务。例如，根据《公司法》规定，在有限责任公司中，股东在股东会会议中的表决权，按照出资比例行使，除非公司章程另有规定(《公司法》第 43 条)；红利的分配权以及新增出资的优先认购权，将根据其实缴的出资比例享有，除非全体股东约定不按照出资比例行使(《公司法》第 35 条)；公司清算后剩余财产的分配，按照股东的出资比例进行分配。这些规定表明，在我国《公司法》上，有限责任公司的股东平等原则仅意味着资本的平等，每个单位出资比例所表彰的权利义务是平等的，这体现了有限公司资合性特征。[①] 当然，股东平等原则也存在例外，即在某些特定情形下，为保证股东会决议的公正性，可对特定股东的权利予以一定的限制。例如，如果股东与公司之间进行特定交易时，作为交易一方当事人的股东不得就该事项享有表决权。[②] 再如，在公司股东会决议是否对某个董事提起诉讼时，如果该董事同时是公司股东，则该股东不能加入表决，也不能由其他股东代理其行使表决权，该股东也不能代理其他股东行使表决权。但此种限制仅是暂时的限制，一旦特定的情形消除，对股东表决权的限制也不复存在，体现了原则性与灵活性的统一。

4. 股东的权利和义务

(1)股东的权利。即股权，指股东在公司中享有的权利。关于股权的法律性质，历来存在不同的学说：有的学者认为股权是股东基于其资格而享有的多数权利与义务的集合体，是综合性权利而非单一的权利；有的学者认为股权是一种社员权，是基于股东的身份而具有的权利与义务相结合而形成的单一权利；还有的学者否认股权是一种具体的权利，认为股权是股东对于公司的法律地位等等。[③] 这些观点均在一定程度上反映了股东权的性质。

根据赋予股东权利的规范的不同，股东享有的权利有如下两类：

一是有关法律规定的权利。依照我国《公司法》的有关规定，有限责任公司股东的法定权利主要包括：(1)参加股东会并行使表决权；(2)选举和被选举为董事、监事的权利；(3)查阅、复制公司章程、股东会会议记录、董事会会议决议、监事会会

---

① 一些国家和地区的公司法就有限公司股东平等原则强调的是有限公司的人合性特征，故偏向于规定每个有限公司股东基于股东的身份享有相同的权利，而不论出资比例的多寡。例如我国台湾地区《公司法》第 102 条第 1 项规定，有限公司的每一股东不问出资额多寡，均有一表决权。但公司章程可以规定按出资多寡分配表决权。

② 根据《公司法》第 16 条规定，公司为公司股东或者实际控制人提供担保的，必须经股东大会决议。该股东或者受该实际控制人支配的股东，不得参加该担保事项的表决。该项表决由出席会议的其他股东所持表决权的过半数通过。

③ 详见梁宇贤：《公司法论》，三民书局 1983 年版，第 321 页。另见王保树、崔勤之：《中国公司法原理》，社会科学文献出版社 2000 年版，第 186 页。

议决议和财务会计报告，查阅公司会计账簿，监督公司经营的权利；[①](4)分取红利的权利；(5)优先认购公司新增资本的权利；(6)依法转让出资的权利；(7)在同等条件下优先购买其他股东转让的股权的权利；(8)请求公司收购其股权的请求权；(9)对公司董事、监事、高级管理人员以及其他侵害公司利益的人依法提起派生诉讼的权利；(10)对公司董事、高级管理人员提起直接诉讼的权利；(11)对股东会、董事会决议提起宣告无效或者撤销之诉的权利；(12)公司解散时依法分配公司剩余资产的权利等等。

二是公司章程规定的权利。公司章程可以规定股东享有上述法定权利以外的其他权利，但是公司章程的规定不得与法律法规的规定相抵触。

理论上，股东权利还可根据不同标准而作不同的划分：①根据权利的性质，可分为固有权和非固有权。前者指股东依照公司法所享有的不得以公司章程或股东会决议予以剥夺或限制的权利，如股东出席股东会的权利等，后者指可以由公司章程或股东会决议予以剥夺或限制的权利，如红利分派请求权等；②根据权利行使目的，可分为自益权和共益权。自益权指股东专为自己利益所行使的权利，如红利分派请求权等；共益权指股东为自己利益同时兼为公司利益而行使的权利，如请求召集股东会的权利、出席股东会的权利、表决权等；③根据行使权利的方法，可分为单独股东权和少数股东权。前者指股东一人可单独行使的权利，如表决权等。后者指股东持有的股权达到一定比例方可行使的权利，如提议召开股东会的权利等。[②]

(2)股东的义务，即股东基于股东资格而负有的义务。根据《公司法》的有关规定，有限责任公司股东应负有如下义务：①按期足额缴纳出资的义务；②在公司登记后，不得抽逃出资；③遵守法律、行政法规和公司章程，依法行使股东权利的义务；④不得滥用股东权利损害公司利益或者其他股东的利益的义务；⑤不得滥用公司法人地位和股东有限责任损害公司债权人利益的义务；⑥不得利用其关联关系损害公司利益。当然，公司章程也可以规定股东应负有上述法定义务以外的其他义务，但该规定也不得与法律法规相抵触。

(二)有限责任公司的股东会

1. 股东会的地位和性质

《公司法》第 37 条规定，有限责任公司股东会由全体股东组成，是公司的权力机构。因此，股东会为有限责任公司必设机关。公司的重大决策均应由股东会以

---

① 依照《公司法》第 34 条规定，有限责任公司股东要求查阅公司会计账簿的，应当向公司提出书面请求，说明理由。公司有合理根据认为股东查阅会计账簿有不正当目的，可能损害公司合法利益的，可以拒绝提供查阅，并应当自股东提出书面请求之日起 15 日内书面答复股东并说明理由。公司拒绝提供查阅的，股东可以请求人民法院要求公司提供查阅。

② 详见梁宇贤：《公司法论》，三民书局 1983 年版，第 322～323 页。

会议形式作出，因此股东会成为公司最高意思决定机关。此外，股东会虽非经常召开，但股东会属于经常存在而且应能随时召集开会的机关，所以股东会还是公司的常设机关。以上规定也有例外，根据《公司法》以及我国外商投资企业法的特别规定，一人有限责任公司、国有独资公司和外商投资的有限责任公司不设立股东会。一人有限责任公司不设立股东会，由股东行使股东会的职权。股东在作出决议时，应当采取书面形式，并由股东签字后置备于公司。国有独资公司和外商投资的有限责任公司不设立股东会，而是由董事会行使股东会的部分职权。

2. 股东会的职权

《公司法》第 38 条规定，有限责任公司的股东会行使下列职权：(1)决定公司的经营方针和投资计划；(2)选举和更换非由职工代表担任的董事、监事，决定有关董事、监事的报酬事项；(3)审议批准董事会的报告；(4)审议批准监事会或监事的报告；(5)审议批准公司的年度财务预算方案、决算方案；(6)审议批准公司的利润分配方案和弥补亏损方案；(7)对公司增加或减少注册资本作出决议；(8)对发行公司债券作出决议；(9)对公司合并、分立、解散、清算或者变更公司形式作出决议；(10)修改公司章程；(11)公司章程规定的其他职权。对以上事项股东以书面形式一致表示同意的，可以不召开股东会会议，直接作出决定，并由全体股东在决定文件上签名、盖章。

值得注意的是，有限公司股东会的法定职权，除了《公司法》第 38 条集中列举的以外，《公司法》还在其他条文中作出相关的规定。例如，对公司为公司股东或者实际控制人提供担保作出决议；对公司转让主要财产作出决议；对是否同意公司董事、高级管理人员与公司订立合同或者进行交易作出决议；对是否同意董事、高级管理人员为自己或者他人谋取属于公司的商业机会，自营或者为他人经营与公司同类业务，作出决议；要求董事、监事、高级管理人员列席会议等等。

3. 股东会会议的召集和主持

股东会会议分为定期会议和临时会议(《公司法》第 40 条第 1 款)。有限责任公司成立后的第一次会议，即首次会议，由出资最多的股东召集和主持(《公司法》第 39 条)。此后，公司根据公司章程的规定按时召开定期会议(《公司法》第 40 条第 2 款)。实践中定期会议通常每年举行一次，在每个会计年度结束之后召开。经代表 1/10 以上表决权的股东、1/3 以上的董事或监事会或不设监事会的公司的监事的提议，应当召开临时会议(《公司法》第 40 条第 2 款)。

召开股东会会议，除公司章程另有规定或者全体股东另有约定的外，应于会议召开 15 日以前通知全体股东(《公司法》第 42 条)。通知中应说明股东会会议召开的时间、地点以及待经审议的事项等内容，以便公司股东有所准备，充分行使自己的决议权。股东应亲自出席股东会会议，如因故确实无法出席会议，可书面委托他人代为出席股东会会议，委托书中应载明其委托授权的范围。笔者认为，考虑到有限责任公司的封闭性和人合性特点，出席会议的代理人的范围应当受一定的限制，如仅限于该股东(自然人)的配偶、近亲属等等,此限制的范围可在公司章程中加以规定。

有限责任公司设立董事会的,股东会会议由董事会召集,董事长主持;董事长不能履行职务或不履行职务的,由副董事长主持;副董事长不能履行职务或不履行职务的,由半数以上董事共同推举一名董事主持(《公司法》第 41 条第 1 款)。如公司未设立董事会而仅设立执行董事的,股东会会议应由该执行董事召集和主持(《公司法》第 41 条第 2 款)。董事会或者执行董事不能履行或者不履行召集股东会会议职责的,由监事会或者不设监事会的公司的监事召集和主持;监事会或者监事不召集或者主持的,代表 1/10 以上表决权的股东可以自行召集和主持(《公司法》第 41 条第 3 款)。有的国家还规定在必要时可由法院召集股东会会议。对此,我国《公司法》未作规定。

4. 股东表决权和股东会决议

《公司法》第 44 条规定,股东会的议事方式和表决程序,除《公司法》已作规定的外,由公司章程规定。股东会会议由股东按照出资比例行使表决权,但公司章程另有规定的除外(《公司法》第 43 条)。股东会会议所议事项,均以决议的方式作出。

根据股东会决议通过所需表决权大小的不同,股东会决议可分为特别决议和普通决议。特别决议是对公司重大事项所作的决议,需经代表特别多数表决权的股东通过。《公司法》第 44 条第 2 款规定,下列决议事项须经代表 2/3 以上表决权的股东通过:(1)公司增加或减少注册资本;(2)公司的合并、分立、变更公司形式;(3)公司解散;(4)修改公司章程。其他事项是否以特别决议通过,由公司章程规定。普通决议是对需经特别决议的事项以外的其他事项作出的决议,一般只需经代表 1/2 以上表决权的股东通过。股东会应当对所议事项的决定作成会议记录,出席会议的股东应当在会议记录上签名(《公司法》第 42 条第 2 款)。会议记录应当妥善保存。

如果有限责任公司股东会的决议内容违反法律、行政法规,该项决议无效(《公司法》第 22 条第 1 款)。如果有限责任公司股东会会议的召集程序、表决方法违反法律、行政法规或公司章程,或者决议内容违反公司章程,股东可以自决议作出之日起 60 日内请求人民法院撤销(《公司法》第 22 条第 2 款)。股东提起决议无效或者撤销决议诉讼时,人民法院可以应公司请求,要求股东提供相应担保(《公司法》第 22 条第 3 款)。此项规定的目的在于防止股东滥用此项提起诉讼的权利或者赔偿因起诉不当给公司造成的损失。[①] 如果有限责任公司根据股东会决议已经办理变更登记的,人民法院宣告该决议无效或者撤销该决议后,公司应当向公司登记机关申请撤销变更登记(《公司法》第 22 条第 4 款)。

---

① 此方面的立法例,参见《日本公司法》第 847 条。

二、有限责任公司的董事、董事会和经理

(一)董事

1. 董事的概念

董事是有限责任公司董事会的组成人员。在有限责任公司中,董事的设置必不可少,即使股东人数较少和规模较小的有限责任公司不设立董事会的,也需设置1名执行董事。执行董事的职权由公司章程规定,执行董事可兼任经理(《公司法》第51条),并且根据公司章程的规定,可以担任公司的法定代表人(《公司法》第13条)。

在理论上,董事的概念可区分为机关董事和个人董事。前者是公司的一部分,与公司互为一体,其行为即公司的行为,其本身没有权利能力,相应地也没有独立的法律人格。而后者指机关董事的担当人,具有权利能力,其本身具有独立法律人格,与公司发生的关系是两个独立的民事主体之间的法律关系。①

关于个人董事与公司之间居于何种关系,英美法系和大陆法系之间存在不同的观点。在英美法系中,早期的理论认为个人董事与公司之间的关系属于信托关系,自19世纪以来代理关系说居于主导地位,但当代的公司法理论中较有代表性的观点认为两者之间属于信义关系(fiduciary relationship),董事基于受信人的地位而对公司享有权利并负有信义义务(fiduciary duty);②而在大陆法系中,个人董事与公司之间的关系属于民法上的委任关系,除公司法另有规定外,两者之间适用民法有关委任的规定。③ 我国《公司法》未规定个人董事与公司之间居于何种关系,学者之间存在着代理说、委任说等不同观点,有的学者认为,中国的代理制度和公司与董事关系的实态相去甚远,因此委任关系更能表达公司与董事关系的性质。④ 本书亦采此说。

2. 董事的任职资格

董事的任职资格可分为积极资格和消极资格。我国《公司法》未对董事积极资格作出规定,因此担任有限责任公司的董事,没有股东身份、国籍、住所等条件的要求。关于董事的消极资格,《公司法》第147条规定,凡有下列情形之一的,不得担任有限责任公司的董事:(1)无民事行为能力或者限制行为能力;(2)因犯有贪污、贿赂、侵占财产、挪用财产罪或者破坏社会经济秩序罪,被判处刑罚,执行期满未逾

① 柯芳枝:《公司法论》,三民书局1997年版,第293页。

② 张开平:《英美董事法律制度研究》,法律出版社1998年版,第43～55页。

③ 如《日本公司法》第330条规定,董事与公司的关系从有关委任的规定。

④ 王保树、崔勤之:《中国公司法原理》,社会科学文献出版社2000年版,第206～207页。

5 年，或者因犯罪被剥夺政治权利，执行期满未逾 5 年；(3)担任破产清算的公司、企业的董事或者厂长、经理，并对该公司、企业的破产负有个人责任的，自公司、企业破产清算完结之日起未逾 3 年；(4)担任因违法被吊销营业执照、责令关闭的公司、企业的法定代表人，并负有个人责任的，自该公司、企业被吊销营业执照之日起未逾 3 年；(5)个人所负数额较大的债务到期未清偿。如果有限责任公司违反上述规定选举董事的，该选举无效。此外，如果董事在任职期间出现以上情形的，公司也应当解除其职务。

3. 董事的选任和退任

董事、执行董事一般由股东会选任。在两个以上的国有企业或其他两个以上的国有投资主体投资设立的有限责任公司中，董事会成员中应当有公司职工代表，即由公司职工代表出任的董事；其他有限责任公司董事会成员中可以有公司职工代表。董事会中的职工代表由公司职工通过职工代表大会、职工大会或者其他形式民主选举产生(《公司法》第 45 条)。

董事退任通常有以下原因：(1)任期届满。董事任期由公司章程规定，但每届任期不得超过 3 年。但董事任期届满后，可连选连任(《公司法》第 46 条第 1 款)；(2)股东会决议解任。股东会在何种情况下可解除董事的职务，我国《公司法》未作规定，有关此方面的事项应当在公司章程中加以规定。① 一般而言，董事在其任职期间内不应被无故解除职务，如董事违反法律法规或公司章程，或者在执行职务时有其他不正当行为而确需解除的，也应当依法定程序解除。此外，董事任期届满未及时改选，或者董事在任期内辞职导致董事会成员低于法定人数的，在改选的董事就任前，原董事仍应当依照法律、行政法规和公司章程的规定，履行董事职务(《公司法》第 46 条第 2 款)，以保持公司经营管理的稳定性和持续性。实践中，解除董事职务的原因通常是该董事执行职务时存在不正当的行为或者违反法律法规或公司章程的规定；(3)自行辞职。董事自行辞职可不经股东会批准；(4)其他情形。如董事死亡或丧失行为能力、公司解散等。

在我国，根据《公司登记管理条例》的规定，公司董事的选任和退任实行向公司登记机关备案的制度。公司设立登记时，须提交载明公司董事姓名、住所的文件以及有关委派、选举或者聘用的证明(《公司法》第 20 条)。公司董事发生变动的，也应当向原公司登记机关备案(《公司法》第 38 条)。②

4. 董事的权利、义务与责任

如前所述，董事(机关董事的担当人)与公司之间为委任关系。据此，董事对公

① 由公司职工代表出任的董事是否也由股东会解任，《公司法》未作规定。笔者认为，此类董事应当由其选任者解任。

② 根据《公司登记管理条例》规定，公司监事、经理的选任和退任也实行在公司登记机关备案的制度。

司享有一定权利并承担相应义务。董事作为公司的受任人，应当享有下列权利：(1)报酬请求权。董事的报酬由股东会决议确定；(2)代表公司权。在我国，《公司法》采法定单独代表制，即公司的代表人只能由董事长、执行董事或经理根据公司章程的规定担任，对外代表公司。除此以外的其他董事和高级管理人员不得对外代表公司；(3)通过董事会而享有的权利。有限责任公司董事会的职权由《公司法》和公司章程规定，董事透过董事会职权相应享有相关权利；(4)出席董事会的权利；(5)表决权。后两项权利是董事通过董事会职权行使其权利的保证。

关于董事的义务，根据《公司法》的相关规定，可归纳为如下几类：(1)应当遵守法律、行政法规和公司章程，对公司负有忠实义务和勤勉义务；[①]不得利用职权收受贿赂或者其他非法收入，不得侵占公司的财产(《公司法》第 148 条)；(2)不得挪用公司资金；不得将公司资产以其个人名义或者以其他个人名义开立账户存储；不得违反公司章程的规定，未经股东会或者董事会同意，将公司资金借贷给他人或者以公司财产为他人债务提供担保；不得违反公司章程的规定或者未经股东会同意，与本公司订立合同或者进行交易；[②]不得未经股东会同意，利用职务便利为自己或者他人谋取属于公司的商业机会，自营或者为他人经营与所任职公司同类的业务；[③]不得接受他人与公司交易的佣金归为己有；不得擅自披露公司秘密；不得有违反公司忠实义务的其他行为(《公司法》第 149 条第 1 款)。(3)不得利用关联关系损害公司利益(《公司法》第 21 条)。如果董事违反以上义务所得的收入应当归公司所有(《公司法》第 149 条第 2 款)。[④] 如果股东会要求董事列席会议的，董事

---

① 这是董事基于公司的受托人的法律地位应当对公司负有的善良管理人义务。即董事在执行业务时，应当忠实于公司，根据业务的性质，以勤勉、谨慎的方法处理事务，尽到一般谨慎之人在相同情形下所应有的注意。在学说上，存在认为董事忠实义务为董事善良管理人义务的一种形态的观点，但多数学者主张两者有别。忠实义务的旨趣在于要求董事在执行公司业务时须以公司的最佳利益为重，其自身利益与公司利益相冲突时，不得将自身利益置于公司利益之上；而勤勉、注意义务的旨趣在于要求董事为公司利益而勤勉、谨慎地处理事务。此外，在适用上，忠实义务对所有董事均等适用，而勤勉、注意义务则应当根据各个董事所执行的具体业务的不同而要求不同的注意程度。英美法系中，董事对公司的义务也可分为忠实义务和注意义务。参见梁宇贤：《公司法论》，三民书局 1983 年版，第 369～370 页；另见张开平：《英美公司董事法律制度研究》，法律出版社 1998 年版，第 149 页、第 237 页。

② 此项义务通常称为自我交易限制义务，指特定地位的人不得为自己或者为他人与其所服务的公司进行交易。法律设置此项义务的目的在于防止该人为牟取私利而牺牲公司的利益。

③ 此项义务通常称为竞业禁止义务。竞业禁止，指特定地位的人不得实施与其所服务公司的营业有竞争性质的行为。法律设置此项义务的目的在于防止该人为牟取私利而损害公司利益。《公司法》将其范围限制为"与任职公司同类的营业"，即与任职公司的营业范围、目的宗旨属相同类别，同时未规定此项义务可经董事会、监事会或者股东会的决议而豁免。

④ 公司享有的此项权利称为归入权，属于形成权，可经一定的除斥期间而消灭。参见柯芳枝：《公司法论》，三民书局 1997 年版，第 314～315 页。我国《公司法》未规定该权利由公司何种机关行使，也未规定该权利的行使期限。

应当列席并接受股东的质询(《公司法》第 151 条第 1 款)。此外,董事还应当如实向监事会或者不设监事会的有限责任公司的监事通报有关情况和资料,不得妨碍监事会或者监事行使职权(《公司法》第 151 条第 2 款)。

董事违反其所负义务,应当承担相应的法律责任。如果董事执行公司职务时违反法律、行政法规或者公司章程的规定,给公司造成损害,应当承担赔偿责任(《公司法》第 150 条)。如果董事对公司负有责任而又拒不承担时,公司可对董事提起追究其责任的诉讼。在此情形下,通常由公司股东会作出对董事提起追究其责任的诉讼的决议,在作出此项决议时,具有利害关系的股东不得行使其表决权或者代理其他股东行使表决权。在起诉时,由公司的监事或者股东会确定的其他人选代表公司。持有公司一定比例股权的少数股东也可请求公司对董事提起诉讼。如果公司怠于对董事起诉,公司股东可为公司对董事提起此项诉讼。此种由公司股东直接为公司利益对董事提起的诉讼,称为股东代表诉讼。由于股东的此项诉权自公司的诉权派生而来,故此类诉讼又可称为派生诉讼、传来诉讼(derivative suits)。[①] 根据《公司法》第 152 条的规定,董事执行公司业务违反法律、行政法规或者公司章程,给公司造成损失的,有限责任公司股东可以书面请求监事会或者不设监事会的有限责任公司的监事向人民法院起诉。如果监事会或者不设监事会的有限责任公司的监事收到股东的书面请求后拒绝提起诉讼,或者自收到请求之日起 30 日内未提起诉讼,或者情况危急、不立即起诉将使公司利益受到难以弥补的损害的,股东有权为了公司的利益以自己名义直接向人民法院提起诉讼。

如果董事违反法律、行政法规或公司章程的规定,损害股东利益的,应当承担赔偿责任。《公司法》规定在此情形下,股东可以向人民法院起诉。[②] 至于董事在执行公司业务而致使股东以外的其他人受到损害时,依照我国《民法通则》第 43 条规定,公司应当对受害人承担损害赔偿责任。[③] 至于董事本人是否应当对受害人承担责任,《民法通则》未作规定,《公司法》亦未作规定。对此问题,传统公司法理论认为,董事作为公司的机关而执行业务的行为属于公司本身的行为,如果该行为造成他人损害,应当由公司承担责任,董事本身对此不承担责任。然而,随着董事滥用职权及其随意损害他人特别是公司债权人利益的现象不断发生,为保护受害人利益,无论是大陆法系国家还是英美法系国家,均开始转变董事责任的观念,要

① 柯芳枝:《公司法论》,三民书局 1997 年版,第 322～327 页。

② 此项诉讼直接因损害股东利益而被提起,故称为股东直接诉讼。

③ 《民法通则》第 43 条规定,企业法人对它的法定代表人和其他工作人员的经营活动承担民事责任。该条通常被理解为是有关企业法人民事责任能力的规定。

求董事对受害人直接承担责任。[①] 我们认为，从我国《公司法》的立法宗旨出发，结合有关其他国家和地区的法律实践，今后也应当在修订《公司法》时增订董事对第三人承担责任的规定。

（二）董事会

1. 董事会地位和性质

董事会是有限责任公司依法设立的由全体董事集体进行经营决策和业务执行的机关，全面负责公司业务的经营管理活动。董事会是有限责任公司的必设机关，也是公司的常设机关。

2. 董事会的组成

有限责任公司的董事会由 3 至 13 名董事构成，设董事长 1 人，可以设副董事长，董事长、副董事长的产生办法由公司章程规定（《公司法》第 45 条）。副董事长的具体人数由章程规定，通常为 1 至 2 人。根据公司章程规定，董事长可以是公司的法定代表人（《公司法》第 13 条）。换言之，董事长可以根据公司章程的规定享有代表公司的权利，董事长担任法定代表人时，董事长以外的其他自然人如代表公司则须经公司委托授权。我国《公司法》未明确有限责任公司董事长的职权，除依照公司章程规定行使公司代表权外，有关董事长的其他职权也应当在公司章程中加以规定。

3. 董事会的职权

《公司法》第 47 条规定，董事会对股东会负责，行使下列职权：(1)负责召集股东会，并向股东会报告工作；(2)执行股东会决议；(3)决定公司的经营计划和投资方案；(4)制订公司的年度财务预算方案、决算方案；(5)制订公司的利润分配方案和弥补亏损方案；(6)制订公司增加或减少注册资本的方案；(7)拟订公司合并、分立、变更公司形式、解散的方案；(8)决定公司内部管理机构的设置；(9)决定聘任或解聘公司经理（总经理）及其报酬事项，并根据经理的提名，聘任或解聘公司副经

---

① 例如《日本公司法》第 429 条、第 430 条规定，董事执行其职务有恶意或者重大过失时，对第三人也负连带损害赔偿责任；《德国股份法》第 93 条第 2 款规定，违背其义务的董事会成员，作为连带债务人对公司负有赔偿由此而发生的损害的义务；《有限责任公司法》第 43 条第 2 款规定，董事违背其职责的，对于所发生的损害，其向公司负连带责任。参见杜景林、卢谌译：《德国股份法、德国有限责任公司法、德国公司改组法、德国参与决定法》，中国政法大学出版社 2000 年版，第 42 页、第 193 页；《韩国商法》第 401 条第 1 款规定及第 567 条规定，股份公司及有限公司的董事因恶意或者重大过失怠于履行其任务时，该董事应当对第三者承担连带赔偿责任。参见[韩]李哲松：《韩国公司法》，吴日焕译，中国政法大学出版社 2000 年版，第 493 页，第 755 页。我国台湾地区《公司法》第 23 条规定，公司负责人对于公司业务的执行，如有违反法令致他人受有损害时，对他人应与公司负连带赔偿之责。参见柯芳枝：《公司法论》，三民书局 1997 年版，第 328 页。有关英美法系国家董事对第三人承担责任的法律实践，详见张民安：《现代英美董事法律地位研究》，法律出版社 2000 年版，第 228～231 页，第 238～242 页。

理、财务负责人及其报酬事项；(10)制定公司的基本管理制度；(11)公司章程规定的其他职权。

4. 董事会会议的召集、议事方式和表决

董事会会议由董事长召集和主持；董事长不能履行职务或者不履行职务的，由副董事长或其他董事召集和主持；副董事长不能履行职务或者不履行职务的，由半数以上董事共同推举一名董事召集和主持(《公司法》第 48 条)。

董事会决议的表决，实行一人一票(《公司法》第 49 条第 3 款)，董事会应当对所议事项的决定作成会议记录，出席会议的董事应当在会议记录上签名(《公司法》第 49 条第 2 款)。《公司法》对董事会的议事方式和表决程序中未作规定的事项，由公司章程加以规定(《公司法》第 49 条第 1 款)。即由有限责任公司根据其自身的情况自行确定。实践中，董事会会议一般有例会和特别会议之分；决议的事项根据其重要程度不同，分为特别决议和普通决议，分别要求不同程度的多数赞成票。此外，有关董事是否可以提议召开董事会会议，召开董事会会议的通知应当何时发出(例如会议召开 10 日以前通知全体董事)以及发出通知的方式，应当由公司章程规定。而且，每次董事会会议开会的时间、地点及待讨论的事项等内容，也应当在通知中说明，以便各董事作好出席会议的准备。通常情况下，董事应当亲自出席董事会会议，如因故确实无法出席会议，考虑到公司经营决策的非公开性，应当书面委托其他董事代为出席会议，委托书中应当载明其委托授权范围。此外，如果有关决议事项与董事有利害关系，该董事应当不得参加表决，也不得代理其他董事进行表决。

根据我国《公司法》第 22 条的规定，如果有限责任公司董事会的决议内容违反法律、行政法规，该项决议无效。如果有限责任公司董事会会议的召集程序、表决方法违反法律、行政法规或公司章程，或者决议内容违反公司章程，股东可以自决议作出之日起 60 日内请求人民法院撤销。如果有限责任公司根据董事会决议已经办理变更登记的，人民法院宣告该决议无效或者撤销该决议后，公司应当向公司登记机关申请撤销变更登记。

《公司法》未规定有限责任公司董事对董事会的决议如何承担责任。笔者认为，董事会的决议违反法律法规或公司章程，致使公司遭受损失的，参与决议的董事除在表决时明确表示反对并记载于会议记录的外，应当对公司负赔偿责任。

(三)经理

有限责任公司可以设经理一职，由董事会聘任和解聘。经理对董事会负责，列席董事会会议，依法行使下列职权：(1)主持公司的生产经营管理工作，组织实施董事会决议；(2)组织实施公司年度经营计划和投资方案；(3)拟订公司内部管理机构设置方案；(4)拟订公司的基本管理制度；(5)制定公司的具体规章；(6)提请聘任或解聘公司副经理、财务负责人；(7)聘任或解聘除应由董事会聘任或解聘以外的负

责管理的人员；(8)董事会授予的其他职权。公司章程对经理职权另有规定的，从其规定(《公司法》第50条)。

由此可见，经理并非有限责任公司的必设机关，而是依公司章程设立机关，属于董事会的业务执行辅助机关，负责有限责任公司日常经营管理工作，因此是公司的常设机关。在公司的对外活动中，经理应当享有以公司的名义进行其职权范围内活动的权利。我国《公司法》规定，如果公司章程作出特别规定，经理也可以担任公司的法定代表人(《公司法》第13条)。

有限责任公司的经理由自然人担任，其任职资格适用有关董事任职资格的规定，公司的董事可兼任经理。担任经理职务的自然人与有限责任公司之间也属于委任关系，在执行其职务过程中对公司负有义务、承担责任，这与董事相同，包括：应当对公司负忠实义务和勤勉义务；应当如实向监事会或者不设监事会的有限责任公司的监事通报有关情况和资料，不得妨碍监事会或者监事行使职权；负有应股东会要求列席股东会并接受股东质询的义务。如果经理在执行职务时违反法律、法规或公司章程的规定，给公司造成损害时，也应当对公司承担赔偿责任，在执行其职务时给股东或者其他人造成损害的，也应当负赔偿责任。相应地，股东可以对其提起派生诉讼或者直接诉讼(《公司法》第152条、第153条)。

三、有限责任公司监事和监事会

(一)监事

监事是为了防止董事、经理、高级管理人员滥用职权，损害公司及股东的利益，而于公司内部设立的专门监督机关的组成人员。监事须是公司的股东代表或者公司的职工代表。其任职的消极资格与董事相同，且不得由公司的董事、经理、财务负责人以及其他高级管理人员兼任，以保证监事会工作的独立性，有效行使监督职权。股东代表出任的监事由股东会选任和解任；职工代表出任的监事由公司职工通过职工代表大会、职工大会或者其他形式民主选举产生。[①] 监事的任期每届为3年，但监事任期届满可连选连任(《公司法》第53条第1款)。监事任期届满未及时改选，或者监事在任期内辞职导致监事会成员低于法定人数的，在改选出的监事就任前，原监事仍应当依照法律、行政法规和公司章程的规定，履行监事职务(《公司法》第53条第2款)。一般而言，监事在其任职期间内不应被无故解除职务，如监事违反法律法规或公司章程，或者在执行职务时有其他不正当行为而确需解除的，也应当依法定程序解除。

---

① 《公司法》未规定职工代表出任的监事由谁解任。笔者认为，他们也应当由其选任者解任。

担任监事的自然人与董事相同，与公司之间也处于委任关系，也应当对公司负有忠实义务和勤勉义务，并对其违反法律、行政法规或者公司章程的规定而致公司的损害承担赔偿责任，股东可以对其提起派生诉讼（《公司法》第 152 条）。另外，监事也负有应股东会要求列席股东会并接受股东质询的义务，并对执行职务过程中给他人造成的损害承担赔偿责任。

（二）监事会

监事会是有限责任公司内部设置的专门监督机构。大陆法系国家的有限责任公司普遍设立监事会，作为专门的监督机构，对公司的经营活动及董事、经理的职务行为进行监督。

监事会是我国有限责任公司的必设机关和常设机关，其成员不得少于 3 人，分别由股东代表以及适当比例的公司职工代表组成，其中职工代表的比例不得低于 1/3，具体比例由公司章程规定。但是，如有限责任公司股东人数较少和规模较小，可不设置监事会而仅设 1 至 2 名监事（《公司法》第 52 条）。监事会设主席 1 人，由全体监事过半数选举产生。监事会主席召集和主持监事会会议。监事会主席不能履行职务或者不履行职务的，由半数以上监事共同推举一名监事召集和主持监事会会议（《公司法》第 52 条）。

监事会每年度至少召开一次会议，监事可以提议召开临时监事会会议。监事会决议应当经半数以上监事通过。监事会的议事方式和表决程序除《公司法》另有规定外，由公司章程规定。监事会应当对所议事项的决定作成会议记录，出席会议的监事应当在会议记录上签名（《公司法》第 56 条）。此外，监事会、不设监事会的公司的监事行使职权所必需的费用，由公司承担（《公司法》第 57 条）。

《公司法》第 54 条规定，监事会或监事依法行使下列职权：(1)检查公司财务；(2)对董事、经理执行公司职务时违反法律、法规或公司章程的行为进行监督，对违反法律、行政法规、公司章程或者股东会决议的董事、高级管理人员提出罢免的建议；(3)当董事、高级管理人员的行为损害公司的利益时，要求董事、高级管理人员予以纠正；(4)提议召开临时股东会，在董事会不履行《公司法》规定的召集和主持股东会会议职责时召集和主持股东会会议；(5)向股东会会议提出议案；(6)根据《公司法》的相关规定对董事、高级管理人员提起诉讼；(7)公司章程规定的其他职权。

此外，根据《公司法》第 55 条的规定，监事列席董事会会议，并对董事会决议事项提出质询或者建议。监事会、不设监事会的公司的监事发现公司经营情况异常，可以进行检查；必要时，可以聘请会计师事务所等协助其工作，费用由公司承担。

显然，我国《公司法》关于监事会和监事以上职权的规定，使得监事会和监事的监督措施具有了强有力的法律保障，可以对董事、经理进行有效的监督。

第四节 国有独资公司

一、国有独资公司的概念和特征

国有独资公司是我国《公司法》中规定的一种特殊形态的有限责任公司，是指国家单独出资、由国务院或者地方人民政府授权本级人民政府国有资产监督管理机构履行出资人职责的有限责任公司(《公司法》第 65 条)。与其他的有限责任公司相比，国有独资公司具有以下法律特征：

1. 股东的单一性。在我国，国有独资公司的投资主体为国家，公司成立后其股东仅一人。因此国有独资公司属于一人有限责任公司的范畴，其在组织机构的设置和管理权的分配方面均与一般的有限责任公司不同。

2. 履行投资人职责的主体的独特性。国有独资公司的投资主体是国家，但是履行出资人职责的是国务院或者地方人民政府授权的本级人民政府国有资产监督管理机构。这包括两方面的含义：一是国有独资公司中履行投资主体职责的主体必须是国有资产监督管理机构；二是该国有资产监督管理机构须经国务院或者本级人民政府的授权。因此非国有资产监督管理机构不能履行国有独资公司出资人的职责，即使是国有资产监督管理机构，如未取得国务院或者本级人民政府的授权，也不能履行国有独资公司出资人的职责。

3. 适用范围的特定性。通常，国有独资公司仅适用于生产特殊产品的公司或属于特定行业的公司。一般是关系到国家安全或国计民生的国有企业，才采用国有独资公司形式。

二、国有独资公司的设立

国有独资公司设立的条件与程序和其他有限责任公司基本相同。但基于其投资主体的单一性和履行投资人职责的主体的独特性，其设立也有自己的特殊之处，主要体现在以下两个方面：

1. 投资主体的单一性。国有独资公司的设立由国家单独出资设立。此外，在《公司法》实施以前已设立的投资主体单一的国有企业，在符合有限责任公司设立条件的，可改建为国有独资公司。

2. 公司章程由国有资产监督管理机构或董事会制定(《公司法》第 66 条)。一般的有限责任公司的公司章程由全体股东共同制定。国有独资公司的章程有两种产生办法：一是由国有资产监督管理机构依照《公司法》制定；二是由董事会制订，报国有资产监督管理机构批准。

三、国有独资公司的组织机构

(一)国有独资公司的权力机构

国有独资公司仅有一个股东,因此无须设立股东会。国有资产监督管理机构构成了公司的实际权力机构,其行使如下职权:(1)决定公司的合并、分立、解散、增减资本和发行公司债券。如果按照国务院的规定属于重要的国有独资公司,其合并、分立、解散和申请破产事项,应当由国有资产监督管理机构审核后,报本级人民政府批准;(2)委派董事会中的非职工董事,从董事会成员中指定董事长和副董事长;(3)委派监事会的非职工监事,从监事会成员中指定监事会主席;(4)制定、修改公司章程或批准由董事会制定、修改的公司章程;(5)授权董事会行使有限责任公司股东会的部分职权(《公司法》第 67 条)。

(二)国有独资公司的执行机构

国有独资公司设董事会,执行公司业务。董事会成员部分由国有资产监督管理机构按照董事会的任期委派,部分由公司职工代表出任,由公司职工代表大会选举产生。董事会设董事长 1 人,根据需要,公司可设副董事长。董事每届任期不得超过 3 年。董事长和副董事长,均由国有资产监督管理机构从董事会成员中指定(《公司法》第 68 条)。与其他有限责任公司不同,国有独资公司的董事会除行使属于有限责任公司董事会应有的职权外,还可基于国有资产监督管理机构的授权,行使部分属于有限责任公司股东会的职权,决定公司的重大事项。

《公司法》规定,国有独资公司设经理,经理由董事会聘任或解聘(《公司法》第 69 条)。因此,经理是国有独资公司的必设机关,具体负责公司的日常经营管理工作,作为董事会执行公司业务的辅助机构,与其他有限责任公司的经理行使相同的职权。经国有资产监督管理机构同意,董事会成员可兼任经理(《公司法》第 69 条)。董事长、副董事长、董事和高级管理人员,未经国有资产监督管理机构同意,不得在其他有限责任公司、股份有限公司或其他经济组织兼职(《公司法》第 70 条)。

(三)国有独资公司的监督机构

国有独资公司设监事会,作为专门的监督机构。监事会成员不得少于 5 人,其中职工代表的比例不得低于 1/3,具体比例由公司章程规定。监事会成员部分由国有资产监督管理机构委派,部分由职工代表担任,由公司职工代表大会选举产生,但公司的董事、经理及财务负责人等高级管理人员不得兼任监事。

监事列席董事会会议，监事会行使如下职权：(1)检查公司财务；(2)对董事、高级管理人员执行公司职务的行为进行监督，对违反法律、行政法规、公司章程或者国有资产监督管理机构决定的董事、高级管理人员提出罢免的建议；(3)当董事、高级管理人员的行为损害公司的利益时，要求董事、高级管理人员予以纠正；(4)国务院规定的其他职权(《公司法》第71条第3款)。①

第五节　有限责任公司的股权转让

一、有限责任公司股权的表现形式

(一)出资证明书

有限责任公司股东的出资证明书是证明股东出资额及其权利的证书。许多国家的公司法称之为股单。《公司法》规定，有限责任公司成立后，应当向股东签发经由公司盖章的出资证明书。出资证明书应当载明下列事项：(1)公司名称；(2)公司成立日期；(3)公司注册资本；(4)股东的姓名或名称、缴纳的出资额和出资日期；(5)出资证明书的编号和核发日期。出资证明书中的股东姓名应当为股东本名，股权为数人共同所有时应当记载各共有人的本名。出资证明书中的股东名称应当为该单位股东自身的名称，不得另立户名或者仅记载法定代表人或者负责人的姓名。

在性质上，出资证明书是证明文书还是有价证券，存在着不同的见解，通说认为属于证明文书。因此，出资证明书不同于股份公司的股票，在证券市场上不能流通和转让。作为一种证明文书，出资证明书具有以下性质：(1)证明出资的凭证。即出资证明书可以证明出资的主体、出资的数额、出资的日期以及出资在公司注册资本中的比例；(2)表彰股权的证明书。股东股权自公司成立时产生，而出资证明书是公司成立后签发，因此出资证明书并非设权证书，而是证权证书。如果股东进行股权转让，在股东依法转让其股权后，公司应当注销原股东的出资证明书，向新股东签发出资证明书(《公司法》第74条)；(3)要式证书。即出资证明书的制作，必

---

① 根据2000年3月国务院发布实施的《国有企业监事会暂行条例》的规定，国有企业监事会享有下列职权：(1)检查企业贯彻有关法律、行政法规和规章制度的情况；(2)检查企业财务；(3)检查企业的经营效益、利润分配、国有资产保值增值、资产营运等情况；(4)检查企业负责人的经营行为，并对其经营管理业绩进行评价，提出奖惩、任免建议。此外，为工作需要可以聘请必要的工作人员，经国务院监事会管理机构同意，聘请注册会计师事务所对企业进行审计。2000年3月国务院发布实施的《国有重点金融机构监事会暂行条例》对国有重点金融机构监事会的职权，作出与上述规定基本相同的规定。

须符合《公司法》的规定。例如记载法定事项、加盖公司印章等。

(二)股东名册

有限责任公司的股东名册是记载有限责任公司股东及其出资有关事项的名册,其记载事项由法律加以规定。根据我国《公司法》第33条第1款的规定,有限责任公司的股东名册记载下列事项:(1)股东的姓名或名称及住所;(2)股东的出资额;(3)出资证明书编号。此外,公司应当将股东的姓名或名称及其出资额向公司登记机关登记。未经登记的,不得对抗第三人(《公司法》第33条第2款)。

有限责任公司的股东名册是有限责任公司的法定必备账册,有限责任公司应当制备。该股东名册具有如下效力:(1)确定股东的依据。如无相反证据,记载于公司名册之上的人均应为公司的股东。记载于股东名册的股东,可以依股东名册主张行使股东权利(第33条第2款);(2)公司对股东发出通知的依据。公司向股东发出通知,仅以股东名册记载的股东及其住所为根据,如因此股东没有收到通知,公司并不承担未送达通知的责任;(3)确认转让股权的效力。股东依法转让其股权后,公司应当修改公司章程和股东名册中有关股东及其出资额的记载。

二、有限责任公司股权的自愿转让

如前所述,有限责任公司人数较少,且股东之间关系密切,彼此间相互信赖,具有较强的人合性。基于对股东之间信赖关系的维护,有限责任公司股权转让并不实行完全自由原则,《公司法》对于股东自愿转让股权有一定的限制条件。《公司法》未统一规定有限责任公司股权转让的条件,而是根据不同的情况作出了不同的规定。

对于有限责任公司股东之间转让股权,《公司法》未作任何限制。有限责任公司股东之间可以相互转让其全部或者部分股权(《公司法》第72条第1款)。转让双方就此达成意思表示一致时,转让即发生法律效力。

如果是股东向本公司股东以外的人转让其全部或者一部分股权时,须取得其他股东过半数同意。股东应当就其股权转让事项书面通知其他股东征求同意,其他股东自接到书面通知之日起满30日未答复的,视为同意转让。此项书面通知应当包括股权转让数量、转让条件、受让人姓名或者名称等有关股权转让的详细情况,以便其他股东在考虑是否同意转让时获取充分的信息以便做出合理的判断。其他股东过半数以上不同意转让的,不同意的股东应当购买该转让的股权,不购买的,视为同意转让(《公司法》第72条第2款)。这意味着此时购买股权的股东仅限于对转让表示异议的股东,不包括未作答复的股东,而购买条件如何,《公司法》未作规定。

而另一方面,经股东同意转让的股权,在同等条件下,其他股东有优先购买权。

两个以上股东主张行使优先购买权的，协商确定各自的购买比例。如果协商不成，则应当按照转让时各自的出资比例行使优先购买权(《公司法》第72条第3款)。值得注意的是，此处的股东优先购买权存在的前提是其他股东已过半数同意转让，包括股东收到转让通知后未在法定期限内作答复以及异议股东不购买而视为同意转让的情形，如果没有该前提，此项权利也不存在。此外，享有此项权利的股东也没有资格限制，既可以是对转让做出同意的股东，也可以是对转让不作表示或者表示不同意的股东。而主张优先购买权的条件，则与将股权转让给股东以外的人的条件有所差异。

需指出的是，对于上述的股权转让事项，公司章程另有规定的，应当遵守(《公司法》第72条第4款)。这意味着，关于股权转让的条件以及有关股东优先购买权的事宜，公司章程可以作出与上述规定不同的安排。至于公司章程能否据此禁止股东向他人转让股权，《公司法》尚未明确。解释上，股东向他人转让股权退出公司，是股东从事投资活动的一项基本自由，因此，章程不能禁止股东转让股权。

三、有限责任公司股权的非自愿转让

(一)有限责任公司股权的强制转让

对于股权的强制转让，即股东依照法律规定的强制执行程序而转让股权，《公司法》规定强制执行人负有通知义务，即应当将强制转让股权的事项通知公司及全体股东。例如，人民法院依照法律规定的强制执行程序执行股东的股权时，应当作此项通知。在此情形下，其他股东享有在同等条件下的优先购买权。但是该优先购买权的行使有一定的时间限制，即其他股东如果自强制执行人通知之日起满20日不行使该项权利，视为放弃该项权利(《公司法》第73条)。

(二)有限责任公司股权的继承

有限责任公司中的自然人股东死亡后，其持有的股权具有财产价值，依照我国《继承法》的规定，该股权可以由合法继承人继承。相应地，该合法继承人也因为继承而成为公司新的股东，但是，公司章程另有规定的除外(《公司法》第76条)。因此，有限责任公司可以在章程中限制自然人股东的合法继承人成为公司股东，在此情形下，章程中应当相应地规定自然人股东死亡后其股权处理办法。例如，允许其他股东购买其股权，或者由公司收购其股权。

四、有限责任公司股权转让的登记

有限责任公司股权转让后，公司应当将股权变动情况以及股东变动情况及时进行记载和登记。对于出让股东，公司应当注销出让股东持有的原出资证明书，就其剩余的出资重新向其签发新的出资证明书；对于受让股权的公司其他股东，公司也应当注销其原有的出资证明书，向其签发新的出资证明书；对于因受让股权而成为公司新股东的受让人，公司应当向其签发出资证明书（《公司法》第 74 条）。同时，公司应当相应地修改公司章程和股东名册中有关股东及其出资额的记载，并应当向公司登记机关办理变更登记。对公司章程的该项修改不需再由股东会表决（《公司法》第 74 条）。此项登记具有对抗效力，未经变更登记的，因为股权转让而发生的股权变动及股东变动不得对抗第三人（《公司法》第 33 条第 2 款）。

五、反对股东的股权收购请求权

有限责任公司股东的股权收购请求权，是指股东在法定情形下享有请求公司按照合理的价格收购其股权的权利。《公司法》赋予股东此项权利，目的在于保护股东的投资利益，让股东有机会收回投资、退出公司。该项权利属于股东享有的法定权利，公司不能以章程加以剥夺。此外，该项权利一经股东单方面行使，无需公司作出承诺，便在股东与公司之间产生成立股权收购协议的法律后果。因此，该项权利在性质上应当属于形成权。

根据《公司法》第 75 条第 1 款的规定，有限责任公司有下列情形之一的，对股东会该项决议投反对票的股东（以下简称反对股东），可以请求公司按照合理的价格收购其股权：(1)公司连续 5 年不向股东分配利润，而公司该 5 年连续盈利且符合《公司法》规定的利润分配条件；(2)公司合并、分立、转让主要财产；(3)公司章程规定的营业期限届满或者章程规定的其他解散事由出现，股东会会议通过决议修改章程使公司存续。需要指出的是，股东会在就以上事项做出决议时，对决议投弃权票的股东，不能享有股权收购请求权。此外，对于以上事项进行表决时，应当采取记名表决方式，以便于查明股东的投票情况。

自股东会会议通过上述事项的决议后，反对股东便自动获得股权收购请求权。如果反对股东向公司提出收购其股权的请求，则无需公司承诺，公司便负有收购反对股东所持有的全部股权的义务。但是，公司收购的股权应当以反对股东在公司股东会作出上述决议时持有且请求公司收购时仍然持有的股权为限，反对股东于股东会作出上述决议后取得的股权不能请求公司收购。此外，公司应当与反对股东协商，就收购价格以及价款的支付方式和时间等事项达成协议。如果自股东会会议决议通过之日起 60 日内，反对股东与公司不能达成股权收购协议，反对股东可以自股东会会议决议通过之日起 90 日内向人民法院起诉，由人民法院判定（《公司法》第 75 条第 2 款）。

公司收购反对股东的股权后，对于收购的股权应当如何处理，《公司法》未作规定。对此，2005 年修订后的《公司注册资本登记管理规定》第 16 条规定，有限责任

公司依据《公司法》第 75 条的规定收购其股东的股权的，应当依法申请减少注册资本及相应的实收资本的变更登记。据此规定，目前我国尚不允许有限责任公司在收购反对股东股权后在一定期限内持有该股权或将其转让给其他股东或公司股东以外的第三人，因此，其他股东或第三人如欲购买该股权，应当于反对股东提出请求公司收购时及时与其达成购买协议。但这种限制既无助于股东和债权人的保护，亦不利于鼓励投资。立法应当作出更加灵活的规定，允许公司转售此类股份。

股权收购请求权在何种情形下失效，《公司法》也未作规定。解释上，公司如果在股东会会议通过上述事项决议后又撤销该决议，由于反对股东反对的事项不复存在，此时反对股东应当丧失股权收购请求权。此外，如果反对股东有下列情形之一的，也应当视为放弃权利，从而丧失股权收购请求权：(1)自股东会会议决议通过之日起 60 日内未向公司提出股权收购请求；或者(2)自股东会会议决议通过之日起 60 日内与公司不能达成股权收购协议后，未能自股东会会议决议通过之日起 90 日内向人民法院起诉。

司法考试真题链接

1. 甲、乙、丙三人共同设立云台有限责任公司，出资比例分别为 70%、25%、5%。自 2005 年开始，公司的生产经营状况严重恶化，股东之间互不配合，不能作出任何有效决议，甲提议通过股权转让摆脱困境被其他股东拒绝。下列哪一选项是正确的？(2008 年司法考试真题)

A. 只有控股股东甲可以向法院请求解散公司

B. 只有甲、乙可以向法院请求解散公司

C. 甲、乙、丙中任何一人都可向法院请求解散公司

D. 不应解散公司，而应通过收购股权等方式解决问题

2. 周某向钱某转让其持有的某有限责任公司的全部股权，并签署了股权转让协议。关于该股权转让和股东的认定问题，下列哪些选项是正确的？(2008 年司法考试真题)

A. 在公司登记机关办理股权变更登记前股东仍然是周某

B. 在出资证明书移交给钱某后，钱某即成为公司股东

C. 在公司变更股东名册后，钱某即成为公司股东

D. 在公司登记机关办理股权登记后该股权转让取得对抗效力

3. 刘某是甲有限责任公司的董事长兼总经理。任职期间，多次利用职务之便，指示公司会计将资金借贷给一家主要由刘某的儿子投资设立的乙公司。对此，持有公司股权 0.5% 的股东认为甲公司应该起诉乙公司还款，但公司不可能起诉，王某便自行直接向法院对乙公司提起股东代表诉讼。下列哪些选项是正确的？

(2008年司法考试真题)

A. 王某持有公司股权不足1%,不具有提起股东代表诉讼的资格

B. 王某不能直接提起诉讼,必须先向董事会或监事会提出请求

C. 王某应以甲公司的名义起诉,但无须甲公司盖章或刘某签字

D. 王某应以自己的名义起诉,但诉讼请求应是将借款返还给甲公司

4. 甲、乙、丙为某有限责任公司股东。现甲欲对外转让其股份,下列哪一判断是正确的?(2009年司法考试真题)

A. 甲必须就此事书面通知乙、丙并征求其意见

B. 在任何情况下,乙、丙均享有优先购买权

C. 在符合对外转让条件的情况下,受让人应当将股权转让款支付给公司

D. 未经工商变更登记,受让人不能取得公司股东资格

5. 如张某拟设立一家一人有限责任公司,下列表述正确的是?(2009年司法考试真题)

A. 注册资本不能低于50万元

B. 可以再参股其他有限公司

C. 只能由张某本人担任法定代表人

D. 可以再投资设立一家一人有限责任公司

第六章　股份有限公司

【引　例】设立股份有限公司的条件和程序

甲、乙、丙、丁3家公司筹划建立A股份有限公司，注册资本为3000万，发起人认缴1000万，其中甲以厂房、机器、设备作价出资400万，乙以专利技术出资300万，丙以现金出资200万，丁以商誉作价100万，其余向社会公开募集。在招股说明书上告知自股款募足之日起15日召开创立大会。

本案中，A股份有限公司成立中的不合法之处有：(1)发起人认购的股份没达到公司股份总数的35%。《公司法》第85条规定：以募集设立方式设立股份有限公司的，发起人认购的股份不得少于公司股份总数的35%；但是，法律、行政法规另有规定的，从其规定。(2)丁不能以商誉出资。《公司法》第27条规定：股东可以用货币出资，也可以用实物、知识产权、土地使用权等可以用货币估价并可以依法转让的非货币财产作价出资；但是，法律、行政法规规定不得作为出资的财产除外。(3)在招股说明书上告知自股款募足之日起15日召开创立大会不符合法律规定。《公司法》第90条第1款规定：发行股份的股款缴足后，必须经依法设立的验资机构验资并出具证明。发起人应当自股款缴足之日起30日内主持召开公司创立大会。

第一节　概述

一、股份有限公司的概念

股份有限公司，又称股份公司，指按照《公司法》设立的其全部资本分为等额股份，股东以其所持股份为限对公司承担责任，公司以其全部资产对公司的债务承担责任的企业法人(《公司法》第3条)。在国外，关于股份有限公司的法律定义尽管彼此存在差异，甚至有的国家(如法国、日本)公司法没有关于股份有限公司的定义，但关于股份有限公司的含义与我国《公司法》的上述定义基本一致。在英美法系国家，学者们将那些可以公开招股，其股份可以在证券市场上公开交易的公司称为开放式公司。这种公司类似于大陆法系国家的股份有限公司。

二、股份有限公司的特征

1. 开放性

股份有限公司是开放性公司，股份有限公司的股份一般是公开发行并可在证券交易场所自由转让，因此股东的人数不存在上限的规定，且具有不特定性和流动性特征。此外，股份有限公司的经营公开，法律一般要求公司公开公司章程、股东大会决议、董事会会议记录、监事会会议记录及公司的财务会计报告等公司经营信息，以便公司股东查阅和监督。①

2. 资合性

股份有限公司是典型的资合公司，公司的信用在于财产。在公司内部，股东彼此之间的联合是以各自出资的财产为基础，一般不存在人身信任因素，②股东所持有的股份也可任意转让给任何人而不必经其他股东同意，任何愿意向股份有限公司出资的人，均可成为股份有限公司的股东。在公司外部，与有限责任公司相同，股东以其所持有的股份对公司承担责任，股份有限公司所拥有的全部财产是公司对外信用的唯一基础，是公司债权人的唯一担保。

3. 设立程序较为复杂

由于股份有限公司规模较大、股东人数较多，具有较大的社会影响，因此，法律对股份有限公司的设立程序规范较为严格，干预程度也较高。尤其是股份有限公司采取募集设立方式时，设立程序更加复杂，涉及的利害关系人较多，社会影响广泛，因此，发起人还须严格遵守有关证券发行条件和程序的法律规定。

4. 公司资本分为等额股份

在股份有限公司中，公司资本全部分为等额股份，股份成为公司资本的计算单位，以及确定股东权利及义务大小的计算单位。每股所代表的金额相等，其所包括的权利和义务也一律相等。股东以其认购的股份向公司出资，股东行使其权利、承担义务也均以其持有的股份多少决定。股份有限公司的这一制度设计，使得股份有限公司与其股东之间的复杂关系的处理变得简单、明了。

5. 公司组织机构规范

股份有限公司各内部组织机构的设置、职权、议事方式及议事规则，均受到公

---

① 我国《公司法》第 97 条规定，股份有限公司应当将公司章程、股东名册、公司债券存根、股东大会会议记录、董事会会议记录、监事会会议记录、财务会计报告置备于本公司。《公司法》第 117 条规定，公司应当定期向股东披露董事、监事、高级管理人员从公司取得报酬的情况。

② 其实，在股份有限公司的发起人之间，通常存在着一定的人身信任因素，只不过该因素没有对股份有限公司的法律制度形成重大的影响，因此并非股份有限公司的根本特征。

司法的严格规范。在股份有限公司中，应当设置股东会、董事会、监事会，依法行使其法定职权，并按照法律的规定召集、议事、决议。对此，无论股东还是公司均不能自行决定排除法律规定的适用。

6. 股权分散且易受大股东控制

由于股份有限公司的股份可自由转让且多向社会公开募集，因此股份有限公司的股权较为分散。广大中小股东通常仅关心其股份收益的大小或市场价格的高低，对公司的经营较少关心。当公司经营业绩下降时，他们通常转让其持有的股份而规避风险。相反，持股数占较大比例的大股东通常更关心公司经营，并取得公司的控制权，以实现其整体利益的最大化。①

由于股份有限公司的上述特点，在现实的经济生活中，股份有限公司的运用较为广泛，通常是大型企业所普遍采用的一种公司形态。加之股份有限公司规模大、涉及的人数众多、资本巨额、关系复杂，各国公司立法均将其作为重点规范的对象，有关股份有限公司的法律规范也相对较为完善和丰富。

第二节　股份有限公司的设立

一、股份有限公司的设立条件

设立股份有限公司应当具备法定条件。根据《公司法》第 77 条的规定，设立股份有限公司应当具备以下 6 项条件：

（一）发起人符合法定人数

发起人即股份有限公司的创办人、设立人，是按照《公司法》的规定应当签订发起人协议，制订公司章程，认购其应认购的股份，承担公司筹办事务，并对公司设立承担相应的法律责任的人（《公司法》第 80 条）。《公司法》第 79 条对发起人人数的上下限作出规定，要求设立股份有限公司的发起人，应当为 2 人以上 200 人以下，并且其中半数以上在中国境内有住所。

（二）发起人认购和募集的股本达到法定资本最低限额

股份有限公司采取发起设立时，公司股本由全体发起人全部认购，公司注册资本为在公司登记机关登记的全体发起人认购的股本总额。而股份有限公司采取募

① 由于股份有限公司易受大股东的控制，因此在股份有限公司中，容易出现大股东透过董事会对公司进行不当控制而损害中小股东合法权益的现象。

集设立时，公司股本除由发起人依法认购其应认购的部分外，其余部分向社会不特定对象或者特定对象募集，公司的注册资本为在公司登记机关登记的实收股本总额。无论采取何种方式设立，股份有限公司的注册资本须达到法定资本最低额。《公司法》第 81 条规定，股份有限公司的注册资本的最低额为人民币 500 万元。股份有限公司注册资本最低额需高于上述所定限额的，由法律、行政法规另行规定。如根据《保险法》第 73 条的规定，设立保险公司，其注册资本的最低额为人民币 2 亿元，且须为实缴的货币资本。

(三)股份发行、筹办事项符合法律规定

关于股份有限公司股份发行、筹办事项的法律，除《公司法》外，还包括《证券法》等其他法律、法规的有关规定。这些规定，可分为实体方面的规定和程序方面的规定。在实体方面，主要是有关股份发行的原则、条件、方式、价格等事项的规定；在程序方面，主要是股份发行的核准、募集等事项的规定。

(四)发起人制订公司章程，采用募集方式设立的经创立大会通过

股份有限公司的章程是记载股份有限公司组织及其活动基本准则的书面文件，对股份有限公司、全体股东、董事、监事、高级管理人员均具有约束力。因此，股份有限公司章程理应由全体股东共同制定。在股份有限公司采发起设立方式的情形下，发起人即为公司成立后的全体股东，因此，发起人共同制定公司章程即为公司成立后全体股东制定的公司章程。

但在股份有限公司采募集设立方式的情形下，全体发起人并非公司成立后的全部股东，因此，发起人共同制订公司章程并不当然成为公司成立后的全体股东共同制定的公司章程，而必须依法经过公司创立大会通过，这才能在法律上被认定为得到公司全体股东的认可。

根据《公司法》第 82 条的规定，股份有限公司章程应当载明下列事项：(1)公司名称和住所；(2)公司经营范围；(3)公司的设立方式；(4)公司股份总数、每股金额和注册资本；(5)发起人的姓名或名称、认购的股份数、出资方式和出资时间；(6)董事会的组成、职权、任期和议事规则；(7)公司的法定代表人；(8)监事会的组成、职权、任期和议事规则；(9)公司的利润分配办法；(10)公司的解散事由与清算办法；(11)公司的通知和公告办法；(12)股东大会认为需要规定的其他事项。

(五)有公司的名称、建立符合股份有限公司要求的组织机构

股份有限公司应当具有自己的名称，该名称通常由发起人自由选定，但需严格依照有关法律、法规的规定，在公司名称中标明股份有限公司或者股份公司字样，不得使用具有歧视性、欺骗性、误导性的名称，以及违背社会公共秩序、损害社会公共利益的名称。

根据股份有限公司自身的特点，各国公司法对其内部组织机构均作出特别的规定，我国《公司法》也不例外。①

（六）有公司住所

作为企业法人，公司住所是公司最重要的生产经营场所。股份有限公司应当有其自己的住所，作为生产经营场所和生产经营条件。除公司住所以外，股份有限公司还可以有多个生产经营场所，但均须具有一定的稳定性和持久性。

除公司住所外，股份有限公司通常应当具备必要生产经营条件，以便开展其经营范围内的活动。例如，除了生产经营场所、注册资金之外，公司应当具备生产经营所需的厂房、设备、运输工具、技术、从业人员等等。

二、股份有限公司的设立程序

根据《公司法》第 78 条的规定，股份有限公司有两种设立方式，可供发起人自由选择：一是发起设立，指由发起人认购公司应发行的全部股份而设立公司；二是募集设立，包括公开募集设立和定向募集设立两种方式。公开募集设立指由发起人认购公司应发行的股份的一部分，其余部分向社会不特定的对象公开募集而设立公司。定向募集设立指由发起人认购公司应发行的股份的一部分，其余部分向特定对象募集而设立公司。

（一）发起设立程序

根据《公司法》及有关法规的规定，以发起设立方式设立股份有限公司，应当经过如下法律程序：

1. 发起人发起

发起人在发起设立股份有限公司前，应当进行必要的准备工作。如通过调查、咨询进行可行性研究，筹备必要的资金、招募必要的人员，等等。其中最为重要的是发起人之间应当签订书面的发起人协议，以明确各发起人在设立公司过程中的权利、义务及责任(《公司法》第 80 条)。

2. 公司名称的预先核准

根据《公司登记管理条例》第 17 条的规定，设立公司应当申请名称的预先核准。此项规定也适用于股份有限公司名称的取得。全体发起人应当指定代表或者共同委托代理人向公司登记机关申请名称的预先核准。在公司名称获核准后，再以核准后的公司名称进行设立公司的后续手续。

---

① 有关股份有限公司的内部组织机构的建立，参见本章第四节有关股份有限公司的组织机构的制度。

3. 制定公司章程

在采用发起设立方式情形下，股份有限公司的章程应当由全体发起人共同制定。即全体发起人共同起草章程条款，共同商定章程的内容。章程条款起草完毕后，应当由全体发起人共同同意通过，并由全体发起人在章程上签名、盖章。发起人应当亲自参与公司章程的制定，如果未能亲自参与制定，也应当书面委托代理人参与制定。

4. 必要的行政审批

股东如设立那些法律、行政法规规定对其设立需要报经批准的股份有限公司，则应当按照有关的法律、行政法规的规定，办理必要的审批手续(《公司法》第 6 条)。例如，根据《证券法》第 122 条的规定，设立股份有限公司形式的证券公司，必须经国务院证券监督管理机构审查批准。

5. 认购股份

发起人必须依照公司法的规定认购其应当认购的股份。在采发起设立方式下，股份有限公司章程规定发行的全部股份均应由发起人认购。发起人认购股份应以书面为之(《公司法》第 84 条)。至于每个发起人应当认购多少股份，《公司法》未作规定。因此，在全体发起人认购的股份总数与公司章程规定发行的股份数相同的情形下，单个发起人认购的股份数原则上不受限制，但如果明显规避《公司法》关于发起人最低人数的规定或变相设立独资股份有限公司的，显然与我国《公司法》禁止设立一人股份有限公司的立法精神不符，应当不被法律所认可。

6. 缴纳股款及验资

发起人以书面认足公司章程规定发行的股份后，应即缴纳股款。发起人可以一次缴纳，也可以分期缴纳。发起人一次缴纳的，应当缴纳全部出资；发起人分期缴纳出资的，应当缴纳首次出资(《公司法》第 84 条)。公司全体发起人的首次出资额不得低于注册资本的 20%，其他部分由发起人自公司成立之日起 2 年内缴足，其中，投资公司可以在 5 年内缴足(《公司法》第 81 条)。发起人可以用货币出资，也可以用实物、知识产权或土地使用权等可以用货币估价并可以依法转让的非货币财产抵作股款，但是法律、行政法规规定不得作为出资的财产除外。对作为出资的非货币财产，须进行评估作价，核实财产，并折合为股份，不得高估或低估作价。非货币财产的评估作价方法，应依照法律、行政法规的规定办理。此外，发起人以货币出资的金额不得低于股份有限公司注册资本的 30%(《公司法》第 83 条)。

该股款应当足额存入准备设立的公司在银行开设的账户。[①] 以非货币财产抵作股款的，应当依法办理其财产权的转移手续(《公司法》第 84 条)。发起人缴纳首

---

① 参见国家工商行政管理局 2005 年 12 月 27 日发布并于 2006 年 1 月 1 日实施的《公司注册资本登记管理规定》第 8 条。

次(或全部)出资后,须经依法设定的验资机构验资并出具验资证明。[①]

7. 选举董事会和监事会成员

在发起设立方式下,股份有限公司的董事会、监事会的成员,由全体发起人选举产生。全体发起人应当在缴付首次(或全部)出资后,方可开展上述工作(《公司法》第 84 条)。

8. 申请设立登记

申请设立登记由选举产生的董事会进行。董事会应当向公司登记机关报送设立申请书、公司名称预先核准通知书、公司章程、验资证明、发起人法人资格证明或者自然人身份证明、载明公司董事、监事、经理姓名和住所的文件以及有关委派、选举或者聘用的证明、公司法定代表人任职文件和身份证明、公司住所证明以及法律法规规定的其他文件。[②] 如在设立股份有限公司的同时设立分公司的,应当就所设分公司向公司登记机关申请登记,分公司不具有企业法人资格,其民事责任由公司承担(《公司法》第 14 条)。股份有限公司设立分公司的申请经登记领取营业执照后,分公司成立,有权对外开展营业活动,但分公司的经营范围不得超过公司的经营范围(《公司登记管理条例》第 47 条第 3 款)。

申请公司、分公司登记,申请人可以到公司登记机关提交申请,也可以通过信函、电报、电传、传真、电子数据交换和电子邮件等方式提出申请(《公司登记管理条例》第 51 条)。申请人应当对申请文件、材料的真实性负责(《公司登记管理条例》第 2 条第 2 款)。

9. 登记机关签发营业执照及公司成立公告

公司登记机关对设立登记申请进行审查,对符合《公司法》规定条件的,予以登记,发给公司营业执照,对不符合《公司法》规定条件的,不予登记。[③] 公司营业执照签发之日,为股份有限公司成立之日(《公司法》第 7 条)。股份有限公司自成立之日起,具有法人资格,可开始对外从事营业活动。股份有限公司成立后,应当进行公告,以便于社会公众知悉。

(二)募集设立程序

1. 发起人发起

发起人在募集设立股份有限公司前,也须进行调查、咨询、可行性研究、筹备资金、招募人员等必要的准备工作。为此,发起人之间须签订书面的发起人协议,以

---

① 参见国家工商行政管理局 2005 年 12 月 27 日发布并于 2006 年 1 月 1 日实施的《公司注册资本登记管理规定》第 6 条。

② 参见《公司登记管理条例》第 21 条。

③ 有关公司登记机关受理申请、审查、受理、予以登记和签发营业执照的程序,详见《公司登记管理条例》第 51 条至第 55 条的规定。

明确各发起人在设立公司过程中的权利、义务及责任。

2. 公司名称的预先核准

全体发起人应当指定代表或者共同委托代理人向公司登记机关申请名称的预先核准。以便在公司名称获核准后以该公司名称进行设立公司的后续手续。

3. 制订公司章程

在采募集设立方式情形下，全体发起人共同制订公司章程。即全体发起人共同起草章程条款，共同商定章程的内容，并由全体发起人在章程上签名、盖章。该章程仅是待通过的章程草案，还须经公司创立大会依法定程序通过。

4. 必要的行政审批

股东如果设立那些法律、行政法规规定需要报经批准的股份有限公司，则应当按照有关的法律、行政法规的规定，办理必要的审批手续(《公司法》第6条)。

5. 发起人认购股份

以募集方式设立股份有限公司的，发起人须认购公司股份总数的一部分，根据《公司法》第85条规定，发起人认购的股份不得少于公司股份总数的35%，但是法律、行政法规另有规定的，从其规定。其余股份应当向社会不特定对象公开募集或者向特定对象募集。发起人认购股份应以书面为之，单个发起人认购的股份数原则上不受限制，但如果明显规避《公司法》关于股份有限公司发起人最低人数的规定，应当不被法律所认可。

6. 募集股份

以募集方式设立股份有限公司时，由发起人募集其认购部分以外的剩余股份，募集方式可采用向不特定对象公开募集和定向募集两种方式。

在向社会公开募集股份前，发起人应当制作招股说明书。招股说明书，又称招股章程，是发起人为了向社会公众招募股份而制作的载明与募股有关信息的书面文件。招股说明书须按照法定格式制作并依法记载有关事项。① 在性质上，招股说明书属于要约邀请。② 根据《公司法》第87条的规定，招股说明书应当附有发起人制订的公司章程，并载明如下事项：(1)发起人认购的股份数；(2)每股的票面金额和发行价格；(3)无记名股票的发行总数；(4)募集资金的用途；③(5)认股人的权利、义务；(6)本次募股的起止期限④及逾期未募足时认股人可撤回所认股份的说

---

① 参见《股票发行与交易管理暂行条例》第15条。

② 参见《合同法》第15条。

③ 《证券法》第15条规定，公司对公开发行股票所募集资金，必须按照招股说明书所列资金用途使用。改变招股说明书所列资金用途，必须经股东大会作出决议。擅自改变用途而未作纠正的，或者未经股东大会认可的，不得公开发行新股。

④ 该期限的确定应当遵守如下法律、行政法规的规定：(1)《证券法》第32条规定，证券的代销、包销期最长不得超过90日；(2)《股票发行与交易管理暂行条例》第24条规定，股票承销期不得少于10日，不得超过90日。

明。此外，发起人向社会公开募集股份，应当由依法设立的证券公司承销，由银行代收股款，因此发起人应当与承销人签订承销协议，与银行签订代收股款协议。①

发起人起草相关法律文件及相关协议后，须向国务院证券监督管理机构递交募股申请，并报送相关文件，取得国务院证券监督管理机构的核准。未经依法核准的，发起人不得向社会公开募集股份(《证券法》第 10 条)。对已作出的核准，如发现不符合法定条件或者法定程序的，尚未募集股份的，应当予以撤销，停止募集；已经募集的，撤销核准决定，发起人应当按照认股人所缴股款并加算银行同期存款利息，返还认股人(《证券法》第 26 条)。如经国务院证券监督管理机构的批准，发起人还可向境外公开募集股份。

发起人向社会公开募集股份时，必须公告招股说明书(《公司法》第 86 条)。②其意义在于：股份认购是一种投资行为，具有一定的风险，招股说明书的公告可充分告知社会公众有关股份募集的信息，以便于社会公众作出是否进行股份认购的合理判断。公告招股说明书的期间应当为在获准公开发行股票后、股票承销期开始前 2 个至 5 个工作日期间。在获准公开发行股票前，任何人不得以任何形式泄露招股说明书的内容。③

此外，发起人还应当制作认股书(《公司法》第 86 条)。认股书，又称认股证、认股权证，是确定认股人享有认购股份权利的书面法律文件。认股书应当有法定格式，并须依法记载有关事项。④ 根据《公司法》第 86 条的规定，认股书应当载明如下事项：(1)发起人认购的股份数；(2)每股的票面金额和发行价格；(3)无记名股票的发行总数；(4)募集资金的用途；(5)认股人的权利、义务；(6)本次募股的起止期限及逾期未募足时认股人可撤回所认股份的说明。认股书记载上述法定事项的意义与招股说明书相同，也是为了便于投资者在认股时作出谨慎、合理的判断。

7. 股份认购

认股人认购股份时，须在认股书上填写所认股数、金额、住所，并由认股人签名、盖章(《公司法》第 86 条)。因此股份认购行为属于要式行为，如果认股人以其他形式认购股份，应当认定为无效。此外，只要能够确定其身份，认股人可以笔名

---

① 参见《公司法》第 88 条、第 89 条。在我国，根据《证券法》第 28 条的规定，承销有代销和包销两种方式。包销中又可分为全额包销和余额包销 2 种方式。《证券法》未规定证券公司能否与发起人签订定额包销协议，即证券公司将发行人的证券按照协议购入一定数量而进行承销的方式。承销协议须依法记载有关事项，有关承销协议应当记载的事项，详见《证券法》第 30 条、《股票发行与交易管理暂行条例》第 20 条。

② 根据《证券法》第 10 条的规定，向不特定的对象或者向特定对象发行证券累计超过 200 人的，为向社会公开发行证券。

③ 参见《股票发行与交易管理暂行条例》第 19 条。

④ 关于认股书是否须有法定格式，我国《公司法》未作规定。笔者认为，以法定格式制作认股书，有利于认股人股份认购权利的确定。

或艺名认股，其认股行为应当认定有效。如果行为人未经他人同意以他人名义认股，应当区分不同情况分别处理：他人事后同意的，应当由他人承担股份认购责任，否则由实际认购人承担股份认购责任。如果他人同意行为人以自己名义认购股份，由两者共同承担股份认购责任。

在性质上，股份认购实际上是认股人与设立中的股份有限公司达成的一种意在获取股东地位的合同。其中，认股人以填写认股书的方式向设立中的股份有限公司发出要约[①]，由发起人以分派股份的方式向认股人作出承诺。由于股份认购是由要约与承诺而构成的债权债务关系，因此，民法上有关民事行为有效、无效、撤销和变更的理论应当适用该权利义务关系。如果存在认股人无民事行为能力、受到欺诈、胁迫、重大误解或者无权代理等情形时，可主张认股行为无效。但是，该合同为团体法上的合同，因此具有不同于一般合同的特殊性，主要表现在如下两方面：一是发起人在分派股份时，其分派股份的数量可不同于认股人在认股书上填写的认股数量。[②] 股份分派结束后，认股人即应当对向其分派的股份负有缴纳股款的义务；二是公司成立后或者认股人出席成立大会并行使其表决权后，认股人不得以认股书上记载事项有欠缺，或者存在欺诈、胁迫等事由撤销其认股行为或者主张其认股行为无效。之所以有此特殊性，目的在于：股份认股所涉人数众多，为便于公司设立，不能仅保护作出股份认购意思表示的个人的利益。[③]

股份认购行为发生后，认股人可依法定事由撤回其所认股份。根据《公司法》的规定，如果存在国务院证券监督管理机构撤销其已核准的股份募集决定(《证券法》第 26 条)、发行的股份超过招股说明书规定的截止期限尚未募足、发行股份的股款缴足后发起人在 30 日内未召开创立大会(《公司法》第 90 条)或者公司不能成立等情形(《公司法》第 92 条)，认股人可撤回其股份认购，对已缴纳的股款及其银行同期存款利息，可要求发起人返还。

8. 缴纳股款及验资

发起人应按照其所认购的股份数缴纳股款。发起人可以用货币缴纳股款，也可以用实物、知识产权或土地使用权等可以用货币估价并可以依法转让的非货币财产抵作股款，但是法律、行政法规规定不得作为出资的财产除外。对作为出资的非货币财产，须进行评估作价，核实财产并折合为股份，不得高估或低估作价。非

---

① 有的学者认为，认股人的行为为承诺。参见柯芳枝：《公司法论》，三民书局 1997 年版，第 181 页；顾功耘：《公司法》，北京大学出版社 1999 年版，第 258 页。

② 例如，根据《股票发行与交易管理暂行条例》第 25 条规定，当认购数量超过拟公开发行的总量时，承销机构应当按照公平原则，采用按比例配售、按比例累退配售或者抽签等方式销售股票。

③ 参见[韩]李哲松：《韩国公司法》，吴日焕译，中国政法大学出版社 2000 年版，第 186～187 页。另见[日]末永敏和：《现代日本公司法》，金洪玉译，人民法院出版社 2000 年版，第 49 页。

货币财产的评估作价方法，应依照法律、行政法规的规定办理。此外，发起人以货币出资的金额不得低于股份有限公司注册资本的30%（《公司法》第83条）。

认股人在认股书中所填写的股份数经发起人分派后，发起人分派的认股数额即为认股人的认股数额，认股人对之负有缴纳股款的义务。发起人在分派股份时，应当向认股人告知其可认购的股份数额、缴纳股款的期限、公司创立大会召开的日期等事项。认股人应当按期以货币缴纳股款，由代收股款银行按照协议代收和保存。代收银行向缴纳股款的认股人出具收款单据，并负有向有关部门出具收款证明的义务（《公司法》第89条第2款）。如果认股人未能按期缴纳股款，发起人应当发出附失权预告的催告通知或者公告，该认股人于该通知或者公告后仍未能在规定期限缴纳股款时，将失去认购股份的权利，其所认购股份应当另行募集或者由发起人自行认购，如果因此给设立中公司造成损害的，该认股人应当承担损害赔偿的责任。①

发行股份的股款全部缴足后，须经依法设立的验资机构验资并出具验资证明。该验资证明应当载明公司以募集方式设立、发起人认购的股份数和该股份占公司股份总额的百分比。② 此外，《公司法》第92条规定，发起人、认股人缴纳股款或者交付抵作股款的出资后，除未按期募足股份、发起人未按期召开创立大会或者创立大会决议不设立公司的情形外，不得抽回其股本。

9. 召开创立大会

创立大会是募集设立股份有限公司时由发起人召集认股人所组成的设立中公司的意思决定机关，③因此创立大会由认股人组成。发起人应当在发行股份的股款缴足后30日内召开公司创立大会，并且应当在创立大会召开15日前将会议日期通知各认股人或者予以公告。创立大会应当有代表股份总数过半数的发起人、认股人出席，方可举行（《公司法》第91条）。

创立大会行使下列职权：(1)审议发起人关于公司筹办情况的报告；(2)通过公司章程；(3)选举董事会成员；(4)选举监事会成员；(5)对公司的设立费用进行审核；(6)对发起人用于抵作股款的财产的作价进行审核；(7)发生不可抗力或者经营条件重大变化直接影响公司设立的，可以作出不设立公司的决议。创立大会对上述事项作出决议，须经出席会议的认股人所持表决权的半数以上通过（《公司法》第91条）。

---

① 该种由发起人单方面决定认股人丧失股份认购权的程序，称为认股人的失权程序。我国《公司法》未作规定。但在韩国及我国台湾地区的公司立法中均有此方面的规定。参见［韩］李哲松：《韩国公司法》，吴日焕译，中国政法大学出版社2000年版，第188～189页；柯芳枝：《公司法论》，三民书局1997年版，第182～183页。

② 参见国家工商行政管理局2005年12月27日发布并于2006年1月1日实施的《公司注册资本登记管理规定》第13条。

③ 柯芳枝：《公司法论》，三民书局1997年版，第184页。

10. 申请设立登记

申请公司设立登记由董事会进行。董事会应当于创立大会结束后30日内向公司登记机关申请设立登记,并报送下列文件:(1)公司登记申请书;(2)创立大会的会议记录;(3)公司章程;(4)验资证明;(5)法定代表人、董事、监事的任职文件及其身份证明;(6)发起人的法人资格证明或者自然人身份证明;(7)公司住所证明。以募集方式设立股份有限公司公开发行股票的,还应当向公司登记机关报送国务院证券监督管理机构的核准文件(《公司法》第93条)。如在设立股份有限公司的同时设立分公司的,应当就所设分公司向公司登记机关申请登记。

11. 登记机关签发营业执照

在募集设立方式下,公司登记机关办理股份有限公司的设立登记、签发营业执照的程序,与以发起方式设立股份有限公司的设立登记程序相同。营业执照签发之日,为股份有限公司成立之日。

12. 公告

以募集方式设立的股份有限公司经登记成立后,应当进行公告,并应当将募集股份的情况报国务院证券监督管理机构备案,以便让广大认股人及社会公众知悉和国家监督管理。

三、股份有限公司发起人的法律责任

如前所述,发起人是为了公司成立而从事设立行为并承担设立责任的人。在法律地位上,发起人作为一个整体,是设立中公司的原始成员,是设立中公司的业务执行机关和代表机关,应当在设立公司的权限范围内从事相关活动并承担相应的法律责任。同时,在发起人相互之间,他们彼此通过签订发起人协议而构成合伙关系,对他们在设立公司过程中产生的后果,须承担连带法律责任。

由于在股份有限公司的设立过程中,发起人的行为直接关系到认股人、债权人和即将设立的公司的利益,因此,为维护交易安全和经济秩序的稳定,各国公司法对股份有限公司发起人的责任,均作出较为严格的规定。在我国,《公司法》规定发起人应当承担如下责任:

(一)民事责任

如果发起人不按《公司法》规定出资的,应当按照发起人协议的约定承担违约责任(《公司法》第84条)。

股份有限公司成立后,发起人未按照公司章程的规定缴足出资的,应当补缴,其他发起人承担连带责任;如果发现设立公司出资的非货币财产的实际价额显著低于公司章程所定价额的,应当由交付该出资的发起人补足其差额,其他发起人承担连带责任(《公司法》第94条)。

如果公司设立不成，发起人对设立行为所产生的债务和费用负连带责任；对认股人已缴纳的股款，负返还股款并加算银行同期存款利息的连带责任（《公司法》第95条）。

在公司设立过程中，由于发起人的过失致使公司利益受到损害的，应当对公司承担赔偿责任（《公司法》第95条）。

（二）行政、刑事责任

发起人虚假出资，如未交付或者未按期交付作为出资的货币或者非货币财产的，或者发起人在公司成立后抽逃出资的，由公司登记机关责令其改正，处以虚假出资金额或者抽逃出资金额5%以上15%以下的罚款（《公司法》第200条、第201条）。如果数额巨大、后果严重或者有其他严重情节的，处5年以下有期徒刑或者拘役，并处或者单处虚假出资金额或者抽逃出资金额2%以上10%以下的罚金。属于单位犯罪的，对单位判处罚金，并对其直接负责的主管人员和其他直接责任人员，处5年以下有期徒刑或者拘役。①

第三节　股份有限公司的股份

一、股份的概念

（一）股份的含义

关于"股份"一词，《公司法》中并不存在明确的法律定义。但根据《公司法》的相关规定，在股份有限公司中，股份具有以下三方面的含义：一是公司资本的最小构成单位。股份有限公司的全部资本分为等额股份，每一股份代表一定的金额且该金额相等。二是表彰股东的权利和义务。股份有限公司的股东以其所持有的股份多少享有对公司的权利，并按照其所认购的股份数额负缴纳股款的义务，以其所持有的股份为限对公司承担责任。三是股票的实质内容。股份有限公司的股票是股份的外在表现形式，股份实为股票的内在价值。股票的转让即为股份的转让。

在我国《公司法》上，股份具有如下的特征：首先、股份具有不可分性。股份是公司资本的最小构成单位，股份不得再行分割；②其次，股份须表明一定的金额。

---

①　参见《刑法》第159条。

②　股份的不可分性并不妨碍一股由多人共有的情形。在此情形下，该股份所表彰的权利由该数人共同享有，其共有人可推举其中一人行使权利，该股份所表彰的义务由该数人连带履行。

股份有限公司的每一股份代表一定金额，股份有限公司不得发行无面额的股份；再次，股份具有平等性。股份有限公司的每一股份代表相等金额，其所表彰的股东权利和义务也一律相等。股东行使其权利、承担义务均以其持有的股份多少决定；最后，股份具有证券性和可转让性。股份有限公司股份的外在表现形式为股票，股票为有价证券，可依法自由转让。

（二）股份的表现形式

如前所述，股份有限公司的股份以股票作为其外在表现形式。股票是股份有限公司签发的证明股东所持股份的凭证。在性质上，股票属于证权证券、要式证券、有价证券和流通证券。《公司法》第 129 条规定，股票采用纸面形式或者国务院证券监督管理机构规定的其他形式。股票应当载明下列主要事项：(1)公司名称；(2)公司成立的日期；(3)股票的种类、票面金额及代表的股份数；(4)股票的编号。股票由法定代表人签名，公司盖章。

（三）股份的分类

股份有限公司的股份根据不同的标准，可划分为不同的种类。根据各国公司法实践，股份有限公司的股份存在以下不同的分类：

1. 优先股、普通股、劣后股与混合股

这是根据股份所表彰的股东权中盈余分配请求权和剩余资产请求权的优劣为标准进行的划分。普通股指公司发行的对公司无特别权利的股份。持有此种股份的股东，其股东权一律平等，股东平等地享有盈余分配权和剩余资产请求权。以普通股为基准，可将其他不同于普通股的股份分为优先股、劣后股和混合股。优先股指公司发行的在公司盈余分配或剩余资产分配方面较普通股优先的股份。劣后股指公司发行的在公司盈余分配或剩余资产分配方面劣后于普通股的股份。而混合股指公司发行的在公司盈余分配或剩余财产分配方面一部分优先于普通股一部分劣后于普通股的股份。我国《公司法》未禁止公司设置特别股。根据《公司法》第 132 条的规定，国务院可对公司发行公司法规定的股票以外的其他种类股票另行作出规定。

关于优先股，根据其优先权内容的不同，还可划分为盈余分配优先股和剩余财产分配优先股。盈余分配优先股指对公司依法弥补亏损、提取公积金后的盈余享有按照约定的股利率优先于普通股分配的股份。公司对盈余分配优先股分配之后方可就剩余的盈余对普通股进行分配。剩余财产分配优先股，指对公司解散清算后剩余的公司财产享有优先于普通股分配的股份。

盈余分配优先股根据其优先权的不同，还可进一步划分为累积的优先股和非累积的优先股、参加的优先股和非参加的优先股。累积优先股，指如公司当年依法弥补亏损、提取公积金后的盈余未能按照约定的股利率进行分配时，可从次年和次

年以后的盈余予以补足的优先股。反之，如公司当年依法弥补亏损、提取公积金后的盈余未能按照约定的股利率进行分配时，不可从次年和次年以后的盈余予以补足的优先股，为非累积优先股。参加的优先股，指除可以约定的股利率优先获得盈余分配外，还可与普通股共同就剩余的盈余进行平等分配的股份。反之，在按约定的股利率优先获得盈余分配外，不可与普通股共同就剩余的盈余进行平等分配的股份，为非参加的优先股。

2. 复数表决权股与无表决权股

这是根据股份所表彰的股东权中的表决权多寡及有无为标准所作的划分。普通股均有表决权，且每股具有一个表决权。以普通股为基准，如一股有数个表决权的股份，为复数表决权股。反之，无表决权的股份为无表决权股。复数表决权股最早产生于德国。[①] 运用复数表决权股可以较少的资本实施对公司的控制。无表决权股最早产生于美国，该种股份一般向那些不热心于公司经营的股东发放。无表决权股一般多为优先股。[②]

3. 偿还股与非偿还股

这是以股份发行时是否预定在发行后可偿还或者消除为标准所作的划分。偿还股指在股份发行时即预定在发行后可偿还或者消除的股份。反之，未在股份发行时即预定在发行后可偿还或者消除的股份，为非偿还股。对于偿还股，公司一般以其盈余或者发行新股所得的股款来偿还或者收回。[③] 原则上，普通股为非偿还股，偿还股多为优先股。

4. 转换股与非转换股

这是以股份发行后可否转换为该发行公司发行的其他种类股份为标准所作的划分。转换股指发行后可转换为该发行公司的其他种类股份的股份。反之，发行后不可转换为该发行公司其他种类股份的股份，为非转换股。

5. 记名股与无记名股

这是以股份的表现形式股票上是否记载股东姓名或者名称为标准所作的划分。记名股指股票上记载股东姓名或者名称的股份。反之，未在股票上记载股东姓名或者名称的股份，为无记名股。我国《公司法》允许公司发行记名股票和无记名股票。公司向发起人、法人发行的股票，应当为记名股票，并应当记载该发起人、法人的名称或者姓名，不得另立户名或者以代表人姓名记名(《公司法》第 130 条)。其中，发起人的股票，还应当标明发起人股票字样(《公司法》第 129 条第 2 款)。公司对社会公众发行的股份，可以是记名股票或者无记名股票。

公司发行记名股票的，应当制备股东名册，记载以下事项：(1)股东的姓名或者

① 现行《德国股份法》第 12 条第 2 款已禁止发行复数表决权股份。

② 柯芳枝：《公司法论》，三民书局 1997 年版，第 214 页。

③ 梁宇贤：《公司法论》，三民书局 1983 年版，第 287 页。

名称及住所;(2)各股东所持股份数;(3)各股东所持股票的编号;(4)各股东取得其股份的日期。发行无记名股份的,公司应当记载该种股份的数量、股票编号及发行日期。公司发行无记名股票的,应当记载其股票数量、编号及发行日期(《公司法》第 131 条)。记名股由记名股东行使权利,除记名股东外,他人不得行使其权利。如记名股票被盗、遗失或者灭失,股东可以依照民事诉讼法规定的公示催告程序,请求人民法院宣告该股票失效。依照公示催告程序,人民法院宣告该股票失效后,股东可以向公司申请补发股票(《公司法》第 144 条)。对于无记名股,如无相反证据,持有该股份的人即为该股份的权益人,可行使该股份所表彰的股东权。

6. 面额股和无面额股

这是以股份是否在其表现形式——股票上记载一定金额为标准所作的划分。面额股指股票上记载一定金额的股份。反之,未在股票上记载一定金额的股份,为无面额股。无面额股,又称比例股,即股票上虽不标明一定金额,但标明每股占公司资本总额的比例。从《公司法》第 82 条和第 126 条的规定可知,在我国,股份有限公司不得发行无面额股。

7. 国有股、法人股、个人股和外资股

这是我国根据投资主体及资金来源不同对股份所作的特殊分类。国有股指有权代表国家投资的部门或机构以国有资产向股份公司投资形成的股份,其中包括国有企业改建为股份有限公司时已投入企业的国有资产折成的股份;法人股指企业单位法人、事业单位法人或者社会团体法人以其依法可支配的或者依法可用于经营的资产向股份公司投资形成的股份;个人股,指个人以其合法财产向股份公司投资形成的股份,包括社会个人股和本公司内部职工股。外资股,指以外币或者港元认购和交易的股份,其中在中国内地上市交易的称为 B 股,在中国香港上市交易的称为 H 股,在纽约上市交易的称为 N 股,在新加坡上市交易的称为 S 股。

二、股份发行与转让

(一)股份发行

1. 股份发行的概念

股份的发行指发起人设立股份有限公司或者股份有限公司为了筹集资本依法分配或出售股份的行为。其中,发起人在股份有限公司的设立阶段发行股份,通常称为设立发行。在公司采发起设立方式时,股份全部分配给发起人,不向社会公开募集。在公司采募集设立方式时,除发起人依法认足一部分股份外,其余股份向社会不特定对象公开募集或者特定对象定向募集。根据《公司法》第 133 条规定,发起人及认股人通过设立发行取得的股份后,不能立即取得该股份的持有凭证——股票,而只能在股份有限公司登记成立后,由公司向股东正式交付股

票。公司在登记成立前不得向股东交付股票。

股份有限公司成立后发行股份称为新股发行。股份有限公司发行新股时，可以是向社会募集资金而发行新股，也可以是为了将公积金转为资本或者将公司债转换为股份而发行股份。在采授权资本制的国家，股份有限公司在其章程所规定的资本总额内发行股份，为非增资发行，而增加公司资本总额的新股发行，称为增资发行。非增资发行的程序较为简单，一般仅须由董事会决定即可。而增资发行程序则须经股东大会决议、修改公司章程等程序，较为复杂。我国采法定资本制，公司的注册资本即为全体发起人认购的股份总额(发起设立的股份有限公司)或者公司实收股本总额(募集设立的股份有限公司)，因此，我国的股份有限公司发行新股，一律为增资发行。

2. 股份发行的原则

《公司法》第127条规定，股份的发行，实行公平、公正的原则。所谓公平，指发行人发行股份时，应当遵守股东权利平等原则。为此，发行人在发行股份时，同次发行的同种类股份，每股的发行条件和价格应当相同，任何单位或者个人所认购的股份，每股应当支付相同的价格。此外，每一股份所代表的股东权利和利益也应当是相同的。

所谓公正，指对于股份发行应当依法进行。一方面，股份发行的管理机关应当依法管理股份发行事宜，根据《公司法》及其他法律、行政法规有关股份发行的规定公正地对待每位股份的发行人。另一方面，股份的发行人应当遵守相关的法律规定，公正地对待每位认购人。

3. 股票发行的价格

关于股份发行的价格，存在平价发行、溢价发行和折价发行3种不同的定价方式。根据我国《公司法》第128条的规定，股份的发行价格只能采取平价发行或者溢价发行的定价方式。即股票(股份)发行价格可按照票面金额(平价发行)，也可以超过票面金额(溢价发行)，但不得低于票面金额(折价发行)。如以超过票面金额为股票发行价格时，超过票面金额发行股票所得的溢价款列入公司资本公积金(《公司法》第168条)。

4. 新股发行的条件和程序

(1)新股发行的条件

如前所述，股份有限公司成立后发行股份称为新股发行。发行新股应当具备何种条件，《公司法》未作规定。① 根据我国《证券法》第13条规定，股份有限公司公开发行新股应当具备如下条件：①具备健全且运行良好的组织机构；②具有持续盈利能力，此外状况良好；③最近三年财务会计文件无虚假记载，无其他重大违法

① 不过，《公司法》第81条规定了采用发起设立的股份有限公司向他人募集股份的条件，即发起人必须缴足全部认购的股本。

行为；④经国务院批准的国务院证券监督管理机构规定的其他条件。上市公司非公开发行新股，应当符合经国务院批准的国务院证券监督管理机构规定的条件，并报国务院证券监督管理机构核准。

(2)新股发行的程序

股份有限公司发行新股，应当由股东大会就发行新股事宜作出决议。① 如股份有限公司经国务院证券监督管理机构核准向社会公开发行新股的，须公告新股招股说明书和财务会计报表，制作认股书，并应当与依法设立的证券公司签订承销协议，与银行签订代收股款协议(《公司法》第135条)。公司发行新股募足股款后，须向公司登记机关办理变更登记，并公告(《公司法》第137条)。

(二)股份转让

1. 股份转让的含义

股份转让是指股份有限公司的股东就其持有的股份依照一定程序转让给他人，使他人取得公司股份而成为公司股东的法律行为。从本质上说，股份转让即意味着股东权的转让。股份转让行为的生效，将产生股东的资格及股东权利义务由股份出让人转移至股份受让人的法律后果。从经济上看，由于现代股份公司法律制度一般实行禁止退股原则，即原则上股东不得将其持有的股份退回公司，因此股份转让就成为公司股东收回其投资的最主要方法。②

2. 股份转让自由原则及其限制

现代各国的股份有限公司法律制度，均实行股份转让自由原则，即股份有限公司的股东可依法转让其所持有的股份，公司原则上不得以其章程限制或者禁止股份转让。③ 我国《公司法》第138条也规定，股东持有的股份可以依法转让。股份转让自由原则是股份有限公司开放性和资合性特征的重要体现。虽然各国公司法对股份有限公司实行股份转让自由原则，但为了保护公司、股东及债权人的利益，通常在允许股份自由转让的同时，又对股份转让作出了一些限制性的规定。我国

---

① 根据《公司法》第134条的规定，股东大会应当就如下事项作出决议：(1)新股种类及数额；(2)新股发行价格；(3)新股发行的起止日期；(4)向原有股东发行新股的种类及数额。另根据《公司法》第136条的规定，公司发行新股的作价方案，可根据公司经营情况和财务状况确定。

② 股东收回投资的方法，除转让股份方法外，还有行使股份收买请求权、公司收回特别股、公司为减资而消除股份的方法，但这些方法通常均须在法定条件下为之。参见柯芳枝：《公司法论》，三民书局1997年版，第220页。

③ 我国台湾地区《公司法》第163条第1项规定，公司股份转让不得以公司章程禁止或者限制。因此公司章程如作出股份不得转让、股份转让须经董事会同意、或者股东资格以本公司从业人员为限等规定，均属对股份转让自由的禁止或者限制，该规定应属无效规定。参见柯芳枝：《公司法论》，三民书局1997年版，第221页。但在韩国，其《商法典》规定公司在其章程中规定股份的转让须经董事会承认。参见韩国《商法典》第335条第1款但书。

《公司法》也是如此，其主要表现在：

(1)股份转让时间的限制。在公司设立登记前，股份不得转让。公司设立登记前，公司未能正式成立，此时公司能否成立尚未确定，为防止投机及维护交易安全，应当禁止股份转让。我国《公司法》第133条规定，公司登记成立前，不得向股东交付股票。股票是股份的表现形式，因此未交付股票，股份自然无法转让。

(2)股份转让场所和方式的限制。为维护交易安全，股份转让应当在合法的交易场所进行。《公司法》第139条规定，股东转让其股份，必须在依法设立的证券交易场所进行或者按照国务院规定的其他方式进行。目前，我国设立了上海证券交易所和深圳证券交易所，上市公司上市交易的股票均在这两个交易所进行上市交易。

(3)发起人股份转让的限制。发起人负责股份有限公司的设立，并依法负有设立责任。如允许发起人于公司成立后即可自由转让股份，这不仅使得他们易于逃避可能应负的设立责任，而且易滋生以发起设立公司为手段来获取不正当利益的行为。因此，《公司法》第142条第1款规定，发起人持有的本公司股份，自公司成立之日起1年内不得转让。公司公开发行股份前已发行的股份，自公司股票在证券交易所上市交易之日起1年内不得转让。

(4)董事、监事、高级管理人员股份转让的限制。董事、监事和高级管理人员，知悉、了解公司的经营信息，对公司负有忠实、勤勉义务。如允许他们自由转让股份，不仅易滋生内幕交易行为，而且易减弱其对公司经营管理的积极性和责任心。因此，《公司法》第142条第2款规定，公司董事、监事、经理应当向公司申报所持有的本公司的股份及其变动情况，在任职期间每年转让的股份不得超过其所持有本公司股份总数的25%；所持本公司股份自公司股票上市交易之日起1年内不得转让。董事、监事、高级管理人员离职后半年内，也不得转让其所持有的本公司股份。公司章程还可以对公司董事、监事、高级管理人员转让其所持本公司股份作出其他限制性规定。

(5)国有股份转让的限制。在我国，国家授权投资的机构所持有的股份，国有企业、事业及其他单位所持有的股份，均属于国有股份。为维护国有股份所体现的股权，防止国有资产流失，有关的法律、行政法规均规定，国有股份的转让须经有关政府管理部门的审批后方可进行。①

(6)公司取得自己股份的限制

公司成立后或者新股发行生效后，股份以股票的形式形成可流通的有价证券，具有独立的财产价值。公司便有可能从他人处取得自己的股份。如允许公司无限

---

① 详见由国家国有资产管理局、国家经济体制改革委员会于1994年11月3日联合颁布、实施的《股份有限公司国有股权管理暂行办法》第29条，对国有股份(该办法称国有股权，包括国家股和国有法人股)转让所作的规定。

制地取得自己的股份，将提供股东抽回资本的途径，与公司资本维持原则相悖，以致影响公司资本的充实，损害债权人利益，并且会“激励”公司操纵自己股票的价格，甚至造假，如美化财务报表，助长投机而影响股市的发展。此外，公司持有自己股份而成为自己的股东，不仅与公司法理相悖，而且有违股东平等原则。因此，各国公司法原则上禁止公司取得自己的股份，仅在特殊条件下为了特定目的而允许公司取得自己的股份。

根据我国《公司法》第 143 条的规定，公司不得收购本公司的股票，但有以下情形的除外：(1)减少公司资本；(2)与持有本公司股票的其他公司合并；(3)将股份奖励给本公司职工；(4)股东因对股东大会作出的公司合并、分立决议持异议，要求公司收购其所持股份。① 公司取得本公司股票属于以上(1)至(3)项所列情形的，应当经股东大会决议。公司取得本公司股票属于以上(1)项所列情形的，必须在收购本公司股票后 10 日内注销该部分股份；属于以上(2)、(4)项所列情形的，应当在收购本公司股票后 6 个月内转让或者注销；属于以上(3)项所列情形的，不得超过本公司已发行股份总数的 5%，而且用于收购的资金应当从公司的税后利润中支出，所收购的股份也应当在 1 年内转让给职工。② 此外，为了防止公司变相收购自己的股份，该条还规定公司不得接受本公司的股票作为质押权的标的。③

3. 股份转让的方法

股份有限公司股份的转让是通过转让股票的方式进行。我国《公司法》对记名股票和无记名股票的转让方法作出了相应的规定。记名股票，由股东以背书方式或者法律、行政法规规定的其他方式转让，并在转让后由公司将受让人的姓名或名称及住所记载于公司股东名册，但股东大会召开前 20 日或公司决定分配股利的基

---

① 在其他国家和地区，公司法还允许公司在如下情形下取得自己的股份：(1)股东清算、受破产宣告或仅存股份可供偿债时，公司收回自己股份以抵偿该股东所欠的公司债务；(2)公司收回其发行的特别股；(3)受让他人的全部营业或者财产时该营业或财产中所包含的自己股份；(4)公司作为行纪人而为委托人而取得自己股份；(5)信托公司接受自己股份的信托；(6)无偿取得自己股份等等。参见柯芳枝：《公司法论》，三民书局 1997 年版，第 223～225 页；[韩]李哲松：《韩国公司法》，吴日焕译，中国政法大学出版社 2000 年版，第 281～283 页。

② 在公司持有自己股份期间，该股份所表彰的股东权处于何种地位？通说采休止说，即该部分股份所表彰的股东权处于休止状态，即该股份所表彰的标记权等共益权有盈余分配请求权、新股认购权、剩余财产分配请求权等自益权，公司均不得行使，但该股份一旦让与他人时，受让人立即享有上述一切股东权。参见柯芳枝：《公司法论》，三民书局 1997 年版，第 226 页。

③ 在其他国家和地区，公司法还禁止公司以第三人的名义取得自己的股份、接受有负担的自己股份赠与、对取得自己股份的第三人提供资金支持，以及子公司持有母公司的股份。此外，公司法还限制非母子公司之间的相互持股，有的规定，如某一公司已持有另一公司股份达一定比例时，后者不能持有前者的股份或者将其持有的前者的股份让与他人；有的规定，如某一公司已持有另一公司股份达一定比例时，后者持有前者的股份没有表决权。参见[韩]李哲松：《韩国公司法》，吴日焕译，中国政法大学出版社 2000 年版，第 279～281 页，第 290～295 页。

准日前5日内，不得进行上述的股东名册的变更登记。法律如果对上市公司股东名册变更登记另有规定的，从其规定(《公司法》第140条)。如该记名股票以上述规定的转让方式以外的其他方式转让或转让后未将受让人记载于股东名册，则该记名股票的转让对公司不发生转让的效力。无记名股票的转让，由股东将该股票交付给受让人即可。该交付行为完成后即发生转让的效力(《公司法》第141条)。

第四节　股份有限公司的组织机构

如前所述，股份有限公司具有开放性、资合性特征，实践中，股份有限公司通常规模较大、股东人数较多，具有较大的社会影响。因此，为维护社会交易安全及经济的稳定，各国公司法均对股份有限公司各内部组织机构的设置、职权、议事方式及议事规则，加以严格规范。根据我国《公司法》的规定，在股份有限公司中，应当设置股东大会、董事会、监事会、经理，作为公司的权力机构、业务执行机构和监督机构。它们依法行使其法定职权，并按照法律的规定召集、议事、决议。①

一、股份有限公司的股东和股东大会

(一)股东

股份有限公司的股东，即股份有限公司的股份持有人。在我国，公民个人、法人、国家，以及外国和我国的港、澳、台地区的投资者均可成为中国股份有限公司的股东。根据股东有限责任原则和股东平等原则，股东依照其持有的股份，对公司享有权利并负有相应的义务。股东享有的权利和负有的义务，通常情况下多由公司法直接规定，但有时公司法以外的其他法律法规也对股东的权利义务加以规定。此外，公司章程也可对股东的权利和义务加以规定，但章程的规定不得与法律法规的规定相抵触。

根据我国《公司法》的规定，股份有限公司的股东可享有如下权利：(1)出席或委托代理人出席股东大会行使表决权；(2)选举和被选举为董事、监事的权利；(3)提议召开临时股东大会的权利；(4)提出临时提案的权利；(5)查阅公司章程、股东名册、公司债券存根、股东大会会议记录、董事会会议决议、监事会会议决议和财务

① 根据我国《公司法》第124条规定，上市公司还需设董事会秘书，负责公司股东大会和董事会会议的筹备、文件保管以及公司股东资料的管理，办理信息披露事务等事宜。董事会秘书属于上市公司中的高级管理人员，其任职资格和义务与经理相同。

会计报告，对公司的经营提出建议或者质询的权利；(6)请求公司收购其股权的请求权；[①](7)对公司董事、监事、高级管理人员以及其他侵害公司利益的人依法提起派生诉讼的权利；(8)对公司董事、高级管理人员提起直接诉讼的权利；(9)对股东会、董事会决议提起宣告无效或者撤销之诉的权利；(10)公司发行新股时，享有新股认购权；(11)依法转让股份的权利；(12)按其股份持有比例取得股利；(13)公司清算后按其股份持有比例取得公司的剩余财产；等等。

股东负有的义务主要包括：(1)遵守公司章程；(2)按照其所认购的股份和入股的方式缴纳股款；(3)以其持有的股份为限，对公司承担责任；(4)除未按期募足股份、发起人未按期召开创立大会或者创立大会决议不设立公司的情形外，不得退股；(5)遵守法律、行政法规和公司章程，依法行使股东权利的义务；(6)不得滥用股东权利损害公司利益或者其他股东的利益的义务；(7)不得滥用公司法人地位和股东有限责任损害公司债权人利益的义务；(8)不得利用关联关系损害公司利益；等等。

(二)股东大会

1. 股东大会的地位和职权

股份有限公司的股东大会由全体股东组成，股东大会是公司的权力机构。股份有限公司的重大决策均应由股东大会以会议形式作出，股东大会是公司的最高意思决定机关、必设机关和常设机关(《公司法》第 99 条)。根据《公司法》第 100 条的规定，股份有限公司的股东大会行使与有限公司股东会相同的职权。因此，股份有限公司的股东大会应当行使下列职权：(1)决定公司的经营方针和投资计划；(2)选举和更换非由职工代表担任的董事、监事，决定有关董事、监事的报酬事项；(3)审议批准董事会的报告；(4)审议批准监事会或监事的报告；(5)审议批准公司的年度财务预算方案、决算方案；(6)审议批准公司的利润分配方案和弥补亏损方案；(7)对公司增加或减少注册资本作出决议；(8)对发行公司债券作出决议；(9)对公司合并、分立、解散、清算或者变更公司形式作出决议；(10)修改公司章程；(11)公司章程规定的其他职权。

值得注意的是，股份有限公司股东大会的法定职权，除了以上集中列举的以外，《公司法》还在其他条文中作出相关的规定。例如，对公司为公司股东或者实际控制人提供担保作出决议；对是否就董事、监事的选举实行累积投票制作出决议；对是否决定将股份奖励给本公司职工而收购本公司股份作出决议；对是否同意公司董事、高级管理人员与公司订立合同或者进行交易作出决议；对是否同意董事、高级管理人员为自己或者他人谋取属于公司的商业机会，自营或者为

---

① 依照《公司法》第 143 条的规定，股份有限公司的股东对股东大会作出的公司合并、分立决议持异议的，可以要求公司收购其股份。

他人经营与公司同类业务作出决议；要求董事、监事、高级管理人员列席会议；等等。

对于上市公司而言，上市公司在一年内购买、出售重大资产或者担保金额超过公司资产总额30%的，股东大会应当对之作出决议，此外，上市公司董事与董事会会议决议事项所涉及的企业有关联关系的，如果就该事项表决时出席董事会的无关联关系董事人数不足3人，该事项应当由股东大会审议。

2. 股东大会的会期

股东大会可分为股东大会年会和临时股东大会(《公司法》第101条)。股东大会年会，每年召开一次。其召集时间可由章程规定，实践中一般于每个会计年度终了后6个月内召开。临时股东大会，是在一定情形发生时召开的股东大会。《公司法》第101条规定，如发生如下情况之一的，应当在2个月内召开临时股东大会：(1)董事人数不足公司法规定的人数或者公司章程所定人数的2/3时；(2)公司未弥补的亏损达实收股本总额的1/3时；(3)单独或者合并持有公司10%以上股份的股东请求时；(4)董事会认为必要时；(5)监事会提议召开时。此外，公司章程也可以规定公司在上述情形以外的其他情形发生时，公司应召开临时股东大会。

3. 股东大会的召集和主持

股东大会会议由董事会负责召集，由董事长主持。如董事长不能履行职务或者不履行职务时，由副董事长主持。副董事长不能履行职务或者不履行职务时，由半数以上董事共同推举一名董事主持。董事会不能履行或者不履行召集股东大会会议职责的，监事会应当及时召集和主持。监事会不召集和主持的，连续90日以上单独或者合计持有公司10%以上股份的股东可以自行召集和主持(《公司法》第102条)。

股份有限公司召开股东大会，应当于会议召开20日以前将会议召开的时间、地点和审议的事项通知各股东。临时股东大会应当于会议召开15日前通知各股东。如股份有限公司发行无记名股票的，则应当于股东大会会议召开30日前将会议召开时间、地点和审议的事项作公告(《公司法》第103条第1款)。

股东大会审议的提案通常由董事会或者监事会提出。但是股东也有权提出临时提案。单独或者合计持有公司3%以上股份的股东，可以在股东大会召开10日前提出临时提案并书面提交董事会。董事会应当在收到提案后2日内通知其他各股东，并将该临时提案提交股东大会审议。临时提案的内容应当属于股东大会职权范围，并有明确议题和具体决议事项(《公司法》第103条第2款)。

股东参加股东大会，可以亲自出席，也可以委托代理人出席，代理人出席股东大会时，应当向公司提交股东授权委托书，并在授权范围内行使表决权(《公司法》第107条)。无记名股票持有人出席股东大会的，应当于会议召开5日以前至股东大会闭会时止将股票交存于公司(《公司法》第103条第4款)。

4. 股东表决权的行使

(1)股东表决权的行使原则。我国《公司法》第104条规定,股东出席股东大会,其所持有的每一股份均有一表决权。但是公司持有的本公司股份没有表决权。各国公司法均施行此一股一表决权的制度,这是股东权利平等原则的体现。一股一表决权制度属于公司法上的强制性规定,因此不允许在法律之外由当事人作任何形式的限制。如公司章程作出与此不同的规定或者公司股东之间作出与此不同的约定,均应当认定无效。

然而,一股一表决权制度也存在例外规定。如前所述,现代公司法均允许公司发行特别股份,目的是便于公司筹资。因此,在那些允许发行特别股份的国家和地区,其公司法允许公司以章程对其所发行的特别股份(通常为优先股)的表决权作出限制性的规定,如《德国股份法》第12条第1款规定,优先股可以作为无表决权股发行。

(2)股东表决权行使的法律限制。为了保证股东大会的决议能公正地体现多数股东们的普遍意思,避免特定表决权的行使损害股东大会决议的公正性,各国公司法通常规定了限制股东表决权行使的个别情形。即在法律所规定的情形存在时,处于该情形的特定股东所持有的股份不享有表决权。此种限制仅是一定条件下的暂时限制,一旦该特定情形消除,对股份的表决权的限制也即不复存在。通常,该特定情形包括:①自己股份。公司持有的自己股份,在公司持有期间无表决权(《公司法》第104条);[①]②相互持有的股份。两个公司之间,一方持有另一方的股份先达一定比例时,后者所持有的前者股份即无表决权;[②]③关联交易的表决。如果股东与公司之间发生交易,该股东不得参加关于该交易事项的表决;[③]④有特别利害关系的情形。例如,如果股东大会的决议与某个特定股东在其股东身份之外的其他方面的利益有利害关系时,如关于该股东是否应当免责,是否应当免除一项义务,或是否免除公司对该股东的一项请求权,等等,该股东所持有的股份无表决权。[④] 以上提及的股份的表决权也不能由他人代理行使,而且该股东也不能代理他人行使表决权。

(3)股东表决权的代理行使。如前所述,在我国,股东可以亲自出席股东大会,也可以委托代理人出席股东大会行使表决权。由此可见,我国《公司法》不承认表决权的书面行使方式,但承认股东表决权代理行使制度。但我国《公司法》未就代理人的资格、人数、撤回等事项作出规定。应当认为,凡是具有民事行为能力的自

---

① 如《日本公司法》第308条;《德国股份法》第71b条;韩国《商法典》第369条第2款。

② 如韩国《商法典》第369条第3款;《日本公司法》第499条。

③ 根据《公司法》第16条规定,公司为公司股东或者实际控制人提供担保的,必须经股东大会决议。该股东或者受该实际控制人支配的股东,不得参加该担保事项的表决。该项表决由出席会议的其他股东所持表决权的过半数通过。

④ 如《德国股份法》第136条第1款;韩国《商法典》第368条第4款。

然人、法人均可作为代理人，而不以公司股东为限。代理人可以是一人，也可以是两人以上，[①]如为两人以上时应当共同行使表决权。同一代理人也可以同时代理两名以上股东行使表决权，但为了防止个别股东乃至股东外的第三人借代理行使表决权之机，操纵公司决策权，有的国家和地区的公司法对该代理人代理行使表决权作出一定的限制。[②] 由于表决权代理行使制度是为股东的利益而设立，因此，股东可随时撤回其代理权，以便亲自行使表决权或另觅他人代理，但股东在撤回其代理权时，应当收回其所出具的书面委托书，或者出具撤销该委托书的声明。

值得注意的是，实践中，表决权的代理行使，通常与表决权代理行使的劝诱相联系。所谓表决权代理行使的劝诱，又称委托书劝诱，指公司或者公司以外的人将记载必要事项的空白授权委托书交付公司股东，劝说股东选任自己或者第三人代理行使其表决权的民事行为。该劝诱可以是无偿的，也可以是有偿的。通常，委托书劝诱的目的有二：一是公司为了股东大会的召开具备法定人数或者使董事会提出的议案得以被通过。在此场合下，一般由公司的经营管理人员代位行使表决权；二是公司以外的人（包括股东）为争夺公司的经营权。在此场合下，通常会出现委托书劝诱的竞争。委托书劝诱虽有确保股东大会机能正常发挥的积极作用，但也不能避免被滥用以达操纵公司牟取私利的情形发生。因此，有必要对委托书的劝诱加以法律管制。[③]当前，美国、日本等国的证券法均对此作出较为详细的规定。[④]

5. 股东大会决议

股东大会会议施行股份多数决定的原则，即股东大会依持有多数股份的股东的意志作出决议。为保证此原则的施行，股东大会召开时，应当由代表股份多数的股东出席，并由出席会议的股东所持表决权的多数通过。值得注意的是，股东大会实行股份多数决定原则，但也可有例外的规定。一方面，为防止大股东操纵股东大会，公司可以章程限制其表决权，通常是如某一股东所持有股份达到章程所规定的

---

① 但我国台湾地区《公司法》第177条规定，一股东以出具一委托书，并以委托一人为限。

② 如我国台湾地区《公司法》第177条规定，除信托事业或经证券主管机关核准之股务代理机构外，一人同时受二人以上股东委托时，其代理之表决权不得超过已发行股份总数表决权之3%，超过时其超过之表决权不予计算。

③ 根据证券监督管理委员会、国家经济贸易委员会于2002年1月7日联合发布的《上市公司治理准则》第10条的规定，上市公司的董事会、独立董事和符合有关条件的股东可向上市公司的股东征集其在股东大会上的投票权。投票权的征集应采取无偿的方式进行，并应向被征集人充分披露信息。

④ 刘俊海：《股份有限公司股东权的法律保护》，法律出版社1997年版，第145～147页。

一定比例时,其超过比例部分的股份的表决权受一定的限制。[①] 另一方面,当股东大会以多数表决权通过决议时,有异议的股东可在一定情形下行使股份收买请求权,即有异议的股东可享有请求公司收购其所持有的股份的权利,以保护持异议股东的投资利益。[②]

股东大会会议所审议的事项,必须是股东大会会议通知和公告中所列明的事项,并均以决议的方式作出决定。股东大会不得对会议通知和公告中未列明的事项作出决议(《公司法》第103条第3款)。此外,《公司法》和公司章程规定公司转让、受让重大资产或者对外提供担保等事项必须经股东大会作出决议的,董事会应当及时召集股东大会会议,就以上事项进行表决(《公司法》第105条)。我国《公司法》未规定股东大会召开时出席股东所代表的股份须达到的最低股份数,而是根据股东大会决议通过所需表决权多少的不同,将股东大会决议分为特别决议和普通决议。特别决议是对公司重大事项所作的决议,需经出席会议的股东所持表决权的特别多数通过。《公司法》规定,下列决议事项须经出席会议的股东所持表决权的2/3以上通过:(1)对公司合并、分立、解散或者变更公司形式作出决议;(2)修改公司章程的决议;(3)增加或者减少注册资本的决议(《公司法》第104条)。对于上市公司而言,如果上市公司在一年内购买、出售重大资产或者担保金额超过公司资产总额30%的,应当由股东大会做出决议,并经出席会议的股东所持表决权的2/3以上通过(《公司法》第122条)。普通决议指对须经特别决议的事项以外的其他事项作出的决议,普通决议只须经出席会议的股东所持表决权的过半数通过即可(《公司法》第104条)。股东大会作出决议后,应当对所议事项的决定作成会议记录,由主持人、出席会议的董事签名。会议记录应当与出席股东的签名册及代理出席的委托书一并保存(《公司法》第108条)。

如果股份有限公司的股东大会召集程序或表决方式违反法律、行政法规或者公司章程,或者其作出的决议内容违反法律、行政法规或者公司章程时,利益相关

---

① 如根据《德国股份法》第134条的规定,非上市公司的某一特定股东拥有数股时,章程可通过规定一个最高金额或规定等级,对表决权进行限制。我国《公司法》对于如何防止大股东利用资本多数决原则操纵股东大会未作规定。但是对于上市公司,2004年12月7日由中国证券监督委员会发布的《关于加强社会公众股股东权益保护的若干规定》规定了"社会公众股股东表决制度",即规定上市公司的某些重大事项,例如向社会公众增发新股、发行可转换公司债券、向原有股东配售股份、重大资产重组、重大资产购买、股东以本公司股权偿还所欠公司债务、有重大影响的附属企业到境外上市、公司发展中对社会公众股有重大影响的相关事项,除了经全体股东大会表决通过,还应当经参加表决的社会公众股股东所持表决权的半数以上通过,方可实施或者提出申请。但是,值得注意的是,该项表决制度是以当前我国上市公司股权分置为前提的,如果该前提不存在,该项表决制度无适用余地。此外,实行该项表决制度的目的在于保护社会公众股股东的利益,与限制大股东滥用资本多数决原则的制度设计的旨趣并不完全一致。

② 值得注意的是,我国《公司法》第143条仅仅规定了股东对股东大会做出公司合并、分立决议持异议时,可要求公司收购其股份。

主体应当有救济途径。我国《公司法》第22条赋予股东向人民法院提起宣告决议无效或者撤销决议的诉讼权利。

二、股份有限公司的董事和董事会

（一）董事

董事是股份有限公司董事会的组成人员。在股份有限公司中，董事包括股东代表担任的董事以及由职工代表担任的董事。股东代表担任的董事由股东大会选举产生，职工代表担任的董事由公司职工通过职工代表大会、职工大会或者其他形式民主选举产生（《公司法》第109条）。为了保障中小股东选择公司管理者权利的实现，股东大会选举董事，还可以依照公司章程的规定或者股东大会决议，实行累积投票制。所谓累积投票制，是指股东大会选举董事时，每一股份拥有与应选董事人数相同的表决权，股东拥有的表决权可以集中使用（《公司法》第106条）。①

股份公司董事任职资格与有限责任公司董事的任职资格相同，也没有股东身份、国籍和住所等条件的限制。董事任期由公司章程规定，但每届任期不得超过3年，董事任期届满后可连选连任。董事任期届满未及时改选，或者董事在任期内辞职导致董事会成员低于法定人数的，在改选出的董事就任前，原董事仍应当依照法律、行政法规和公司章程的规定，履行董事职务。

股份有限公司董事在公司中的地位与有限公司的董事相同，与公司之间均属于委任关系，因此其享有的权利、承担的义务和责任与有限公司董事相同。例如，董事可向公司主张报酬请求权，董事的报酬由股东大会决定；董事享有为完成其职务所需的权利，如出席董事会的权利、表决权等。同时，作为受任人，董事应当对公司负有忠实义务和勤勉义务。因此，董事应当遵守公司章程，忠实履行职务，维护公司利益，不得利用在公司的地位和职权为自己牟取私利。如果执行公司职务时违反法律、行政法规或公司章程的规定，给公司造成损害的，应当承担赔偿责任，如果执行公司职务时致使他人（包括股东）受到损害的，也应当对受害人承担赔偿责任。股东可以依法对董事提起派生诉讼和直接诉讼。

在我国上市公司中，《公司法》要求设立独立董事（《公司法》第123条）。根据国务院证券监督管理委员会2001年8月16日发布的《关于在上市公司建立独立

---

① 显然，根据《公司法》的规定，我国现阶段的累积投票制实际上是任意性的，非强制性的制度，是否采用累积投票制，主要取决于控股股东的意愿，因此难以有效保障中小股东选择公司管理者权利的实现。针对这种情况，证券监督管理委员会、国家经济贸易委员会于2002年1月7日联合发布的《上市公司治理准则》第31条规定，股东大会在董事选举中应积极推行累积投票制度，控股股东控股比例在30%以上的上市公司，应当采用累积投票制。这一规定在一定程度上弥补了《公司法》关于累积投票制规定的不足。

董事制度的指导意见》的规定，独立董事是指不在公司担任除董事外的其他职务，并与其所受聘的上市公司及其主要股东不存在可能妨碍其进行独立客观判断的关系的董事。独立董事对上市公司及全体股东负有诚信与勤勉义务。独立董事应当按照相关法律法规、以上指导意见和公司章程的要求，认真履行职责，维护公司整体利益，尤其要关注中小股东的合法权益不受损害。独立董事应当独立履行职责，不受上市公司主要股东、实际控制人或者其他与上市公司存在利害关系的单位或个人的影响。在与公司的关系上，独立董事与其他董事并无差异。

(二)董事会

1. 董事会的地位和性质

董事会是股份有限公司依法设立的由全体董事组成的公司经营决策和业务执行机关。在股份有限公司中，董事会是必设机关，董事会对内执行公司业务，对外代表公司，向公司的股东大会负责。同时，董事会又是常设机关，在股份有限公司的经营活动存续期间，董事会始终存在。

2. 董事会的组成

股份有限公司的董事会由5至19名董事构成(《公司法》第109条)。董事会设董事长一人，并可以设副董事长。董事长和副董事长由董事会以全体董事的过半数选举产生(《公司法》第110条)。董事长可以根据公司章程的规定成为公司的法定代表人(《公司法》第13条)。董事长召集和主持董事会会议，检查董事会决议的实施情况。副董事长协助董事长工作，董事长不能履行职务或者不履行职务的，由副董事长履行职务。副董事长不能履行职务或者不履行职务的，由半数以上董事共同推举一名董事履行职务(《公司法》第110条)。

3. 董事会的职权

根据我国《公司法》第109条的规定，股份有限公司的董事会对股东大会负责，行使与有限责任公司董事会相同的职权。因此，股份有限公司的董事会应当行使下列职权：(1)负责召集股东会，并向股东会报告工作；(2)执行股东会决议；(3)决定公司的经营计划和投资方案；(4)制订公司的年度财务预算方案、决算方案；(5)制订公司的利润分配方案和弥补亏损方案；(6)制订公司增加或减少注册资本的方案；(7)拟订公司合并、分立、变更公司形式、解散的方案；(8)决定公司内部管理机构的设置；(9)决定聘任或解聘公司经理(总经理)及其报酬事项，并根据经理的提名，聘任或解聘公司副经理、财务负责人及其报酬事项；(10)制定公司的基本管理制度；(11)公司章程规定的其他职权。

但是，上市公司的独立董事，根据国务院的相关规定行使特别的职权(《公司

法》第123条)。[①] 此外,董事会还应当负责申请公司设立登记(《公司法》第84条、第93条);申办发行新股的手续(《公司法》第135条);制备公司的账册、股东大会会议记录、财务会计报告等公司文书(《公司法》第166条)。

4. 董事会会议的召集、议事方式和表决

股份有限公司的董事会会议可分为定期会议和临时会议两种。董事会的定期会议每年至少召开两次,每次会议应当于会议召开10日前通知全体董事和监事(《公司法》第111条)。临时会议,可以随时召开,其召集的通知方式和通知时限可由公司自行决定,通常由公司章程加以规定。代表1/10以上表决权的股东、1/3以上董事或者监事会,可以提议召开董事会临时会议。董事长应当自接到提议后10日内,召集和主持董事会会议。

董事会会议应当由过半数的董事出席方可举行。董事会会议的表决,实行一人一票。董事会作出决议,也实行多数决的原则,须经全体董事的过半数通过(《公司法》第112条)。上市公司董事与董事会会议决议事项所涉及的企业有关联关系的,不得对该事项决议行使表决权,也不得代理其他董事行使表决权。该董事会会议由过半数的无关联关系董事出席即可举行,董事会会议所作决议须经无关联关系董事过半数通过。出席董事会的无关联关系董事人数不足3人的,应当将该事项提交上市公司股东大会审议(《公司法》第125条)。[②]

董事应当亲自出席董事会会议,出席董事会会议不仅是董事的权利,也是其应尽的义务。如因故不能出席,董事不能以书面方式参加董事会的表决,仅可书面委托其他董事代为出席董事会,而不能委托本公司董事以外的任何人作为其代理人。董事委托其他董事代为出席董事会会议的书面授权委托书,应当载明授权范围(《公司法》第113条)。

董事会作出决议后,应当对会议所议事项的决定作成会议记录,该会议记录上应当载明各董事对于所议事项进行表决时所持的态度,并由出席会议的董事在会议记录上签名(《公司法》第113条)。

5. 董事对董事会决议的责任

《公司法》规定,董事对董事会的决议承担责任。董事会作出决议时,应当程序合法、方式合法、内容合法。如董事会的决议违反法律、行政法规或者公司章程、股东大会决议,致使公司遭受严重损失的,参与决议的董事应当对公司负赔偿责任。但经证明在表决时曾表明异议并记载于会议记录的,该董事可免除责任(《公司法》

① 关于独立董事的特别职权,详见国务院证券监督管理委员会2001年8月16日发布的《关于在上市公司建立独立董事制度的指导意见》第5条的规定。

② 值得注意的是,我国《公司法》上述关于董事表决权所作的限制仅针对上市公司的董事,限制的事项仅限于关联关系事项。因此对于董事表决权的限制范围十分有限。有的国家公司法则规定,如董事会所议事项与某一董事具有特别的利害关系,则该董事不得参加表决。参见[韩]李哲松:《韩国公司法》,吴日焕译,中国政法大学出版社2000年版,第454页。

第113条)。如董事会决议内容违反法律、行政法规,决议无效。如果董事会的召集程序、表决方式违反法律、行政法规或者公司章程,或者决议内容违反公司章程,为可撤销的决议。股东有权向人民法院提起宣告该决议无效或者撤销决议的诉讼(《公司法》第22条)。

(三)经理

在股份有限公司中,经理是必设机关,负责公司日常经营管理的人员。经理对董事会负责,是董事执行业务时的辅助机构。经理列席董事会会议,行使与有限责任公司经理相同的职权(《公司法》第114条)。因此,股份有限公司的经理依法行使下列职权:(1)主持公司的生产经营管理工作,组织实施董事会决议;(2)组织实施公司年度经营计划和投资方案;(3)拟订公司内部管理机构设置方案;(4)拟订公司的基本管理制度;(5)制定公司的具体规章;(6)提请聘任或解聘公司副经理、财务负责人;(7)聘任或解聘除应由董事会聘任或解聘以外的负责管理的人员;(8)董事会授予的其他职权。

经理由董事会聘任或者解聘,其任职资格适用有关董事任职资格的规定。经公司董事会决定,董事可兼任经理。在执行职务时,经理对公司负有的义务、承担的责任与董事相同,应当对公司负忠实义务和勤勉义务,应当遵守公司章程,忠实履行职务,维护公司利益,不得利用在公司的地位和职权为自己牟取私利,并应股东大会要求列席股东大会会议和接受股东质询。如果执行公司职务时违反法律、行政法规或公司章程的规定,给公司造成损害的,应当承担赔偿责任,如果执行公司职务时致使他人(包括公司股东)受到损害的,也应当对受害人承担赔偿责任。股东可以依法对之提起派生诉讼和直接诉讼。

三、股份有限公司的监事和监事会

(一)监事

监事是股份有限公司内部设立的专门监督机关的组成人员。监事不得由公司董事、高级管理人员兼任(《公司法》第118条第4款),应当是公司的股东代表或者公司的职工代表,其消极资格与董事相同。股东代表出任的监事由股东会选任和解任;职工代表出任的监事由公司职工通过职工代表大会、职工大会或者其他形式民主选举产生(《公司法》第118条第2款)。监事的任期每届为3年,任期届满后可连选连任。监事任期届满未及时改选,或者监事在任期内辞职导致监事会成员低于法定人数的,在改选出的监事就任前,原监事仍应当依照法律、行政法规和公司章程的规定,履行监事职务(《公司法》第118条第5款)。

监事与董事相同,与公司之间也处于委任关系,也应当对公司负有忠实义务和

勤勉义务，应当依照法律、行政法规、公司章程的规定以及股东大会的决议，忠实履行监督职责。对于执行公司职务时违反法律、行政法规或公司章程的规定而给公司造成的损害，监事应当承担赔偿责任，股东可以依法提起派生诉讼。如果监事执行公司职务时致使他人受到损害的，也应当对受害人承担赔偿责任。

（二）监事会

监事会是股份有限公司内部设置的专门监督机构，负责对公司的经营活动及董事、经理的职务行为进行监督，是股份有限公司中的常设机关、必设机关。监事会成员不得少于 3 人，分别由股东代表和适当比例的公司职工代表组成，其中职工代表的比例不得低于 1/3，具体比例由公司章程规定（《公司法》第 118 条第 1 款、第 2 款）。

监事会设主席 1 人，可以设副主席。董事会主席和副主席由全体监事过半数选举产生。监事会主席召集和主持监事会会议。监事会主席不能履行职务或者不履行职务时，由副主席召集和主持。副主席不能履行职务或者不履行职务时，由半数以上监事共同推举 1 名监事召集和主持监事会会议。（《公司法》第 118 条第 3 款）。

股份有限公司的监事会行使职权所必需的费用由公司承担，职权与有限公司监事会的职权相同（《公司法》第 119 条）。因此，股份有限公司监事会依法行使下列职权：(1)检查公司财务；(2)对董事、经理执行公司职务时违反法律、法规或公司章程的行为进行监督，对违反法律、行政法规、公司章程或者股东会决议的董事、高级管理人员提出罢免的建议；(3)当董事、高级管理人员的行为损害公司的利益时，要求董事、高级管理人员予以纠正；(4)提议召开临时股东会，在董事会不履行《公司法》规定的召集和主持股东会会议职责时召集和主持股东会会议；(5)向股东会会议提出议案；(6)根据《公司法》的相关规定对董事、高级管理人员提起诉讼；(7)公司章程规定的其他职权。

股份公司的监事会可分定期会议和临时会议。定期会议的召开时间可以由公司章程规定，但每 6 个月至少召开一次会议。监事可以提议召开临时监事会会议。监事会会议决议应当经半数以上监事通过，关于所决议的事项的决定应当作成会议记录，出席会议的监事应当在会议记录上签名。除以上事项以外，公司章程可对监事会的议事方式和表决程序作补充规定（《公司法》第 120 条）。

第五节　上市公司

一、上市公司的概念

上市公司是股份有限公司的一种类型，是指其股票可以在证券交易所上市交易的公司(《公司法》第121条)。在我国,股份有限公司的股票可在境内或境外上市,或者在两地同时上市。其股票在境内上市的股份有限公司,其股票可分为人民币股(A股)和以人民币标明面值但需以外币认购和交易的股票(B股)。然而,以人民币标明面值并在香港联合交易所上市且需以港元认购和交易的股票为H股。在香港上市亦称为境外上市。

二、股票上市的条件和程序

(一)上市条件

根据《证券法》第50条的规定,股份有限公司申请其股票上市,必须符合以下条件:(1)股票经国务院证券监督管理机构核准已向社会公开发行;(2)公司股本总额不少于人民币3000万元;(3)公开发行的股份达公司股份总数的25%以上;公司股本总额超过人民币4亿元的,公开发行的股份的比例为10%以上;(4)公司在最近3年内无重大违法行为,财务会计报告无虚假记载。此外,证券交易所可以规定高于上述的上市条件,并报国务院证券监督管理机构批准。

在我国,国务院可根据具体情况,另行制定股份有限公司直接或者间接到境外发行证券或者将其证券在境外上市的条件和办法。如国务院于1994年8月发布《关于股份有限公司境外募集股份及上市的特别规定》,以规范股份有限公司的境外募股及上市活动。《证券法》第238条规定,其股票到境外直接或者间接发行或者上市的股份有限公司,须经国务院证券监督管理机构批准。

(二)上市程序

1. 申请上市

根据《证券法》第48条的规定,股份有限公司申请其股票上市交易,应当向证券交易所提出,由证券交易所依法审核同意,并由双方签订上市协议。根据《证券法》第52条的规定,应当向证券交易所提交以下文件:(1)上市报告书;(2)申请上市的股东大会决议;(3)公司章程;(4)公司营业执照;(5)依法经会计师事务所审计的公司最近3年的财务会计报告;(6)法律意见书和上市保荐书;(7)最近一次的招股说明书;(8)证券交易所上市规则规定的其他文件。

2. 公告股票上市报告

根据《证券法》第53条的规定,股票上市交易申请经证券交易所审核同意后,签订上市协议的公司应当在规定的期限内公告股票上市的有关文件,并将该文件存放在指定的地点供公众查阅。此外,根据《证券法》第54条的规定,上市公司除应当公告其以上文件外,还应当公告下列事项:(1)股票获准在证券交易所交易的日期;(2)持有公司股份数量最多的前10名股东的名单和持股数额;(3)公

司的实际控制人;(4)董事、监事、高级管理人员的姓名及持有本公司股票和债券的情况。

3. 依法上市交易

股票上市交易申请经证券交易所审核同意后,签订上市协议的公司完成相关公告后,由证券交易所安排该公司股票的上市交易。

三、上市公司的信息披露

股份有限公司的股票上市交易后,必须公开其财务状况和经营状况,以维护交易安全和社会经济秩序的稳定,保护社会公众的利益。持续信息披露是上市公司的责任。上市公司应严格按照法律、行政法规、公司章程的规定,真实、准确、完整、及时地披露信息。上市公司披露的信息还应当便于理解,并应保证使用者能够通过经济、便捷的途径获得信息。关于上市公司信息披露的内容,上市公司必须按照法律、行政法规的规定进行。《证券法》则进一步规定了上市公司的持续信息公开义务。①

根据证券监督管理委员会、国家经济贸易委员会于 2002 年 1 月 7 日联合发布的《上市公司治理准则》第 7 章"信息披露和透明度"的规定,上市公司还应进行公司治理信息的披露,以及股东权益的披露。

在公司治理信息的披露方面,上市公司应按照法律、法规及其他有关规定,披露公司治理的有关信息,包括但不限于:(1)董事会、监事会的人员及构成;(2)董事会、监事会的工作及评价;(3)独立董事工作情况及评价,包括独立董事出席董事会的情况、发表独立意见的情况及对关联交易、董事及高级管理人员的任免等事项的意见;(4)各专门委员会的组成及工作情况;(5)公司治理的实际状况,及与本准则存在的差异及其原因;(6)改进公司治理的具体计划和措施。

在股东权益的披露方面,上市公司应按照有关规定,及时披露持有公司股份比例较大的股东以及一致行动时可以实际控制公司的股东或实际控制人的详细资料;应及时了解并披露公司股份变动的情况以及其他可能引起股份变动的重要事项;当上市公司控股股东增持、减持或质押公司股份,或上市公司控制权发生转移时,上市公司及其控股股东还应及时、准确地向全体股东披露有关信息。

此外,上市公司除按照强制性规定披露信息外,还应主动、及时地披露所有可能对股东和其他利益相关者决策产生实质性影响的信息,并保证所有股东有平等的机会获得信息。

---

① 详见《证券法》第三章"证券交易"第三节"持续信息公开"。

四、股票上市的暂停与终止

根据《证券法》第55条的规定，股份有限公司的股票上市交易后，如出现以下情形时，由证券交易所决定暂停其股票上市：(1)公司股本总额、股权分布等发生变化不再具备上市条件；(2)公司不按规定公开其财务状况，或者对财务会计报告作虚假记载，可能误导投资者；(3)公司有重大违法行为；(4)公司最近3年连续亏损；(5)证券交易所上市规则规定的其他情形。

根据《证券法》第56条的规定，上市公司有下列情形之一的，由证券交易所决定终止其股票上市：(1)公司股本总额、股权分布等发生变化不再具备上市条件，在证券交易所规定的期限内仍不能达到上市条件；(2)公司不按规定公开其财务状况，或者对财务会计报告作虚假记载，且拒绝纠正；(3)公司最近3年连续亏损，在其后一个年度内未能恢复盈利；(4)公司解散或者被宣告破产；(5)证券交易所上市规则规定的其他情形。

由此可见，股份有限公司的股票被暂停上市后，应当在规定期限内进行整改，如暂停上市的事由未造成严重后果或者能够在规定期限内消除的，则可申请重新恢复上市。

司法考试真题链接

1. 甲上市公司在成立6个月时召开股东大会，该次股东大会通过的下列决议中哪项符合法律规定？(2006年司法考试真题)

A. 公司董事、监事、高级管理人员持有的本公司股份可以随时转让

B. 公司发起人持有的本公司股份自即日起可以对外转让

C. 公司收回本公司已发行股份的4%用于未来1年内奖励本公司职工

D. 决定与乙公司联合开发房地产，并要求乙公司以其持有的甲公司股份作为履行合同的质押担保

2. 某国有企业拟改制为公司，除5个法人股东作为发起人外，拟将企业的190名员工都作为改制后公司的股东，上述法人股东和自然人股东作为公司设立后的全部股东。根据我国公司法的规定，该企业的公司制改革应当选择下列哪种方式？(2007年司法考试真题)

A. 可将企业改制为有限责任公司，由上述法人股东和自然人股东出资并拥有股份

B. 可将企业改制为股份有限公司，由上述法人股东和自然人股东以发起方式设立

C. 企业员工不能持有公司股份，该企业如果进行公司制改革，应当通过向社会公开募集股份的方式进行

D. 经批准可以突破有限责任公司对股东人数的限制，公司形式仍然可为有限责任公司

3. 华胜股份有限公司于2006年召开董事会临时会议，董事长甲及乙、丙、丁、戊等共五位董事出席，董事会中其余4名成员未出席。董事会表决之前，丁因意见与众人不合，中途退席，但董事会经与会董事一致通过，最后仍作出决议。下列哪些选项是错误的？（2008年司法考试真题）

A. 该决议有效，因其已由出席会议董事的过半数通过

B. 合资企业章程中可以约定由公司总经理担任公司的法定代表人

C. 合资企业作为有限责任公司应按照《公司法》规定设股东会作为其权力机构

D. 合资企业合同只能约定按各方的出资比例分配利润

4. 关于股份有限公司的设立，下列哪些表述符合《公司法》规定？（2010年司法考试真题）

A. 股份有限公司的发起人最多为200人

B. 发起人之间的关系性质属于合伙关系

C. 采取募集方式设立时，发起人不能分期缴纳出资

D. 发起人之间如发生纠纷，该纠纷的解决应当同时适用《合同法》和《公司法》

第七章 外国公司分支机构

【引 例】外国公司分支机构的清算

日本A公司于2008年10月在北京依法设立了商务办事处B,该商务办事处的负责人为中国公民赵某。2009年2月,通过B并由赵某经手,A公司与中国天津某机电产品公司D签订了购买D公司机电产品的购销合同。D公司按合同规定于2009年4月交货,但到约定的付款期A公司未付任何货款。D公司经查得知A公司因违法而正被美国政府追查。同年6月15日,A公司被政府强制关闭,商务办事处B也不得不撤销。D公司马上向中国法院起诉,要求以办事处B的财产偿还D公司的货款。

本案中外国公司的分支机构撤销时,必须依照中国《公司法》进行清算,未清偿债务之前,不得将其财产转移至中国境外。B作为A的分支机构,其财产属于A,债权人可要求以B支配的财产清偿A公司所欠D公司债务。所以D可以诉请法院要求以B的财产清偿A公司所欠其债务。如果B的财产不足以清偿D的货款,D可以要求A公司清偿,因为B作为A的分支机构,没有独立的法人资格,其民事责任应该由A来承担。

改革开放以来,随着我国贸易额的大幅提升及投资环境的改善,外国公司、企业和公民纷纷来我国投资办厂、设立分支机构,为我国扩大国际经济交往注入了巨大的能量和动力。为了确立外国公司及其分支机构在我国的法律地位,规范其经营活动,进一步促进国内外经济合作,方便外国企业来华从事商业活动,我国《公司法》和世界多数国家的公司法一样,对外国公司分支机构的活动予以法律规范。目的是为了对外国公司在本国的活动进行规范,而并不规范外国公司本身,其重要意义在于为外国公司在本国顺利开展业务提供法律依据。《公司法》以专章对外国公司的分支机构的有关法律问题作了规定,成为调整因外国公司设立分支机构所发生的各种经济关系的重要法律依据。

第一节　外国公司分支机构概述

一、外国公司概述

(一)外国公司的概念和特征

1. 外国公司的概念

外国公司是指依照外国法律在中国境外设立的公司。按照《公司法》第192条的规定:“外国公司是指依照外国法律在中国境外登记成立的公司。”

2. 外国公司具有的法律特征如下:

(1)按照外国法律在中国境外组建、注册

外国公司是指依照外国公司法规定的条件和程序在外国注册成立的公司。在中国境外登记成立的公司,对于中国来讲,就是一种外国公司。由于我国在香港、澳门地区实行特别行政区特有的法律制度,台湾地区尚未实现统一,故而在以上三个地区依当地“公司法”设立的公司,在管理上也视同为外国公司。

(2)外国公司具有外国国籍

我国《公司法》对外国公司的确定采用设立准据法主义兼设立行为地主义的双重标准,只要外国公司具有与其设立时所依据的法律和登记注册地国相同的国籍,即具有外国国籍,是外国的企业法人。

(3)经申请获准在本国取得直接经营的资格

在本国取得直接经营的资格在公司法上是有特定的含义的:(1)须在本国设立代表该外国公司的经营机构。不设机构的外国公司偶尔与本国的公司有贸易往来,甚至有长期的贸易往来,均不被认为是本国的外国公司。即外国公司分支机构在中国的存在不以业务量为依据,而要求有机构设立;(2)设立的机构只能是分公司,而不能是子公司或代表处。这是因为只有设立分公司时,外国公司才以其名义在本国取得经营之认许,领取《营业执照》,国家对其进行常规管理。而外国公司在中国设立的代表处不能在中国进行营利性活动,代表处的作用在于商务市场考察和联络,但未取得经营之资格。外国公司在中国设立的子公司由于是依中国《公司法》成立,是中国的企业法人,具有中国国籍,故不属于《公司法》上的外国公司范畴。

可见,公司法上的外国公司,实质是在中国设立分公司的外国公司。

(二)外国公司国籍的确定[①]

国籍通常是确定公司权利和义务的基础,同时也是该公司从事域外活动的根据。如何确定公司的国籍,即如何确定一国境内的公司是本国公司还是外国公司,直接涉及到该公司在东道国的待遇问题,也涉及到这个公司的经营活动受何种法律管辖问题。[②] 各国法律在确定公司的国籍的做法上不尽相同,国际上有不同的做法,主要可概括如下:

1. 准据法说

以公司设立时所依据的法律为标准来确定公司的国籍,即公司是依哪一国法律设立的,就在该国取得法律上的人格。对于该公司事实上的经营场所或主要办事机构是否设在该国则在所不问。由于公司设立的准据法一般就是公司的注册登记地法,所以,这种学说与设立行为地主义基本上是吻合的。这是目前世界各国通行的做法,一般称之为准据法说。日本《商法典》第 229 条中关于外国公司国籍的确定即采用设立准据法说。我国《公司法》第 192 条的规定也是采用这一标准。据此,即使是中国人以其所拥有的资金,依外国法律登记成立的公司,也同样是外国公司,其在中国境内设立的分支机构仍属外国公司的分支机构。

2. 股东国籍说

也称资本控制说,即以能够控制该公司的股东的国籍来确定公司的国籍,凡能够控制该公司的股东是外国人的即为外国公司,反之则为本国公司。依此学说确定公司国籍的弊端有四:一是会使公司的国籍不稳定。尤其是股份有限公司,其股东具有很大的流动性,股东国籍构成处于不断变动之中,弄清公司的资本真正为何国人控制并非易事,因此也就难以确定公司的国籍;二是可能影响东道国对公司管辖权的行使。如果一个公司在东道国登记成立从事经营,但由于其主要股东或多数股东是外国人,该公司的许多事务就会处于东道国的法律管辖之外;三是不利于公司开展经营活动。如在东道国注册经营的外国公司,因能够控制该公司的股东的国籍不是东道国,则该公司的生产经营活动及合法权益就不能受到东道国法律的充分保护;四是在股东国籍相异时,究竟应依人数还是依出资额多少来确定其国籍,难以确定。尤其是发行无记名股票的股份有限公司,其国籍就更难确定。有鉴于此,现在多数国家均不以股东国籍来确定公司的国籍。

3. 设立行为地说

也称登记地主义,该学说认为,公司只有经过登记地国家的批准,予以核准登记,才能取得法律地位。即依公司的注册登记地所在的国家来确定公司的国籍。公司拥有登记地所在国家的国籍。这与设立准据法说的结果通常是一致的。一般

① 范健、王建文:《公司法》,法律出版社 2006 年版,第 377 页。

② 赵旭东:《公司法学》,高等教育出版社 2003 年版,第 461 页。

认为,设立行为地主义的优点主要有二:一是登记地国可以确切了解公司的真正情况;二是以公司的登记地为法人的国籍,其国籍比较固定,不经法人登记国同意,该法人不能变更自己的国籍。这是目前较通行的做法,此说为英美法系国家和其他一些国家所采用,在国际上应用较广。在许多国家的双边条约中,都以注册国作为确定该公司国籍的依据。如1953年签订的"日美通商条约"第22条第3款明确规定:在缔约国一方的领域内根据该国有关法令成立的公司,即被确认为该缔约国的公司。不过,登记地主义也有明显的弊端。比如,公司以登记地国籍为标志,很难看出该公司实际由什么人控制;当事人为达到规避法律的目的,可到设立限制较少的国家去登记,以避免他国法律对其不利的规定。

4. 设立住所地说

以公司主要营业所的所在地来确定国籍,即以公司住所所在的国家来确定公司的国籍。该学说认为,公司的住所是公司的经营管理或经营活动中心,因而公司的国籍应依其住所所在地而定。而各国法律对公司住所有不同的规定,包括营业中心地、总公司所在地、事实上的总公司所在地、公司主要办事机构所在地等。所以借此确定国籍难免出现争议。而且,采用这种公司国籍确定原则,在实践中会出现公司通过变更住所以进一步变更国籍的做法来轻易规避某国法律的管辖。欧洲大陆一些国家确定公司的国籍,多采住所地说,如法国、意大利等国均作如此规定。主要营业所地可能会发生变化,而且有些公司为了逃税或规避某一国家的法律管辖,欺骗性地转移主要营业所,政府往往很难调查和识破这种行为,因而会给东道国的司法管辖带来一定的困难。此说的主要弊端,在于公司可以通过变更住所及国籍的做法,轻易地规避某国法律的管辖。

上述四种学说中,以设立准据法主义为通说,而且这也是目前各国或地区最通行的做法。一些国家在确定公司国籍时,并不单纯采用某一项标准,而是采用复合标准。如沙特阿拉伯1965年的《公司法》和1979年的《外国投资法》均规定,凡具有该国国籍的公司,其主要办事机构、登记成立地均应位于沙特阿拉伯,且全部股东都应是沙特阿拉伯人。[①] 此外,复合标准也被国际公约所接受。如1956年6月1日海牙会议达成的《海牙承认公司公约》规定:"凡公司、社团和财团按照缔约国法律在其国内履行登记或公告手续并设有法定住所地而取得法律人格的,其他缔约国当然应予以承认,只要其法律人格不仅包括进行诉讼能力,而且至少还包含拥有财产、订立合同以及进行其他法律行为能力。"

我国《公司法》第192条规定:"本法所称外国公司是指依照外国法律在中国境外设立的公司。"依该规定,凡依外国法律在中国境外设立的公司,不论其股东具有何国国籍、资金来源如何,都是外国公司,反之,均为中国公司。即使是中国人以其所拥有的资金,依外国法律登记成立的公司,也同样是外国公司。由此可见,我国

① 姚梅镇:《比较投资法》,武汉大学出版社1993年版,第271页。

公司法对外国公司的确定采用设立准据法主义兼设立行为地主义的双重标准，即外国公司的衡量是以公司设立时所依据的法律和登记注册地为标准来确定公司的国籍。

二、外国公司分支机构的概念和特征

（一）外国公司分支机构的概念

所谓外国公司的分支机构，是指外国公司依照本国法律在本国设立的分支机构。在我国，外国公司的分支机构是指外国公司依照我国《公司法》的规定，经我国政府批准，在我国境内设立的从事生产经营活动的经济实体。其不具有中国法人资格，实际上是该外国公司在中国设立的分公司，例如，“甲国某公司乙国分公司”。外国公司进入我国营业，一般可以采取在我国设立分支机构、独资子公司、中外合资经营或合作经营等形式。其中，外国公司在东道国直接设立分支机构，是外国公司进入东道国进行营业活动的重要方式，也是外国公司自身业务活动的一种延伸。

公司法对外国公司分支机构的规定，正如民法对外国人的规定一样，规定的是外国公司分支机构在本国的地位以及本国对外国公司分支机构的许可与监督问题。我国《公司法》和世界多数国家或地区的公司法一样，对于外国公司分支机构的规定，目的是为了对外国公司在中国境内的活动进行规范，而并不是规范外国公司本身。

（二）外国公司的分支机构的特征①

1. 外国公司的分支机构隶属于外国公司

外国公司的分支机构是外国公司在中国境内设立的跨国营业机构，是外国公司权利能力和行为能力的跨国延伸。外国公司分支机构不是独立于外国公司之外的公司，它由外国公司设立，并作为该公司的一部分进行经营活动。因此，外国公司的分支机构是以外国公司法人的存在为前提的。就是说，外国公司在中国境内成立分支机构之前，必须先在其他国家取得公司法人资格。未取得法人资格者，不能到中国境内设立分支机构。

2. 外国公司分支机构应依照我国公司法的规定设立

外国公司基于其经营需要可以设多家分支机构，而在中国的分支机构必须依照中国公司法设立。

3. 外国公司的分支机构是依法在中国境内设立的

外国公司分支机构的设立，是依照我国法律对外国公司的权利义务主体资格

---

① 甘培忠：《企业与公司法学》，北京大学出版社 1998 年版，第 430 页。

及其在中国境内开展营业活动的资格予以确认的结果。我国《公司法》所规定的外国公司分支机构必须依中国法在中国境内设立。

4. 外国公司的分支机构是一种在中国境内从事营利活动的非法人经济组织

外国公司在我国境内依法设立的分支机构，具有从事相应的民事活动的主体资格。无论采用何种名称，都是该公司在我国从事业务活动的机构。外国公司在我国设立的分支机构，必须以营利为目的，否则，即不得设立。如果外国公司无意在东道国开展经营活动，即其所从事的只是一种非营利性活动，则不属于公司法所指的外国公司的分支机构。

5. 外国公司分支机构不具备法人资格

从民事责任看，外国公司的分支机构没有自己的独立财产。我国《公司法》194条规定，外国公司必须向该分支机构拨付与其所从事的经营活动相适应的资金，如国务院对外国公司分支机构的经营资金需要规定最低限额的，应达到该最低限额。外国公司的分支机构所占有、使用的财产乃是外国公司的财产而列入外国公司的资产负债表中。外国公司分支机构的行为，视为该外国公司的行为，外国公司的分支机构所有生产经营活动的后果均应由外国公司承受，外国公司应以自己的全部财产对其分支机构在中国境内进行经营活动承担民事责任。

我国公司法和世界多数国家或地区的公司法一样，对于外国公司分支机构的规定，目的是为了对外国公司在中国境内的活动进行规范，而并不规范外国公司本身。但是，外国公司欲在我国设立分支机构，则必须符合我国公司法及相关法律规定的条件和资格，并经我国政府的认可，受我国法律的约束和保护。

三、外国公司分支机构的法律地位与民事责任的承担

(一)外国公司分支机构的法律地位

外国公司均具有独立的法人地位，外国公司的分支机构在中国不具有法人资格，外国公司的分支机构从属于外国公司，只是外国公司的一个分公司或者办事处、经营场所，是外国公司的组成部分，外国公司需为其分支机构的债务承担责任。外国公司的分支机构虽不具备法人资格，但是它可以在中国境内从事经营活动。在我国，外国公司与其在中国境内设立的分支机构的关系，相当于总公司与分公司的关系。我国《公司法》第196条规定：外国公司在中国境内设立的分支机构不具有中国法人资格。外国公司对其分支机构在中国境内进行经营活动承担民事责任。这是对外国公司分支机构法律地位的明确界定。具体而言，外国公司分支机构的法律地位表现为如下几方面：

1. 外国公司分支机构是其所属的外国公司的一个组成部分，是在我国设立的派出机构，它不属于也不同于外国公司依我国法律在我国境内注册成立的子公司法人。

2. 外国公司分支机构不具有独立的公司法人的内部组织机构，一般不设股东会、董事会及监事会等整套管理机构，而只由该外国公司指定代表人或代理人负责该分支机构的管理。

3. 外国公司分支机构没有自己独立的公司名称和公司章程，而只能以其所属的外国公司的名义进行业务活动，不能使用与其所属公司名称相区别的其他名称。我国《公司法》第195条明确规定：外国公司的分支机构应当在其名称中标明该外国公司的国籍及责任形式。并应当在本机构中置备该外国公司的章程。

4. 外国公司分支机构没有自己的独立财产，其实际占有、使用的财产是该外国公司的财产，列入该外国公司的资产负债表中，其经营业务收入与业务开支的核算纳入其所属公司的统一核算。外国公司分支机构对其经营活动不独立承担民事责任，其业务活动结果由所属外国公司承受，即分支机构的所属公司以自己的全部财产对其分支机构的活动所产生的债务承担责任。

（二）外国公司分支机构民事责任的承担

我国《公司法》第196条规定："外国公司对其分支机构在中国境内进行经营活动承担民事责任。"外国公司的分支机构在中国境内从事经营活动产生的民事责任由所属外国公司承担。当然，外国公司的分支机构在中国境内从事经营活动产生债务时，应当是首先由该分支机构进行清偿，当分支机构不能清偿时，由所属外国公司进行清偿。

综上所述，外国公司的分支机构实质上是具有外国法人资格的外国公司的一部分，它与外国公司的关系类似于总公司与分公司的关系，分支机构不具有独立的法律地位，其国籍与其所属公司相同。另外，外国公司分支机构必须接受中国法律的管辖和国家有关主管部门的监督管理，不允许其有治外法权，外国公司分支机构在我国境内从事生产经营活动，必须依照我国法律、行政法规的规定行使权利并履行义务。其活动不得损害中国的社会公共利益，其合法权益受中国法律的保护。

（三）外国公司分支机构名称的确定

按照《公司法》第202条的规定，外国公司在中华人民共和国境内设立分支机构，应当在其名称中标明该外国公司的国籍和责任形式。《公司法》如此规定，其目的是为了便于该分支机构进行经营活动，便于他人判断是否同该分支机构进行经营往来。外国公司在中华人民共和国境内设立分支机构时，必须按照这一规定进行，否则，公司登记机关即可因其不符合法律规定的条件而不予登记。

四、外国公司分支机构与相关概念的区别

所谓外国公司的分支机构，是指外国公司在中华人民共和国境内设立的不具

有法人资格的从事生产经营活动的经济实体。在此,我们必须明确的是,外国公司的分支机构既不同于外国企业常驻代表机构,也不同于外商独资企业,更不同于外国公司子公司。

外国企业常驻代表机构是指外国的公司、企业以及其他经济组织派驻中国境内的办事机构,虽然它也是非独立核算的非法人组织,但它仅仅代表其所属公司,在中国境内从事一定业务范围的联络、咨询、服务等工作,不直接从事经营活动。对此,我国国务院1983年批准颁布的《外国企业常驻代表机构登记管理办法》中就明确规定,除政府间另有协议的,外国企业常驻代表机构应当“从事非直接经营活动”。可见,外国公司的分支机构和外国企业常驻代表机构不同,前者可以直接开展经营业务,后者只能从事与母公司业务相关的辅助和行政管理活动。

外商独资企业是指依中国有关法律在中国境内设立的全部资本由外国投资者投资的企业,具有中国国籍根据我国有关法律规定,外商独资企业与外国公司的分支机构的主要区别在于:

1. 外商独资企业是依照中国法律在中国境内设立的,具有中国国籍,属于中国企业;而外国公司分支机构本身是外国公司的组成部分,具有外国国籍,属于外国企业。因此,一些国家或地区的公司法中将这种外国公司的分支机构直接称为外国公司。

2. 外商独资企业具有独立的法律地位,能够以自己的名义对外进行活动,其中绝大部分为有限责任公司形式,具有中国法人资格,实行独立核算,能够以自己的财产独立承担法律责任;而外国公司分支机构不具有独立的法律地位。

3. 外商独资企业的组织机构也较复杂,一般由董事会来管理企业;而外国公司分支机构不具有独立的公司法人的内部组织机构。

外国公司分支机构也不同于外国公司子公司,外国公司分支机构与外国公司在中国投资设立的子公司的区别是:后者能以其财产独立承担责任,前者不能。分支机构相对于法律上独立的子公司的优势是:无需独立的资本,母公司拨款就已足够。相对于股份公司而言,分支机构的成立更为容易,费用更少;利润转让时无需交纳印花税或预提税。分支机构相对于子公司的劣势是:外国母公司的管理层对分支机构经营的业务承担责任。母公司和分支机构之间不存在法律上的债权债务关系。如果外国母公司希望通过资本投资与母国业务发生联系,适合采用子公司的形式。

五、关于外国公司分支机构的立法比较

对于外国公司的地位问题,随着世界各国经济关系,特别是商业关系的国际化趋势日益发展,各国在公司立法中对外国公司法律地位确认也更为灵活了。各国大体有以下几种做法:一种是对外国公司作较大限制,如《日本公司法》第248条规

定外国公司在日本不得从事某些业务活动，而从事某些营业活动如公用事业、金融业等则须特别许可；另一种是采取较少限制，如意大利公司法原则上规定：对外国公司在意大利的活动未作限制性的规定。法国公司法规定，外国公司在法国或外国人在法国设立公司，毋须政府许可，但某些行业如军火和酿酒业除外。第三种是世界多数国家和地区的作法，如德国、荷兰、瑞士、瑞典等国家，均采取确认加制约的原则来处理外国公司问题。[①]《瑞典公司法》规定，外国公司只有通过其设在瑞典的分公司从事经营活动，外国分公司必须受瑞典法律的约束。我国台湾地区《公司法》对外国公司也作有专章规定，将有关外国公司的认许规定为，“外国公司非在本国设立登记营业者，不得申请认许。非经认许给予认许证，并领有分公司执照者，不得在中国境内营业。”对于外国公司的法律地位问题，我国《公司法》也采取多数国家实行的确认加制约原则，规定外国公司依照本法规定可以在中国境内设立分支机构，从事生产经营活动，以公司立法形式确立了外国公司的分支机构在我国的法律地位。

（一）各国对外国公司分支机构的进入的比较[②]

外国公司进入所在国进行商业性交易活动，必须完成一定的法律手续。一般来说，必须在所在国设立办事处、分公司或子公司，以便取得营业执照。在这方面，虽然总的原则都是一致的，但各国的具体规定是很不同的。

1. 美国的规定

美国各州公司法普遍规定，外州（国）公司为了获取在本州从事业务活动的营业执照，应向州务卿申请，申请书应声明：

（1）公司名称及该公司据以设立的法律所属的州名或国名；

（2）公司设立日期及公司存在期限；

（3）公司在其据以设立的法律所属的州或国家的办公地址；

（4）公司拟在本州设立的注册办事处的地址，以及在本州拟任命的注册代理人姓名；

（5）公司在本州从事业务活动的宗旨；

（6）公司各董事和职员的姓名及地址；

（7）公司授权发行的股份总额，并详细列明股份类别、股份的票面值及无票面值股份的数目；

（8）已发行的股份总数，并详细列明股份类别、股份的票面值及无票面值股份的数目；

（9）依本法令规定的，以美元表示的公司设定股本数额声明；

---

① 江平编：《西方国家民商法概要》，法律出版社1984年版，第153页。

② 沈四宝：《西方国家公司法概论》，北京大学出版社1988年版，第187页。

(10)以美元表示的公司在下一年度所拥有的全部财产的估价与在该年度公司将设置于本州的全部财产的估价。以美元表示的公司在该年度从事业务活动的营业总额的估价与公司在该年度就本州范围内从事业务活动的营业总额的估价；

(11)必要与合适的附加资料，以便于州务卿决定该公司是否应有权在本州获取营业许可证书以及确定和征收该公司应支付的本法令规定的费用与特种税。

该申请书应该以州务卿规定和提供的表格作出，而且应由公司的总经理或一名副总经理以及公司秘书或助理秘书代表该公司签署两份副本，并由签署该申请书的一名职员核证。州务卿审核后认为上述申请是合法的，在公司支付了本法令规定的全部费用及特种税后，应给该公司颁发在本州营业的许可证。公司一旦获得州务卿所颁发的营业许可证，它便有权在该州从事正当的营业活动。此外，每个被许可在本州从事业务活动的外州(国)公司应在本州具有并始终保持。

2. 英国的规定

在英国境内具有固定的营业所的外国公司，称为海外公司。这类公司要获准在英国从事商业性交易活动，必须满足下述法定条件：

(1)必须向英国公司登记注册局递交：

①该公司的公司章程和内部细则的复印件各一份，如果上述文本不是英语写成的，必须附上经核准的英文译本；②该公司的董事及其秘书的名册；③有权代表公司接受诉讼文书和通知书的居住在英国的人员的姓名和地址。如果上述三项内容发生变化，必须立即把该变化通知公司登记注册局。

(2)必须向公司登记注册局递交每个年度的资产负债表和损益表，如果该海外公司是控股公司，则必须递交含有在英国注册的子公司的账目。如果上述报表不是统一的会计表，而是以英语书写的，则必须将其译成标准的英语。海外公司必须将其位于英国境内的财产进行登记。

(3)公司在邀请认购其股票或债券的招募书中，必须声明其所属国的国名，并应用十分醒目的方式列举其在英国各地从事营业活动的地点，必须以一目了然的方式在其所有形式的通知书、信纸和全部其他出版物标上公司的名称和该公司所属国的国名。海外公司还应同在英国注册的所有公司一样严格遵守英国有关招募书的全部法律规定。

(4)必须指定一个居住在英国的有权代表该公司接收法院诉讼文书和其他通知书的人并注明其姓名和地址。

不服从上述规定、进行欺骗活动的海外公司及其每个高级职员或代理人，则必须承担被罚款的责任。

关于一般外国公司，如上所述，一般外国公司是指在英国没有固定的营业所，但从事经营活动的外国公司。这类公司不受英国公司法的管辖，但是，并不意味着它可以不遵守英国法律。如果一般外国公司是一个“居民”,英国法对它也是适用的。如果一般外国公司是属于主权国家的分支或实体,则它对诉讼有豁免权,也有权不在英国法院出庭。但目前,英国法院对豁免权问题通过下述方法予以解决:第一,如果该外国公司是代表外国主权并为公共利益服务的,则应享有豁免权;第二,如果该公司代表主权国家但为私人利益服务的,则不应享受此豁免权;最后,如果一般外国公司以海外公司的名义注册,则该外国公司签订的合同将是非法的,而且是无效的。

3. 日本的规定

日本商法典的“公司编”第六章是有关外国公司的规定,其主要内容如下:

(1)外国公司在日本进行交易,应当选定其在日本的公司的代理人,并应设置营业所。外国公司对其营业所须进行登记和公告,此项登记和公告应按照在日本成立的同类业务或最相类似的分公司的登记和公告的规定办理。在办理此项登记时,外国公司在日本的代理人的姓名和地址,必须同时进行登记。外国公司在进行上述登记之前,不得在日本从事交易活动,违反此规定而进行交易者,就其交易公司应负连带责任。

(2)外国公司在日本发行股票和债券,或进行股份的转让或抵押,或者转让公司债,一般按日本公司法上有关日本公司的规定办理。

(3)经登记注册的外国公司在适用法律上,除法律另有规定外,应与在日本成立的同种类的或最相类似的公司一视同仁。

4. 联邦德国、法国和意大利等主要欧洲大陆国家的规定

这些国家公司法对外国公司的规定相似之点颇多,其主要点有:

(1)外国公司进入本国的形式。外国公司一般可以通过在东道国建立子公司和分公司这两种形式进行交易活动。如果通过子公司的形式,尤其是采用建立有限责任公司形式的子公司,其手续就非常简单。这样的子公司在各方面将与东道国本国的公司受到同等待遇。如果外国公司在东道国建立分公司,则必须向商务部注册。股份有限公司形式和大型有限责任公司(没有分公司)形式的外国公司必须向东道国商务部呈递年度会计报表,但该公司所属国的法律禁止这么做的除外。

(2)政府对外国公司营业范围的限制性规定。这些国家公司法对外国公司在东道国建立子公司和分公司进行业务活动,一般都有限制,但对外国公司在东道国从事营业活动的范围都有一定的限制。法国规定,外国公司不得从事军火、酒精或医药方面的贸易。外国人在法国进行投资活动,要受法国的外汇管理条例的限制。在意大利,法律禁止外国公司从事银行业、保险业、海运业、空运业、石油和天然气方面的交易活动。同时。所有外国投资活动要受意大利外汇管理条例的限制。在挪威,其公司法则规定,外国法人要在该国取得不动产、瀑布、矿藏、轮船和飞机,必须得到政府的专门批准;外国公司如要签订10年以上的租赁合同或签订任何期限

的工业和捕鱼成套设备的租赁合同，都要获得政府批准；外国公司在没有政府允许的条件下，不得像挪威公司那样从事银行和保险方面的业务活动。

（二）各国关于外国公司分支机构设立的法律制度比较

各个国家对外国公司在其境内设立分支机构的立法态度不同，综合起来有准则主义和许可主义（核准主义）两种。在准则主义下，外国公司在东道国设立分支机构依照东道国法律规定的条件直接办理登记，便可开展业务，无须经东道国主管部门的特别批准。如比利时《统一商事公司法》第 196 条规定，在国外办理了注册的外国公司可以在比利时从事经营活动，无须经过许可；在许可主义下，外国公司首先应向东道国政府主管机关申请办理审批许可手续，经批准后方可办理设立分支机构的登记手续。许可主义一般由发展中国家采用。

通常，外国公司在东道国设立分支机构（分公司），一般都须办理申请认可手续。如我国台湾地区的《公司法》规定，外国公司在台湾设立分支机构营业，必须由本公司负责人在台湾申请认可；《奥地利股份有限公司法》规定，外国的股份有限公司如要在奥地利从事经营活动，应取得奥地利政府的批准；美国《标准公司法》第 106 条也规定，外州（国）公司从州务卿处获取授权证书之前，无权在该州从事业务活动。美国《特拉华州公司法》第 317 条第 2 款则规定，一个外国（州）公司只需向特拉华州的州务卿递交 50 美元的申请费并在州务卿办公室备案，就可在该州从事商业性经营活动。意大利、荷兰《民法典》也有类似的认定。另有些国家对外国公司的进入采取分别对待的原则，如德国、丹麦两国的公司法都规定，欧洲共同体国家的公司进入该两国进行经营活动，无需办理许可手续，而其他国家公司的进入则必须办理许可手续。

为了对在我国境内由外国公司设立的分支机构进行必要的监督和管理，我国对外国公司分支机构的设立采取的是比较严格的核准主义原则。

（三）关于外国公司分支机构的代表人或代理人的比较

有的国家法律规定，外国公司分支机构必须在东道国有住所，否则，外国公司即不具备在该国设立分支机构的资格。如瑞士法律明确规定，在瑞士建立分支机构的外国公司应遵守瑞士有关法律。分支机构必须在瑞士公司注册官署注册登记，而且只能授权住在瑞士的人作为该分支机构的代表。另外，法国、瑞典法律也都作出了同样的规定。[①] 美国《标准公司法》第 113 条还规定，每个被授权在本州从事业务活动的外州（国）公司应在本州具有并始终保持一个注册办事处和一个注册代理人。我国《公司法》关于外国公司分支机构代表人或代理人的资格，除规定必须在中国境内外，未作出更详细规定。

---

① 江平：《新编公司法教程》，法律出版社 1994 年版，第 231 页。

第二节 外国公司分支机构的设立

一、外国公司分支机构的设立概述

外国公司分支机构的设立，是指外国公司依照本国法律规定的条件和程序在本国境内设立分支机构，并经本国政府主管部门批准取得生产经营资格的行为。

在立法例上，各国往往以"外国公司"指称外国公司分支机构。就一国公司法而言，有关外国公司的规定，通常也就是关于外国公司分支机构的规定。外国公司要在东道国以自己的名义从事经营活动必须在东道国设立分支机构，各国大多依本国国情和国际惯例制定了有关外国公司分支机构的设立规范。总的来说，外国公司要在东道国从事业务活动或者设立分支机构，必须取得东道国政府批准。

二、外国公司分支机构的设立条件

各国或地区的法律一般要求提出申请设立分支机构的外国公司须具备一定的条件，如必须是具有法人资格的外国公司，或必须是已经在东道国营业的公司，有的甚至要求该外国公司已经在东道国境内设立了代表机构等。根据《公司法》第193条、第194条和195条的规定，外国公司在中国设立分支机构必须符合以下基本条件：

(1)外国公司必须向中国境内的分支机构拨付与其所从事的经营活动相适应的资金。因外国公司的主要财产在中国境外，为保证交易安全和保护债权人利益，防止外国公司逃避责任，也为了使外国公司的分支机构能正常地开展业务活动，《公司法》规定外国公司对其在中国境内设立的分支机构拨付与其所从事的经营活动相适应的资金。值得注意的是，上述"相适应的资金"和"最低限额"并非该外国公司分支机构承担民事责任的限度。资金的最低限额由国务院另行规定。如国务院于2001年12月12日通过的《中华人民共和国外资金融机构管理条例》第5条第2款规定：外国银行分行应当由其总行无偿拨给不少于1亿元人民币等值的自由兑换货币的营运资金。

(2)外国公司在中国境内设立分支机构，必须在中国境内指定负责该分支机构的代表人或者代理人，作为公司在中国境内的代表。这里的代表人是指分支机构的代表人，属于公司及其分支机构的内部人员，而代理人则是指受外国公司的委托，以该公司名义进行活动的人。外国公司分支机构的所属公司在中国境外，难以由该外国公司对营业予以控制，需要在中国指定代表人或代理人进行具体的活动。

因此,公司法规定必须在中国境内设置负责该分支机构的代表人或代理人,代表该外国公司组织生产经营活动,签订合同,享受权利,履行义务,承担责任,参加民事诉讼活动。

(3)外国公司分支机构应当在其名称中标明该外国公司的国籍及责任形式。这一要求一则便于有关主管机关对其进行监督管理,二则便于相对人和公众了解其情况,增进交易安全。有的国家或地区的公司法中还规定外国公司分支机构的名称还必须译为东道国文字。因外国公司在中国境外,其资产也在中国境外,其分支机构在财产上无独立性,在经营活动中一般也无自主性,其活动所产生的法律后果完全由外国公司承担。因此,《公司法》规定:"外国公司的分支机构应当在其名称中标明该外国公司的国籍及责任形式。"

(4)外国公司在中国境内设立分支机构,应在其分支机构中置备外国公司章程。公司章程是全面指导公司行为、活动的基本规范,公司章程也将成为国家对外国公司在中国境内设立分支机构进行管理的重要依据。置备公司章程便于公众了解其情况,增进交易安全。

(5)公司分支机构在我国境内从事经营活动须有适当的营业场所。外国公司在我国设立分支机构的主要形式有:外国公司在我国境内设立从事生产经营活动的分公司、外国银行在我国境内设立的分行等;外国公司在我国境内的从事勘探、承包经营、承包建筑安装、仓储、转运等作业场所或经营场所;外国公司在我国境内设立的从事业务活动的代表机构、代理机构或联络机构等。

需要指出的是,如果外国人到中国境内采取合资、合作或独资形式设立企业,依照我国有关法律、法规办理的,即依法取得中国法人资格或成为中国的非法人经济组织。具体而言,外商来我国设立"三资"企业,由全国人大制定的《中外合资经营企业法》、《中外合作经营企业法》和《外资企业法》调整;外商在我国进行石油勘探和合作开发活动,由国务院制定的《对外合作开采石油资源条例》来调整;外国银行在我国经济特区和上海浦东开发区设立分行,由国务院制定的《经济特区外资银行、中外合资银行管理条例》调整。此外,外国公司和其他经济组织在我国设置代表机构,由国务院制定的《关于管理外国企业常驻代表机构的暂行规定》来调整。

总之,外国公司在中国境内设立分支机构,必须符合我国《公司法》及其他法律、法规的规定。

三、外国公司分支机构的设立程序

(一)外国公司分支机构的设立程序概述

外国公司须为外国法人,即在所在国依法取得法人资格。取得法人资格以后才能考虑在中国设立分支机构。外国公司在中国境内设立分支机构,必须向中国主管机关提出申请，并提交其公司章程、所属国的公司登记证书以及其他有关文件。

外国公司设立分支机构的申请，由国务院商务部或国务院授权的其他部门审查批准，如设立外国银行分行依法由银监会审批。审查批准机关在接到申请之日起 90 天内决定批准或者不批准。

外国公司设立分支机构的申请获得批准后，应当由该外国公司指定在中国境内负责该分支机构的代表人或者代理人，向公司登记机关依法办理登记手续，领取营业执照。

外国公司的分支机构应当在其名称中标明该外国公司的国籍及责任形式，以便有关主管机关对其进行管理监督，也便于其交易对象和公众了解其性质、法律地位、组织形式、国籍和财产责任形式。外国公司的分支机构还应当在本机构中置备该外国公司的章程。

（二）外国公司分支机构的设立程序①

《公司法》第 193 条规定：外国公司在中国境内设立分支机构，必须向中国主管机关提出申请，并提交其公司章程、所属国的公司登记证书等有关文件，经批准后，向公司登记机关依法办理登记，领取营业执照。该条第 2 款规定："外国公司分支机构的审批办法由国务院另行规定。"同时，《公司法》第 213 条规定：外国公司违反规定，擅自在中国境内设立分支机构，责令改正或者关闭，并可处以 5 万元以上 20 万元以下的罚款。可见，中国对外国公司分支机构的设立，采取的是比较严格的核准主义原则。这对促进中国国际经济合作与交流的健康发展是很有必要的。

1. 设立前准备

外国公司到我国开办分支机构首先要进行可行性论证。要了解中国的经营环境、法律政策环境，进行技术的、财务的、人事的分析，选择经营项目和经营场所，做好必要的进入准备工作。

2. 设立人提出设立分支机构的申请

外国公司设立分支机构须向中国主管机关提出申请，并提交其公司章程、所属国的公司登记证书等有关文件。这里所说"中国主管机关"主要是指我国政府有关外资的管理机关。如果是经营特种行业的业务，主管机关则是指特种行业的管理机关。如外国金融企业来我国开办分支机构，则须向中国银行业监督管理委员会提出申请。

外国公司设立分支机构的申请书的主要内容包括：(1)外国公司的概况，包括公司的名称、法定地址、法定代表人姓名、公司成立日期、国籍、经营范围、资产总额、注册资本；(2)拟在中国设立分支机构的基本情况，包括分支机构的名称、地址、

---

① 范健、王建文：《公司法》，法律出版社 2006 年版，第 376 页。

投资总额、经营范围、经营期限等。

外国公司在向中国主管部门申请设立分支机构时，除须提交公司章程、所属国的公司登记证书外，还要提交下列文件：(1)同该外国公司有业务往来的金融机构出具的信用证明书；(2)该外国公司法定代表人资格证明书；(3)该外国公司申请人的授权委托书；(4)该外国公司委托分支机构代表人或代理人的授权委托书和负责人的简历；(5)该外国公司最近几年经注册会计师审计或验证的财务会计报告；(6)该外国公司分支机构在中国营业的计划任务书。

3. 中国主管机关审批

为了对在我国境内外国公司设立的分支机构进行必要的监督和管理，我国对外国公司分支机构的设立采取的是比较严格的核准主义原则。依我国有关规定，外国公司在我国设立分支机构的主管机关一般为国务院商务部及其授权机构，但涉及特定经营行业的尚需经有关部门批准，如金融业需经银监会批准，建筑业须经国家建设部门批准等。主管机关受理外国公司申请后，应对其设立分支机构的有关事项、文件从速逐一进行审核。对内容真实、符合法律规定的申请予以批准；否则，不予批准。主管机关受理外国公司申请后，应对其设立分支机构的有关事项、文件从速逐一进行审核。外国公司分支机构的审批办法由国务院另行规定。

4. 依法办理注册登记

外国企业在中国境内申请设立分支机构，经审批机关批准后，就可向登记机关申请设立登记。外国企业分支机构申请设立登记，应向登记机关提交以下文件：

(1)由外国企业董事长或总经理签署的分支机构登记申请书；

(2)《外国企业申请注册登记表》；

(3)审批机关的批准文件或证件；

(4)外国企业的合法开业证明；

(5)外国企业的资信证明，其中，外国的金融机构提交近三年的财务报告；

(6)由外国企业向其分支机构拨付经营资金的证明；

(7)由外国企业董事长或总经理签署的分支机构负责人的授权书、负责人简历和身份证明；

(8)分支机构的住所使用证明；

(9)登记机关要求提交的其他文件。

上述文件如是以外文表示的，均应附上中文译本，并经公证机关予以公证。登记机关受理上述全部文件、证件后，在规定的时限内，对符合国家有关规定的，予以核准设立登记，并收取设立登记费，颁发《中华人民共和国营业执照》；对不具备设立登记条件的，按程序予以驳回。外国公司分支机构自公司登记机关颁发营业执照之日起成立，可以在中国境内开展营业活动。

5. 公告

外国公司分支机构成立后，应当进行公告。

外国公司分支机构的设立申请经批准后，即可申请进行设立登记。外国公司分支机构的登记机关及登记程序，大体上与国内公司分支机构的登记相同，登记机关亦为国家级工商行政管理机关，即国家工商行政管理总局。在有特别需要时，国家工商行政管理总局可以委托省、自治区、直辖市的工商行政管理机关负责本辖区内的外国公司分支机构的设立登记。

外国公司分支机构经登记机关核准登记后，即发给外国公司分支机构经营执照，至此外国公司分支机构成立，并取得从事相应的生产经营活动的权利。此后，如其登记事项发生变更，亦应按照设立登记程序，申请进行相应的变更登记。外国公司分支机构应自开业登记之日起 30 日内依法向税务机关办理税务登记。

外国公司分支机构登记的效力主要表现在两个方面：

(1)规范性效力。外国公司分支机构必须经过登记，才能在核准的范围内，在我国境内从事相应的生产经营活动，其合法权益才能得到中国法律的保护，否则，将承担相应的法律责任。

(2)公示性效力。外国公司分支机构经登记后，才能就其登记的事项，主张对抗第三人，请求对方承担相应的民事责任。对没有登记或登记不实的事项，不得主张与第三人相对抗。

外国公司依我国公司法的规定可以在中国境内设立分支机构，从事生产经营活动。各国或地区均基于本国或本地区对外经济政策的基本立场，在维护国家主权和经济利益的前提下，从利用外国投资、发展本国经济这一目标出发，制定本国的外国投资或跨国经济的基本政策及相应的外国投资法，对外国投资进行保护、监管和引导。在有关法律中，既包含有关外国投资或外国跨国经营的实体法规范，也包括关于对外国投资进行审查许可的程序性规范。

(三)变更登记程序

外国企业分支机构的主要登记事项发生变更时，应向原登记机关申请变更登记，经原登记机关核准后，收取变更登记费，换发新的营业执照。外国企业分支机构申请变更登记，应向登记机关提交以下文件：

1. 由企业董事长或总经理签署的《变更登记申请书》；
2. 原审批机关的批准文件；
3. 营业执照；
4. 登记机关要求提交的其他文件，分支机构变更住所的，应提交新住所的使用证明；变更经营范围的，如果涉及有关专项审批的，还应提交专项审批文件；负责人变更的，要提交外国企业对新的负责人的授权书及其简历和身份证明。

(四)注销登记程序

外国企业分支机构经营期限届满不再申请延期的，或外国企业撤销其在中国

境内设立的分支机构时，应向原审批机关提交注册申请，经批准后，再向原登记机关申请注销登记，并提交以下文件、证件：

1. 由外国企业董事长或总经理签署的《注销登记申请书》；
2. 原审批机关的批准文件；
3. 清理债权、债务的完结报告或清算组织负责清理债权债务的文件；
4. 海关、税务机关出具的完税证明；
5. 营业执照及印章；
6. 登记机关要求提交的其他文件。

第三节　外国公司分支机构的权利和义务

分支机构不同于公司的子公司，无独立的法人资格，自然也就没有独立承担民事责任的资格。外国公司分支机构作为外国公司在东道国的一个派出机构，在取得东道国的工商登记后，既享有在东道国境内从事生产经营活动的权利，又要承担东道国法律规定的义务。各国公司法或其他单行法对此都有相应的规定。我国台湾地区《公司法》第 236 条规定："外国公司认许后，其法律上权利义务及主管机关之管辖，除法律另有规定外，与中国公司相同。"各国或地区的公司法一般都对外国公司分支机构的权利义务予以专门规定。我国《公司法》第 197 条对外国公司分支机构的权利义务作了概括规定："经批准设立的外国公司分支机构，在中国境内从事业务活动，必须遵守中国的法律，不得损害中国的社会公共利益，其合法权益受中国法律保护。"如违反中国法律，损害社会公共利益，其也将受到应有的法律制裁，而不因其为外国公司的分支机构而享受特殊待遇。

一、外国公司分支机构的权利

外国公司分支机构的权利是指我国法律对外国公司分支机构能够作出或不作出一定行为，以及要求他人相应地作出或不作出一定行为的许可和保障。它是由我国法律确认、设定并保护，由外国公司分支机构所享有的一种权能。外国公司分支机构的权利与中国同类分公司所享有的权利基本相同，除法律特别规定予以限制的以外，外国公司分支机构享有各项法律规定的权利。

外国公司在中国境内设立的分支机构受中国法律管辖，其合法权益受中国法律保护。除法律特别规定予以限制的以外，外国公司分支机构的权利与中国同类分公司所享有的权利基本相同。根据我国法律的相关规定，外国公司分支机构的权利可概括为以下两方面：

(一)依法从事生产经营活动

外国公司分支机构取得中国工商行政管理机关颁发的营业执照,即获得在中国境内从事生产经营活动的法定资格。外国公司分支机构经批准后,可以公司的名义,经我国土地管理部门准许,根据其业务需要,在中国取得土地使用权。

此外,外国公司分支机构享有其他生产经营权。一般而言,各国或地区的法律大多允许外国公司在本国境内开展业务活动,并使其享有与本国公司基本相同的权利,如依法取得财产的所有权、订立合同、享受东道国有关鼓励外商投资的优惠政策等。当然,各国或地区的法律对外国公司分支机构从事业务活动的范围也会有所限制,主要体现在禁止或者限制外国公司分支机构从事军工、航空、通讯、能源等与国计民生关系重大的特殊行业。如法国禁止外国公司进行军火、酒精或医药方面的贸易(欧共体国家的公司除外);意大利禁止外国公司从事银行业、保险业、海运业等方面的交易活动,同时,所有外国投资活动均要受到意大利《外汇管理条例》的限制。我国目前是发展中国家,考虑到国家的经济安全,也防止外资的盲目流入对国家产业结构组成及地区分布带来不利影响,一些特定的行业包括国防工业及其他一些重要行业是禁止外国公司进入的①。

(二)合法权益受中国法律保护

外国公司在我国设立分支机构,从事各种生产经营活动,其合法权益受中国法律保护。中国有关管理机关应依法履行自己的职责,切实保障外国公司分支机构的合法权益。任何侵犯外国公司分支机构合法权益的行为都将受到法律的追究。只有明确了外国公司分支机构应享有的各项民事权利,才能确保外国公司作为民事主体参加各种民事活动,开展各种经营业务。而这些民事权利主要应包括:财产所有权和经营权、专利权、非专利权益、商标专用权、商品交易权、用汇权,以及其各项权益受到侵害请求保护的权利等等,这些都是作为民事主体不能缺少的民事权利。因此,可以这样说,除我国法律、行政法规明确规定外国公司分支机构禁止或限制行使的权利外,该分支机构均可和我国公司一样享有各项民事权利。外国公司在其分支机构的合法经营活动受到不法侵害时,有权在中国提起诉讼,寻求司法保护,以维护其合法权益。

二、外国公司分支机构的义务

外国公司分支机构的义务,是指我国法律对外国公司分支机构必须作出一定

---

① 周友苏:《公司法新论》,四川人民出版社 2003 年版,第 267 页。

行为和禁止作出一定行为所作的强制性规定。

外国公司的分支机构作为民事主体，其依法享有权利的同时，也应承担相应的义务。除我国法律予以特别规定的以外，外国公司分支机构的义务与我国同类公司所承担的义务基本相同。依我国《公司法》及其他相关法律的规定，外国公司分支机构的义务具体表现为：

（一）必须遵守中国法律，不得损害中国的社会公共利益

外国公司一旦在中国境内设立分支机构，开展业务活动，本质上是外国投资者对中国的投资。根据属地管辖原则，就必须接受中国法律的管辖，这是国家主权的要求。任何外国法律主体在中国都没有治外法权，都必须遵守中国法律，在法律允许的范围内从事各项经营活动，接受行政监督。比如，外国公司分支机构不得进入中国禁止外资进入的特定行业。外国公司分支机构同样也要接受工商、税务部门以及外汇、海关等部门的管理和监督。

依我国有关法律的规定，外国公司分支机构及其负责人有下列行为之一的，处以一定数额的罚款，情节严重构成犯罪的，依法追究刑事责任：①

1. 未经批准，擅自设立分公司的；
2. 向审批机关或登记机关提交材料时，有虚报、隐瞒或欺诈行为的；
3. 违反税收管理法律、法规的；
4. 超出经营范围进行活动的；
5. 无正当理由在登记后 6 个月未开业或开业后 6 个月未营业的。

（二）必须在其名称中标明该外国公司的国籍及责任形式，并置备章程

我国《公司法》中明确要求外国公司的分支机构应当在其名称中标明该外国公司的国籍及责任形式并在本机构中置备章程，以方便与其发生法律关系的当事人了解其具体情况，降低交易风险，保护债权人的利益，维护社会经济秩序。

（三）必须在中国境内指定负责该分支机构的代表人或者代理人

外国公司分支机构代表人或代理人作为分支机构的负责人，代表外国公司在中国境内从事各项生产经营活动，其活动产生的法律后果由该外国公司承担。我国公司立法对外国公司分支机构的代表人或代理人的资格未作出详细的规定，只对变更代表人或代理人时的登记事宜作了规定，即该代表人或代理人在更换或离境前，外国公司应另行选定代表人或代理人，并将其姓名、国籍、住所或居所向主管机关申请登记。申请登记时，应提交授权证书或委托证书。

① 赵旭东：《公司法学》，高等教育出版社 2003 年版，第 477 页。

（四）必须向该分支机构拨付与其所从事的经营活动相适应的资金

对外国公司分支机构的经营资金需要规定最低限额的，由国务院根据各类分支机构的不同行业和经营规模另行规定。法律这样规定的目的，一方面是为了保证该外国公司分支机构的生产经营活动得以正常进行，另一方面是为了防止外国公司在我国境内无本经营或从事投机活动，保护与其进行营业行为或其他法律行为的债权人和社会公众的利益。

（五）依法照章纳税义务

在我国境内设立的外国公司分支机构，除依法减免税收的优惠外，均应按照我国税收规定，按时依法照章缴纳各项应缴税款，自觉履行纳税义务。

（六）遵守我国劳动法规，维护我国公民合法权益

外国公司分支机构在我国境内设立期间，为经营业务需要在我国雇用职工，应按照我国劳动法规规定的原则处理劳动关系，不得侵害职工的合法权益。

（七）其他义务

外国公司分支机构在中国境内进行的各项活动的后果，由该外国公司承担民事责任。外国公司分支机构撤销时，要依法清偿债务。未清偿全部债务之前，不得将其在中国境内的财产移至国外。

第四节　外国公司分支机构的撤销和清算

一、外国公司分支机构的撤销

（一）外国公司分支机构的撤销概况

外国公司分支机构的撤销是指外国公司依法终结在我国设立的分支机构的业务、终止其民事主体资格的法律程序，依法使已经设立的外国公司分支机构归于消灭，结束其在东道国境内的生产经营活动，包括其因违法活动或其所属的外国公司因破产等原因终止，被我国主管机关吊销营业执照或责令其撤销，也可能是该外国公司自行撤销其设在中国的分支机构。东道国政府强令外国公司分支机构撤销，一般都是由于该外国公司分支机构严重违反东道国的法律。如日本《公司法》第184 条就规定，法院在发生了法律规定的情形时，根据法务大臣、股东、债权人及其

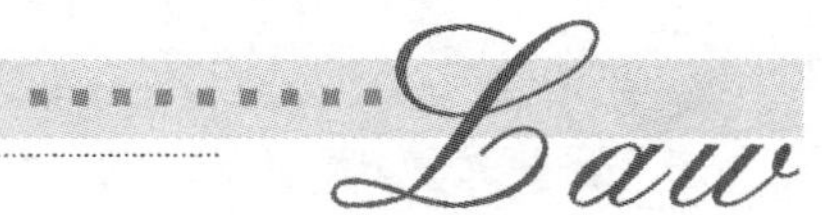

他利害关系人的请求，可以命令关闭外国公司的营业所。外国公司分支机构主动要求撤销一般是发生在外国公司已经完成了在东道国从事营业活动的预定目标，需要转移营业地的情形。各国或地区一般都规定外国公司分支机构撤销时需要一定的法律手续。比如，在美国，凡外国公司要撤离某一州，必须首先向州务卿递交申请书，州务卿经审核，认为申请书的内容属实，就可以直接向该公司颁发撤销营业执照的通知。在州务卿正式颁发上述通知后，该公司就立即撤离该州。不少国家或地区的公司法也都有类似的法律规定。

外国公司撤销其分支机构，必须依法清偿债务，并按中国公司法规定的程序进行清算。在未清偿债务之前，外国公司不得将其分支机构的财产移至中国境外。在清算期间，未经清算人的同意，对外国公司分支机构的财产不得处分，并且在支付清算费用、职工工资和劳动保险费、缴纳所欠税款以及清偿债务之前，不得向出资人分配财产。在清偿债务之前，外国公司转移或分配其分支机构的财产的，依照公司法的规定责令改正，并依法处以罚款，构成犯罪的，要依法追究刑事责任。清偿债务时，应先以外国公司分支机构现有财产清偿，在现有财产不足以清偿所欠债务时，外国公司要以其在中国境外的公司财产清偿。外国公司了结一切债权债务关系后，依法可将其分支机构的剩余财产移至中国境外。

（二）外国公司分支机构的撤销事由

对于外国公司分支机构撤销的法定事由，我国《公司法》未作规定，但依其他有关法律的规定，从理论上和实践方面探讨，主要有以下几种原因：

1. 外国公司宣告破产

外国公司不能清偿到期债务，依法被宣告破产时，该公司及其分支机构均应解散，进入破产程序。

2. 因外国公司被依法撤销或解散而被迫撤销

外国公司分支机构是外国公司的组成部分，外国公司分支机构的存在以外国公司的存在为前提条件，当外国公司因被依法撤销、股东会决议解散等原因而终止时，该外国公司所属分支机构当然需要撤销。

3. 外国公司分支机构因违法经营而被迫撤销

这是指外国公司的分支机构违反中国的海关、工商行政管理、金融、财税、外汇、环境保护等法律法规，情节严重，被有关主管部门责令停业。我国《公司法》第213条规定："外国公司违反本法规定，擅自在中国境内设立分支机构，责令改正或者关闭，并可处以五万元以上二十万元以下的罚款。"

4. 外国公司分支机构因无故歇业而被迫撤销

外国公司分支机构取得登记后，应依法从事生产经营活动，如果其无故歇业达到一定期限，有关主管机关可强制该外国公司分支机构解散。如日本《商法典》规定，外国公司的营业所无正当理由，在进行法定登记1年后未开始营业或停业1年以上者，法院根据法务大臣、股东、债权人及其他利害关系人的请求，可以命令予以关闭。根据我国有关法律、法规的规定，外国公司的分支机构经核准登记成立后，无正当理由超过6个月未开业，或开业后自行停业6个月以上的，公司登记机关可依法吊销其营业执照；

5. 因外国公司分支机构的经营期限届满而撤销

各国或地区的公司法多对外国公司分支机构的经营期限有规定。分支机构因经营期限届满而撤销是很正常的。当然，分支机构在经营期限届满前的一定时间内，经原审批机关批准，可申请办理延期登记。逾期不申请延期的，视同注销。

6. 外国公司向我国主管机关申请设立分支机构的批准证书被撤销

7. 外国公司因其所属国发布的行政命令或法院判决而解散

8. 外国公司分支机构因不能清偿债务，其财产被强制执行，不能继续经营在经营期限届满前，可以向我国政府主管部门申请撤销其分支机构，经获准后解散。这往往是外国公司分支机构撤销的一种常见情形。

9. 外国公司自行决定撤销

外国公司出于某种原因或需要，如外国公司因完成了在我国从事投资和经营的预定目标；或无意在我国继续投资经营，拟将在我国的分支机构的营业向其本国或他国转移；或其分支机构发生严重亏损，无力继续经营；或其分支机构在我国遭受不可抗力，无法继续经营的。

10. 其他导致分支机构撤销的原因

总之，外国公司分支机构发生以上原因的，均可产生撤销分支机构的后果。为了保护我国债权人、中国雇员以及国家的合法权益，防止外国公司分支机构因撤销而将财产转移出境，以致难以追索其未缴的税费和未清偿的债务等，《公司法》第198条规定："外国公司撤销其在中国境内的分支机构时，必须依法清偿债务，按照本法有关公司清算程序的规定进行清算。未清偿债务之前，不得将其分支机构的财产移至中国境外。"

二、外国公司分支机构的清算①

(一)外国公司分支机构的清算概况

外国公司分支机构的清算，是指分支机构被撤销后，为了终结其现存的各种法律关系，了结分支机构的债权债务，而对分支机构所生的债权债务等进行清理的行为。由于外国公司分支机构一旦被撤销便丧失了其在东道国境内进行经营的能力，故各国或地区的立法多规定在这种情形下该分支机构应依法进入清算程序。关于

① 赵旭东：《公司法学》，高等教育出版社2003年版，第479页。

公司解散与公司清算的关系，在各国法律中有不同规定，有实行“先散后算”的，也有规定“先算后散”的。根据我国《公司法》第198条的规定，外国公司撤销其在中国境内的分支机构时，必须依法清偿债务，进行清算。可见，我国《公司法》对公司的解散实行的是“先散后算”制度。

外国公司分支机构被撤销或获准撤销后，必须依法清偿债务，依照本法有关公司清算程序的规定进行清算。即按照我国《公司法》关于公司清算的规定，成立清算组，清理其财产、编制资产负债表和财产清单，制定清算方案，报我国主管机关确认。外国公司分支机构在清算期间，不得基于非清算目的处分其财产，未清偿债务之前，不得将其分支机构的财产移至中国境外。分支机构的财产能够清偿其债务的，按顺序分别支付清算费用、职工工资和劳动保险费用，缴纳所欠税款，清偿其债务。其财产不能清偿所欠债务时，应由设立该分支机构的外国公司承担全部责任。如果该外国公司在其本国被宣告破产，则对其分支机构享有债权的我国债权人和其他债权人，有权申报债权，参加对该外国公司的清算。

外国公司的责任形式不同，其在中国境内所设分支机构的清算结果也不尽相同。外国公司为有限责任公司或股份有限公司的，对其所设分支机构的财产不足以清偿的债务应继续承担清偿责任，如其本身的全部资产都不足以清偿债务，则应依法宣告破产。外国公司为无限公司或两合公司的，则在其分支机构及本公司的财产均不足以清偿债务时，公司的无限责任股东尚须承担无限连带责任。

外国公司的分支机构依法清算完毕后，应在法定期限内向原公司登记机关办理注销登记手续，缴销营业执照，并可将其剩余财产转移至中国境外。

(二)清算程序

外国公司分支机构的清算程序依公司法有关公司清算的规定执行。依我国公司法的相关规定，外国公司分支机构的清算程序可以概括为：

1. 成立清算组

在出现了外国公司分支机构主动撤销的情形后，即出现了清算的原因后，应当在15日内成立清算组，逾期不成立清算组的，债权人可以申请人民法院指定有关人员组成清算组，进行清算。如果是由于外国公司分支机构违反法律规定被依法责令关闭的，则由有关主管机关组织外国公司、有关机关及有关专业人员成立清算组进行清算。清算人的主要职责是清理财产、了结业务、清偿债务。

2. 通知和公告债权人

清算组应当自成立之日起法定期限内通知债权人，并于法定期限日内在报纸上进行公告；债权人应当自接到通知书之日起的法定期限内，未接到通知书的自第一次公告之日起的法定期限内，向清算组申报其债权。

3. 制定清算方案，清理债权债务

清算组在清理外国公司分支机构财产、编制资产负债表和财产清单后，应当制定清算方案，报我国有关主管机关确认。外国公司分支机构在清算期间，不得基于非清算目的处分其财产。分支机构财产能够清偿其债务的，分别按顺序支付清算费用、职工工资和劳动保险费用、缴纳所欠税款、清偿公司债务。经清理，财产不足清偿公司债务的，由外国公司对自己的分支机构的债务承担连带清偿的责任。需要说明的是，外国公司对在中华人民共和国境内设立的分支机构在其债务未清偿之前，不得将分支机构的财产转移到中国境外，否则，要依法追究有关责任人员的法律责任。

4. 注销登记

清算结束后，清算人应当制作清算报告，报有关主管机关确认，并报送原公司登记机关，在法定期限内申请注销登记，由登记机关发布公告、缴销营业执照。

（三）清算过程中的法律地位

外国公司分支机构在撤销以后至清算结束这段时间，在清算范围内仍视为未撤销，其民事主体资格视为存续，但其权利能力受到限制，即仅限于以清算为目的的范围之内，不得从事与清算无关的经营活动。

综上所述，外国公司在我国设立的分支机构被撤销，应依法清偿债务，按照我国《公司法》有关公司清算程序的规定进行清算，主要应做好以下几项工作：

1. 分支机构不是独立法人，其撤销清算应当由该分支机构的外国公司负责，从选任清算人，了结债务，清查财产，清理债权债务等全部过程，均应由外国公司负责主持，不得推卸责任，如果外国公司不负责清算，债权人可申请人民法院按特别清算程序进行清算工作。

2. 根据外国公司与分支机构之间的特殊财产关系，分支机构的业务结果均应外国公司承受，外国公司对分支机构的经营活动承担全部民事责任。因此，分支机构在我国境内所有清算未了的债务，仍应由外国公司继续清偿。

3. 外国公司及其分支机构在我国境内所有的财产，在未清偿债务之前，均不得将财产转移至中国境外，以保证清算工作正常进行。

4. 外国公司在我国设立分支机构所指定的负责人以及该外国公司对于分支机构的债务均负有连带责任。

［案例分析］

外国公司分支机构的法律责任承担

——杭州市鹏达丝绸工艺制品进出口公司诉印度尼西亚聚顺宝有限公司广州办事处债务纠纷案

［案情简介］

印度尼西亚一商人在自己国家注册了“聚顺宝有限公司”，以下简称（聚顺宝公

司)。2002年10月,聚顺宝公司依法在石家庄设立了一个商务办事处,指定中国公民陈某为该办事处代理人,其在中国登记的名称为"印度尼西亚聚顺宝有限公司石家庄办事处",注册的经营资金是100万元人民币。由于该商人的大部分业务都在广州,于是决定在广州设立一独资公司。2003年11月,经审批机关批准后向工商行政管理机关领取了营业执照。该外商独资公司的组织形式为有限责任公司,注册资本是500万元人民币,名称为"好望角有限公司"。2004年10月,聚顺宝公司打算从中国购买一批丝绸工艺制品,因为是在中国购买,便决定将事务交给其南北两个机构处理。于是印度尼西亚聚顺宝股份有限公司石家庄办事处和好望角有限公司分别与杭州市鹏达丝绸工艺制品进出口公司(下称简称鹏达公司)签订了丝绸工艺制品买卖合同。好望角有限公司收到鹏达公司的供货后,便按约给付了全部货款;而聚顺宝有限公司石家庄办事处因资金周转困难,在约定的期限内只给付了15万元的货款,尚有75万元贷款没能清偿。后来,鹏达公司多次催讨货款,均未能如愿。于是,2005年12月,鹏达公司以陈某为聚顺宝公司代理人向法院起诉,要求聚顺宝有限公司石家庄办事处偿还所欠债务75万元,并要求好望角有限公司承担连带责任,弥补鹏达公司北京办事处的财产不足偿还部分。理由是:聚顺宝公司石家庄办事处和好望角有限公司皆为聚顺宝公司的分支机构,根据我国公司法规定,"外国公司对其分支机构在中国境内进行经营活动承担民事责任。"所以,当聚顺宝公司石家庄办事处的财产不足偿还债务时,作为聚顺宝公司的分支机构好望角公司,有义务代其偿还。聚顺宝公司石家庄办事处的代理人陈某认为:所欠鹏达公司的债务应向印度尼西亚聚顺宝有限公司追偿,因为合同是以聚顺宝公司名义签订的,办事处只是从中联系,不能以办事处财产清偿;此外,陈某也反对鹏达公司将其列为被告代理人,因为按照我国《民事诉讼法》规定,作为诉讼代理人,必须有被代理人出具的授权委托书,这是法定的手续。他虽是办事处的代理人,但并未获得聚顺宝公司的诉讼代理的授权委托书,所以不能认定其为诉讼代理人。

[**分析**]

外国公司是指依照外国法律在中国境外登记成立的公司,属于外国法人。根据我国《公司法》第193条的规定,外国公司可以在中国境内设置分支机构,从事生产经营活动。由此可见,外国公司的分支机构是外国公司的一个组成部分,不具有中国法人资格。外国公司的分支机构可以在中国境内从事生产经营活动,但不能以自己的名义开展生产经营活动,承担民事责任。而只能是以外国公司的名义开展生产经营活动,其权利、义务和法律责任均由外国公司承担。所以说,外国公司与其在中国境内设立的分支机构的关系,是总公司或本公司与分公司的关系。

外国公司在中国境内设立分支机构的是有条件的即必须在中国境内指定该分

支机构的代表人或者代理人。必须向该分支机构拨付与其所从事的经营活动相适应的资金。法律这样规定的目的，主要是为了防止皮包公司、无本经营，保证债权人和社会公众的利益，防止外国公司到我国境内从事诈骗活动。

由上可见，本案中，印度尼西亚聚顺宝有限公司石家庄办事处是在中国境内合法设立的外国公司的分支机构，它是总公司的组成部分，不具备法人资格，更不是中国法人。因此，办事处业务活动所产生的民事法律后果，由其所属的外国公司聚顺宝公司承担。据此，本案中陈某主张办事处所欠鹏达公司贷款应由聚顺宝公司清偿是有法律依据的。但作为聚顺宝公司在中国的分支机构，陈某拒绝以办事处财产清偿鹏达公司债务是没有法律根据的。当然，如果该办事处财产不足以清偿债务，鹏达公司也有权向总公司即聚顺宝公司要求补偿。本案中将陈某确认为被告即聚顺宝公司的代理人也是正确的。依《公司法》的规定，作为办事处代理人的陈某，又属于办事处的负责人，其姓名、国籍与住所等情况在聚顺宝公司申请开办分支机构办事处时均经过法定的注册登记，这足以证明其在民事活动中的法律地位相当于聚顺宝公司在中国境内的法人代表。在民事诉讼中，虽然要求代理人的确认须以被代理人出具的授权委托书为据，并且在委托书中还应注明权限，但由于《公司法》对分支机构代理人的法律地位作了特别规定，应优先适用。

本案中，鹏达公司要求好望角有限公司对聚顺宝公司北京办事处的债务承担连带责任，弥补办事处财产的不足偿还部分。此项要求是不符合法律规定的。外资公司与外国公司不同。外国公司的概念是与本国公司的概念相对应的，它是按照公司的国籍为标准而作的划分。至于如何确定公司的国籍，各国公司立法采取不同的做法，我国确定公司国籍是采取设立行为地说。凡依照外国法律在中国境外登记成立的公司是外国公司，属于外国法人或非法人公司；凡是在我国境内依据中华人民共和国法律登记成立的公司，不论外国股东和外国资本占多大比例，均为中国公司，是中国企业法人。外资公司即外商投资公司，是指外国投资者经中国政府批准，在中国境内投资设立的公司。它属于中国公司，具有中国法人资格，依法独立承担民事责任。

本案中，印度尼西亚聚顺宝有限公司即属于外国公司，而其在广州设立的有限公司则属外资公司中的外商独资企业。尽管好望角公司与聚顺宝公司同属一个股东，但它们的法律性质不同，好望角有限公司是在中国境内依照中国法律成立的，具有中国法人资格，适用于中国法律的管辖和保护。依照我国《公司法》规定，在有限责任公司中，股东在公司登记后，不得抽回出资。“公司的注册资本不得减少”是各国有限公司立法中的一项普遍原则，“维持资本”是一个十分重要的强制性规定，即公司应维护与注册资本相当的财产，在公司存续期间，不允许向股东支付公司财产，防止公司股本总额的减少。我国《外资企业法实施细则》也明确规定：“外资企业在经营期内不得减少其注册资本。”所以，好望角公司作为外商独资的有限责任

公司，不能以其注册资本为股东清偿债务，同时，印度尼西亚聚顺宝有限公司作为外国公司，也以其注册资本独立承担民事责任，故鹏达公司要求好望角公司为其股东的另一个有限公司即聚顺宝公司偿还其分支机构广州办事处的债务是毫无法律依据的。

通过分析本案，我们可以十分清晰地掌握本章的主要内容：外国公司分支机构的法律地位、设立及权利和义务，明确了外国公司与外资公司的不同。

第八章 公司集团的法律制度

当今世界，公司的组织形式早已超越了传统意义上的单一企业模式，公司的集团化、跨国化已蔚然成为经济社会的主流，公司集团已成为现代市场经济中大中资本普遍采用的一种企业组织形式。而传统的公司法主要是围绕着单一公司而展开的，公司集团的出现对传统公司法造成了一定的冲击，世界各国和地区的公司立法均作出了不同程度的反应。然而，我国现行的法律法规，即便是《公司法》这样一部重要的法律，有关公司集团的规定基本上付诸阙如。

本章的目的在于通过对我国和世界其他国家和地区的比较，研究公司集团的有关法律问题，为我国的立法提供一些借鉴。本章介绍了公司集团的定义、特征及其作用，并对世界其他国家和地区的公司集团立法作简要的比较，包括组建公司集团的条件和程序及其内部关系，以及公司集团的法律责任等内容。

第一节 公司集团概述

企业集团[①]是市场经济由自由竞争阶段向垄断阶段过渡过程中，顺应社会化大生产的需要而产生的。西方发达资本主义国家的企业集团已有一百多年的发展历程。特别是二战以后，企业集团已成为经济发展的主力军。早在 1982 年，在美国 1000 个最大的工业企业中，每个企业就平均拥有 48 个子公司。仅美孚石油公司一家，就拥有 525 个子公司。在英国，英国石油公司拥有 1000 多个子公司，联合利华拥有 800 多个。瑞士雀巢公司共拥有 600 多个子公司。[②] 目前，全世界共有 44000 个跨国公司的母公司和 28 万个在国外形成的附属企业，它们控制了全世界 1/3 的生产，掌握了全世界 70％的对外直接投资、2/3 的世界贸易和 75％以上的专

① 为论述方便，本章下文如无特别说明，企业集团和公司集团语义相同。

② Phillip I. Blumberg, *The Law of Corporate Groups*: *Statutory Law-General*, Sweet & Maxwell, 1989, p. xli. 转引自王长斌：《企业集团法律比较研究》，北京大学出版社 2004 年版，第 3 页。

利与技术转让。①

相比国外而言，我国企业集团的形成是在企业不成熟、市场不健全、政府职能没有完全转变的情况下，从企业的横向联合开始的。在短短二十来年的历史中，经历了三个不同的阶段。1979 年到 1986 年是企业集团的萌芽阶段，这一时期以打破地区封锁、部门分割，以大中型企业的横向经济联合为重点；1987 年到 1990 年为企业集团的组建阶段，这一时期在总结横向联合实践的基础上，将发展企业集团作为推动经济改革的一项重大措施；1991 年至今，是企业集团比较规范的发展阶段，这一时期我国出台了一些法律法规，对企业集团应具备的条件作出了明确规定，企业集团逐步规范发展。② 经过几年的实践，我国企业集团的发展已经初见成效，根据有关统计数字，大企业集团在国有经济和整个国民经济中处于举足轻重的地位，120 家试点企业集团在企业数量上只占全国国有企业的千分之一，但其资产、销售收入、实现利税的比重在全国独立核算国有企业中占到 1/4，其实现利润的比重超过 1/2。③

一、公司集团的定义和特征

（一）公司集团的定义

如何称谓由若干公司企业或其他类型企业组成的企业群体，学者和立法用语不尽一致。德国 1965 年《股份法》称之为关联企业；我国台湾地区《公司法》和学者则较多使用关系企业；我国相关立法和其他法律文件中交叉使用关联企业和企业集团的提法，而学理上则是关联企业、企业集团、公司集团均有学者使用。之所以会产生此种现象，关键在于集团的成员企业不仅可以是公司，而且还可以是其他法律形式的企业以及组织。从世界各国的实践来看，这种企业群体的构成成员在企业法律形式上主要以公司为主，因此我们将这种企业群体称为公司集团。

对于公司集团的定义，有的学者认为公司集团是指由众多的公司企业根据一定的经济联系而共同组成的一个公司企业群。④ 有的认为，所谓公司集团是指由公司组成的、成员之间具有某种"控制—受控"关系的，不具有独立法律人格的企业群。⑤ 有的认为公司集团是由众多的具有独立法律地位的公司通过参股、控股或支配协议联结起来的，以母子公司体制为基础，由母公司或管理委员会实行统一经

① 王长斌：《企业集团法律比较研究》，北京大学出版社 2004 年版，第 3 页。

② 郭晓利：《企业集团的国际比较》，中国财政经济出版社 2002 年版，第 189～193 页。

③ 郭晓利：《企业集团的国际比较》，中国财政经济出版社 2002 年版，第 193 页。

④ 朱炎生：《公司法》，厦门大学出版社 2006 年版，第 179 页。

⑤ 赵志钢：《公司集团基本法律问题研究》，北京大学出版社 2006 年版，第 16 页。

营管理的企业联合组织。[①] 还有的认为公司集团是以资本为主要联结纽带或以集团章程为共同行为规范的母公司、子公司、参股公司及其他成员企业或机构共同组成的联合经济组织。[②] 而我国相关法律文件一般采用企业集团的称谓，中国银行业监督管理委员会发布并于 2004 年 9 月 1 日起实施的《企业集团财务公司管理办法》第 3 条将企业集团定义为：在中华人民共和国境内依法登记，以资本为联结纽带、以母子公司为主体、以集团章程为共同行为规范，由母公司、子公司、参股公司及其他成员企业或机构共同组成的企业法人联合体。国家工商行政管理局 1998 年 4 月 6 日发布的《企业集团登记管理暂行规定》第 3 条规定，企业集团是指以资本为主要联结纽带的母子公司为主体，以集团章程为共同行为规范的母公司、子公司、参股公司及其他成员企业或机构共同组成的具有一定规模的企业法人联合体。

尽管上述定义在具体表述上有所区别，但公司集团的基本要素却是共通的——若干公司作为成员、成员之间具有关联关系、组成的是企业联合体或企业群。综合以上诸要素，公司集团是指由若干公司组成的、成员之间具有关联关系的企业联合体或企业群。

（二）公司集团的特征

公司集团法律上的特征，应当是针对单一的公司企业以及其他类型的企业而言的。具体来说，主要有以下的几个特征：

1. 公司集团本身不具有独立的法律人格。公司集团是一种企业群，其没有独立的法律人格，也没有属于该群体的财产，并不是法律意义上的权利义务主体。因此一般情况下，公司集团不得以自己的名义对外开展民事活动，也不能作为责任主体独立对外承担责任。但组成公司集团的成员公司都具有独立的法律人格。成员公司并不因为自身成为公司集团的一员而丧失其独立的法律人格，仍然具有相应的权利能力和行为能力，拥有自己的财产，并且应当以自己的全部财产独立对外承担法律责任。

2. 公司集团由一定数量的成员构成。在我国，根据《企业集团登记管理暂行规定》的规定，公司集团的母公司至少应当拥有 5 家子公司，而且公司集团的成员既可以是公司企业，也可以是非公司的企业法人、事业单位法人、社会团体法人。但世界其他国家和地区相关立法对于公司集团的成员数量一般没有明确规定下限，实际上也无此必要。因此，两个以上的公司成员应当就可以构成公司集团。

3. 集团成员之间存在着关联关系。也就是说，公司集团的众多成员是有机联系在一起的。根据我国《公司法》第 217 条的规定，所谓关联关系，是指公司控股股东、实际控制人、董事、监事、高级管理人员与其直接或者间接控制的企业之间的关

---

① 郭富青、王喆：《公司集团化对公司法的挑战》，载《人文杂志》1999 年第 6 期。

② 马新福：《论公司集团中母子公司关系的法律规制》，载《经济师》2002 年第 8 期。

系，以及可能导致公司利益转移的其他关系。公司集团由若干具有独立法律人格的公司构成，但是它们之间并非简单的叠加在一起，而是存在着这样或那样的"控制—受控"关系。通常情况下，控制公司作为从属公司的控股股东或实际控制人，对从属公司施加控制。尽管"控制—受控"关系形式不同，[①]但公司集团通常都有统一的决策，追求的是公司集团整体利益的最大化。

4. 公司集团是一种公司企业之间的联合体，是一种具有多元化和多层次结构的企业联合。我国学者一般从组织结构上概括为四个层次：即核心层、紧密层、半紧密层和松散层。其中核心层是一个控制公司，它通过资产联系、合同联系或其他联系手段与其他企业法人建立起生产、经营、销售或其他资产关系。紧密层由多数法人企业组成，它们之间相互发生密切的资金、生产、经营上的联系。紧密层企业由核心层企业所控制，因此，它实质上表现为核心企业的子公司或从属公司。半紧密层主要指公司集团内部成员公司之间因相互参股而形成的关系，譬如，核心层企业或紧密层企业相互之间参股而形成的生产经营关系。从更广泛意义上讲，公司集团还包括松散层成员，即大量的非固定的通过生产经营协议而保持联系的伙伴关系。

二、公司集团的法律地位

传统的商事法是围绕单一企业发展起来的，其最重要、最基础的概念是法律人格和有限责任。由于单一企业的所有权比较明确，所以其各方面的法律关系也比较简单。但公司集团的出现打破了这种格局。公司集团是多个企业的联合，集团母公司与子公司之间是控制与受控的关系；成员企业既非一个企业，也非没有任何关系的多个独立的企业；成员企业之间经济上既相互联系，法律人格上又各自独立。这种复杂又模糊的关系给既有的法律制造了一个两难的困境。一方面，将集团内各公司一律作为独立的企业来对待是不符合经济现实的，因为绝大多数子公司的决策受到母公司和集团内其他公司的影响，仅由子公司承担这种决策的法律后果不仅是不公平的，而且会被母公司利用来逃避法律义务。另一方面，将公司集团在任何情况下都看作一个单一的企业也是不合适的，因为各个集团的具体情况千差万别，母公司对子公司决策控制的程度也各不相同。如果一律将集团看成一个企业，公司集团对子公司作出的任何决策均应承担法律后果，那么对于母公司和其他关联公司的股东不仅同样是不公平的，而且会打击他们投资子公司的信心。因此，如何界定公司集团在法律上的地位成为一个世界性的法律难题，目前各国和地区公司立法及理论尚处于摸索阶段。

---

① 关于控制方式的具体形式，参见赵志钢：《公司集团基本法律问题研究》，北京大学出版社 2006 年版，第 44～48 页。

世界各国和地区对于公司集团的法律态度有两种:一种是独立实体的态度,即从根本上肯定控制公司及从属企业是具有独立法人人格的实体,控制企业无权对其进行过多的干预。英国、美国、法国等均属于此类;另一种是企业集团的态度,即允许控制企业对从属企业发出有约束力的指令,以整体的角度对公司集团进行规制。这以德国为代表。①

我国现代意义上的公司集团出现较晚,对公司集团法律地位的界定经历了一个曲折的过程。早期,我国的整个企业集团可以被登记为法人,同时成员企业的法人资格仍然得以保留。因此,出现了"双重法人"的现象。② 这是一种明显的法律漏洞,当然这跟当时我国公司立法不完善有很大的关系。随着我国《公司法》的出台和不断完善以及理论研究的深入,公司集团的法律定位逐渐步入正轨。应该说我国公司立法和理论倾向于独立实体的态度。即,在法律地位上,公司集团本身不具有独立的法律人格。公司集团是一种企业群,其没有独立的法律人格,也没有属于该群体的财产,并不是法律意义上的权利义务主体。但组成公司集团的成员公司都具有独立的法律人格,仍然具有相应的权利能力和行为能力,拥有自己的财产,并且应当以自己的全部财产独立对外承担法律责任。

三、公司集团的作用

(一)公司集团的积极作用

现代生产力(包括劳动力、资本、生产资料、技术、信息等)集中到一定程度或达到一定规模,才能产生成本低、效益高的效果。这样的经济就是规模经济,一定规模的经济所产生的效应为规模效应。而企业集团正是为了适应规模经济的要求而产生的一种企业联合组织形式。其目的是为了实现生产经营的集中化管理。采用企业集团组织形式,拥有以下几方面的优势:

1. 既享有规模经济的好处、又能避免过分集中的弊端。所谓规模经济是指由于大企业进行大规模的生产而获得经济效益的情况。比如,在企业扩大规模和提高产量的情况下,企业可以通过较细的劳动分工提高工人的生产熟练程度,从而降低对生产人员的培训费用,减少废品数量,缩短单位产品的生产时间;另一方面,在大规模生产的情况下,能够充分发挥出设备的生产能力,从而降低单位产品的生产成本。这是企业规模大的好处。企业规模扩大的弊端也是十分明显的。如前所述,当一个企业在其资本积累达到一定规模时,如果仅在自身基础上发展,就会有许多困难,如管理高度集中一方面造成企业的组织成本增加,另一方面由于信息传

---

① 王长斌:《企业集团法律比较研究》,北京大学出版社 2004 年版,第 101 页。
② 吴越:《企业集团法理研究》,法律出版社 2003 年版,第 118 页。

递失真,高层管理人员决策失误的可能性也大大增加。而如果采取企业集团的组织形式,控制企业和从属企业进行较合理的分工,从属企业虽然接受控制企业的指导,但也有一定的自主权力,那么大企业过分集中的弊端则可在一定程度上得以减轻或避免。因此,企业集团是企业可持续性发展的一种较有效的组织形式。

2. 容易扩大企业的资产规模和经营规模。企业投资设立子公司或购买其他企业的股份使该企业成为子公司,一般情况下(全资子公司除外)无须投入全部资本。它只需占有多数股份(在股权分散的情况下甚至不需要多数股份)就能控制该企业的经营权,这样企业就可以用较少的投入支配更多的资本,使自己的资本超价值发挥作用。①

3. 便于开拓新的经营领域。在市场经济下,企业家为了避免经营风险,或者为了获得更高的利润,往往把部分资金投入其他行业。但是企业家离开自己轻车熟路的行业到其他行业投资,风险也是很大的。这时,企业家一般采取设立子公司的形式。一方面,使风险仅限于对于公司的投资,投资失败时不至于累及母公司;另一方面,可以使子公司作为新领域的探路者,为企业家在新领域的经营积累经验,为进一步扩大投资打下基础。

4. 设立子公司,利用股东有限责任原则降低投资风险。在当今世界,公司是主要的企业组织形式,企业集团各成员企业一般采用公司制,通过设立子公司,可以有效地减少公司财产风险。公司的独立人格,保证了通常由公司独立承担经营中的风险和责任。如果不通过设立子公司,而是单纯地扩大现存企业的经营规模,则在需要承担责任时,公司的全部财产将根据需要全部用于履行债务。而通过设立子公司,由于子公司具有独立人格,在需要承担责任时,除了某些特殊情况外,一般可以只用子公司的财产履行债务,母公司作为股东,可以享受有限责任原则所带来的惠益。事实上,子公司在这里起了"防火墙"的作用。企业家往往利用这一点,把企业的不同部分分别注册成公司,采取集团经营的方式,一方面能对整个企业继续保持统一的领导,另一方面又期望使投资风险降低到最低限度。

5. 合法地降低税负。利用公司集团的组织形式合法地降低税负,主要有两种情形。一是,利用世界范围内不同地区或者法域存在着不同的税法规范,选择税负低的地区和法域避税。一些先天地理条件不佳或者资源匮乏的区域,为了吸引外部投资者,或者为了增加政府财政收入,往往凭借提供较低的税负等优惠条件,吸引外部投资者前来设立公司。这类地区或法域被称为避税港或税收天堂、税收绿洲等。如果公司集团将其总部或母公司设立于这些地区或法域,就可以通过采取适当运作手段,将整个集团的大部或全部利润转移到此,以享受税收上的优惠。二是,将公司集团内成员间赢利与损失冲销,规避累进税率。企业家往往把集团内各企业的赢利和损失在集团范围内进行安排,使赢利与损失相互冲销,降低整个集团

① 王长斌:《企业集团法律比较研究》,北京大学出版社2004年版,第2～3页。

的纳税额,从整体上维护其利益。

6. 提高成员单位的知名度和商业信誉。一般而言,公司集团的实力雄厚,享有较高的商业信誉和知名度。公司集团成员可以充分利用这一优势,在对外宣传方面使用统一的(核心公司)名称、商标、交易标识语、一体化的广告措施、统一的集团标语、表明公司集团共同文化特征的宣传手册,等等,用以创造公司集团的整体品牌,从而提高自身的知名度和商业信誉。①

7. 公司集团为跨国经营提供可能。随着商品经济国际化程度的不断提高和我国改革开放向纵深发展,开拓国际市场、参与国际分工成为我国企业面临的重大问题。实践已证明,与单一公司相比,公司集团所形成的经济技术实力及强大的信息和销售能力,远远大于各成员企业在原来分散经营情况下的经济技术力量的简单相加。公司集团大大提高了我国的出口创汇能力,改变了过去出口原料半成品为主的状况。随着规模经济的发展和综合经济效益的提高,我国一批技术水平和管理水平较高的公司集团,以国内广阔的市场为依托,逐步发展成上档次、上规模、多元化经营的外向型企业集团,开始走向国际市场。

(二)公司集团的消极作用

尽管公司集团有种种的优势和积极作用,但不可否认,公司集团的存在也具有一定的弊端和消极作用。

澳大利亚学者海登把公司集团在法律上的弊端归结为:②第一,集团控制手段,尤其是涉及连锁股东和董事的那部分,可被用于固化作为大股东代言人的董事的管理职位,化解或消除源自于外部股东可能的威胁;第二,财务关联手段,尤其是集团内部得自由转移财产和责任、复杂公司集团结构的创设,可以被用来对股东或债权人隐匿集团成员公司或者作为一个整体的公司集团的真实财务状况;第三,上述两种手段,都可以被用来确保控制公司的股东和董事事实上优先于受控公司的股东和董事得到利益,并隐匿上述行径;第四,利用财务关联技术,通过安排,做到在形式上或法律上适用低税率,并在此基础上实现利润最大化,以便避税;第五,由集团中特定的成员公司为特定的营业,结合财务关联手段,依靠有限责任制度,达到逃避对外部债权人所负债务的目的;第六,通过交换公司集团结构的复杂程度,规避法律。海登的观点基本上概括了公司集团所带来的公司法方面的问题,但并非公司集团问题的全部。

综合公司集团在经营管理、法律等方面的消极作用,主要有:

1. 规模不经济,企业效益下降。上文已论述到公司集团能享有规模经济的好处,但超过一定限度,则会走向反面,产生规模不经济。规模不经济与规模经济相

① 朱炎生:《公司法》,厦门大学出版社 2006 年版,第 185 页。

② 赵志钢:《公司集团基本法律问题研究》,北京大学出版社 2006 年版,第 28～29 页。

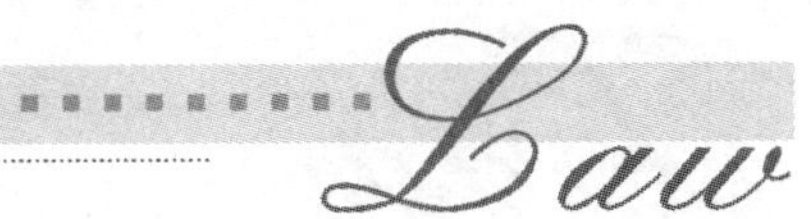

反，指一个企业在生产要素投入增加时，其产出增加的比例较小或没有增加甚至于减少产出，产品的平均成本随着产量的增加而开始提高。它包括内在不经济和外在不经济两种情形。公司集团的规模不经济，主要指内在不经济，即单个公司集团由于自身规模过于扩张，管理成本、内部交易成本将大大提升，从而导致产品的平均成本提高，企业效益下降。在一定条件下，公司集团的规模应有一个合理限度和规模，超过这个限度，就会出现受益递减，出现规模不经济，因而应根据各产业部门和产品生产技术特点，确立公司集团发展的合理规模。目前我国公司集团规模不经济主要表现在①：(1)由于我国现在多数企业集团是行政机制“捏合”起来的集团，内部凝聚力不强，一些集团成员企业数量虽多，但这是一种“虚”规模，难收规模经济之效。(2)我国不少企业家尚缺乏管理大企业集团的经验，管理水平低。(3)我国现有很多企业集团多为松散型，没有在市场的基础上形成牢固的股权和合同纽带，集团的规模经济效益缺乏有效保障，集团规模扩大，往往导致效率递减。

2. 利用优势地位形成市场垄断，阻碍经济发展。垄断分为垄断的状态和垄断的行为，当代西方国家绝大多数的反垄断法一般仅对垄断的状态进行法律监控，而反对垄断行为或称为滥用市场优势地位行为。因此，企业的垄断实力本身并不违法，只有滥用垄断实力、从事妨碍竞争的行为时，才会受到反垄断法的追究。公司集团在资本、技术、管理及市场份额等方面均明显占据优势地位，因此在从事各种交易时，可能为了攫取高额利润，会采取各种滥用优势地位的方法和手段，排挤竞争对手，形成市场垄断。因而，西方国家绝大多数的反垄断法一般会对处于垄断状态的公司集团加以监控，有垄断行为者则追究其法律责任。目前我国政府鼓励企业兼并和组建企业集团，是在缺乏法律规范的情况下操作和运转起来的，继续发展下去，极可能导致经济力量过度集中，行政力量的推动为经济性垄断的形成创造了必要条件。目前，我国公司集团的垄断主要表现在：②(1)产生市场势力。我国的公司集团大多以名牌产品为龙头，集产品的生产、销售、服务于一体，容易在市场上取得支配地位，形成限制竞争的市场势力。(2)产生垄断价格。在一个行业中，公司集团一旦取得市场支配地位，就缺乏竞争对其的约束，在赢利动机的驱使下，就可能出现垄断高价，也可能出现垄断低价，以排挤其他为数不多的竞争者，确立其独占市场的地位。(3)过度集中引起生产与技术的停滞。集团在外部无压力的情况下，就失去对开发新技术、新产品的积极性，只要通过涨价或限制生产数量即可轻易获取高额利润，就失去了经营管理和降低生产成本的动力。由此可见，公司集团滥用优势地位的行为不仅给国家的宏观经济运行造成消极影响，而且也损害到消费者的利益，使交易相对人处于不利的地位。

---

① 严永和、方韧：《企业集团负面效应的法律思考》，载《贵州工业大学学报(社会科学版)》2001 年第 3 期。

② 王晓晔：《企业合并中的反垄断问题》，法律出版社 1996 年版，第 208～214 页。

3. 滥用"控制—受控"关系。在一个公司集团内,控制公司一般会优先考虑其自身利益或者公司集团的整体利益,因此,公司集团控制公司往往会利用其控制地位作出决定,以牺牲从属公司的利益为代价来实现公司集团整体利益的最大化,从而可能导致从属公司的少数股东的利益受损。另外,公司集团成员之间相互参股、投资,会导致公司资本的空洞化,因此一些国家和地区公司立法对于公司向外转投资的比例有限制;为了逃避法律义务或者合同约定义务,控制公司可能通过转移定价抽逃利润、剥离受控成员优良资产、滥用公司有限责任原则,损害受控成员债权人利益,因此一些国家和地区公司立法上采取了法人人格否认等制度加以规制;公司集团过分利用其优势,大量规避法定税收,可能导致国家税收遭受重大损害,因此,不少国家和地区税法上对公司集团的所得采取实质课税原则。

四、关于公司集团的立法比较

公司集团成员公司与单一公司相比,最大的特点在于法律上具有独立人格的公司之间存在着控制关系。公司集团成员公司之间、尤其是母公司对子公司控制因素的存在,是公司集团得以设立、运作的关键因素。因此,世界各国和地区公司立法中如何体现公司集团成员公司之间的控制状态是至为重要的内容。

(一)美国

虽然美国和英国均为普通法系国家,对公司集团的法律规制更多的来源于判例,但就其目前的公司成文法来看,也有不少关于公司集团的具体条文。

美国 1940 年《投资公司法》(Investment Company Act)规定,一公司对他公司,直接的或间接的,拥有 25%股权者推定为控制公司,即为母公司,他公司为子公司。但该法并未规定低于这一比例就一定不构成母子公司关系。换言之,《投资公司法》规定的比例不是硬性的、必须达到的指标,而是为法院或行政机关提供了一个比较方便的判断是否形成控制关系的数量标准。如果达到了这一数量标准,则法院或行政机关可以在不参考其他因素的情况下,认定控制关系的存在;如果低于这一标准,则法院和行政机关需要通过其他因素来判断控制关系是否存在①。

1935 年《公共事业控股法》中规定,除证券和交易委员会做出相反的决定外,一个公司在具有以下情况之一是一个"控股公司"(holding company):第一,直接或间接的拥有、持有或控制任何公共事业或控股公司的 10%或以上的有表决权的股票;第二,对任何公共事业或控股公司有直接或间接的控制性影响。1956 年《银行持股公司法》(Bank Holding Company Act)规定,持有 5%的股份可以推定为控股,25%就是无可怀疑的控股。而美国各州的公司法一般都没有对公司集团作出

① 王长斌:《企业集团法律比较研究》,北京大学出版社 2004 年版,第 13~14 页。

法律定义，有些州只对母、子公司大致加以界定，如新泽西州公司法规定一公司对他公司所掌握的股权足以操纵他公司董事选举者；宾夕法尼亚州公司法规定以公司实际控制他公司的人事或者经营者，即为母公司。

司法实践中，美国法院一般把母公司界定为"对他公司持有过半数股权而实际控制他公司"者，此时被控制公司即为子公司。但是"持有过半数股权"并非为绝对条件，法院在审理两公司之间是否为母、子公司关系时，主要从实质关系的审查出发、从是否有实质上的控制来判断。而对控制，又以实际上对公司的经营决策行使支配影响力者而言①。

（二）英国

英国 1989 年《公司法》第 144 条，对母子公司的规定主要有：(1)假设有甲乙两公司，如果乙公司(a)控制着甲公司大多数的投票权，或(b)是甲公司的成员之一，并有权任命或罢免大多数的甲公司的董事会董事，或(c)是甲公司的成员之一，并根据与其他股东或成员的协议独自控制着甲公司的大多数投票权，或甲公司是乙公司的下属公司的下属公司时，则甲公司就是乙公司的"下属公司"；(2)假设有甲乙两公司，如果甲公司的成员只包括乙公司或代表乙公司的独家拥有的下属公司或个人，则甲公司是乙公司的"独家拥有的下属公司"；(3)在本节中"公司"包括任何法人团体②。

（三）德国

德国 1965 年《股份法》将关联企业作为企业各种联合的最上位概念，并设有第三编"关系企业"专编。这不仅在世界上是一个创举，而且是世界上第一个突破传统的单个企业法模式的国家。

《股份法》第 15 条对关联企业作了定义："关联企业是法律上独立的企业，这些企业在相互关系上属于拥有多数资产的企业和占有多数股份的企业、从属企业和支配企业、康采恩企业、相互参股企业或互为一个企业合同的签约方。③"

德国《股份法》对于母子公司的一般界定是，如果一公司能拥有或控制其他公司的多数表决权，该公司即可称为母公司，多数表决权被控制的公司则称为子公司。为与现实中公司联合形式复杂多样相适应，《股份法》将关联企业按照其关联强度分为四类，只要符合下列情况之一的即为"关联企业"：(1)多数参股企业(也被称为被多数参与的企业和多数参与的企业)。这是处于最低层次的关联企业。多

① 赖英照：《公司法论文集》，我国台湾地区证券市场发展基金会编印，1988 年增订再版，第 112 页。

② 卞耀武：《当代外国公司法》，王强等译，法律出版社 1995 年版，第 882 页。

③ 卞耀武：《德国股份公司法》，贾红梅、郑冲译，法律出版社 1999 年版，第 7 页。

数参股企业是那些股份或者表决权多数被另一企业所持有的企业。一企业的多数股份为另一企业掌握，法律上各自独立的企业，在相互关系上属于被多数参与的企业和多数参与的企业。(2)从属与支配关系企业(也被称为从属企业和控制企业)。从属与支配企业构成第二层次的关联企业。处于"支配企业"支配性影响之下的从属企业，以及可直接或间接对从属企业施加决定性影响的企业。如果一个企业的多数股份被其他企业所持有，即可推定属于这种情况。(3)康采恩和康采恩企业。这是第三层次的关联企业。所谓康采恩，就是一个支配企业与一个或多个从属企业形成的并置于该支配企业的统一管理之下的联合；各企业属于康采恩企业。康采恩可以划分为纵向康采恩与横向康采恩，前者是指一个支配企业与一个或若干从属企业形成的置于支配企业统一管理之下的联合，而后者是指法律上彼此独立的企业在统一管理之下的联合，因此企业之间不具备从属性。(4)相互参股企业(也被称为相互参与的企业)。这是第四层次的关联企业。相互参股企业是指住所在德国的资合公司，其中任何一个企业拥有其中的另一个企业的25%以上的股份所形成的关联企业[①]。除上述四类不同层次的关联企业之外，还有一类，即相互订立企业契约的结合企业。这类关联企业之间订有支配合同、盈利支付合同或其他关系合同，并且因为这种契约的作用而形成关联企业。

《股份法》还以关系企业之间是否存在支配合同或盈利支付合同，将其从结构上分为协议康采恩(contractual concerns)和事实康采恩(factual concerns)[②]。所谓协议康采恩是指母公司与子公司之间不仅存在一般的多数控股参与关系，而且还以公司合同的形式来维系这种关系。如果存在支配合同，则子公司必须服从母公司的直接领导，母公司有权对子公司的董事会下达指示，甚至包括对其不利的但对母公司有利的指示；如果存在盈利支付合同，子公司必须向母公司提交利润。在这种情况下，母公司则有义务与被控制的子公司清偿债务；所谓事实康采恩是指控股公司与被控股公司之间不存在上述两种合同，母公司只是通过控股参与的方式控制子公司的运作。大多数母子公司属于这一类。

(四)法国

法国1966年《商事公司法》对参股公司作了界定：一公司占有另一公司的一半以上资本时，后者视为前者的子公司；一公司占有另一公司10%至50%的资本时，前者视为后者的参股公司。1985年，为了符合欧共体公司法第7号指令的要求，法国通过了第85－705号法律。该法律对第354条并无修改，但在第355条之后，增列了几项条款，引进了"表决权"概念。第355－1条规定，如果出现下列情况，则一公司被视为控制另一公司：(1)在其直接或间接所持另一公司之资本的部分可授

---

① 吴越：《企业集团法理研究》，法律出版社2003年版，第7～16页。

② 吴越：《企业集团法理研究》，法律出版社2003年版，第25～60，第80～95页。

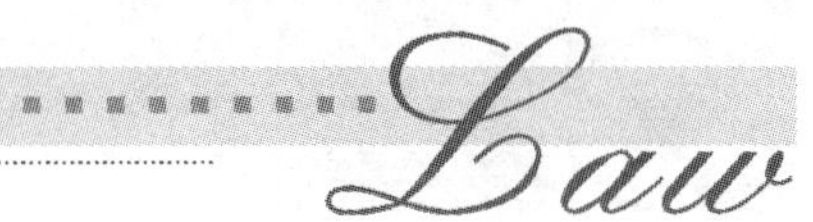

予其在该公司之股东大会上多数表决权时;(2)在其根据同其他股东或持股人订立的协议,且协议不违反公司利益,从而单独在另一公司拥有多数表决权时;(3)在其运用自己所拥有的表决权实际上决定着另一公司股东大会所作之决议时;(4)一公司在另一公司里直接或间接拥有超过40%的表决权,而没有任何其他股东或参股人直接或间接拥有的表决权数目高于前者所拥有的表决权数时,该公司推定为对另一公司实施控制权。第355－2条规定,被控制公司对其他公司的任何参股,即使低于10%,均看成是控制该公司的公司间接持有的参股。①

（五）日本

根据日本《商法典》第211条之2第1款的规定,集有其他股份有限公司发行股份总数过半数的股份或集有其他有限公司资本过半数的股份的公司为母公司,股份被母公司持有的公司为子公司;该条第3款规定,母公司与子公司一起或子公司单独集有其他股份有限公司发行股份过半数的股份时,就本法的适用而言,该股份公司也视为母公司的子公司。母公司与子公司一起或子公司单独集有其他有限责任公司过半数的股份时,亦同。② 从以上规定可以看出,不仅子公司的子公司(孙公司)视为子公司,子公司和母公司共同的子公司,也视为母公司的子公司。

（六）我国台湾地区

我国台湾地区2001年《公司法》专门增设了"关系企业"一章。第369－2条规定,公司持有他公司有表决权之股份或出资额,超过他公司已发行有表决权之股份总数或资本总额半数者为控制公司,该他公司为从属公司。除前项外,公司直接或间接控制他公司人事、财务或业务经营者亦为控制公司,该他公司为从属公司;该法第369－3条规定,有下列情形之一者,推定为有控制与从属关系:(1)公司与他公司之执行业务股东或董事有半数以上相同者;(2)公司与他公司之已发行有表决权之股份总数或资本总额有半数以上为相同之股东持有或出资者。依照规定,公司直接或间接控制其他公司之人事、财务或业务经营者为控制公司,他公司为从属公司(包括相互投资公司)。

凡符合下列情形之一的,即可认定为是有控制关系的公司:(1)公司之业务经营或人事任免受他公司指挥监督者;(2)公司持有他公司之股份或对他公司之出资超过他公司已发行股份表决权总数或资本总额之半数者;(3)公司与他公司发行股份表决权总数或资本总额有半数以上为相同之股东持有或出资者。但经证明无控制关系者,不在此限;(4)公司与他公司之董事、监察人、执行业务股东或代表公司股东及总经理有半数以上相同者;(5)公司与其他公司间之营业或其他法律行为,

① 卞耀武:《法国公司法规范》,李萍译,法律出版社1999年版,第203～204页。

② 卞耀武:《日本国商法》,付黎旭、吴民译,法律出版社2000年版,第59页。

有不合营业常规之安排者。

综上所述，尽管世界各国和地区在法律条文用语上、具体某方面的规定上有所不同，但就其本质而言，有相当程度的趋同性，即体现在关联关系上。在公司集团内，关联关系实质上是控制公司直接或者间接控制从属公司的关系，以及可能导致公司集团成员之间利益转移的其他关系，主要有控股、签订企业协议、人事连锁等。世界各国和地区有关公司集团的立法均是围绕着关联关系而展开的。通常情况下，一个公司直接或间接拥有另一公司的多数表决权的股份则被认为是形成了控制，这两家公司即成为公司集团，如英国 1989 年《公司法》第 144 条、德国 1965 年《股份法》第 16 条、法国 1966 年《商事公司法》第 354 条等。

第二节　公司集团的组建

一、概述

我国现代意义上的企业集团的出现是在十一届三中全会以后，企业集团是伴随着改革的不断深化而逐渐发展壮大的。1979 年十一届三中全会之前，我国的企业都是按地区、部门由各级政府直接管理的，企业之间缺乏横向联系和自主经营权，因此没有产生企业集团的环境和土壤。经济体制改革以后，从发展横向经济联合和扩大企业自主权两个方面，孕育了企业集团①。

1986 年 3 月，国务院发布了《关于进一步推动横向经济联合若干问题的规定》，企业集团的名称开始使用。同年，第六届全国人大第四次会议通过的《关于第七个五年计划的报告》正式提出了发展企业集团的任务。1987 年 12 月 16 日，国家体改委、国家经委颁布了《关于组建和发展企业集团的几点意见》，这是我国第一个关于企业集团的专门性政策文件。该文件对企业集团的意义、组建企业集团的原则和条件、企业集团的内部管理、企业集团的外部条件等问题提出了要求和规定。1989 年国家体改委印发了《企业集团组织与管理座谈会纪要》，对企业集团的诸多方面提出要求，如企业集团要有多层次的组织结构，企业集团内部要有一定的联系纽带（资产纽带和合同纽带），要有一个起主导作用的核心企业，企业集团是由独立的企业法人组成的联合，等等。根据这一精神，1991 年《国务院批转国家计委、国家体改委、国务院生产办公室关于选择一批大型企业集团进行试点请示的通知》确定了第一批进行试点的 55 家企业集团（后来达到 57 家）。这些试点企业主

---

① 施天涛：《关联企业法律问题研究》，法律出版社 1998 年版，第 226 页。

要是由关系国计民生、在国民经济建设和出口创汇中具有重要地位和作用的生产型企业为核心的。1997年国务院又发布了《国务院批转国家计委、国家经贸委、国家体改委关于深化大型企业集团试点工作意见的通知》,提出了深化大型企业集团试点工作的新要求,并将原57家试点单位扩大为120家。此外,改革开放以来,我国的非公有制企业发展迅速,由非公有制企业组建的企业集团也逐年增加。根据国家工商行政管理总局(前身为国家工商行政管理局)的统计数字,全国范围内的私营企业集团,1996年为752家,1997年为999家,1998年为1563家。[①] 1998年国家工商行政管理局发布了《企业集团登记管理暂行规定》,该规定一定程度上规范了组建企业集团的条件和程序。截止到1999年6月,在工商行政管理部门登记的企业集团达到了6458家。[②] 而现实中,未达到规定条件,而以集团命名并经营的企业集团的具体数目则不得而知,估计要以数十万家计。

改革开放20多年来,我国的企业集团从无到有,从少到多,并继续显示出良好的发展势头。企业集团在经济改革和体制改革中发挥了积极作用,在一定程度上促进了企业组织结构的调整,推动了生产要素的合理流动,增强了竞争力。但与国际大型企业集团相比,我国企业集团在生产能力、效率、市场份额以及创新能力方面均明显低于发达国家的水平。大多数在过去匆忙组建起来的中小企业集团很快就面临困境,甚至名存实亡。"十个集团九个空"就是对20世纪80年代乃至90年代集团状况的真实写照。可以说,大多数的中国企业集团尚未实现规模经济。时至今日,企业集团的发展仍然存在诸多问题。

一是企业集团的行政化倾向严重。许多企业集团是用行政手段捏合的,这种企业集团在组织形式上维持着政企合一,在管理上带有明显的隶属色彩,实行的是"人、财、物、产、供、销、党、工、团"九统一。同时,由于这种企业集团缺乏强有力的资金纽带,名义上组成了企业集团,实际上各自为政,所以既不能发挥企业集团的管理优势,也不能发挥规模经济的正面效应,反而使一些原本生机勃勃的企业,因为拖上濒临破产企业的包袱而削弱了自己的经济实力,根本就与市场经济公平竞争原则背道而驰。

二是企业集团经营机制尚未成熟。目前,相当一部分企业集团虽然实施了公司制改造,但其内部经营机制转换的任务仍很艰巨,企业集团内部管理和制度建设和现代化大公司相比尚有很大差距。正是因为我国大多数企业集团不是靠参股(资本纽带),而是靠政府行政措施(行政纽带)结合起来的。这就可能形成两个极端。一方面很多国有企业集团内部尚未形成企业集团所必需的统一管理权,集团成员之间只是表面上的联合,实质上是貌合神离;另一方面某些企业集团的核心企业虽然掌握了统一管理权,但管理权过分集中导致成员企业丧失了应有的自主权,

---

① 王长斌:《企业集团法律比较研究》,北京大学出版社2004年版,第5页。

② 王长斌:《企业集团法律比较研究》,北京大学出版社2004年版,第5页。

集权管理无异于单一企业。这两种情况都与现代企业集团的经营机制相去甚远。

三是对企业集团缺乏明确的法律规范,有些规范存在误区。目前我国有关企业集团的法律规范多为国务院及其所属部委发布的规范性文件或者政策性文件,其法律效力层次较低,实质上是一种行政手段,并且很多规范内容存在着不少的问题,与世界上其他国家和地区企业集团立法相比,亟须改进。现行的《公司法》虽有部分条文涉及公司集团,但尚显不足,须在实践中进一步完善。[①] 因此,造成的结果是,不仅企业集团组建的法律依据混乱,对企业集团运营中出现的问题也无法严格依据法律规定进行处理。针对这些弊端,我国应当加强立法,明确公司集团的构成、组建条件、集团内部关系等。

二、组建公司集团的条件

对于组建公司集团的条件和程序,我国现行《公司法》和《中华人民共和国公司登记管理条例》并没有作出明确的规定,主要在《企业集团登记管理暂行规定》当中作出规定。根据该《企业集团登记管理暂行规定》第 5 条的规定,设立公司集团应当具备以下的条件:

(一)企业集团的母公司注册资本在 5000 万元人民币以上,并至少拥有 5 家子公司

这是对公司集团核心企业规模的要求。公司集团由母公司、子公司、参股公司以及其他成员单位组成,与单一的公司相比,在规模上有更高的要求。也就是说,要设立公司集团,应当具有一定的规模,能够拥有至少 5 家子公司并且注册资本在 5000 万元人民币以上的母公司,通常具有相当大的规模。

(二)母公司和其子公司的注册资本总和在 1 亿元人民币以上

这是对公司集团中核心企业和紧密层企业的整体经济规模的要求。这一要求的目的在于充分挥发国有大中型企业在国民经济中的主导作用,进一步增强国家宏观调控经济的能力和与发达国家大型企业集团在国际市场上相竞争的能力。

(三)集团成员单位均具有法人资格

公司集团是一个企业法人联合体,因此其成员应当具备法人资格,但这不意味着公司集团的所有成员均属于企业法人。根据该《暂行规定》第 4 条的规定,除了企业法人以外,事业单位法人、社会团体法人也可以成为企业集团成员。实践中,这些事业单位法人和社会团体法人通常属于与公司集团有联系的研究开发、教育

---

① 下文将就部分规范内容存在的问题作出说明。

培训、信息、福利等行业，尽管其本身并未直接从事营利性活动，但它们均服从于公司集团的整体战略和利益。

(四)国家试点企业集团还应符合国务院确定的试点企业集团条件

我国从1987年开始组建和发展公司集团的试点工作。根据1991年《国务院批转国家计委、国家体改委、国务院生产办公室关于选择一批大型企业集团进行试点请示的通知》第2条的规定，试点公司集团必须具备以下条件：(1)必须有一个实力强大、具有投资中心功能的集团核心。这个核心可以是一个大型生产、流通企业，也可以是一个资本雄厚的控股公司。(2)必须有多层次的组织结构。除核心企业外，必须有一定数量的紧密层企业；最好还要有半紧密层和松散层企业。(3)企业集团的核心企业与其他成员企业之间，要通过资产和生产经营的纽带组成一个有机的整体。核心企业与紧密层企业之间应建立资产控股关系。核心企业、紧密层企业与半紧密层企业之间，要逐步发展资产的联结纽带。(4)企业集团的核心企业和其他成员企业，各自都具有法人资格。1997年《国务院批转国家计委、国家经贸委国家体改委关于深化大型企业集团试点工作意见的通知》又确定了第二批试点公司集团的名单。根据该通知第6条的规定，主要条件是：(1)已经国家或省级有关部门批准成立的企业集团，或根据国家产业结构调整的需要，正在筹备组建的企业集团。(2)企业集团在资产规模、生产经营、出口创汇和对国家的贡献等方面具有举足轻重的地位，在行业中名列前茅。母公司是工业企业的，一般应为特大型企业。(3)企业集团有较好的经营业绩和发展前景，经营管理制度比较健全，领导班子素质较高。(4)母公司不承担政府的行政管理职能。

上述条件是组建公司集团的法定实质要件，这些条件存在诸多问题。第一，该《暂行规定》仅仅适用于企业集团登记的情况，尚不足以明确公司集团设立的一般标准，在法律效力上，《暂行规定》属于行政部门规章。为了适应现实发展和解决法律问题的需要，我国应在较高效力层次的法律中作出进一步规定。① 第二，上述条件(一)、(二)要求企业集团要达到一定规模，如果达不到这两个条件的，不能登记为集团。这项规定把现实生活中存在的中小企业组成的集团排除在外。从公司法上看，这种规定是不合逻辑的。一方面它违背了平等原则，中小企业受到了歧视；另一方面从经济角度分析，此种规定也是不明智的，虽然大企业、大集团可以实现规模经济，但大量的中小企业，尤其是私营企业同样也可以采取集团经营的形式，同样可以为经济发展做出贡献。第三，条件(一)要求企业集团的母公司至少拥有5家子公司。以从属企业的数量作为集团登记的条件是我国的“独创”，世界上其他国家和地区公司集团立法上均无此要求。这一规定也违背了平等原则，是对某些企业的歧视。因此，应当废除以成员数量作为登记条件。第四，条件(三)要求集

① 王长斌：《企业集团法律比较研究》，北京大学出版社2004年版，第24页。

团成员均为法人，对此，有学者提出，理论上，企业集团的成员企业不一定必须是公司，至少被控制企业应当可以包括非法人企业。① 从其他国家和地区公司集团立法看，多数以公司集团成员为独立法人作为立法的出发点，在经济现实中，企业集团也多由公司组成，因此，条件(三)似无不妥。实际上，在一个企业集团内，如果被控制企业为非法人，则其不具有独立法律人格，实质上属于控制公司的一个职能部门，则该所谓"企业集团"无异于单一公司。

综上，根据世界各国实践以及公司集团的概念和特征，组建公司集团的条件有两个：一是有两个以上的集团成员，二是集团成员均具有法人资格。

三、组建公司集团的程序

组建公司集团的程序主要有以下几个步骤：②

(一)申请

公司集团的设立申请，由公司集团的核心企业向上级主管部门和政府专门机构提出申请，并提交下列文件：(1)设立公司集团的申请书；(2)公司集团的简要介绍；(3)公司集团的基本情况；(4)公司集团章程；(5)可行性研究报告；等等。

根据《企业集团登记管理暂行规定》第 6 条的规定，企业集团章程应当载明下列事项：(1)企业集团名称；(2)母公司的名称、住所；(3)企业集团的宗旨；(4)企业集团成员之间的生产经营联合、协作方式；(5)企业集团管理机构的组织和职权；(6)企业集团管理机构负责人的产生程序、任期和职权；(7)参加、退出企业集团的条件和程序；(8)企业集团的终止；(9)章程修改程序；(10)其他需要载明的事项；(11)制定日期。企业集团章程应当由全体成员签署或者认可。

对于企业集团登记时要求有企业集团章程以及集团名称，有学者提出异议，认为从公司法理上看，要求整个企业集团必须具有共同的章程是不符合法律逻辑的，因为企业集团本身不是法人，既然不是法人，就不必要求集团必须有共同的章程。因此，他建议学习德国《股份法》的相关规定，以"集团管理合同"取代集团章程。另外，他也认为，不应当硬性要求集团在登记时提供"集团名称"，并提出三个理由：首先，集团名称或集团商号完全没有必要由法律来规定，原因在于集团并非具有独立的法律人格；其次，硬性要求一个集团在登记时必须要有集团名称还可能在成员企业之间产生利益冲突；再者，硬性要求将集团名称进行登记还可能在成员企业与第

① 王长斌：《企业集团法律比较研究》，北京大学出版社 2004 年版，第 23 页。

② 朱炎生：《公司法》，厦门大学出版社 2006 年版，第 188～189 页；顾功耘：《公司法》，北京大学出版社 1999 年版，第 338～339 页。

三人的经济交往中产生问题①。我们认为，该学者的异议是有道理的，企业集团登记时不应当要求有企业集团章程以及集团名称。

（二）审批

国家试点公司集团的核心企业提出的申请，经其行业主管部门进行审查同意后，报送国家计委、国家经贸委、国家体改委等专门机构审核，最后由国务院批准。国务院批准后，有关政府主管部门应发文通知公司集团及有关部门。国务院也可授权有关部门进行审核。地方性公司集团的核心企业提出的申请，由其行业主管部门进行审查同意后，报送省、市级的计委、经贸委、体改委等专门机构审核，最后由省、市级人民政府批准。

根据《企业集团登记管理暂行规定》第12条的规定，企业集团的母公司经国务院或者省级人民政府批准，可以成为国家或者省级人民政府授权的投资机构或国有独资公司。国家试点企业集团的母公司，经国务院批准，可以成为国家授权投资的机构或者国有独资公司。经国务院批准或者国务院授权部门批准，国家试点企业集团的母公司向其他有限公司或者股份有限公司的投资额可以超过母公司净资产的50％。

（三）登记

根据《企业集团登记管理暂行规定》的规定，企业集团的登记应当由企业集团的母公司提出申请，原则上应当与母公司的设立或者变更登记一并进行。国家试点企业集团，由国家工商行政管理局或者其授权的地方工商行政管理局登记；其他企业集团由其母公司的登记发照的工商行政管理局登记。企业集团的登记事项包括：企业集团名称；母公司名称、住所；成员企业。申请企业集团登记，应当向登记主管机关提交下列文件：(1)母公司法定代表人签署的登记申请书；(2)企业集团章程；(3)企业集团成员的法人资格证明；(4)母公司对集团成员企业的持股证明或者出资证明；(5)有关政府部门依照法律、行政法规对组建公司集团的审批的文件；(6)国务院对国家试点公司集团的批准文件；(7)其他有关文件。

企业集团经登记主管机关核准登记后，由登记主管机关向该公司集团的核心企业颁发由国家工商行政管理局统一制定的“企业集团登记证”，企业集团即告成立。

综上可见，我国对公司集团的设立实行的是审批登记制度。但这一做法是违背法律原理以及国际惯例的。首先，公司集团本身并不是独立的法人，并非独立的法律拟制主体，按照法律原理的一般要求，不需要向有关部门登记并公示。其次，纵观世界其他国家和地区的公司集团立法，一般都不要求公司集团需向特定的机

① 吴越：《企业集团法理研究》，法律出版社2003年版，第200～202页。

构登记才能设立，除了德国要求基于企业协议产生的公司集团依法应当在商事登记簿上进行登记外。最后，从实践中看，我国现实存在但没有登记的公司集团不胜枚举，审批登记制度极易规避，制度效率值得检讨。因而，我国应该采行世界通行做法——废除公司集团设立的审批登记制度。

第三节　公司集团的内部关系

一、公司集团内部结构层次

我国学者以及国家出台的一些政策性文件或者规范性文件一般习惯于把公司集团的内部结构层次分为四个层次：核心层、紧密层、半紧密层和松散层。如国家体改委、国家经委 1987 年发布的《关于组建和发展企业集团的几点意见》中规定，企业集团具有多层次的组织结构，一般由紧密联合的核心层、半紧密联合层以及松散联合层组成。集团公司是企业集团的紧密联合层，是集团的实体部分，逐步实行资产、经营一体化；半紧密联合层的企业可以以资金或设备、技术、专利、商标等作价互相投资，并在集团统一经营下，按出资比例或协议规定享受利益并承担责任；松散联合层的企业在集团经营方针指导下，按章程、合同的规定享有权利，承担义务，并独立经营，各自承担民事责任。1989 年国家体改委印发的《企业集团组织与管理座谈会纪要》要求企业集团有多层次的组织结构，一般包括四个层次：集团核心，即具有母公司性质的集团公司；紧密层，由集团公司控股的子公司组成；半紧密层，由集团公司的参股公司组成；松散层，由与集团公司有优惠性稳定协作关系的企业组成。我国一些学者理论上也支持层次说①。

根据上述政策性文件或者规范性文件的规定，公司集团可以分为四个层次：

（一）核心层

公司集团的核心层，是一个控制公司，它通过资产联系（如股份参与）、合同联系或者其他联系手段（如人事连锁）与其他企业法人建立起生产、经营、销售或者其他资产联系。② 控制公司通常又被称为集团公司，在制定集团发展战略、调整结构、协调利益等方面发挥关键作用，是集团投资、融资、研发、对外贸易和技术交流等重大经营活动的决策中心。

---

① 朱炎生：《公司法》，厦门大学出版社 2006 年版，第 189～190 页；施天涛：《关联企业法律问题研究》，法律出版社 1998 年版，第 8～11 页。

② 施天涛：《关联企业法律问题研究》，法律出版社 1998 年版，第 8 页。

（二）紧密层

公司集团的紧密层，是指由核心层公司直接或者间接控制的企业，实质上是核心企业控制的子公司或者从属公司。紧密层通常由集团的多数法人企业组成，在法律上它们均具有独立法人资格，但是它们之间或者它们与核心层公司之间发生密切的资金、生产和经营上的联系。公司集团内部还可能有大量的成员是紧密层企业的子公司或从属公司，它们受到核心层企业的间接控制，是核心层企业的孙公司，一般视同子公司。

（三）半紧密层

公司集团的半紧密层，是指核心层公司或者紧密层公司对外投资、参股，但未能对其实施控制的企业，它们属于核心层企业或者紧密层公司的参股公司。与紧密层公司相比，半紧密层公司具有相对较大的独立性，可以自主开展自己的经营活动。

（四）松散层

公司集团的松散层主要是指那些较固定的、通过生产经营协议而与公司集团的上述三类公司保持协作关系的公司、企业。在松散层中，协作公司与核心企业、紧密层公司、半紧密层公司之间是一种单纯的合同关系，仅是根据双方所达成的协议为这些公司在某些方面定期定量地提供一定的产品或服务。

企业集团的层次说是我国特定时期的产物。综合考察，可以发现上述政策性文件或者规范性文件出自产业部门而不是法律部门，其作用是在当时经济条件下推动国有大中型企业组建和发展企业集团，并为企业集团指明方向。这些文件从层次的角度描述企业集团，主要是出于经济学或者企业管理学角度而不是法学角度。层次说所勾画的企业集团有些仅仅是对我国当时经济现象的简单描绘，未经深思熟虑，层次说不能准确地反映企业集团的内部法律关系。但时至今日，层次说仍然影响着我国公司集团的理论和立法。

从世界各国和地区公司集团立法上看，层次说无法真实反映公司集团成员企业之间控制与从属关系的法律属性。同样，层次说也已经无法圆满地解释当今中国公司集团企业间错综复杂的控制与从属关系。对公司法理论而言，公司集团内部结构重要的不是经济学或企业管理学上的“层次”关系，而是存在于成员企业之间的投资关系以及由此形成的控制与从属关系。可见，我们在研究公司集团的内部结构时，应当摒弃层次说，着重关注公司集团成员企业之间的控制与从属关系。

二、公司集团内部结构的法律调整

如上文所述，在法律上，公司集团内部结构所形成的各种经济关系和企业管理关系也就是公司集团成员企业之间的控制与从属关系。从另一角度而言，公司集团的实质，是指一个公司企业对另一个企业或多个企业形成控制或具有支配性影响。因此，公司集团产生或组建方式也就是公司集团成员企业之间控制与从属关系的形成方式。公司集团内部结构的法律调整就是对公司集团成员企业之间控制与从属关系的形成方式的法律规制。

公司集团成员企业之间控制与从属关系赖以形成的方式，可以分为三大类。一是基于投资而产生，即一个企业以现金、实物、无形资产、有价证券等向另外一个企业或多个企业的投资。这是公司集团形成的最主要、最普遍的方式。二是基于签订企业协议而产生。三是其他方式，常见的如人事连锁，即公司的同一个高级职员在两个以上互相联系的企业任职。实践中，二、三两种方式多是建立在投资的基础上，否则两个企业之间的关系难以持久。所以第一，投资是产生企业集团的最基本的方式；第二，三种形式往往交织在一起，有时一个企业集团并非仅由于一种方式而产生，有些情况下甚至同时包含了三种方式。[①] 下面我们具体对这三种方式展开论述。

（一）转投资

转投资是单一公司向公司集团转化的最基本也是最常见的方式。所谓转投资，是指公司成为他公司之股东，亦即公司以出资、认股或收益出资额、股份等方式，而成为他公司股东的行为。[②] 一般的投资中，投资者既可以是自然人，也可以是法人，而在转投资中，主体只能是公司法人或者是由法人授权的非法人组织。企业转投资的基本形式有以下三种：一是出资设立新的企业。它既可能是将本企业的某些部分分离出去使其成为独立的企业，也可能是在保证本企业完整的情况下另行设立新的企业；既可能设立全资子企业，也可能与其他人联合设立子企业，母企业在其中拥有部分的、足以能够控制该企业的股权。公司法上称为公司分立及公司合并。二是购买另一企业的资产，将已存在的另一企业变为自己的子企业。三是购买另一企业的股份，将已存在的另一企业变为自己的子企业。公司法上称为公司收购。

1. 各国和地区公司立法对公司转投资态度的模式

世界各国和地区公司立法对公司转投资的态度可以分为两种模式。一种是立

---

① 王长斌：《企业集团法律比较研究》，北京大学出版社 2004 年版，第 53～74 页。

② 柯芳枝：《公司法论》，中国政法大学出版社 2004 年版，第 23 页。

法对转投资直接限制的模式，以我国台湾地区为代表。我国台湾地区 2001 年《公司法》第 13 条规定，公司不得为他公司无限责任股东或合伙事业之合伙人；如为他公司有限责任股东，其所有投资总额，除以投资为专业或公司章程另有规定或经依下列各款规定，取得股东同意或股东会决议者外，不得超过本公司实收资本的 40％：(1)无限公司、两合公司经全体无限责任股东同意。(2)有限公司经全体股东同意。(3)股份有限公司经代表已发行股份总数 2/3 以上股东出席，以出席股东表决权过半数同意之股东会决议。公司因接受被投资公司以盈余或公积增资配股所得之股份，不计入前项投资总额。我国 2005 年修订前的《公司法》也是采取这一模式，但已废除。另一种是授权公司章程规制的模式，目前，世界上大多数国家的公司立法均采用这一模式。我国 2005 年修订后的《公司法》也采用这一模式。《公司法》第 15 条规定："公司可以向其他企业投资；但是，除法律另有规定外，不得成为对所投资企业的债务承担连带责任的出资人。"第 16 条规定："公司向其他企业投资或者为他人提供担保，依照公司章程的规定，由董事会或者股东会、股东大会决议；公司章程对投资或者担保的总额及单项投资或者担保的数额有限额规定的，不得超过规定的限额。公司为公司股东或者实际控制人提供担保的，必须经股东会或者股东大会决议。前款规定的股东或者受前款规定的实际控制人支配的股东，不得参加前款规定事项的表决。该项表决由出席会议的其他股东所持表决权的过半数通过。"

2. 我国转投资法律规制的不足与完善

对于公司转投资行为，我国 2005 年修订的《公司法》从直接限制模式转向授权公司章程规制的模式，以及对全资子公司(属一人公司的一种)合法地位的肯定，无疑是很大的进步，符合各国和地区公司立法的主流趋势。但不可否认的是，我国公司立法对转投资的法律规制仍然存在着一定的不足。最主要的问题在于对双向转投资行为没有进行必要的限制，没有考虑到公司集团成员企业之间由于交叉持股而引起的虚增资本、操纵公司董事会等问题。

按照投资公司和接受投资公司之间的投资关系，转投资可以分为单向转投资和双向转投资两种类型。所谓单向转投资，系一公司向他公司投资；所谓双向转投资，系两公司相互向对方投资。①

双向转投资所必然引发的问题就是公司之间的交叉持股，即两公司相互持有对方公司的股份。交叉持股是公司集团成员企业，尤其是母子公司之间形成控制与从属关系的常见手段。交叉持股对于公司治理、公司财务、证券市场会产生不利的影响。比如，如果两个有相互投资关系的公司，其董事相互协商，甲公司对乙公司所持有的表决权按乙公司董事的意志行使，乙公司对甲公司所持有的表决权按甲公司董事的意志行使，那么甲、乙两公司的董事均可利用转投资控制公司股东

① 赵志钢：《公司集团基本法律问题研究》，北京大学出版社 2006 年版，第 117 页。

会，导致公司董事滥用职权，股东会完全或基本完全被操纵，股东会对董事会的制约机制荡然无存，公司制特有的法人治理结构不能有效发挥优势。此外，交叉持股的危害还表现为资本虚增和空洞化。例如，甲乙两公司各有资本10亿元，现各增资1亿元，如果增资不涉及交叉持股，依照资本真实原则，每个公司的实有资本应为11亿元。但是如果该两公司的增资系通过交叉持股实现的，则该两公司账面资本虽然分别增加了1亿元，但其实际资本并未有任何增加，从而造成了资本虚增。

因此，针对交叉持股所可能带来的危害，各国和地区公司立法或者禁止交叉持股，或者进行一定的限制。这种限制一般表现在两个方面，一是限制持股数量，二是限制表决权的行使。英国1985年《公司法》并不一般地禁止交叉持股，但禁止子公司取得母公司的股份。也就是说，如果两个公司之间互相拥有的对方的股份未达到"控制"公司经营的程度，那么法律允许交叉持股；但如果两个公司之间存在母子公司的关系，那么法律禁止交叉持股。如果一个公司在取得另一个公司的控制股份以前，后者已经取得了前者的股份，1989年英国《公司法》129条规定，子公司可以作为母公司的一个股东保留这些股份，但不能在母公司行使投票权。[①] 美国法院判例上一致的规则为：当母公司过半数持有子公司的股份时，子公司所持有的母公司股份，（在母公司股东会上）没有表决权。[②] 法国1966年《商事公司法》第359－1条规定，当一个公司的股份或表决权被一个或几个该公司直接或间接拥有控制权的公司占有时，属于这些股份的表决权或这些表决权不得在该公司的股东大会上行使，在计算法定人数时，上述表决权不予考虑。第358条和359条规定，只要一个股份公司持有另一股份公司10％以上的股份，后者就不能取得前者的股份；或者，只要一个股份公司拥有另一种类型公司（如有限责任公司）资本的10％以上的股份，后者也不能取得前者的股份。后者一旦拥有前者的股份，就必须在法律规定的期限内转让，并且不得行使属于这些股份的表决权。如果一个股份公司持有另一种类型公司股份低于或等于10％，那么后者只能持有前者等于或低于10％的股份。公司一旦拥有更多的股份，就必须在一定期限内转让超额部分，并且不得行使超额部分的表决权。[③] 根据德国1965年《股份法》第16条的第(3)项，第(4)项的规定，子公司持有的母公司的股份没有表决权。[④] 另外，该法第328还规定，如果两个公司之间既相互参股，同时又存在控制与从属关系，则相互参股中的控股企业视作控制企业；如果两个公司之间既相互参股，同时参股率都达到多数，则两家企业互为控制和从属企业。法律规定一家公司在另一家公司股份上所享有的表决权必须受到限制，其行使表决权的股份比率不得超过1/4。在单方面控股

① 王长斌：《企业集团法律比较研究》，北京大学出版社2004年版，第61页。

② 刘连煜：《公司法理论与判决研究》，法律出版社2002年版，第72页。

③ 卞耀武：《法国公司法规范》，李萍译，法律出版社1999年版，第214～215页。

④ 卞耀武：《德国股份公司法》，贾红梅、郑冲译，法律出版社1999年版，第7～8页。

并且同时存在控制与从属关系的情形，从属企业不得行使其在控制企业股份上的表决权。在互为控制和从属企业的情况下，两家公司都不得行使其在对方股份上的表决权①。

反观我国《公司法》，对双向转投资，尤其是交叉持股并没有作出任何限制。因此，我们应该进一步完善，具体做法是一般情况下禁止双向转投资，若存在交叉持股，则限制表决权行使。

（二）签订企业协议

企业之间缔结某种形式的企业协议（也称为企业合同）而形成企业集团，是德国法的一种独特创造。尽管在理论上，可以将企业之间签订企业协议作为产生企业集团的方式之一，但实际上企业协议很难称得上是一种独立的产生企业集团的方式。② 因为企业协议一般是在一个企业已经受另一企业控制的情况下签署的。

1. 德国法上的企业合同

德国《股份法》规定了两种企业协议，一种是第 291 条规定的“支配合同”和“盈利支付合同”，另一种是第 292 条规定的“其他企业合同”，包括盈利共享合同、部分盈利支付合同和经营场所转让合同。对于这两类合同的性质，学者们一般认为，第一种并不是债法范围内的普通合同，而是组织合同，因为这类合同不仅仅涉及企业间的债权债务关系，而且导致从属企业组织结构的变化。而第二种合同性质上存在着一定争议③。

根据《股份法》第 291 条规定，支配合同是指一股份公司或股份两合公司将公司置于另一个企业领导下的协议。缔结协议的双方必须是控股企业和附属企业。彼此没有控制和从属关系的企业签订的类似协议不视为支配合同，因此也不产生由于签订支配合同而发生的法律后果。这种协议可使控制企业有权对附属企业的领导机构发布指令。盈利支付合同是指股份公司或股份两合公司将其全部盈利上缴给另一个企业的协议。股份公司或股份两合公司承诺为另一企业的利益而经营本企业的协议，也被视为是全部盈利支付合同。在实践中，盈利支付合同极少单独出现，通常是与支配合同一起订立的。

根据《股份法》第 292 条规定，盈利共享合同是指股份公司或股份两合公司将盈利或单个经营场所的盈利全部或部分与其他企业的盈利或其他企业单个经营场所的盈利集中起来，进行共同盈利的分配而签订的协议。部分盈利支付合同是指股份公司或股份两合公司将盈利的一部分或其单个经营场所的盈利全部或部分支

---

① 卞耀武：《德国股份公司法》，贾红梅、郑冲译，法律出版社 1999 年版，第 207 页。

② 王长斌：《企业集团法律比较研究》，北京大学出版社 2004 年版，第 67 页。

③ 王长斌：《企业集团法律比较研究》，北京大学出版社 2004 年版，第 68～69 页；吴越：《企业集团法理研究》，法律出版社 2003 年版，第 37～38 页。

付给另一企业而签订的协议。经营场所转让合同是股份公司或股份两合公司将企业的经营场所出租或转让给另一企业而产生的协议。

在德国，基于企业协议产生的公司集团依法应当要在商事登记簿上进行登记，对外表明集团成员之间的利益共同体关系。《股份法》第 308 条至第 310 条对这种公司集团的领导权力和责任作了详细的规定，主要内容有：第一，如果一个企业与另一个企业签订了支配合同，那么控制企业有权向附属企业的董事会发出有关公司管理的指令。控制企业可以向附属企业下达任何命令，包括对附属企业有害的指令，只要指令对控制企业或集团整体利益有利，除非支配合同作了相反的规定；第二，附属企业的董事会有执行控制企业指示的义务。即使董事会认为该指令不利于控制企业或集团整体利益，它也无权拒绝执行，除非指令明显不利于控制企业或企业集团整体的利益。如果附属企业接到一项只有得到监事会同意才能进行的业务的指示，并且在适当的期限内没有获得监事会的同意，董事会应将此情况报告控制企业。如果控制企业在接到通知后又再次发出此指示，董事会需执行该指示，并无需征得监事会的同意。但如果控制企业设有监事会，控制企业的董事会只有征得该监事会的同意后才可再次发出指示；第三，控制企业的法定代表人、董事会和监事会成员在向附属企业下达指令时负有注意义务，否则应作为连带债务人对附属企业因此受到的损失进行赔偿。而且，如果附属企业的少数股东认为领导成员违反了其注意义务，那么负有举证责任的是领导成员，而不是提起争议的人。

2. 我国的企业承包合同、租赁经营合同

《中华人民共和国全民所有制工业企业法》第 2 条规定，企业根据政府主管部门的决定，可以采取承包、租赁等经营责任制形式。实践中，我国很多企业都采取这两种方式，其主要的经济功能是为了解决国有企业，尤其是小型国有企业的问题。

企业承包合同，是指承包方与发包方（被承包企业的业主）约定由承包方在一定期间内享有对被承包企业的经营管理权并向发包方支付约定的承包金的合同。由于在承包经营期间内，承包方完全享有被承包企业的经营自主权，即意味着承包方享有完全的支配和控制被承包企业的权力。承包方与被承包企业之间形成控制与从属关系。租赁经营合同是指承租方与出租方（被出租企业的业主）约定出租方在一定期间内将企业出租给承租方经营，承租方向出租方交付租金并依照约定的条件对企业实行自主经营的合同。与企业承包合同相似，承租方与被出租的企业之间也形成控制与从属关系。① 也有学者认为，我国的承包或租赁协议是一种合同法上的协议，而不是一种组织协议。也就是说，德国法上的因签订协议而产生的两个企业之间的控制与从属关系在我国是很少见的。②

---

① 朱炎生：《公司法》，厦门大学出版社 2006 年版，第 191～192 页。

② 王长斌：《企业集团法律比较研究》，北京大学出版社 2004 年版，第 72 页。

（三）人事连锁

人事连锁在实践中主要表现为董事连锁，因为在现代公司制度中，董事会是最重要的决策机构，通过董事连任，可以有效地协调企业之间的政策。但连锁董事一般不是独立的形成企业集团的方式，而是建立在持股基础之上的一种附属方式。[①]比如甲公司持有乙公司已发行股份的51%，则甲公司可以在乙公司选任董事时行使表决权，选举受甲公司控制的人员进入乙公司董事会担任董事，该人员可能同时为甲公司的董事、监事、股东、经理等，此种情况即属于董事连锁。

对于董事连锁，一般各国和地区公司立法上是允许的，但有些有一定的限制性要求。比如，德国《股份法》第88条规定，未经监事会许可，董事会成员不得担任其他商业公司的董事会成员或者业务领导人或者无限责任股东。监事会的许可只能为某些商业部门或商业公司或某种商业活动而授予。如果一名董事会成员违反了这一禁令，监事会可以要求赔偿损失。另外，我国台湾地区《公司法》第209条规定，董事兼任者如为公司业务相同或类似的，应对股东会说明其兼任董事的重要内容，并取得特别股东会同意。我国《公司法》没有对董事连锁作出任何明确要求，根据私法自治原则，应视为允许董事连锁。

三、公司集团内部交易

我国对于公司集团内部交易的规制，主要体现在《公司法》和财政部制定的部门规章中。《公司法》第21条是对关联交易的原则性规定："公司的控股股东、实际控制人、董事、监事、高级管理人员不得利用其关联关系损害公司利益。违反前款规定，给公司造成损失的，应当承担赔偿责任。"另外，主要是财政部1997年制定的《企业会计准则——关联方关系及其交易的披露》，2006年2月15日制定的《企业会计准则第36号——关联方披露》，这两个会计准则主要内容大体相同，但也有一些修改。根据法理上一般原则，效力同级的法律规范如有不同规定，新法优于旧法，因此我们主要依据2006年的《企业会计准则第36号——关联方披露》。根据《企业会计准则第36号——关联方披露》第4条的规定，在公司集团内部各成员的财务和经营决策中，处于核心层的控制公司能够直接或者间接控制、共同控制其从属公司或者对其施加重大影响，公司集团内部各成员彼此应属于该准则所称的关联方。该准则第7条规定，关联方交易是指关联方之间转移资源、劳务或义务的行为，而不论是否收取价款。由此可见，公司集团内部交易即属于该准则所称的关联交易的一种，因此我们也可以把公司集团内部交易称为公司集团内部关联交易。公司集团内部交易是指公司集团内部各成员企业之间发生的相互转移资源、劳务

① 王长斌：《企业集团法律比较研究》，北京大学出版社2004年版，第73页

或义务的各种往来业务及交易。

根据《企业会计准则第 36 号——关联方披露》第 8 条的规定，公司集团内部关联交易的类型通常包括下列各项：(1)购买或销售商品。例如，公司集团成员之间，一公司的产品为另一公司的原料，两公司为供应商——顾客关系，从而形成了关联交易。有时这种关联交易需要通过多方的参与方可达成；(2)购买或销售商品以外的其他资产。例如，母公司出售给其子公司的设备和建筑物等；(3)提供或接受劳务。例如，A 公司为 B 公司的子公司，A 公司专门从事设备维修服务，B 公司的所有设备均由 A 公司负责维修，B 公司每年向 A 公司支付一定数量的设备维修费用，则可以认定 A、B 公司之间存在关联交易；(4)担保。关联方担保指相互关联的两个公司，一公司在借贷、买卖、货物运输、加工承揽等经济活动中，应其债权人的要求，由另一公司提供的担保等；(5)提供资金(贷款或股权投资)。例如，子公司从母公司取得现金或实物形成的贷款或权益性资金，或者母公司收购子公司增发的股份等；(6)租赁。包括关联方之间的经营租赁和融资租赁等；(7)代理。相互关联的两个公司，一方代理他方为一定行为，如代理销售货物，或一方代另一方签订合同等；(8)研究与开发项目的转移。在存在关联方关系时，有时某一企业所研究与开发的项目会由于一方的要求而放弃或转移给其他企业。例如，B 公司是 A 公司的子公司，A 公司要求 B 公司停止对某一新产品的研究和试制，并将 B 公司研究的现有成果转给 A 公司最近购买的、研究和开发能力超过 B 公司的 C 公司继续研制，从而形成关联交易；(9)许可协议。存在关联关系的两公司之间达成某项协议，一方允许另一方使用自己所有的商标、专利等，从而形成关联交易；(10)代表企业或由企业代表另一方进行债务结算。例如，A 公司为 B 公司的子公司，B 公司欠 C 银行贷款 5 千万，现在 B 公司要求 A 公司向 C 银行偿还 B 公司所欠的 5 千万；(11)关键管理人员薪酬。例如，某两个公司董事为同一人，但该董事将其精力全部投入一个公司，而其薪酬却由另一公司支付的情形。

综上关联交易具体类型，以及各国公司经营的实践，公司集团内部交易主要集中在公司集团成员之间的利益输送、关联担保和资金提供上，下面我们具体展开论述。

(一)公司集团成员之间的利益输送

公司集团成员之间的利益输送，又称为利益转移，指通过一定方法，将一成员公司应当获得或已经获得的利益，转移给另一成员公司享有，或者一成员公司应当负担或者已经负担的不利益，转移给另一成员公司负担的行为。[①] 广义上的利益输送包括财产利益、公司机会、研发项目等的转移，狭义上的仅指财产利益的转移。

虽然利益输送的方法、形式、范围很广，但从较长时期来看，净利益一般会从从

① 曾世雄：《企业设计法》，中国政法大学出版社 2001 年版，第 192～193 页。

属企业输送到控制企业。[①] 公司集团成员之间利益输送对各方主体所产生的影响是截然不同的。对控制公司来说，控制公司因利益输送获得利益，从而也惠及控制公司的全体股东以及债权人；对从属公司而言，利益输送使其失去本应得到的利益或承担本不应承担的成本，公司整体利益受损；对从属公司少数股东而言，由于公司盈利水平降低，股东从投资中获得回报的机会减少，甚至可能血本无归；对从属公司债权人而言，由于从属公司利益受损，财产数量减少，其债权获得满足的风险加大。

对于公司集团成员之间的利益输送，各国和地区的公司立法都有一定的规制。英美法上，主要是通过信息披露制度，使因利益转移而可能受损的相关主体获得信息，并通过股东代表诉讼、损害赔偿请求权的行使、股份收买请求权的行使等方式，在作为大股东的控制公司和中小股东、债权人之间达到新的利益平衡。[②] 我国2005年修订的《公司法》也引入了股东代表诉讼、损害赔偿请求权等制度，以充实股东、债权人权益的保护，下文将有具体论述。

而德国《股份法》则采取了与英美法截然不同的规制方法。上文已论述到，德国《股份法》规定了两种企业协议，一种是第291条规定的"支配合同"和"盈利支付合同"，另一种是第292条规定的"其他企业合同"，包括盈利共享合同、部分盈利支付合同和经营场所转让合同。这些企业合同在恪守公司表面法律人格独立的前提下，通过合同使公司法人人格和财产不再独立，从而满足利益输送合法化的要求，但利益输送仍然必须遵守法律的强制性规范。

德国《股份法》第300条至第306条采用了综合性的措施来规制利益输送。(1)提高利益输出公司法定公积金数额。这主要是为了强化对利益输出公司债权人债权的保护。该法第300条规定，①存在盈利支付合同，公司应在合同存在期间或开始增资后5年内，将法定公积金与资本公积金之和均匀填补至公司股本的1/10或公司章程规定的更大份额，但年度提取额至少应达到未支付盈利前的年度余额减去上年度亏损后的1/20；②存在部分盈利支付合同，应当从当年未支付盈利之前的盈余额中扣除上年亏损，再依第150条(2)项之规定提留法定公积金；③存在支配合同，且公司不负有支付其全部盈利义务的，法定公积金之数额按存在盈利支付合同的情形提取。(2)限制盈利支付的最高数额。第301条规定，无论签订何种盈利支付合同，公司能够支付的最高数额限于当年盈利支付前的盈余额扣除上年度亏损及根据第300条所提取的法定公积金后的年度盈余。(3)承担亏损补偿义务。第302条规定，存在支配合同或盈利支付合同，合同一方对他方在合同有效期间产生的任何年度亏损，无法自该期间内提留的特别盈余公积金中得到补偿的数额应负责补偿。存在经营场所转让合同，从属公司在合同有效期内产生的年度

---

① 赵志钢:《公司集团基本法律问题研究》,北京大学出版社2006年版,第182～184页。

② 赵志钢:《公司集团基本法律问题研究》,北京大学出版社2006年版,第186页。

亏损未能由合同约定的对待给付适当补偿的，控制公司应负补偿责任。(4)为利益输出公司债权人提供担保和损害赔偿。第 303 条规定，在支配合同或者盈利支付合同终止时，合同对方，即控制公司对其债权在合同终止登记并依法公告前发生的、而于公告后 6 个月内申报的从属公司债权人提供担保。第 306 条规定，如利益输送行为损害了从属公司债权人的利益，又未获补偿，损害赔偿责任由利益输入公司及其负责人共同承担，除非负责人通过举证证明在其对从属公司进行指示时，已尽必要的注意义务。(5)保障从属公司少数股东的利益。第 304 条规定，盈利支付合同应当规定给予局外股东(即少数股东)依其持有股份票面金额为准的定期金钱给付。支配合同在公司未承担支付其全部利润的义务时，应保证给付一定数额的利润作为对局外股东的适当补偿。

(二)公司集团成员之间的关联担保

公司运营过程中，经常会发生向他人，尤其是金融机构借贷的情况，而债权人往往都会要求债务人公司提供担保。在公司集团内，成员之间相互担保也屡见不鲜，而且现实中更为普遍。对于公司集团成员的关联担保，我国 2005 年修订之前的《公司法》持否定态度，禁止成员之间关联担保。2005 年修订后的《公司法》第 16 条规定，公司向其他企业投资或者为他人提供担保，依照公司章程的规定，由董事会或者股东会、股东大会决议；公司章程对投资或者担保的总额及单项投资或者担保的数额有限额规定的，不得超过规定的限额。公司为公司股东或者实际控制人提供担保的，必须经股东会或者股东大会决议。前款规定的股东或者受前款规定的实际控制人支配的股东，不得参加前款规定事项的表决。该项表决由出席会议的其他股东所持表决权的过半数通过。可见，《公司法》对于关联担保的态度发生了根本性的转变，这既是对现实中关联担保大量存在的承认，也有利于关联担保的法律调节、公司集团的健康发展以及债权人利益的保护。

根据《公司法》第 16 条的规定，(1)如果公司集团内从属公司要向控制公司(控制公司为从属公司股东或实际控制人)提供担保，必须经股东会或者股东大会决议。控制公司所持表决权应当回避，不得参加该事项的表决。该项表决由出席会议的其他股东所持表决权的过半数通过。(2)如果是控制公司向从属公司或一从属公司向另一从属公司提供担保，则按照公司章程的规定，由董事会或者股东会、股东大会决议；公司章程对担保的总额及单项担保的数额有限额规定的，不得超过规定的限额。(3)如果公司集团成员之间交叉持股的，则应按(1)处理。

(三)公司集团成员之间的资金提供

依照《企业会计准则第 36 号——关联方披露》第 8 条的规定，公司集团成员之间的资金提供包括公司集团成员之间的贷款和股权投资，股权投资属于公司转投资的一种，上文已有论述，我们主要讨论的是公司集团成员之间的贷款。我国《公

司法》对公司之间的贷款并无明文规定，只有第116条规定："公司不得直接或者通过子公司向董事、监事、高级管理人员提供借款。"但这一条文没有涉及公司集团成员之间的贷款。

根据中国人民银行1996年发布的《贷款通则》第61条的规定，除国家规定的金融机构外，其他企业之间不得违反国家规定办理借贷或者变相借贷融资业务。因此，非金融性公司集团的成员公司之间直接相互借贷是被禁止的。但事实上，公司集团成员之间经常在面临资金短缺、破产等困境而难以从银行等金融机构获得贷款的情况下，采用变通的方式规避法律，相互贷款或施以援助。常见的方式有：[①](1)以投资形式借贷。法律意义上的投资是指投资者成为被投资者的股东。但有的投资合同，投资者对所投入的资金不按股权处理，只按债权处理，无论被投资项目盈或亏，均要按期收回本息或利润。(2)以融资租赁形式借贷。实践中有的融资租赁合同，出租人并不具有金融业务经营权，其出资向借贷人购买租赁物后，在提供给承租人使用的同时，把租赁物的所有权也一并让给承租人，承租人只须承担一次性或分期付清租金的义务。(3)以补偿贸易的形式借贷。有的补偿贸易合同，由一方向另一方提供资金，另一方必须限期归还或分批归还本金，并无偿提供一部分货物作为利息或利润。可见，实践中，《贷款通则》的禁止性规定已名存实亡。

此外，《贷款通则》第7条第2项规定，委托贷款，系指由政府部门、企事业单位及个人等委托人提供资金，由贷款人(即受托人)根据委托人确定的贷款对象、用途、金额、期限、利率等代为发放、监督使用并协助收回的贷款。贷款人(受托人)只收取手续费，不承担贷款风险。因此根据该条规定，公司集团的一成员公司可以依法通过委托贷款的方式向另一成员公司发放贷款。中国银行业监督管理委员会2004年发布的《企业集团财务公司管理办法》第28条规定，财务公司可以办理成员单位之间的委托贷款及委托投资。根据这一规定，公司集团的一个成员公司可以通过企业集团的财务公司，向另一成员公司贷款。

第四节　公司集团的法律责任

与单一公司相比，由于公司集团成员之间关系更为错综复杂，涉及的利益主体更广泛，因此公司集团内部的法律责任更为复杂。从世界各国和地区公司立法以及学者们的理论来看，焦点问题有两个，一是公司集团从属公司及其少数股东的法律保护，二是公司集团从属公司债权人的法律保护。我国《公司法》顺应现实要求，

① 文忠：《浅谈企业之间借贷合同效力认定及处理》，http://www.hicourt.gov.cn/theory/artilce_list.asp? id=273，下载日期：2007年1月14日。

在第 20 条规定："公司股东应当遵守法律、行政法规和公司章程，依法行使股东权利，不得滥用股东权利损害公司或者其他股东的利益；不得滥用公司法人独立地位和股东有限责任损害公司债权人的利益。公司股东滥用股东权利给公司或者其他股东造成损失的，应当依法承担赔偿责任。公司股东滥用公司法人独立地位和股东有限责任，逃避债务，严重损害公司债权人利益的，应当对公司债务承担连带责任。"

一、公司集团从属公司及其少数股东的法律保护

在单一公司中，少数股东的保护就是公司法的重要问题之一。而在公司集团的结构下，少数股东权益的保护更趋复杂。公司集团内，从属公司的意思和财产都受制于控制公司，从属公司的少数股东则在间接承受控制公司压榨的同时，还要直接受控于从属公司的大股东。因此，各国和地区公司立法都为从属公司的少数股东提供必要的法律救济途径。主要方法有：

（一）信息披露制度

信息披露制度的建立，旨在增强公司集团的透明度，以便于股东和社会公众监督公司的运行。我国 2005 年修订的《公司法》和《中华人民共和国证券法》(以下简称《证券法》)以及其他一些相关法规、规章，有大量的关于信息披露的规定。

《证券法》第 63 条规定："发行人、上市公司依法披露的信息，必须真实、准确、完整，不得有虚假记载、误导性陈述或者重大遗漏。"第 64 条规定："经国务院证券监督管理机构核准依法公开发行股票，或者经国务院授权的部门核准依法公开发行公司债券，应当公告招股说明书、公司债券募集办法。依法公开发行新股或者公司债券的，还应当公告财务会计报告。" 第 69 条规定："发行人、上市公司公告的招股说明书、公司债券募集办法、财务会计报告、上市报告文件、年度报告、中期报告、临时报告以及其他信息披露资料，有虚假记载、误导性陈述或者重大遗漏，致使投资者在证券交易中遭受损失的，发行人、上市公司应当承担赔偿责任；发行人、上市公司的董事、监事、高级管理人员和其他直接责任人员以及保荐人、承销的证券公司，应当与发行人、上市公司承担连带赔偿责任，但是能够证明自己没有过错的除外；发行人、上市公司的控股股东、实际控制人有过错的，应当与发行人、上市公司承担连带赔偿责任。"当然这些条文仅适用于公司集团中的上市公司成员，有局限性。

此外，根据《企业会计准则第 36 号——关联方披露》第 9 条、第 10 条的规定，公司集团中，由于成员公司之间存在关联关系，无论其是否发生关联方交易，均应当在附注中披露与母公司和子公司有关的下列信息：(1)母公司和子公司的名称。母公司不是该企业最终控制方的，还应当披露最终控制方名称。母公司和最终控

制方均不对外提供财务报表的，还应当披露母公司之上与其最相近的对外提供财务报表的母公司名称。(2)母公司和子公司的业务性质、注册地、注册资本(或实收资本、股本)及其变化。(3)母公司对该企业或者该企业对子公司的持股比例和表决权比例。当公司集团成员之间发生关联方交易的，应当在附注中披露该关联方关系的性质、交易类型及交易要素。交易要素至少应当包括：(1)交易的金额。(2)未结算项目的金额、条款和条件，以及有关提供或取得担保的信息。(3)未结算应收项目的坏账准备金额。(4)定价政策。

(二)股东代表诉讼

股东代表诉讼，又称为股东派生诉讼，是指当公司的正当权益受到他人侵害，特别是受到有控制权的股东、母公司、董事和管理人员等的侵害，而公司怠于行使诉权时，符合法定条件的股东以自己的名义为公司的利益对侵害人提起诉讼，追究其法律责任。股东派生诉讼制度形成于19世纪的英美国家，是衡平法的一项制度。①

我国《公司法》第152条首次确立了股东代表诉讼制度，其规定："董事、高级管理人员有本法第一百五十条规定的情形的，有限责任公司的股东、股份有限公司连续一百八十日以上单独或者合计持有公司百分之一以上股份的股东，可以书面请求监事会或者不设监事会的有限责任公司的监事向人民法院提起诉讼；监事有本法第一百五十条规定的情形的，前述股东可以书面请求董事会或者不设董事会的有限责任公司的执行董事向人民法院提起诉讼。监事会、不设监事会的有限责任公司的监事，或者董事会、执行董事收到前款规定的股东书面请求后拒绝提起诉讼，或者自收到请求之日起三十日内未提起诉讼，或者情况紧急、不立即提起诉讼将会使公司利益受到难以弥补的损害的，前款规定的股东有权为了公司的利益以自己的名义直接向人民法院提起诉讼。他人侵犯公司合法权益，给公司造成损失的，本条第一款规定的股东可以依照前两款的规定向人民法院提起诉讼。"这一规定限定了有权提起股东代表诉讼的股东的条件：(1)连续180天持续持有公司股份；(2)单独或合计持有1%以上的股份。并且规定了诉讼的前置程序，即在一般情况下，股东提起代表诉讼之前，应书面请求公司相应机关提起诉讼。

(三)利益补偿以及损害赔偿制度

为了防止控制公司掏空从属公司，从而损害少数股东的利益，有些国家规定了利益补偿制度和损害赔偿制度。比如上文提到的德国《股份法》第300条至第306条的规定，属于典型的利益补偿制度。而根据我国《公司法》第20条、第21条规定的损害赔偿制度，公司集团中的控制公司通常属于控股股东或者实际控制人，因此

① 王长斌：《企业集团法律比较研究》，北京大学出版社2004年版，第126页。

如果控制公司利用控制与从属关系,滥用其权利给从属公司及其少数股东造成损害的,应当承担赔偿责任。

二、公司集团从属公司债权人的法律保护

从属公司的债权人相对于少数股东而言,属于公司集团的局外人,其利益受损的可能性比少数股东更大,因此,各国和地区也强化了对从属公司债权人的法律保护,采取的主要法律制度有:

(一)公司法人人格否认制度

我国《公司法》第 20 条正式确立了该项制度。前文已具体论述了公司法人人格否认制度,这里不再赘言。

(二)利益补偿以及损害赔偿制度

这项保护从属公司少数股东的制度同样也适用于保护从属公司债权人。德国《股份法》第 300 条至第 306 条和我国《公司法》第 20 条、第 21 条都是如此。

(三)深石原则

深石原则(The Deep Rock Doctrine)是 1939 年由美国联邦最高法院在审理 *Taylor v. Standard Gas & Electric Co.* 一案时确立的。“此案判决后即创下此项深石原则,日后任何具有母子关系之企业,只要系子公司成立时即有资本不足及其业务为母公司所控制,且未正常经营之情形者,该母公司对子公司之债权不论其原有性质为何,其求偿顺序均自动次于其他具有优先债权之债权人,故此原则亦称为衡平居次原则或自动居次原则。”[①]我国台湾地区《公司法》第 369－7 条也规定,控制公司直接或间接使从属公司为不合营业常规或其他不利益之经营者,如控制公司对从属公司有债权,在控制公司对从属公司应负担之损害赔偿限度内,不得主张抵销。前项债权无论有无别除权或优先权,于从属公司依破产法之规定为破产或和解,或依本法之规定为重整或特别清算时,应次于从属公司之其他债权受清偿。

我国目前尚无任何法律规定深石原则,从保护从属公司债权人角度出发,建议《公司法》规定:控制公司滥用从属公司人格的,控制公司对从属公司的债权不享有抵销权;从属公司破产清算时,控制公司不享有别除权或者优先权,其债权分配顺序次于从属公司的其他债权人。

① 赵德枢:《一人公司详论》,中国政法大学出版社 2004 年版,第 152 页。

（四）集团间的某些交易无效或可撤销

实践中，从属公司在破产或无支付能力的状态下，控制公司很容易利用自己对从属公司的控制权，从事对自己有利而对其他债权人不利的交易。因此，很多国家和地区的立法规定，公司集团在破产前的特定期间内进行的不当损害破产程序中债权人的交易无效。例如，美国《破产法》(the Bankruptcy Code)第547条规定，经破产管理人请求，可宣布在提出破产申请前90天内进行的优先转让无效。在与公司内部人员（包括关联公司）进行的交易中的优先转让，如果在提出破产申请前一年内作出的话，可宣布无效。此外，英国1986年《破产法》第238条、法国1967年《破产法》第29条也有类似的规定。①

2007年6月1日实施的《中华人民共和国企业破产法》也有此类规定，如第31条规定："人民法院受理破产申请前一年内，涉及债务人财产的下列行为，管理人有权请求人民法院予以撤销：(1)无偿转让财产的；(2)以明显不合理的价格进行交易的；(3)对没有财产担保的债务提供财产担保的；(3)对未到期的债务提前清偿的；(5)放弃债权的。"第32条规定："人民法院受理破产申请前六个月内，债务人有本法第二条第一款规定的情形，仍对个别债权人进行清偿的，管理人有权请求人民法院予以撤销。但是，个别清偿使债务人财产受益的除外。"

（五）单一企业理论

为了保护从属公司债权人的利益，学者们提出了各种各样的理论，其中单一企业理论是较有特色的一种。该理论一反传统公司法上公司集团成员公司法律人格独立的法理，从根本上不承认公司集团内各成员公司的独立人格。依照该理论，无论公司集团在法律上或现实中的组成方式如何，只要存在公司集团或统一管理的事实，母公司就应当作为股东承担责任。该理论在一些国家的相关法律中均有一定的体现。②

最为典型的当属德国《股份法》的规定。根据该法第319条和第320条的规定，公司集团一体化有两种情况：一种情况是，在公司的全部股票掌握在未来的总公司手中的情况下，该公司的股东大会可以决定公司与控制公司的一体化（即并入控制公司，但此时从属公司仍保留独立的法人地位）；另一种情况是，股份公司的股东大会，在其至少95%的股份被控制公司持有时，也可作出与控制公司一体化的决议。同时，一体化要得到控制公司本身的股东的至少3/4多数的同意，在进行商事登记后生效。在一体化情形下，控制公司可以对从属公司行使更大的控制权，因此《股份法》对从属公司的债权人也采取了更强的保护措施。主要是该法第321条

① 王长斌：《企业集团法律比较研究》，北京大学出版社2004年版，第142～143页。

② 赵志钢：《公司集团基本法律问题研究》，北京大学出版社2006年版，第258～263页。

规定，对在一体化登记公告发布之前存在的被兼并公司的债权人，如果在登记公告发布之后 6 个月内提出权利要求，只要他们的要求未能得到满足，就应对他们提供保证金。在登记公告中，应向债权人指明这一权利。第 322 条规定，一体化之后，控制公司与被兼并公司对被兼并公司的新旧债务负连带责任。从一体化之日起，对被兼并公司在此之前产生的债务，控制公司作为总债务人负责向债权人偿还。对于被兼并公司在一体化之后产生的债务，控制公司负有相同的责任。

第九章　公司的法律责任

第一节　公司法法律责任概述

一、公司法律责任的概念和特征

法律责任，是指法律规定的主体的违法行为所引起的依法应当由其承受的法律后果。法律责任制度是所有法律不可缺少的组成部分，明确法律责任对于保证法律关系主体权利的实现，预防违法行为的产生，减少和及时解决纠纷，具有十分重要的意义。

公司作为现代市场经济重要的市场主体，其合法组建及运行，是维护正常的社会经济秩序，维护市场交易的安全，维护股东和公司债权人的合法权益的重要基础。因此，为了维护公司法的权威性和强制性，各国公司法无一例外地规定了违反公司法的法律责任制度。公司法上的法律责任，是指违反公司法的规定，依法应当由违法者承受的法律责任，即公司法规定的主体因违反公司法的有关规定，没有履行或者没有完全履行公司法规定的义务，所应承担的公司法规定的法律后果。本书所指的法律责任，是指违反我国《公司法》的规定，依法应当由违法者承受的法律责任。

从《公司法》的具体规定来分析，公司法上的法律责任具有三个方面的特征。

1. 责任主体的法定性

公司法上的法律责任主体是一种狭义的主体，必须是由《公司法》明文规定的应当承担法律责任的主体。主要包括公司、发起人和股东、公司的董事、监事和高级管理人员、清算组及其成员、资产评估机构、验资机构和验证机构等中介机构及其他人等。

2. 责任形式的全面性

根据法律责任的类型，法律责任可分为民事法律责任、行政法律责任和刑事法律责任。新《公司法》规定的法律责任形式包括民事责任、行政责任和刑事责任。在其第 12 章“法律责任”中主要规定了各种主体的行政责任；民事责任基本上分散在各个章节中；而关于刑事责任的规定，只用一个条文进行描述，主要在《刑法》中加以细化。

3. 责任内容的多样性

《公司法》对相关主体的法律责任作了明确规定，即规定了制裁的形式和内容。如行政责任中规定了罚款、没收违法所得、责令改正、责令停止违法行为、取消资格、吊销执照等形式。罚款又根据情节的不同规定了5万元以上50万元以下、5万元以上20万元以下、1万元以上10万元以下、5%以上15%以下、5%以上10%以下、1倍以上5倍以下等多种不同幅度，并且采用列举式的方式规定了各种违法行为，列举的各种行为都几乎对应着相应的责任内容。

二、公司法律责任的立法例

由于各国国情的差异，加之公司法本身的特殊性，不同国家公司法对法律责任的立法体例也有一定的差别。综观世界各国公司法，目前主要有两种模式：集中式与散立式。所谓集中式，就是公司法中设专章集中规定法律责任，这一模式主要为大陆法系国家采用，我国《公司法》也采用集中规定的模式；所谓散立式，就是公司法中将法律责任分散地规定于具体法律规范之中，采用这一立法模式的代表国家为英美法系国家，我国台湾地区的"公司法"也采用这种立法模式。

集中式与散立式各有利弊。集中式设专章规定法律责任，将一部法律的所有法律条文作为一个整体考虑，这样既保证了法律内部体系的完整，又可避免法律条文文字表述的繁琐，防止内容出现不必要的重复。采取散立式规定，可以让人一目了然地知道什么行为可做、什么行为不可以做、什么行为必须做、违反该行为规定是否要承担法律责任、承担什么样的法律责任等，便于法律的实施与遵守。

其实，无论何种立法模式，只是形式上的问题，具体到公司法律责任的立法，无论是法律规范的假定、处理与制裁规定在一个条文中，还是处理与假定和制裁分开规定在同一部法中，不管立法体例有何不同，只要做到违反任何一个法律条文的行为都有相应的处罚措施，或者承担民事责任，或者承担行政责任，或者承担刑事责任，它就是一部较为完善的法律。

三、承担公司法律责任的主体

按照2005年修订后的《公司法》的规定，承担公司法律责任的主体主要有以下几类：

1. 公司、发起人和股东

公司、发起人和股东作为承担公司法律责任的主体，主要是在公司的设立、运行过程中存在违法行为，如公司虚报注册资本、提供虚假证明文件或者采取其他欺诈手段取得公司登记、股东虚假出资等。

2. 董事、监事和高级管理人员

董事、监事和高级管理人员是公司运行过程中的主要决策者与执行者，他们的法律责任主要与他们的职务便利有关。例如董事、监事、高级管理人员有利用职务侵占公司财产、索取或收受贿赂、牟取非法收入、挪用公司资金等行为，应当依法承担法律责任。

3. 中介及服务机构

资产评估机构、验资和验证机构、证券承销机构、证券交易所等中介及服务机构作为承担公司法律责任的主体，主要与其工作性质和地位有关，如中介机构应站在客观、公正的立场上从事中介活动，并向社会提供真实、准确、完整的报告，如果其提供的报告不真实、不准确或者不完整，就应依法承担相应的法律责任；又如证券承销机构、证券交易所等服务机构，应当按照规定的业务准则和规则开展活动，以保证市场经济有序地发展，如果其利用自身优势从事诸如操纵市场、内幕交易等非法活动，就须承担相应的法律责任。

4. 清算组及其成员

清算组在清算期间依法行使一定的职权，同时清算组也应履行相应的义务，以便清算工作能顺利地进行。清算组成员作为公司的执行机关或公司股东和债权人的委托人，其负有与公司董事相同的诚信义务。因其故意或重大过失给公司或者债权人造成损失的，应当承担赔偿责任。

5. 政府管理部门

政府管理部门作为承担公司法律责任的主体，与其所担负的管理职责有关。如果其依法行政，严格按照法律的规定履行职责，就能保证社会经济秩序的正常、稳定；如果其违法行政，滥用职权，疏忽懈怠，徇私舞弊，则必然导致社会经济秩序的混乱，必须承担相应的法律责任。

上述各主体无论是公司还是其他主体，只要违反了《公司法》规定的义务，就要受到相应的法律制裁。这表明《公司法》规定的法律责任，适用于所有违反公司法义务的主体。

从责任主体的规定来看，公司法法律责任主体的大部分是要求具备特定身份的特殊主体，对不具备特定身份的人，责任不能构成。只有少数责任主体是一般主体，只要是行为人即可。我国《公司法》规定的有关行使公司管理职权的行政机关及其主管人员和其他直接责任人员也是责任主体，这是我国《公司法》所特有的，也是符合我国国情的，对于约束政府有关职能部门依法行政，保证《公司法》的实施，是十分必要的。

四、公司法律责任的形式

公司法律责任涉及民事责任、行政责任和刑事责任三种形式，但其中核心内容为民事责任，且后两者因有明确的法律规定，较少存在认识上的分歧，因而一般所谓公司法律责任乃指其民事责任。

（一）民事责任

公司法上的民事责任是指参与公司活动的民事主体违反公司法律、法规的有关规定而应承担的民事法律后果。从我国《公司法》规定的民事责任来看，具有以下几个特点：

1. 设定民事责任的条文散见于各章。从各国立法的规定来看，民事责任一般分散规定在有关法律条文中或者依照民事法律的一般规定来执行，在《公司法》的“法律责任”或者“罚则”一章中通常不作规定。我国《公司法》“法律责任”一章中涉及民事责任的规定也只有 3 条，即第 207 条、第 214 条和第 215 条。

2. 责任形式多样性和单一性结合。所谓多样性，是指公司民事责任既有违约责任形式，也有侵权责任形式，还涉及缔约过失责任和其他责任形式；在这些责任中，既有责任个别存在形式，也有责任竞合形式。所谓单一性，是指公司民事责任除了财产责任形式外，基本不涉及其他诸如消除影响、恢复名誉、赔礼道歉等民事责任形式，从而体现了公司民事违法行为主要是侵害权利人财产权益的特点。

3. 民事责任顺位优先，即民事赔偿责任与行政责任、刑事责任涉及的财产责任并存且责任人的财产不足同时支付时，先承担民事赔偿责任。《公司法》第 215 条规定：“公司违反本法规定，应当承担民事赔偿责任和缴纳罚款、罚金的，其财产不足以支付时，先承担民事赔偿责任。”如前所述，公司民事责任的功能主要是对当事人受损权益的恢复和补偿，行政责任和刑事责任的主要功能则是对当事人违法行为的惩罚，前者属于私法责任范畴，后者属于公法责任范畴。责任总是与法律所救济的权利相对应而存在的，责任顺位的优先也意味着权利顺位的优先。因此，民事责任顺位优先实际上是“私权优位”原则在《公司法》中的具体体现。这里需要说明的是，我国《公司法》规定的民事责任顺位优先，其适用主体只指公司。

4. 责任连带。《公司法》第 31 条规定的出资填补责任、第 95 条规定的公司不能成立时发起人承担的责任等均为连带责任。连带责任作为一种加重责任，对权利受损者的保护更为迅速和有效。如果相关责任主体违反法定共同义务，《公司法》规定连带责任来加重行为人的责任，体现了《公司法》以保护投资者权益为重的立法宗旨。

5. 民事责任主要包括合同责任和侵权责任两种类型。前者是指当事人违反合同义务所应承担的民事责任，后者是指侵害国家、集体、法人、其他组织和公民个人的财产权利和人身权利所应承担的民事责任。依照我国《民法通则》第 134 条的规定，承担民事责任的方式主要有：停止侵害；消除危险；排除妨碍；返还财产；恢复原状；修理、重作、更换；赔偿损失；支付违约金；消除影响、恢复名誉；赔礼道歉。以上民事责任的承担方式，既可单独使用，也可并处。

值得指出的是，修订后的《公司法》，完善了民事责任的相关规定，不仅增加了民事责任的条文，还具有两个明显的特点：一是增加了有关主体的义务设定，如第六章中对公司负责人忠实义务和勤勉义务的规定。义务作为责任的前提，增加相关主体的义务设定，必然是对责任的强化。二是强化了民事责任诉讼实现机制，如《公司法》第152条关于股东诉讼的规定提高了法律规范的可操作性，使民事责任功能的实现有了程序上的保障。

(二)行政责任

公司法上的行政责任，是指公司法律关系的主体因实施违反公司法的行为所应承担的行政法律后果。我国《公司法》集中规定了违反公司法的行政责任，行政处罚的方式有：罚款、没收违法所得、取消资格、责令停止违法行为、责令纠正违法行为。

公司法上的行政责任通常具有以下特点：

行政责任是行政法律关系主体因实施行政违法行为所应承担的法律后果。同其他责任形式相比较，行政责任具有以下特点：

1. 行政责任是违反《公司法》规定的行政义务但不构成犯罪的主体应承担的责任。行政责任必须以违反行政义务为前提。行政义务是行政法律关系的主要内容，这是因为行政法律关系主体之间具有隶属性，是一种管理与被管理的关系，不同于民事法律关系主体的平等协商性。当公司法律关系的主体不履行法定行政义务时，必然会损害国家对公司的行政管理活动，破坏国家行政管理秩序。因此，追究当事人的行政责任必须以当事人违反行政义务为前提。

2. 行政责任虽然具有惩罚性功能，但其惩罚性低于刑事责任。具体到《公司法》，就是对一些具有社会危害性、需要国家公权力进行一定程度的干预但是又没有达到刑法所规定的社会危害性的行为，予以行政处罚或行政处分。

3. 行政责任的主体和形式上具有多样性。不仅参与公司的各主体有可能承担行政责任，而且与公司成立存续有关的公司登记机关及其工作人员，承担资产评估、验资或者验证的机构及其工作人员等都有可能承担行政责任。从责任形式来看，包括行政处罚和行政处分，行政处罚和行政处分又包括了不同的形式。

4. 实施行政处罚的应是国家授权的行政机关。只有国家专门的行政主管机关才能追究当事人的行政责任，其他单位和个人都无权追究有关人员的行政责任，而且行政机关必须以法律规定的职责、条件、程序和规则进行，否则，就不具有法律效力。这不同于刑事责任、民事责任追究机关只限于司法机关。这同行政责任多样化的特点有很大的关系。

(三)刑事责任

公司法上的刑事责任是指公司及其有关人员，严重违反《公司法》及相关法律规定并符合《刑法》规定的犯罪构成要件而应承担的法律后果。按照我国立法体例，《公司法》只对涉及公司的犯罪及其刑事责任作出概括性规定，而对具体的犯罪构成和具体的刑罚未加以规定。《公司法》修订前关于刑事责任的规定较为烦琐，具体是在"法律责任"一章中对 17 个可能涉及公司犯罪的条文均在末尾缀上"构成犯罪的，依法追究刑事责任"的表述，修订后《公司法》对原法中关于刑事责任的规定作了较大的调整，将原来 17 个条文规定的内容集中到一条来表述，即第 216 条规定："违反本法规定，构成犯罪的，依法追究刑事责任。"这一调整，有利于《公司法》与《刑法》关于涉及公司犯罪的规定能够得以较好地协调和衔接，既说明涉及公司的严重违法行为可能被追究刑事责任，同时也表明关于涉及公司的刑事犯罪和追究刑事责任应当按照《刑法》的规定来处理。从《公司法》和《刑法》的有关规定来看，涉及公司的犯罪主要有以下几种情况：

1.《公司法》和《刑法》均有对应条文规定的行为。《公司法》规定的违法行为集中体现于法律责任一章中，其中情节严重的就可能构成犯罪。根据我国刑事犯罪理论，犯罪除了必须具有社会危害性外，还应当具有触犯刑法和应受刑罚处罚的特征。因此，违反公司法的犯罪及其构成要件也应当由《刑法》来规定，追究公司法上刑事责任也必须依据《刑法》的有关规定。为适应这一要求，《刑法》第三章第三节"妨害对公司、企业的管理秩序罪"、第四节"破坏金融管理秩序罪"及其他有关章节的条文均涉及严重违反《公司法》并构成犯罪的行为，其罪名包括：虚报注册资本罪、虚假出资、抽逃出资罪、提供虚假财会报告罪、妨害清算罪、公司人员受贿罪、对公司人员行贿罪、非法经营同类营业罪、中介组织人员提供虚假证明文件罪、职务侵占罪、挪用资金罪等。

2. 与《公司法》相关的法律和《刑法》均有对应条文规定的涉及公司的犯罪行为。如《证券法》第 188 条规定了公司擅自或者变相公开发行证券的行为，第 189 条规定了公司以欺骗手段骗取发行核准并发行证券的行为，第 231 条规定了"构成犯罪的，依法追究刑事责任"；《刑法》则进一步将前述行为情节严重的具体规定为擅自发行股票、公司债券罪，欺诈发行股票、债券罪。

3.《刑法》规定了涉及公司的犯罪行为。如《刑法》第 164 条规定的对公司人员行贿罪，第 165 条规定的非法经营同类营业罪，第 166 条规定的为亲友非法牟利罪，第 167 条规定的签订、履行合同失职被骗罪，第 168 条规定的徇私舞弊造成破产、严重损失罪，尽管在《公司法》上还找不到对应的条款规定，但根据前述对公司法上法律责任的界定，这种情况可以视为广义上的违反《公司法》的犯罪。

刑事责任具有以下特点：

1. 犯罪的主体一般都包括单位及其相关人员，或者说，自然人和单位均可能构成违反《公司法》的犯罪的主体。一般说来，犯罪行为由自然人实施较多，但在违反《公司法》的犯罪当中，单位也可能成为犯罪的主体。

2. 犯罪的客观方面一般都要求以"情节严重"、"造成严重后果"、"数额较大"

或“数额巨大”为构成要件。

3. 犯罪的主观方面基本为故意犯罪，过失一般不构成违反《公司法》的犯罪。

需要说明的是，我国《公司法》还规定了法律责任的承担顺序，即法律责任中涉及民事赔偿、行政罚款和刑事罚金的责任承担顺序。对某一违反公司法的行为，按规定应同时承担民事赔偿责任和缴纳罚款和罚金的，当公司财产不足以支付时，先承担民事赔偿责任，以保障他人的民事权益。其他国家公司法没有这方面的规定。

第二节　公司设立过程中的法律责任

一、民事责任

（一）公司设立失败时发起人的民事责任

《公司法》第95条规定：“股份有限公司的发起人应当承担下列责任：(一)公司不能成立时，对设立行为所产生的债务和费用负连带责任；(二)公司不能成立时，对认股人已缴纳的股款，负返还股款并加算银行同期存款利息的连带责任；(三)在公司设立过程中，由于发起人的过失致使公司利益受到损害的，应当对公司承担赔偿责任。”显然，该条前两项是关于公司不能成立时发起人的民事责任。

公司设立失败，当然不存在由成立后的公司承受设立中公司行为的法律责任问题。此时所有因公司设立而产生的法律责任，只能由发起人来承担。公司设立过程中，发起人之间为设立公司而形成的关系称为发起人合伙，即为设立公司这一特定目的而组建的临时性合伙。因此，发起人之间应当依照合伙关系承担相应的法律责任。在公司设立失败的情况下，法律为保护认股人、债权人，要求设立中公司机关的发起人对设立行为所产生的债务和费用负无限连带责任。至于认股人，则因其并不是设立中公司之机关成员，亦不属于发起人合伙之合伙人，无须承担因设立行为而产生的法律责任，因而应居于与设立中债权人同一地位，并得向发起人请求返还所缴之股款。这种观点乃现代各国理论界之通说，并为立法与司法实践所普遍采纳。

有限责任公司等其他公司设立失败时，对于相关法律责任归属问题，各国公司法大多未作相应规定，我国《公司法》亦然。事实上，其他类型公司在设立过程中与股份有限公司性质相同，所实施的法律行为也基本相同，区别仅在于没有认股人而已。因此，除了不存在发起人对认股人的“返还股款并加算银行同期存款利息”的法律责任外，发起人之间在对设立费用及对外交易行为所产生的债务上亦应负无限连带责任。

(二)公司成立时发起人的法律责任

公司成立时,发起人分别承担着对公司的责任和对第三人的责任。

1. 发起人对公司的法律责任

(1)资本充实责任

《公司法》关于有限责任公司与股份有限公司的资本充实责任均有较为完善的规定。该法第28条第1款规定:"股东应当按期足额缴纳公司章程中规定的各自所认缴的出资额。股东以货币出资的,应当将货币出资足额存入有限责任公司在银行开设的账户;以非货币财产出资的,应当依法办理其财产权的转移手续。"同条第2款规定:"股东不按照前款规定缴纳出资的,除应当向公司足额缴纳外,还应当向已按期足额缴纳出资的股东承担违约责任。"该条是关于有限责任公司股东不缴纳出资情况下的资本充实责任的规定。《公司法》第31条规定:"有限责任公司成立后,发现作为设立公司出资的非货币财产的实际价额显著低于公司章程所定价额的,应当由交付该出资的股东补足其差额;公司设立时的其他股东承担连带责任。"该条系资本不实的资本充实责任的规定。关于股份有限公司发起人的资本充实责任,《公司法》第94条分两款作了详细而明确的规定:"股份有限公司成立后,发起人未按照公司章程的规定缴足出资的,应当补缴;其他发起人承担连带责任。"(第1款)"股份有限公司成立后,发现作为设立公司出资的非货币财产的实际价额显著低于公司章程所定价额的,应当由交付该出资的发起人补足其差额;其他发起人承担连带责任。"显然,从字面上看,该规定仅规定担保责任及差额填补责任,而未明确规定认购担保责任。但该第1款之规定,实际上隐含了认购担保责任,因为公司章程所规定原本即为发起人应缴纳股款的数额,该应缴股款数额实乃发起人认购股款的数额。

(2)损害赔偿责任

发起人在公司设立过程中怠于履行其善良管理人之注意义务时,应对公司承担连带损害赔偿责任。对此,《公司法》第95条第(三)项规定:"在公司设立过程中,由于发起人的过失致使公司利益受到损害的,应当对公司承担赔偿责任。"发起人的损害赔偿责任并非违约责任,亦非侵权行为责任,而是公司法所规定的特殊损害赔偿责任。该项责任以发起人不当履行其义务为要件,属于过错责任,须经全体股东同意方可免除。

(3)承担未经认可的设立费用

《公司法》第91条第(五)项规定:创立大会应当"对公司的设立费用进行审核"。也就是说,在公司设立过程中,发起人为公司设立所支付的费用,须经创立大会审核,但如创立大会未予承认或予以削减,这些费用应由谁承担的问题,《公司法》对此未作明确规定。我们认为,公司设立过程中,发起人之间为设立公司而形成的关系称为发起人合伙,即为设立公司这一特定目的而组建的临时性合伙。因

此，发起人之间应当依照合伙关系承担相应的法律责任。

2. 发起人对第三人的法律责任

发起人虽与第三人无直接的法律关系，但可能因怠于履行设立公司的义务而需要对第三人承担损害赔偿责任。这是一项特殊的规定。对于这种责任的性质，学者的看法和各国的规定多有不同。大陆法系国家通说认为，法律对此种责任的规定是为了加强对与公司设立有关的第三人的保护而规定的公司法上的特殊责任。其责任要件为：发起人因恶意或重大过失，对公司懈怠履行任务，并因此致使第三人受到损害。例如，不在公司章程上记载而签订财产认购契约，从而使该行为无效。此所谓第三人，是指公司与发起人之外的所有人，通说认为认股人与股东也包括在内，而少数学者则认为股东不应包括在内。在立法上，日本、韩国公司法规定，发起人因恶意或过失而怠于履行其义务时，应对第三人负损害赔偿责任。依此，发起人对第三人的责任，也实行过错责任原则，对于无过失造成第三人损害的，应由成立后公司承担。但我国《公司法》未对此予以规定，依法理，发起人亦应承担该责任。但由于该项责任属于公司法或商法上的特殊责任，在缺乏明确规定的情况下，很难得到法律支持。而这种问题又属于现实问题，因此，建议将该法律责任明确规定于发起人的损害赔偿责任之中。为协调相关条款之间的关系，建议将发起人对公司及第三人所承担的特殊损害赔偿责任单独规定。①

（三）股东的出资违约责任

股东的出资违约责任是指股东不履行其出资义务对公司和其他出资人所应承担的民事法律责任。《公司法》第 28 条第 2 款规定了有限责任公司股东出资违约责任："股东不按照前款规定缴纳出资的，除应当向公司足额缴纳外，还应当向已按期足额缴纳出资的股东承担违约责任。"该法第 84 条第 2 款规定了股份有限公司发起人的出资违约责任："发起人不按照前款规定缴纳出资的，应当按照发起人协议的约定承担违约责任。"

（四）中介机构在公司设立过程中的民事责任

在公司设立过程中，承担资产评估、验资或者验证等工作的中介机构出具的评估结果、验资或者验证证明是公司设立过程中的重要资料，也是具有高度公信力的凭证。修订后的《公司法》要求中介机构在出具这些材料的过程中要做到独立、公正，要准确地反映事实情况，以保持这些材料的权威性和公信性。如果因这些机构出具的评估结果、验资或者验证证明不实，给债权人造成损失的，除能够证明自己不存在故意或者重大过失外，在其评估或者证明不实的金额范围内承担赔偿责任。在规制中介机构如实出具中介资料方面，公司法明确设定了过错推定原则，加重了

① 范健、王建文：《公司法》，法律出版社 2006 年版，第 153～154 页。

中介机构的举证责任，促使中介机构能够更加独立、公正地履行评估、验资、验证等事务。

二、行政责任

（一）公司在公司设立过程中的行政责任

1. 欺诈取得公司登记。公司在申请登记时弄虚作假，主要指虚报注册资本、提交虚假材料或者采取其他欺诈手段隐瞒重要事实取得公司登记的行为。根据《公司法》第 199 条的规定，对以上行为，先由公司登记机关责令改正；另外，对虚报注册资本的公司，处以虚报注册资本金额 5%以上 15%以下的罚款；对提交虚假材料或者采取其他欺诈手段隐瞒重要事实的公司，处以 5 万元以上 50 万元以下的罚款；情节严重的，撤销公司登记或者吊销营业执照。值得注意的是，公司法对采取不同方式欺诈取得公司登记的违法行为规定了不同的处罚标准，对于虚报注册资本的是以虚报的注册资本金额为准，而对于提交虚假材料或者采取其他欺诈手段隐瞒重要事实的则规定了具体数额标准。这里的“情节严重”，主要是指欺诈取得公司登记过程中存在着违法犯罪行为等需要加重处罚的情节。

2. 擅自设立分支机构行为。根据《公司法》第 213 条的规定，外国公司擅自在中国境内设立分支机构的，由公司登记机关责令改正或者关闭，可以并处 5 万元以上 20 万元以下的罚款。

（二）股东、发起人在公司设立过程中的行政责任

对于股东、发起人在公司设立过程中的行政责任，主要是指股东、发起人的瑕疵出资和虚假出资行为而应当承担的法律责任。

1. 瑕疵出资主要是指公司的发起人、股东未交付或者未按期交付作为出资的货币或者非货币财产的情形。瑕疵出资的发起人、股东由于各种原因致使不能出资或不按期出资，各种事实也能清楚表明他们没有按规定出资，并没有弄虚作假的行为。对于瑕疵出资的行政责任，《公司法》规定应由公司登记机关责令改正。

2. 虚假出资主要是指公司的发起人、股东实际上未按规定履行出资义务，还制造其他事实来掩盖自己的未按规定出资行为，因此虚假出资者有明显逃避出资的故意。对于虚假出资的行为，《公司法》第 200 条规定，由公司登记机关责令改正，并处以虚假出资金额 5%以上 15%以下的罚款。

（三）中介机构在公司设立过程中的行政责任

1. 中介机构提供虚假材料。《公司法》第 208 条规定，中介机构即承担资产评估、验资或者验证的机构提供虚假材料的，由公司登记机关没收违法所得，处以违

法所得一倍以上五倍以下的罚款，并可以由有关主管部门依法责令该机构停业，吊销直接责任人员的资格证书，吊销营业执照。

2. 中介机构提供有重大遗漏的报告。新《公司法》第 208 条规定，中介机构即承担资产评估、验资或者验证的机构因过失提供有重大遗漏的报告的，由公司登记机关责令改正，情节较重的，处以所得收入一倍以上五倍以下的罚款，并可以由有关主管部门依法责令该机构停业、吊销直接责任人员的资格证书，吊销营业执照。

(四)公司登记机关相关责任人员在公司设立过程中的行政责任

公司登记机关对符合要件的公司进行登记并颁发营业执照的行为，是一种典型的行政许可行为。在设立过程中，对于符合条件的公司登记申请，公司登记机关要依法予以登记，对于不符合条件的登记申请，不能进行登记。否则，对公司登记机关直接负责的主管人员和其他直接责任人员，依法给予行政处分。

公司登记机关的上级部门强令公司登记机关对不符合法律规定条件的登记申请予以登记的，或者对符合法律规定条件的登记申请不予以登记的，或者对违法登记进行包庇的，对直接负责的主管人员和其他直接责任人员依法给予行政处分。

(五)冒用公司及其分公司名义的行为的法律责任

《公司法》第 211 条规定："未依法登记为有限责任公司或者股份有限公司，而冒用有限责任公司或者股份有限公司名义的，或者未依法登记为有限责任公司或者股份有限公司的分公司，而冒用有限责任公司或者股份有限公司的分公司名义的，由公司登记机关责令改正或者予以取缔，可以并处十万元以下的罚款。"

三、刑事责任

(一) 公司设立过程中中介组织人员提供虚假证明文件罪

这个罪名主要针对中介组织从业人员。《刑法》第 229 条规定，承担资产评估、验资、验证、会计、审计、法律服务等职责的中介组织的人员故意提供虚假证明文件，情节严重的，处 5 年以下有期徒刑或者拘役，并处罚金。

(二)公司设立过程中相关主体的刑事责任

1. 虚报注册资本罪

虚报注册资本罪是指申请公司登记的个人或单位，以骗取公司登记为目的，故意使用虚假证明文件或者采取其他欺诈手段，虚报注册资本数额巨大、后果严重或者具有其他严重情节的行为。这个罪名主要针对申请公司登记的自然人或单位。我国《刑法》第 158 条规定，申请公司登记使用虚假证明文件或者采取其他欺诈手段虚报注册资本，欺骗公司登记主管部门，取得公司登记，虚报注册资本数额巨大、后果严重或者有其他严重情节的，处3年以下有期徒刑或者拘役，并处或者单处虚报注册资本金额1%以上5%以下罚金。单位犯前款罪的，对单位判处罚金，并对其直接负责的主管人员和其他直接责任人员，处3年以下有期徒刑或者拘役。

2. 虚假出资、抽逃出资罪

虚假出资、抽逃出资罪是指公司发起人或股东(包括个人和单位)违反公司法规定，未将认缴的出资货币或实物向公司作实际交付或未按规定办理财产权转移手续，或者在公司成立后又将其已经投入公司的资金擅自抽走，且数额巨大，后果严重或者具有其他严重情节的行为。这个罪名主要针对公司股东、发起人。《刑法》第159条规定，公司发起人、股东违反公司法的规定未交付货币、实物或者未转移财产权，虚假出资，或者在公司成立后又抽逃其出资的，数额巨大、后果严重或者有其他严重情节的，处5年以下有期徒刑或者拘役，并处或者单处虚假出资金额或者抽逃出资金额2%以上10%以下罚金。单位犯前款罪的，对单位判处罚金，并对其直接负责的主管人员和其他直接责任人员，处5年以下有期徒刑或者拘役。

(三)公司登记机关等国家机关工作人员滥用公司监管、证券发行与交易监管职权罪

公司登记机关等国家机关工作人员滥用管理公司、证券职权罪，是指公司登记机关等国家机关工作人员徇私舞弊，滥用职权，对不符合法律规定条件的公司设立、登记申请或者股票、债券发行、上市申请予以批准或者登记，致使公共财产、国家和人民利益遭受重大损失的行为，以及上级部门、当地政府强令登记机关及其工作人员实施上述行为的行为。这个罪名主要针对公司登记机关等国家机关工作人员。《刑法》第403条规定，国家有关主管部门的国家机关工作人员，徇私舞弊，滥用职权，对不符合法律规定条件的公司设立、登记申请或者股票、债券发行、上市申请，予以批准或者登记，致使公共财产、国家和人民利益遭受重大损失的，处5年以下有期徒刑或者拘役。

第三节　公司存续过程中的法律责任

一、民事责任

(一)股东在公司存续过程中的民事责任

公司成立后，股东享有公司股权，公司以其拥有的资产对外承担责任，股东原

则上以出资为限对公司承担责任。但是股东在行使股东权利的过程中，可能会损害到公司、其他股东、公司债权人和社会公共的利益，在满足一定条件的基础上，股东对这些主体要承担民事责任。

1. 滥用股东权的损害赔偿责任

《公司法》第 20 条规定，公司股东应当遵守法律、行政法规和公司章程，依法行使股东权利，不得滥用股东权利损害公司和其他股东的利益，公司股东滥用股东权利给公司或者其他股东造成损失的，应当依法承担赔偿责任。这里的赔偿责任把股东作为一个独立个体，相对于公司和其他股东存在的情况，基于对公司和其他股东利益的侵犯而承担的赔偿责任，是一种典型的侵权责任。

2. 公司法人人格否认情况下的连带责任

公司独立人格和股东有限责任有其非常优越的一面，但也有其不利的一面，尤其是对于债权人和社会公共利益来说，公司独立人格和股东有限责任意味着他们的应得利益有可能得不到全部满足。股东掌握着公司控制权，追求利益最大化的动因可能会使股东为了逃避债务或者规避法定义务等原因而滥用公司法人独立地位和股东有限责任，严重损害公司债权人利益或者社会公共利益，我国《公司法》规定了“公司法人人格否认”的制度，第 20 条规定，公司股东滥用公司法人独立地位和股东有限责任，逃避债务或者规避法定义务，严重损害公司债权人利益或者社会公共利益的，股东应当对公司债务承担连带责任。

3. 控股股东通过关联交易损害公司利益的赔偿责任

这是一种特殊情况下的民事责任，要求股东是“控股股东”，而且损害公司利益的手段是通过“关联交易”的方式。控股股东在公司的表决中占有优势，能够影响公司的各项决策和事务的执行。控股股东为了自身的利益，或者为了某些特殊的利益，会导致公司做出一定的牺牲，或者把公司的利益转嫁给自己或他人，或让公司从事高风险的事务，如用关联交易转移利润、让公司为自己担保等。在这种情况下，为了公司和其他股东的利益，公司法规定控股股东要承担赔偿责任。因此，《公司法》第 21 条规定：“公司的控股股东、实际控制人、董事、监事、高级管理人员不得利用其关联关系损害公司利益。违反前款规定，给公司造成损失的，应当承担赔偿责任。”

（二）董事、监事、高级管理人员在公司存续过程中的民事责任

公司董事、监事、高级管理人员是公司运行过程中的主要参与者与执行者，公司一般经营事项的决策、公司经营状况的自我监督、公司具体的事项的执行等都是由公司的董事、监事和高级管理人员来负责，他们在公司存续经营过程中享有权力，是公司运行和发展的最重要的力量之一。同样，赋予权力的过程中也会带来义务的履行，如果董事、监事、高级管理人员滥用权力、漠视义务、不遵守职业操守等，并需要承担相应的法律责任。

1. 董事对董事会决议的民事责任

这是董事的一项特殊民事责任。董事会在公司中的地位至关重要，尤其是公司股权高度分散的股份公司中，董事会的地位更是显赫，几乎决定着公司的命运，素有“董事会中心”一说，所以确保董事会在决议时是基于公司的利益，确保董事履行忠诚、勤勉义务，尤为重要。我国《公司法》第 113 条规定，董事应当对董事会的决议承担责任。董事会的决议违反法律、行政法规或者公司章程、股东大会决议，致使公司遭受严重损失的，参与决议的董事对公司负赔偿责任。但经证明在表决时曾表明异议并记载于会议记录的，该董事可以免除责任。

2. 董事、高级管理人员违法所得的返还责任

董事、高级管理人员掌握着公司的经营管理权，对公司的业务秘密和财务状况等了如指掌。这些权力和信息能为个人带来一定的利益，在公司利益和个人利益的博弈中，董事、经理有可能进行自利、自营行为，从事有违竞业禁止的行为等。《公司法》第 149 条以列举的方式对董事、高级管理人员的相关行为予以禁止：(1)挪用公司资金；(2)将公司资金以其个人名义或者以其他个人名义开立账户存储；(3)违反公司章程规定，未经股东会、股东大会或者董事会同意，将公司资金借贷给他人或者以公司资产为他人提供担保；(4)违反公司章程的规定或者未经股东会、股东大会同意，与本公司订立合同或者进行交易；(5)未经股东会或者股东大会同意，利用职务便利为自己或他人谋取属于公司的商业机会，自营或者为他人经营与所任职公司同类的业务；(6)接受他人与公司交易的佣金并归为已有；(7)擅自披露公司秘密；(8)违反对公司忠实义务的其他行为。董事、高级管理人员违反禁止性规定所得的收入应当归公司所有。

3. 董事、监事、高级管理人员违法行为的赔偿责任

董事、监事、高级管理人员执行公司职务时违反法律、行政法规或者公司章程的规定，给公司造成损害的，应当承担赔偿责任。另外，还特别规定：公司的董事、监事、高级管理人员通过关联关系损害公司利益，致使公司遭受损害的，应当承担赔偿责任。对于董事、监事、高级管理人员侵害公司利益的法律责任的追究，《公司法》第 153 条配以相关的诉讼程序来保证：“董事、高级管理人员违反法律、行政法规或者公司章程的规定，损害股东利益的，股东可以向人民法院提起诉讼。”。

(三)公司的民事责任

公司的民事责任是指公司作为法人应当依法承担的民事责任。按照《公司法》及其相关法律法规的规定，公司的民事责任主要包括两种情况，一是公司对公司负责人越权代表公司行为承担的民事责任；二是公司对分公司不能清偿的债务承担的民事责任。

1. 公司对董事、高级管理人员越权代表公司行为承担的民事责任。这一责任是指公司对董事、高级管理人员超越法律和公司授予的权限对外从事交易行

为承担的民事责任。对公司的民事责任，周友苏教授的观点是：①

(1)在表见代表成立的情况下，应当按照《合同法》第 49 条、第 50 条规定的“该代理行为有效”或“该代表行为有效”来确定责任的归属。既然代理行为有效，根据《民法通则》第 63 条规定：“被代理人对代理人的代理行为，承担民事责任。”因此，公司作为被代理人，应当承受由表见代表行为产生的法律后果，对第三人承担民事责任。

(2)在表见代表成立情况下，如果董事、高级管理人员的越权代表公司行为给第三人造成损失，且行为人有恶意或重大过失的，除了公司应当对第三人承担民事责任外，作为董事、高级管理人员的行为人是否也应承担相应的责任？从国外的情况看，一般是由行为人与公司承担连带责任，如《日本有限公司法》第 30 条之三规定：“董事就其职务执行有恶意或重大过失的，该董事也负连带损害赔偿责任。”我国《公司法》第 150 条规定：“董事、监事、高级管理人员执行公司职务时违反法律、行政法规或者公司章程的规定，给公司造成损失的，应当承担赔偿责任。”可见，如果董事、高级管理人员的越权行为给公司造成损失的，董事、高级管理人员应当承担损害赔偿责任。

(3)在无权代表成立情况下，如果公司对越权代表行为予以追认，应当按照《民法通则》第 66 条的规定，视代理行为有效，由作为被代理人的公司承受因此产生的法律后果。

(4)在无法证明越权代表公司行为属于无权代表的情况下，按照我国现行法律规定，公司应当对董事、高级管理人员的越权行为承担民事责任。《民法通则》第 43 条规定：“企业法人对它的法定代表人和其他工作人员的经营活动，承担民事责任。”最高人民法院《关于贯彻执行〈中华人民共和国民法通则〉若干问题的意见(试行)》第 58 条进一步规定：“企业法人的法定代表人和其他工作人员，以法人名义从事的经营活动，给他人造成经济损失的，企业法人应当承担民事责任。”

(5)在无权代表成立的情况下，公司未对越权代表公司行为予以追认，根据《民法通则》第 66 条和《合同法》第 48 条规定，该行为对作为被代理人的公司不产生效力，应当由行为人承担责任，包括对第三人承担包括赔偿损失在内的民事责任；如果作为代理人的董事或高级管理人员和第三人串通，损害作为被代理人公司的利益，应当由实施行为的董事或高级管理人员和第三人对公司承担连带责任。

(6)无论越权代表公司的行为是表见代表，还是无权代表的形式，只要这一行为给公司造成了损害，作为行为人的董事或经理应当依照《公司法》第 150 条的规定，对公司“承担赔偿责任”。

2. 分公司不能独立承担民事责任。分公司是由公司设立的分支机构。《公司法》第 14 条规定，公司可以设立分公司，分公司不具有企业法人资格，其民事责任

① 周友苏：《新公司法论》，法律出版社 2006 年版，第 418～419 页。

由公司承担。另外,《公司法》第 196 条规定:“外国公司在中国境内设立的分支机构不具有中国法人资格。外国公司对其分支机构在中国境内进行经营活动承担民事责任。”

二、行政责任

(一)公司在公司存续过程中的行政责任

公司在存续过程中承担的行政责任,主要是涉及公司的财务、开停业、变更登记以及公司行为目的等,具体包括以下几种情况:

1. 公司违反法律规定,在法定的会计账簿以外另立会计账簿的,由县级以上人民政府财政部门责令改正,处以 5 万元以上 50 万元以下的罚款。

2. 公司不按照法律规定提取法定公积金的,由县级以上人民政府财政部门责令如数补足应当提取的金额,并可以对公司处以 20 万元以下的罚款。

3. 公司成立后无正当理由超过 6 个月未开业的,或者开业后自行停业连续 6 个月以上的,由公司登记机关吊销营业执照。

4. 公司登记事项发生变更时,未按照本法规定办理有关变更登记的,由公司登记机关责令限期登记,逾期不登记的,处以 1 万元以上 10 万元以下的罚款。

5. 利用公司名义从事危害国家安全、社会公共利益的严重违法行为的,吊销营业执照。虽然“利用”的主体是其他自然人或者单位,但是公司作为独立的法人,对外危害国家安全、社会公共利益的行为表现为公司的行为,吊销公司营业执照,就剥夺了公司的营业能力,也就一定程度上遏制了其他人利用公司从事危害国家安全、社会公共利益的行为。

(二)股东、发起人在公司存续过程中的行政责任

公司存续过程中,公司股东、发起人的行政责任主要是关于抽逃出资的规定。《公司法》第 201 条规定,公司的发起人、股东在公司成立后,抽逃其出资的,由公司登记机关责令改正,处以所抽逃出资金额 5%以上 15%以下的罚款。

(三)其他人在公司存续过程中的行政责任

关于其他人冒用公司名义的行为,《公司法》规定,未依法登记为有限责任公司或者股份有限公司,而冒用有限责任公司或者股份有限公司名义的,或者未依法登记为有限责任公司或者股份有限公司的分公司,而冒用有限责任公司或者股份有限公司的分公司名义的,由公司登记机关责令改正或者予以取缔,没收违法所得,可以并处 10 万元以下的罚款。

（四）公司相关责任人员在公司存续过程中的行政责任

《公司法》第203条规定，公司向有关主管部门提供虚假的或者隐瞒重要事实的财务会计报告等材料的，由有关主管部门对直接负责的主管人员和其他直接责任人员处以3万元以上30万元以下的罚款。虽然是公司行为，但是发生这种情况的主要原因在于公司的有关责任人员，因为这些责任人员依法有保证材料真实性的义务。

三、刑事责任

（一）提供虚假财会报告罪

提供虚假财会报告罪是指公司以欺骗股东及其他社会公众为目的，故意提供虚假的或者隐瞒重要事实的财务会计报告，严重损害股东或者其他人利益的行为。

《刑法》第161条规定："公司向股东和社会公众提供虚假的或者隐瞒重要事实的财务会计报告，严重损害股东或者其他人利益的，对其直接负责的主管人员和其他直接责任人员，处三年以下有期徒刑或者拘役，并处或者单处二万元以上二十万元以下罚金。"

（二）隐匿、故意销毁会计凭证、会计账簿、财务会计报告罪

隐匿、故意销毁会计凭证、会计账簿、财务会计报告罪是指隐匿、故意销毁会计凭证、会计账簿、财务会计报告，情节严重的行为。《刑法》第162条规定了此罪，这是在1999年12月25日经第九届全国人民代表大会常务委员会第十三次会议通过的《中华人民共和国刑法修正案》对该条内容所作的增加内容。

《刑法》第162条规定，隐匿、故意销毁会计凭证、会计账簿、财务会计报告罪，刑法规定情节严重的，处5年以下有期徒刑或者拘役，并处或者单处2万元以上20万元以下罚金。单位犯本罪，处罚金，并对直接负责的主管人员和其他直接人员处5年以下有期徒刑，并处或者单处2万元以上20万元以下罚金。

（三）公司人员受贿罪

公司人员受贿罪是指公司人员利用职务上的便利，以为他人谋利益为交换条件，索取他人财物或者非法收受他人财物，数额较大的行为。

《刑法》第163条规定："公司、企业的工作人员利用职务上的便利，索取他人财物或者非法收受他人财物，为他人谋取利益，数额较大的，处五年以下有期徒刑或者拘役；数额巨大的，处五年以上有期徒刑，可以并处没收财产。公司、企业的工作人员在经济往来中，违反国家规定，收受各种名义的回扣、手续费，归个人所有的，

依照前款的规定处罚。国有公司、企业中从事公务的人员和国有公司、企业委派到非国有公司、企业从事公务的人员有前两款行为的,依照本法第三百八十五条、第三百八十六条的规定定罪处罚。"这里所指第385条、第386条,即关于国家工作人员"受贿罪"的规定。

(四)对公司人员行贿罪

对公司人员行贿罪是指为谋取不正当利益,给予公司的工作人员以财物,数额较大的行为。

《刑法》第164条规定:"为谋取不正当利益,给予公司、企业的工作人员以财物,数额较大的,处三年以下有期徒刑或者拘役;数额巨大的,处三年以上十年以下有期徒刑,并处罚金。单位犯前款罪的,对单位判处罚金,并对其直接负责的主管人员和其他直接责任人员,依照前款的规定处罚。行贿人在被追诉前主动交代行贿行为的,可以减轻处罚或者免除处罚。"

(五)非法经营同类营业罪

非法经营同类营业罪是指国有公司的董事、经理利用职务便利,自己经营或者为他人经营与其所任职公司同类的营业,获取非法利益,数额巨大的行为。《刑法》第165条规定:"国有公司、企业的董事、经理利用职务便利,自己经营或者为他人经营与其所任职公司、企业同类的营业,获取非法利益,数额巨大的,处三年以下有期徒刑或者拘役,并处或者单处罚金;数额特别巨大的,处三年以上七年以下有期徒刑,并处罚金。"

(六)欺诈发行股票、债券罪

欺诈发行股票、债券罪,是指在招股说明书、认股书或者公司、企业债券募集办法中隐瞒重要事实或者编造重大虚假内容,发行股票或者公司、企业债券、数额巨大、后果严重或者有其他严重情节的行为。《刑法》第160条的规定,犯本罪的,处5年以下有期徒刑或者拘役,并处或者单处非法募集资金金额1%以上5%以下罚金。单位犯本罪的,实现双罚制。即对单位判处罚金,并对其直接负责的主管人员和其他直接责任人员,处5年以下有期徒刑或者拘役。

(七)提供虚假证明文件罪和出具证明文件重大失实罪

提供虚假证明文件罪是指承担资产评估、验资、验证、会计、审计、法律服务等职责的人员,故意提供虚假评估、验资、验证、审计、会计、法律等证明文件,情节严重的行为。

《刑法》第229条第1款、第2款规定:"承担资产评估、验资、验证、会计、审计、法律服务等职责的中介组织的人员故意提供虚假证明文件,情节严重的,处五年以

下有期徒刑或者拘役，并处罚金。前款规定的人员，索取他人财物或者非法收受他人财物，犯前款罪的，处五年以上十年以下有期徒刑，并处罚金。”

出具证明文件重大失实罪与前述中介组织人员提供虚假证明文件罪在犯罪构成的客体和主体上均相同，不同点主要在于：第一，主观方面并非出于行为人的故意，而是出于严重不负责任的过失心理状态；第二，客观方面要求必须造成了“严重后果”，比提供虚假证明文件罪要求的“情节严重”在具体认定上更为严格。

《刑法》第229条第3款规定，上述中介组织人员“严重不负责任，出具的证明文件有重大失实，造成严重后果的，处三年以下有期徒刑或者拘役，并处或者单处罚金”。

（八）职务侵占罪

职务侵占罪是指公司董事、监事、经理或者其他工作人员利用职务或者工作上的便利，将本单位财物非法占为已有，数额较大的行为。《刑法》第271条规定：“公司、企业或者其他单位的人员，利用职务上的便利，将本单位财物非法占为已有，数额较大的，处五年以下有期徒刑或者拘役；数额巨大的，处五年以上有期徒刑，可以并处没收财产。”该条第2款又规定：“国有公司、企业或者其他国有单位中从事公务的人员和国有公司、企业或者其他国有单位委派到非国有公司、企业以及其他单位从事公务的人员有前款行为的，依照本法第三百八十二条、第三百八十三条的规定定罪处罚。”这里所指的第382条、第383条，即关于“贪污罪”的规定。

需要指出的是，认定职务侵占罪还应当注意下面两个有关问题：

第一，关于共同犯罪的认定。最高人民法院2000年6月27日《关于审理贪污、职务侵占案件如何认定共同犯罪几个问题的解释》就此作了明确规定：“行为人与公司人员勾结，利用公司人员的职务便利，共同将该单位财物非法占为已有，数额较大的，以职务侵占罪共犯论处。公司不具有国家工作人员身份的人与国家工作人员勾结，分别利用各自的职务便利，共同将本单位财物非法占为已有的，按照主犯的犯罪性质定罪。”

第二，关于国家工作人员的认定。2001年5月22日最高人民法院审判委员会第1176次会议通过的司法解释《关于在国有资本控股、参股的股份有限公司中从事管理工作的人员利用职务便利非法占有本公司财物如何定罪问题的批复》指出：“在国有资本控股、参股的股份有限公司中从事管理工作的人员，除受国家机关、国有公司、企业、事业单位委派从事公务的以外，不属于国家工作人员。对其利用职务上的便利，将本单位财物非法占为已有，数额较大的，应当依照刑法第二百七十一条第一款的规定，以职务侵占罪定罪处罚。”

（九）挪用资金罪

挪用资金罪是指公司工作人员利用职务上的便利，挪用本公司的资金归个人使用或者借贷给他人，数额较大、超过3个月未还的，或者虽未超过3个月，但数额较大、进行营利活动的，或者进行非法活动的行为。

《刑法》第272条规定："公司、企业或者其他单位的工作人员，利用职务上的便利，挪用本单位资金归个人使用或者借贷给他人，数额较大、超过三个月未还的，或者虽未超过三个月，但数额较大、进行营利活动的，或者进行非法活动的，处三年以下有期徒刑或者拘役；挪用本单位资金数额巨大的，或者数额较大不退还的，处三年以上十年以下有期徒刑。"该条第2款又规定："国有公司、企业或者其他国有单位中从事公务的人员和国有公司、企业或者其他国有单位委派到非国有公司、企业以及其他单位从事公务的人员有前款行为的，依照本法第三百八十四条的规定定罪处罚。"这里所指的第384条，即关于"挪用公款罪"的规定。2000年2月13日最高人民法院审判委员会第1099次会议通过的法释[2000]5号司法解释《关于对受委托管理、经营国有财产人员挪用国有资金行为如何定罪问题的批复》指出："对于受国家机关、国有公司、企业、事业单位、人民团体委托，管理、经营国有财产的非国家工作人员，利用职务上的便利，挪用国有资金归个人使用构成犯罪的，应当依照刑法第二百七十二条第一款的规定定罪处罚。"

（十）为亲友非法牟利罪

为亲友非法牟利罪是指国有公司的工作人员，利用职务便利，在经营中为亲友非法牟利，使国家利益遭受重大损失的行为。

《刑法》第166条规定："国有公司、企业、事业单位的工作人员，利用职务便利，有下列情形之一，使国家利益遭受重大损失的，处3年以下有期徒刑或者拘役，并处或者单处罚金；致使国家利益遭受特别重大损失的，处3年以上7年以下有期徒刑，并处罚金：(一)将本单位的盈利业务交由自己的亲友进行经营的；(二)以明显高于市场的价格向自己的亲友经营管理的单位采购商品或者以明显低于市场的价格向自己的亲友经营管理的单位销售商品的；(三)向自己的亲友经营管理的单位采购不合格商品的。"

（十一）徇私舞弊低价折股、出售国有资产罪

徇私舞弊低价折股、出售国有资产罪是指国有公司或者其上级主管部门直接负责的主管人员，徇私舞弊，将国有资产低价折股或者低价出售，致使国家利益遭受重大损失的行为。

《刑法》第169条规定："国有公司、企业或者其上级主管部门直接负责的主管人员，徇私舞弊，将国有资产低价折股或者低价出售，致使国家利益遭受重大损失的，处三年以下有期徒刑或者拘役；致使国家利益遭受特别重大损失的，处三年以上七年以下有期徒刑。"

(十二)签订、履行合同失职被骗罪

签订、履行合同失职被骗罪是指国有公司直接负责的主管人员,在签订、履行合同过程中,因严重不负责任被诈骗,致使国家利益遭受重大损失的行为。

《刑法》第167条规定:“国有公司、企业、事业单位直接负责的主管人员,在签订、履行合同过程中,因严重不负责任被诈骗,致使国家利益遭受重大损失的,处三年以下有期徒刑或者拘役;致使国家利益遭受特别重大损失的,处三年以上七年以下有期徒刑。”

(十三)国有公司人员失职罪和国有公司人员滥用职权罪

国有公司人员失职罪和国有公司人员滥用职权罪是指国有公司工作人员,徇私舞弊,造成国有公司破产或者严重损失,致使国家利益遭受重大损失的行为。《刑法》第168条规定了该罪,1999年12月25日经第九届全国人民代表大会常务委员会第十三次会议通过的《中华人民共和国刑法修正案》对该条内容作出了修改。

《刑法》第168条第1款规定:“国有公司、企业的工作人员,由于严重不负责任或者滥用职权,造成国有公司、企业破产或者严重损失,致使国家利益遭受重大损失的,处三年以下有期徒刑或者拘役;致使国家利益遭受特别重大损失的,处三年以上七年以下有期徒刑。”

第四节　公司清算过程中的法律责任

一、民事责任

(一)清算组成员在公司清算过程中的民事责任

在公司清算期间,清算组是公司的执行机关,负责公司清算期间的各项事务,清算组成员是公司在这个特殊时刻的具体事务的操作者和执行者。清算组成员因故意或者重大过失给公司或者债权人造成损失的,应当承担赔偿责任。

二、行政责任

(一)公司在公司清算过程中的行政责任

1. 关于清算公告的行政责任。清算公告涉及公司债权人等利益相关者的切身利益，也涉及清算工作的整体运行，及时、准确、合法地进行清算公告是公司进入清算阶段的主要义务之一。《公司法》第 186 条规定，清算组应当自成立之日起 10 日内通知债权人，并于 60 日内在报纸上公告。我国《公司法》第 205 条规定，如果公司不按照《公司法》规定通知或者公告债权人的，由公司登记机关责令改正，对公司处以 1 万元以上 10 万元以下的罚款。

2. 关于清算期间经营活动的行政责任。公司进入清算阶段后，虽然公司的人格尚未消灭，但是公司职能已经发生变化，所有的公司活动主要围绕清算工作来进行。如果公司在清算期间开展与清算无关的经营活动的，由公司登记机关予以警告，没收违法所得。

3. 关于清算期间的财产处置的行政责任。公司清算制度的一个主要职能就是要对公司的财产进行最后的分配，财产分配必须严格按照法律规定的条件和顺序进行。如果公司在进行清算时，隐匿财产，对资产负债表或者财产清单作虚伪记载或者未清偿债务前分配公司财产的，由公司登记机关责令改正，对公司处以隐匿财产或者未清偿债务前分配公司财产金额 5%以上 10%以下的罚款；对直接负责的主管人员和其他直接责任人员处以 1 万元以上 10 万元以下的罚款。

（二）清算组在公司清算过程中的行政责任

清算报告是清算组在完成公司清算工作后的总结性文件，是如实记载公司最终财产归属等清算状况的最终材料，也是据以注销公司登记、公告公司终止的重要法律凭证，清算报告必须如实地反映客观情况。如果清算组不按照《公司法》规定向公司登记机关报送清算报告，或者报送清算报告隐瞒重要事实或者有重大遗漏的，由公司登记机关责令改正。

（三）清算组成员在公司清算过程中的行政责任

清算组成员具体负责清算公司的各项具体事务，除了对损害公司或债权人的行为承担赔偿责任之外，还要对一系列违法行为承担行政责任。如果清算组成员利用职权徇私舞弊、谋取非法收入或者侵占公司财产的，由公司登记机关责令退还公司财产，没收违法所得，并可以处以违法所得一倍以上五倍以下的罚款。

三、刑事责任

公司在清算过程中的刑事责任的规定相对较少，主要就是妨害清算罪。

妨害清算罪是指公司在清算时，隐匿财产，对资产负债表或财产清算作虚伪记载，或者在未清偿债务前分配公司财产，严重损害债权人或者其他人利益的

行为。

《刑法》第162条规定："公司、企业进行清算时，隐匿财产，对资产负债表或者财产清单作虚伪记载或者在未清偿债务前分配公司、企业财产，严重损害债权人或者其他人利益的，对其直接负责的主管人员和其他直接责任人员，处五年以下有期徒刑或者拘役，并处或者单处二万元以上二十万元以下罚金。"

图书在版编目(CIP)数据

公司法/林秀芹主编. —2 版. —厦门:厦门大学出版社,2010.11(2016.11 重印)
(高等学校法学精品教材系列/朱崇实总主编)
ISBN 978-7-5615-2807-5

Ⅰ.①公… Ⅱ.①林… Ⅲ.①公司法-中国-高等学校-教材 Ⅳ.①D922.291.91

中国版本图书馆 CIP 数据核字(2010)第 209586 号

厦门大学出版社出版发行
(地址:厦门市软件园二期望海路 39 号 邮编:361008)
http://www.xmupress.com
xmup @ public.xm.fj.cn
三明市华光印务有限公司印刷
2010 年 11 月第 2 版 2016 年 11 月第 2 次印刷
开本:787×1092 1/16 印张:19.75 插页:2
字数:405 千字
定价:40.00 元